Karl Erich Born:
Von der Reichsgründung
bis zum Ersten Weltkrieg

Deutscher
Taschenbuch
Verlag

Band 16 der Taschenbuchausgabe enthält den ungekürzten Text des HANDBUCHS DER DEUTSCHEN GESCHICHTE, Band 3: Von der Französischen Revolution bis zum Ersten Weltkrieg, Teil III.
Unsere Zählung Kapitel 1–30 entspricht den §§ 37–66 im Band 3 des Originalwerkes.

1. Auflage Mai 1975
10. Auflage April 1985: 64. bis 71. Tausend
Deutscher Taschenbuch Verlag GmbH & Co. KG, München
© 1970 Klett Verlag, Stuttgart
Umschlaggestaltung: Celestino Piatti
Gesamtherstellung: C. H. Beck'sche Buchdruckerei, Nördlingen
Printed in Germany · ISBN 3-423-04216-8

Der Autor

Prof. Dr. Karl Erich Born, geb. 1922 in Minden (Westfalen)
war Schüler von Peter Rassow, Otto Vossler und Theodor
Schieder, promovierte 1953 und habilitierte sich 1957 in Köln.
Seit 1962 ist er ordentlicher Professor für Wirtschafts- und
Sozialgeschichte an der Universität Tübingen; er ist ordent-
liches Mitglied der Akademie der Wissenschaften und der
Literatur (Mainz) seit 1969 und der Historischen Kommis-
sion zu Berlin seit 1977.
Veröffentlichungen u. a.: ›Staat und Sozialpolitik seit Bis-
marcks Sturz‹ (1957); ›Die deutsche Bankenkrise 1931‹ (1967);
›Geschichte der Wirtschaftswissenschaften an der Universität
Tübingen‹ (1967); ›Preußen und Deutschland im Kaiserreich‹
(1967); ›Die Entwicklung der Banknote vom »Zettel« zum
gesetzlichen Zahlungsmittel‹ (1972); ›Moritz von Sachsen und
die Fürstenverschwörung gegen Karl V.‹ (1972); ›Geld und
Banken im 19. und 20. Jahrhundert‹ (1977).

Gebhardt
Handbuch der deutschen Geschichte

Neunte, neu bearbeitete Auflage,
herausgegeben von
Herbert Grundmann

Band 16

Inhalt

Abkürzungsverzeichnis

Abh. Ak.	Abhandlung(en) der Akademie der Wissenschaften . . . , phil.-hist. Klasse (wenn nicht anders angegeben)
ADB	Allgemeine Deutsche Biographie (56 Bde. München 1875–1912)
AHR	The American Historical Review (New York 1895 ff.)
AKG	Archiv für Kulturgeschichte (1903 ff.)
AÖG	Archiv für österreichische Geschichte (Wien 1848 ff.)
APP	Die auswärtige Politik Preußens, hg. v. d. Histor. Reichskommission (1933 ff.)
B.	Bischof; Bt. = Bistum
DALVF	Deutsches Archiv für Landes- und Volksforschung (1937–1943)
Diss.	Dissertation; Diss. Ms. = ungedruckte Dissertation in Maschinenschrift
Dt., dt.	deutsch; Dtld. = Deutschland
DVLG	Deutsche Vierteljahrsschrift für Literaturwissenschaft und Geistesgeschichte (1923 ff.)
DW⁹	Dahlmann-Waitz, Quellenkunde der deutschen Geschichte, 9. Aufl., hg. v. H. Haering (1931, Registerband 1932)
DW¹⁰	dasselbe, 10. Aufl., hg. v. H. Heimpel u. H. Geuss (seit 1965 im Erscheinen)
Ehg.	Erzherzog
EHR	The English Historical Review (London 1886 ff.)
FBPG	Forschungen zur brandenburgischen und preußischen Geschichte (1888–1944)
FM	Feldmarschall
GV	Geschichtsverein
GWU	Geschichte in Wissenschaft und Unterricht, Zeitschrift des Verbandes der Geschichtslehrer Deutschlands (1950 ff.)
hg. v.	herausgegeben von; (Hg.) = Herausgeber
Hg.	Herzog; Hgt. = Herzogtum
HJb	Historisches Jahrbuch der Görresgesellschaft (1880 ff.)
HZ	Historische Zeitschrift (1859 ff.)
Jb.	Jahrbuch
Kf.	Kurfürst; Kft. = Kurfürstentum
Kg.	König; Kgr. = Königreich
MA	Mittelalter; mal. = mittelalterlich
MIÖG	Mitteilungen des Instituts für österreichische Geschichtsforschung (Wien 1880 ff.); Bd. 39–55 (1923–1944) als Mitteilungen d. österr. Inst. f. Geschichtsforschung (MÖIG)
MÖStA	Mitteilungen des Österreichischen Staatsarchivs (Wien 1948 ff.)
NA	Neues Archiv der Gesellschaft für ältere deutsche Geschichtskunde (50 Bde. 1876–1935; Zeitschrift der MGH, fortgesetzt im DA = Deutsches Archiv für Erforschung des Mittelalters)
Ndr.	Neudruck, Nachdruck
NF	Neue Folge
NZ	Neuzeit
RH	Revue historique (Paris 1876 ff.)
RH Dipl.	Revue d'histoire diplomatique (Paris 1887 ff.)
Rhein. Vjbll.	Rheinische Vierteljahrsblätter, Mitteilungen des Instituts für geschichtl. Landeskunde der Rheinlande (1931 ff.)

Abkürzungsverzeichnis

Sachsen u. Anh.	Sachsen und Anhalt, Jahrbuch der landesgeschichtlichen Forschungsstelle für die Provinz Sachsen und für Anhalt (1925–1943)
SB	Sitzungsberichte der Akad. d. Wiss. . . ., phil.-hist. Klasse
Tb.	Taschenbuch
VSWG	Vierteljahrsschrift für Sozial- und Wirtschaftsgeschichte (1903 ff.)
V.u.G.	Vergangenheit und Gegenwart, Zeitschrift für den Geschichtsunterricht und für staatsbürgerliche Erziehung (Leipzig 1911 bis 1944)
WaG	Die Welt als Geschichte, Zeitschrift für universalgeschichtliche Forschung (1935–1963)
ZA	Zeitalter
ZGORh	Zeitschrift für die Geschichte des Oberrheins (1850 ff., NF seit 1886)
ZRG GA	Zeitschrift der Savigny-Stiftung für Rechtsgeschichte, Germanistische Abteilung (1880 ff.)
ZRG KA	dasselbe, Kanonistische Abteilung (bei Sonderzählung ihrer Bände entspricht Bd. 1 [1911] dem Jahrgang 32 der gesamten Zeitschrift)
Zs.	Zeitschrift

Quellen- und Literaturverweise innerhalb des Handbuchs wurden auf die neue Einteilung in Taschenbücher umgestellt. So entspricht z. B. Bd. 8, Kap. 4 dem § 4 im Band 2 der Originalausgabe.
Bei Verweisen innerhalb eines Bandes wurde auf die Angabe des Bandes verzichtet und nur das Kapitel angegeben.

Allgemeine Bibliographie

Jahrbücher und bibliograph. Hilfsmittel: H. Schulthess, Europ. Geschichtskalender 1871–1914 (1872–1915). K. Wippermann, Dt. Geschichtskalender 1885–1914 (1886 bis 1915). G. Egelhaaf, Hist.-polit. Jahresübersicht 1908–1914 (1909–1915). Statistisches Jahrbuch f. d. Deutsche Reich (1880ff.). DW⁹, Quellenkunde d. dt. Gesch. (⁹1931, noch unentbehrlich für die ältere Literatur). Jahresber. f. dt. Gesch., hg. v. A. Brackmann u. F. Hartung (14 Bde. 1927–1942), NF, hg. v. F. Hartung, Bd. 1–10 (1949–1958). Die dt. Geschichtswissenschaft im II. Weltkrieg, hg. v. W. Holtzmann u. G. Ritter (2 Bde. 1951). Bismarck-Bibliographie, hg. v. K. E. Born, bearb. v. W. Hertel (1966).

Quellenpublikationen zur auswärtigen Politik: Die Große Politik d. europ. Kabinette 1871 bis 1914, hg. v. J. Lepsius, A. Mendelssohn-Bartholdy u. F. Thimme (40 Bde. 1922 bis 1927). Documents diplomatiques français 1871–1914, hg. v. Ministère des affaires étrangères, 1. Serie 1871–1900 (16 Bde. 1929–1959), 2. Serie 1901–1911 (14 Bde. 1930 bis 1955), 3. Serie 1911–1914 (11 Bde. 1929–1960). British Documents on the Origins of the War, 1898–1914, hg. v. G. P. Gooch u. H. Temperley (11 Bde. 1926–1938). Die polit. Geheimverträge Österreich-Ungarns 1879–1914, hg. v. F. A. Pribram, Bd. 1 (1920). Österreich-Ungarns Außenpolitik von der bosnischen Krise 1908 bis zum Kriegsausbruch 1914, hg. v. H. Übersberger u. L. Bittner (8 Bde. u. Registerbd. 1930). I Documenti diplomatici italiani, 2. Serie 1870–1896, hg. v. F. Chabod (bisher erschienen 1 u. 2, 1960f.), 3. Serie 1896–1907, hg. v. G. Perticone (bisher erschienen 1–3, 1953ff.), 4. Serie 1908–1914, hg. v. A. Torre (bisher erschienen 12, 1964). Die internat. Beziehungen im Zeitalter d. Imperialismus: Dokumente aus d. Archiv d. zaristischen u. d. provisorischen Regierung, hg. v. M. N. Pokrovskij, dt. Ausg. v. O. Hoetzsch, Reihe 1, 1–5 (1931–1934), Reihe 2, 6–8 (1934–1936), Reihe 3, 1 u. 2 (1939–1943). Die belgischen Dokumente z. Vorgesch. d. Weltkrieges, 1885–1914, hg. v. B. Schwertfeger (5 Bde. u. 2 Erg.-Bde. 1925). Die auswärtige Politik Serbiens, hg. v. M. Boghičević (3 Bde., dt. 1928–1931). Recueil d'actes internationaux de l'Empire Ottoman, hg. v. G. Noradounghian, Bd. 3 u. 4 (1903/04). Nouveau Recueil général de traités, hg. v. Murhard, K. Samwer u. a. (Verträge bis 1874, Bd. 20, 1876). Nouveau Recueil général de traités, 2ᵉ série, hg. v. K. Samwer u. J. Hopf (Verträge 1875–1907, 35 Bde. u. 2 Registerbde. 1876–1910). Nouveau Recueil général de traités, 3ᵉ série, hg. v. H. Triepel (Verträge 1908ff., 1–10, 1909 bis 1919). Das Staatsarchiv: Sammlung der offiziellen Aktenstücke z. Gesch. d. Gegenwart (Jgg. 1872ff.).

Quellen zur deutschen Innenpolitik 1871–1914: Dokumente d. dt. Verfassungsgesch., hg. v. E. R. Huber, Bd. 2 (1964). Die dt. Staatsgrundgesetze in diplomatisch getreuem Abdruck, hg. v. K. Binding (10 Teile 1893–1915). Reichsgesetzblatt (1872ff.). Preuß. Gesetz-Sammlung (1871ff.). Gesetz- u. Verordnungsblätter d. übrigen dt. Staaten. Dt. Reichs- u. Preuß. Staatsanzeiger (1871ff.). Stenographische Berichte über die Verhandlungen d. Dt. Reichstages, 1–13. Legislaturperiode (1871ff.). Stenographische Berichte über die Verhandlungen d. Preuß. Hauses d. Abgeordneten, 11.–22. Legislaturperiode (1871ff.). Sten. Berichte über die Verhandlungen d. Landtage d. übrigen Bundesstaaten. F. Salomon (Hg.), Die dt. Parteiprogramme, 2: 1871–1918 (⁵1931; auch die früheren Auflagen sind heranzuziehen, da in d. letzten Auflagen manche Quellen aus d. früheren durch andere ersetzt worden sind). W. Mommsen (Hg.), Dt. Parteiprogramme. Eine Auswahl vom Vormärz bis z. Gegenwart (²1960). W. Treue (Hg.), Dt. Parteiprogramme 1861 bis z. Gegenwart (⁴1968). Sten. Berichte über die Parteitage d. Dt.-Konservativen Partei (1892, 1898, 1900, 1903, 1906, 1909). Berichte

über die nationalliberalen Parteitage, jeweils u. d. T.: Allg. Vertretertag d. Nationalliberalen Partei (1884, 1891, 1894, 1896, 1898, 1902, 1903, 1905, 1906, 1907, 1909,
1910, 1911, 1912). Berichte über die Versammlungen d. Wahlvereins d. Liberalen
(1893 ff.). Der 1. Parteitag d. Dt. Fortschrittspartei (1879). Der 1. usw. Parteitag d.
Freisinnigen Volkspartei (1893, 1894, 1897, 1900, 1903, 1905, 1907). Erster Parteitag
d. Fortschrittl. Volkspartei (1910). Der 2. Parteitag d. Fortschrittl. Volkspartei
(1912). Protokolle über die Verhandlungen d. Nationalsozialen Vereins (1896, 1897,
1898, 1899, 1900, 1901, 1902, 1903). Protokolle d. sozialdemokratischen Parteitage
(1870–1877 jährlich, 1880, 1883, 1888, 1890–1913 jährlich). Protokoll d. Verhandlungen d. Kongresses d. Gewerkschaften Dtlds. (1. 1892, 2. 1896, 3. 1897, 4. 1902,
5. 1905, 6. 1908, 7. 1910, 8. 1911, 9. 1914). Protokoll über die Verhandlungen des
Kongresses der christlichen Gewerkschaften Dtlds. (1902, 1904, 1906, 1909, 1912).
Verhandlungen des Verbandstages der dt. Gewerkvereine (1871, 1873, 1876, 1879,
1881, 1883, 1886, 1889, 1892, 1894, 1898, 1901, 1904, 1907). Verhandlungen d.
Evangelisch-Sozialen Kongresses (1–24, 1890–1913). Archivalische Forschungen z.
Gesch. d. dt. Arbeiterbewegung, hg. v. L. STERN (bisher 3 Bde. in 5, 1953 ff.). Akten
zur staatlichen Sozialpolitik in Dtld. 1890–1914, hg. v. P. RASSOW u. K. E. BORN
(1959). Quellensammlung z. Gesch. d. dt. Sozialpolitik 1867–1914, hg. v. K. E.
BORN, O. BRUNNER, W. KÖLLMANN, TH. SCHIEDER u. J. VOGT, Einführungsbd.
bearb. v. K. E. BORN, H. HENNING u. M. SCHICK (1966). Grhg. Friedrich I. von
Baden u. die Reichspolitik 1871–1907, hg. v. W. P. FUCHS, Bd. 1 (1968).

Briefe, Tagebücher, Memoiren: BISMARCKS Werke (Friedrichsruher Ausgabe) s. Bd. 15,
Kap. 10. Gf. Herbert v. BISMARCK, Aus s. polit. Privatkorresp., hg. v. W. BUSSMANN
(1964). Die geheimen Papiere Friedrich v. HOLSTEINS. hg. (in engl. Übersetzg.) v. N.
RICH u. M. H. FISHER, dt. Ausg. v. W. FRAUENDIENST (4 Bde. 1956–1963). F. v. HOL-
STEIN, Lebensbekenntnis in Briefen an eine Frau, hg. v. H. ROGGE (1932). Denkwürdig-
keiten d. Botschafters General v. SCHWEINITZ, 1822–1901, hg. v. W. v. SCHWEINITZ
(2 Bde. 1927). Briefwechsel d. Botschafters General v. SCHWEINITZ 1859–1901 (1928).
R. Frhr. LUCIUS v. BALLHAUSEN, Bismarckerinnerungen (1921). H. GF. v. LERCHEN-
FELD-KOEFERING, Erinnerungen, Bd. 1 (1935). H. Frhr. v. MITTNACHT, Erinnerun-
gen an Bismarck (2 Bde. 1904/05). A. v. BRAUER, Im Dienste Bismarcks: Erinnerungen, hg. v. H. ROGGE (1936). L. RASCHDAU, Unter Bismarck u. Caprivi (1938). Aus
Jahrzehnten dt.-russ. Freundschaft, Immediatberichte d. dt. Militärbevollmächtigten
in Petersburg Gen. B. v. Werder, hg. v. W. v. WERDER, Berl. Monatsh. 17 (1939).
Das Tagebuch der Baronin SPITZEMBERG 1893–1914, hg. v. R. VIERHAUS (1960, Tb.
1965). Im Ring d. Gegner Bismarcks: Polit. Briefe F. v. ROGGENBACHS, hg. v.
J. HEYDERHOFF (1943). L. BAMBERGER, Bismarcks großes Spiel, Die geheimen Tagebücher L. Bambergers, hg. v. E. FEDER (1932). Denkwürdigkeiten d. Fürsten
Chlodwig zu HOHENLOHE-SCHILLINGSFÜRST, Bd. 2: 1870–1901, hg. v. F. CURTIUS
(1907). Aufzeichnungen u. Erinnerungen aus d. Leben d. Botschafters J. M. v.
RADOWITZ, hg. v. H. HOLBORN (2 Bde. 1925). Vicomte de GONTAUT-BIRON, Meine
Botschafterzeit am Berliner Hofe 1872–1877 (dt. 1909). C. DE FREYCINET, Souvenirs
(1913). The Letters of Queen VICTORIA, hg. v. G. EARL BUCKLE, 2. Folge (3 Bde.
1921–1928), 3. Folge (3 Bde. 1930–1932). F. CRISPI, Carteggi politici inediti, hg. v.
PALAMENGHI-CRISPI (1912). Briefe WILHELMS I., hg. v. Kaiser-Wilhelm-Inst. f. dt.
Gesch. (4 Bde. 1924–1930). WILHELM II., Ereignisse u. Gestalten in d. Jahren 1878
bis 1918 (1922). B. Fürst BÜLOW, Denkwürdigkeiten (4 Bde. 1929); dazu: F. HILLER v.
GAERTRINGEN, Fürst Bülows Denkwürdigkeiten (1956). TH. v. BETHMANN HOLL-
WEG, Betrachtungen zum Weltkrieg 1 (1919). A. v. TIRPITZ, Erinnerungen (1919).
Ders., Der Aufbau d. dt. Weltmacht (1924). W. WIDENMANN, Marineattaché an der
Kaiserlich dt. Botschaft in London 1907–1912 (1952). A. WERMUTH, Ein Beamten-
leben (1921). H. PACHNICKE, Führende Männer im alten u. im neuen Reich (1930).

A. BEBEL, Aus meinem Leben (3 Bde. ²1953). L. BRAUN, Memoiren einer Sozialistin (1922). W. KEIL, Erlebnisse eines Sozialdemokraten (2 Bde. 1947/48). H. Frhr. v. ECKARDSTEIN, Lebenserinnerungen u. polit. Denkwürdigkeiten (2 Bde. 1919). A. GF. MONTS, Erinnerungen u. Gedanken, hg. v. K. F. NOWAK u. F. THIMME (1932). K. M. Fürst LICHNOWSKY, Meine Londoner Mission 1912–1914, in: Flugschriften d. Bundes Neues Vaterland (1919). R. POINCARÉ, Les origines de la guerre (1921). G. GIOLITTI, Memorie della mia vita (2 Bde. 1922). S. J. GF. WITTE, Erinnerungen (1923). A. ISVOLSKIJ, Mémoires de A. Isvolskij (1920). Der diplomat. Schriftwechsel ISVOLSKIJS 1911–1914, hg. v. F. STIEVE (4 Bde. 1924). S. D. SASONOV, Sechs schwere Jahre 1910–1916 (1927). E. GREY OF FALLODON, 25 Years: 1892–1916 (2 Bde., 1925). H. H. ASQUITH, The Genesis of War (1923). Ders., Memoirs and Reflections (2 Bde. 1928). R. B. HALDANE, Before the War (1920). W. S. CHURCHILL, Die Weltkrisis 1911–1918 (4 Bde., dt. 1925/28).

Darstellungen der allgemeinen Geschichte: a. Sammelwerke: Historia Mundi, hg. v. F. VALJAVEC, Bd. 10: Das 19. u. 20. Jh. (1961). The New Cambridge Modern History, Bd. 11: Material Progress and World-Wide Problems 1870–1898, hg. v. F. H. HINSLEY (1962); Bd. 12: The Era of Violence 1898–1945, hg. v. D. THOMSON (1960). Clio, Bd. 9: P. RENOUVIN u. E. PRÉCLIN, L'époque contemporaine 1871–1914 (³1960). Hdb. d. Europ. Gesch., hg. v. TH. SCHIEDER, Bd. 6: 1871–1918 (1967). Nouvelle Clio, Bd. 38: J. B. DUROSELLE, L'Europe de 1815 à nos jours (1964). Propyl.weltgesch., hg. v. W. GOETZ, Bd. 9 u. 10 (1933). Propyl.weltgesch., hg. v. G. MANN, Bd. 8 (1960). Peuples et civilisations, Histoire générale, Bd. 18: M. BAUMONT, L'essor industriel et l'impérialisme colonial 1878–1904 (³1965); Bd. 19: P. RENOUVIN, La crise européenne et la première guerre mondiale (⁴1962). The Rise of Modern Europe, hg. v. W. L. LANGER, Bd. 16: C. J. H. HAYES, A Generation of Materialism 1871–1900 (1941). – b. Darstellungen: E. N. ANDERSON, 19th Century Europe (1960). Ders. u. P. R. ANDERSON, Political Institutions and Social Change in Continental Europe in the 19th Century (1967). F. L. BENNS, Europ. Gesch. seit 1870 (2 Bde., dt. 1952). TH. DERRY u. TH. L. JARMAN, The European World 1870–1961 (²1964). H. FREYER, Weltgesch. Europas (²1954). A. J. GRANT u. H. W. V. TEMPERLEY, Europe in the 19th and 20th Centuries 1789–1950 (⁶1952). C. J. H. HAYES, Contemporary Europe since 1870 (1958). H. HERZFELD, Die moderne Welt (2 Bde. ⁴1964). W. MOMMSEN, Gesch. d. Abendlandes von d. Französ. Revolution bis zur Gegenwart. 1789–1945 (1951). J. v. SALIS, Weltgesch. d. neuesten Zeit 1 (1951). E. TAYLOR, The Fall of the Dynasties, The Collapse of the Old Order 1905–1922 (1963). L. SALVATORELLI, Storia d'Europa 2 (⁴1961). O. WESTPHAL, Weltgesch. d. Neuzeit 1750–1950 (1953).

Geschichte der internationalen Beziehungen: Grundlegende Darstellung, die auch die wirtschaftlichen u. sozialen Zusammenhänge berücksichtigt: Histoire des relations internationales, hg. v. P. RENOUVIN, Bd. 6: P. RENOUVIN, De 1871 à 1914 (1955). Weitere wichtige Darstellungen: L. ALBERTINI, The Origins of the War of 1914 (2 Bde., engl. 1953). E. BRANDENBURG, Von Bismarck zum Weltkrieg (³1939). L. DEHIO, Gleichgewicht oder Hegemonie (1948). J. DROZ, Histoire diplomatique de 1648 à 1919 (²1959). S. B. FAY, The Origins of the World War (2 Bde. 1929). H. HAUSER, Histoire diplomatique de l'Europe de 1871 à 1914 (mit mehreren Autoren, 2 Bde. 1930). G. W. F. HALLGARTEN, Imperialismus vor 1914 (2 Bde. ²1963). H. HOLBORN, Der Zusammenbruch d. europ. Staatensystems (1954). G. P. GOOCH, Before the War (2 Bde. 1936–1938). N. JAPIKSE, Europa u. Bismarcks Friedenspolitik (dt. 1927). W. L. LANGER, European Alliances and Alignments 1871–1890 (²1950). W. L. LANGER, The Diplomacy of Imperialism (2 Bde. 1950). P. T. MOON, Imperialism and World Politics (1926). N. MANSERGH, The Coming of the first World War. A Study in the European Balance 1878–1914 (1949). H. ONCKEN, Das Dt. Reich u. die Vorgesch. d. Weltkriegs (2 Bde. 1933). W. P. POTJOMKIN, Gesch. d. Diplomatie 2, bearb. v. V. M. CHVOSTOV u. I. I. MINZ (dt. ²1948). W. WINDELBAND, Die auswärtige Politik d. Großmächte von 1494 bis Versailles (⁶1964). L. S. WOOLF, Economic Imperialism (1920). L. S. WOOLF, Imperialism and Civilization (1928).

Gesamtdarstellungen der deutschen Geschichte 1871–1914: Den Stand d. modernen Forschung repräsentieren: H. BÖHME, Dtlds. Weg zur Großmacht, Studien zum Verhältnis von Wirtschaft u. Staat während der Reichsgründungszeit, 1848–1881 (1966). F. HARTUNG, Dt. Gesch. 1871–1919 (⁸1952). W. BUSSMANN, Das Zeitalter Bismarcks, in: Hdb. d. dt. Gesch., hg. v. L. JUST, Bd. 3/II (1956). W. FRAUENDIENST, Das Dt. Reich 1890–1914, in: Hdb. d. dt. Gesch., hg. v. L. JUST, Bd. 4/I (1962). TH. SCHIEDER, Das Reich unter der Führung Bismarcks, in: Dt. Gesch. im Überblick, hg. v. P. RASSOW (²1962; vorbildlich in d. Verbindung von polit. Gesch. u. Geistesgesch.). W. CONZE, Die Zeit Wilhelms II., ebd. (gelungene Einarbeitung d. Sozialgesch. in d. polit. Gesch.). M. GÖHRING, Bismarcks Erben (²1959). J. A. NICHOLLS, Germany after Bismarck (1958). R. FLENLEY, Modern German History (1953). R. PASCAL, The Growth of Modern Germany (1946). Im einzelnen anfechtbar, aber kritisch u. anregend die Arbeiten v. G. MANN, Dt. Gesch. im 19. u. 20. Jh. (²1966) u. E. VERMEIL, L'Allemagne contemporaine sociale, politique et culturelle, Bd. 1: Le règne de Guillaume II (1952). Auch heute noch wertvoll das gediegene, klar u. mit liberaler Kritik geschriebene Werk von J. ZIEKURSCH, Polit. Gesch. d. neuen dt. Kaiserreichs 2 u. 3 (1927/1930). Sehr stoffreich, aber im Urteil einseitig konservativ u. nationalistisch A. WAHL, Dt. Gesch. 1871–1914 (4 Bde. 1926–1936). Sozialistische Interpretation d. Gesch. d. Kaiserreichs bei A. ROSENBERG, Entstehung u. Gesch. d. Weimarer Republik 1 (1928, Ndr. 1955). Strukturgeschichtliche Darstellungen: M. STÜRMER (Hg.), Das kaiserliche Deutschland (1970); H. U. WEHLER, Das Deutsche Kaiserreich 1871–1918 (1973).

Kapitel 1
Die Verfassung und die politischen Parteien des Kaiserreichs

a. Verfassung und Verfassungsprobleme[1]

Die politische Einigung Deutschlands im Kaiserreich konnte trotz der starken innerdeutschen Widerstände, die sie hatte überwinden müssen, auf die Zustimmung des deutschen Volkes, auf seinen Willen zur nationalen Einheit gestützt werden. Jedoch verdeckte die grundsätzliche Zustimmung zum deutschen Nationalstaat nur momentan die *Kritik*, die sich gegen die Ausgestaltung des Reichsbaues richtete. Die Verträge vom Herbst 1870, welche zwischen dem Norddeutschen Bund und den süddeutschen Staaten einen neuen Bund, das Deutsche Reich, begründeten, mußten vom Reichstag des Norddeutschen Bundes und von den süddeutschen Parlamenten ratifiziert werden. Im Norddeutschen Reichstag machten sich starke Vorbehalte bemerkbar: Die Liberalen bemängelten die vielen Zugeständnisse an den süddeutschen Partikularismus; im Gegensatz dazu sahen die katholische Zentrumsfraktion und die Abgeordneten der welfischen Fraktion in den Verträgen eine zu starke unitarische Tendenz; die polnischen Abgeordneten lehnten die Einbeziehung der polnischsprachigen Gebiete Preußens in das Reich ab. Immerhin wurden die Verträge mit Hessen, Baden und Württemberg bei nur 5 Gegenstimmen angenommen. Dagegen äußerte sich die Kritik an dem Vertrag mit Bayern darin, daß 70 Abgeordnete der Abstimmung fernblieben und von den 227 Anwesenden 32 gegen den Vertrag stimmten. Von den Parlamenten Hessens und Badens wurden die Verträge fast einstimmig angenommen; in der württembergischen Zweiten Kammer stimmten 74 Abgeordnete für und 14 gegen die Verträge (Verfassungsvertrag und Militärkonvention). Am stärksten waren die Widerstände in Bayern: Zwar stimmte die Erste Kammer den Verträgen mit 37 gegen 3 Stimmen zu; aber in der Zweiten Kammer konnte die erforderliche Zweidrittelmehrheit erst nach heftigen Auseinandersetzungen erreicht werden (102 Stimmen für, 48 Stimmen gegen die Verträge)[2]. Die Verfassung des neuen Deutschen Reiches war aus der Änderung und Ergänzung der Verfassung des Norddeutschen Bundes durch die Verfassungsverträge und Militärkonventionen mit den süddeutschen Staaten hervorgegangen. Diese verschiedenen Änderungen waren jedoch nicht redaktionell aufeinander abgestimmt. Im Text der seit dem 1. 1. 1871 gültigen Verfassung hieß der neue Nationalstaat noch »Deutscher Bund«, und sein Oberhaupt wurde als »Bundespräsidium«, nicht als »Deutscher Kaiser« bezeichnet (die Kaiserproklamation fand ja erst am 18. 1. 1871 statt). So war die Verfassung »in der Tat ein Monstrum« (E. R. Huber). Deshalb mußte der am 3. 3. 1871 gewählte erste deutsche Reichstag über eine vom Bundesrat vorgelegte formelle Neuredaktion der Verfassung beschließen, in der u. a. die Bezeichnungen »Deutscher Bund« und »Bundespräsidium« durch »Deutsches Reich« und »Kaiser« ersetzt wurden. Die Zentrumsfraktion benutzte die Revisionsverhandlungen im Reichstag zu dem Versuch, auch eine materielle Revision der Reichsverfassung durchzusetzen. Sie beantragte die Aufnahme einiger Grundrechte-Artikel der preußischen Verfassung (Garantie der Meinungs-, Versammlungs- und Vereinigungsfreiheit, der Bekenntnis- und Kultusfreiheit und der Unantastbarkeit der kirchlichen Selbstverwaltung und Vermögensrechte) in die Reichsverfassung. Dieser Antrag schien eine liberale und unitarische Ausgestaltung der Reichsverfassung zu bezwecken, diente aber nur den kirchlichen Interessen. So verlangte er nicht die Aufnahme aller in der preußischen Verfassung garantierten Grundrechte in die Reichsverfassung, sondern nur derjenigen, an denen die Kirche interessiert war. Deshalb wurde er vom Reichstag mit großer Mehrheit abgelehnt. Bismarck bekämpfte den Zentrumsantrag, weil er die Kulturhoheit der einzelnen Bundesstaaten beschränkt und das sorgfältig ausbalancierte Verhältnis von unitarischen und föderativen Elementen im Reichsbau gestört hätte. Nach der Ablehnung des Zentrumsantrages nahm der Reichstag die neu redigierte Reichsverfassung fast einstimmig an (nur 7 von 328 Abgeordneten stimmten dagegen)[3].

Das neue Deutsche Reich war ein *Bundesstaat*, dem 25 Einzelstaaten angehörten: die 4 Königreiche Preußen, Bayern, Sachsen und Württemberg, die 6 Großherzogtümer Baden, Hessen, Mecklenburg-Schwerin, Mecklenburg-Strelitz, Oldenburg und Sachsen-Weimar-Eisenach, die 5 Herzogtümer Anhalt, Braunschweig, Sachsen-Meiningen, Sachsen-Altenburg und Sachsen-Koburg-Gotha, die 7 Fürstentümer Reuß ältere Linie, Reuß jüngere Linie, Schwarzburg-Rudolstadt, Schwarzburg-Sondershausen, Lippe, Schaumburg-Lippe und Waldeck, die 3 Freien Städte Hamburg, Bremen und Lübeck. Dazu kam das Reichsland Elsaß-Lothringen. Nach dem Urteil der Liberalen war dies Reich ein unvollendeter Bau, der zu wenig Elemente der Einheit enthalte. *Inhaber der Souveränität* im Reich war nicht der Kaiser oder die Nation, sondern die verbündeten 22 Monarchen und die Senate der 3 Freien Städte waren gemeinsam Inhaber der Souveränität[4]. Nur im völkerrechtlichen Verkehr war der Kaiser alleiniger Souverän. Trotzdem blieb den Einzelstaaten das aktive und passive Gesandtschaftsrecht auch gegenüber dem Ausland erhalten, und Bayern unterhielt bis 1918 noch mehrere eigene diplomatische Vertretungen im Ausland (Österreich-Ungarn, Frankreich, Vatikan). Es gab keine Reichsministerien, sondern nur einen Reichsminister, den Reichskanzler. Erst allmählich wurde eine begrenzte Reichsverwaltung aufgebaut (s. Kap. 4). Das *Reichsheer* setzte sich aus Kontingenten der großen und mittleren Bundesstaaten zusammen. Neben dem preußischen Kriegsministerium und Großen Generalstab bestanden noch

Kriegsministerien in Bayern, Sachsen und Württemberg. Der Kaiser war zwar Oberbefehlshaber des Reichsheeres, jedoch traten die bayerischen Truppen nur im Kriegsfall unter seinen Oberbefehl; im Frieden hatte er nur ein Inspektionsrecht über die bayerischen Festungen und die Ausbildung des bayerischen Kontingents. Bayern und Württemberg behielten neben der *Reichspost* ihre eigenen Postverwaltungen. Finanzpolitisch war das Reich »Kostgänger der Einzelstaaten« (Bismarck). Die dem Reich zugewiesenen Einnahmen: Zölle (bis 1879 reine Finanzzölle), einige Verbrauchssteuern und die Reinerträge der Reichspost, reichten von vornherein nicht aus, um den Finanzbedarf des Reiches zu decken. Deshalb war es auf Matrikularbeiträge der Einzelstaaten angewiesen. Das *Gewicht der Einzelstaaten* war nach ihrer Größe sehr unterschiedlich. Preußen umfaßte fast zwei Drittel des Reichsgebiets und drei Fünftel der Reichsbevölkerung. 1871 hatte das Reich 41 Mill. Einwohner, von denen 24,7 Mill. in Preußen lebten. Von den übrigen Gliedstaaten des Reiches hatten 1871 nur vier mehr als 1 Mill. Einwohner: Bayern (5 Mill.), Sachsen (2,6 Mill.), Württemberg (1,8 Mill.) und Baden (1,5 Mill.). Dagegen gab es 8 Kleinstaaten, die nicht einmal 100000 Einwohner hatten. Preußen hatte also ein gewaltiges faktisches Übergewicht; es war größer und stärker als alle anderen Bundesstaaten zusammengenommen: Über die Hälfte des Reichsgebietes und der Reichsbevölkerung waren preußisch; die wichtigsten Rohstoffgebiete und Industrien Deutschlands lagen in Preußen; mehr als zwei Drittel des Reichsheeres waren preußische Truppen. Dem Kaiser standen die Machtmittel, die er als König von Preußen besaß, zu Gebote, und hinter dem Reichskanzler stand die Macht des preußischen Staatsministeriums; denn er war – abgesehen von zwei kurzen Unterbrechungen 1873 und 1892 bis 1894 – gleichzeitig auch preußischer Ministerpräsident.

Das große *Übergewicht Preußens* machte es möglich, die Reichsverfassung so föderativ zu gestalten und nicht nur das kulturelle, sondern auch das politische Eigenleben der Einzelstaaten (s. Kap. 6) zu erhalten, ohne den Zusammenhalt des Reiches zu gefährden. Dieser *föderative Charakter der Reichsverfassung* war nicht nur in den zahlreichen Reservatrechten der Einzelstaaten institutionalisiert, sondern auch in der Stimmenverteilung im *Bundesrat*, dem Organ, durch das die Einzelstaaten an der Reichsgesetzgebung teilnahmen. Von den insgesamt 58 Bundesratsstimmen entfiel weniger als ein Drittel (17) auf Preußen. Es konnte also im Bundesrat überstimmt werden. Jedoch konnte Preußen mit seinen Bundesratsstimmen eine Änderung der Militärgesetze, der Zolltarifgesetze und der Reichsverfassung verhindern (Art. 5, 35, 37 und 78 der Reichsverfassung). Gegen eine Änderung der Reichsverfassung konnten jedoch auch drei oder vier der Mittelstaaten gemeinsam eine Sperrminorität (14 Stimmen reichten dafür aus) zustande bringen.

In der Publizistik der Zentrumspartei und der bayerischen Patriotenpartei ist in den ersten Jahren nach der Reichsgründung die Befürchtung geäußert worden, das übermächtige Preußen werde die anderen deutschen Bundesstaaten einfach erdrücken und »verpreußen«. Und nach dem Ersten Weltkriege wurden die Bestrebungen zur Auflösung Preußens damit motiviert, daß die Existenz eines übermächtigen Teilstaates mit dem Prinzip des Föderalismus unvereinbar sei. Die Regierungen der außerpreußischen Bundesstaaten des Kaiserreichs waren jedoch nicht dieser Ansicht. Ihnen war der große Einzelstaat Preußen der beste Garant für die Bewahrung des Föderalismus und des Eigenlebens der einzelnen Bundesstaaten[5]. Deshalb hat sich im Bundesrat in wichtigen Fragen auch nie eine Front der Mittelstaaten gegen Preußen gebildet. Nur in untergeordneten Fragen – so bei der Entscheidung über den Sitz des Reichsgerichts (s. Kap. 4), bei der Milderung des Jesuitengesetzes (s. Kap. 22) und bei der Reichs-Elektrizitätssteuer – ist Preußen im Bundesrat überstimmt worden.

Die *innere Reichspolitik* ist in den ersten 25 Jahren nach der Reichsgründung von Preußen aus geführt worden, und die wichtigsten Reichsgesetz-Entwürfe wurden in den preußischen Ressort-Ministerien ausgearbeitet. In den 90er Jahren kehrte sich das Verhältnis Reich–Preußen um. Die seit 1878 neu geschaffenen Reichs-Ressorts, die *Reichsämter*, übernahmen die Führung der Reichspolitik, und seit 1897 wurden alle Reichsgesetz-Entwürfe von den Reichsämtern ausgearbeitet. Wenn im Reich ein Kanzlerwechsel stattfand, bekam Preußen mit dem neuen Kanzler einen neuen Ministerpräsidenten infolge der Personalunion zwischen diesen beiden Ämtern. Seit 1880 erhielten regelmäßig mehrere *Reichsstaatssekretäre* Sitz und Stimme im preußischen Staatsministerium. Durch diese »Staatssekretarisierung Preußens«, wie man es nannte (s. Kap. 4), sollten die Interessen der Reichspolitik innerhalb der Regierung seines größten Bundesstaates stärker vertreten werden. Und seit 1897 wurde die preußische Vertretung im Bundesrat immer stärker mit hohen Reichsbeamten durchsetzt. Die Staatssekretäre der Reichsämter gehörten als solche dem Bundesrat nicht an; denn der Bundesrat war ja die Vertretung der verbündeten einzelstaatlichen Regierungen. Aber seit der Jahrhundertwende wurden die Staatssekretäre der Reichsämter zu preußischen Bundesratsbevollmächtigten ernannt. In mehreren wichtigen Ausschüssen des Bundesrats – für Finanzen, Handel und Verkehr, Justizwesen – ging um die Jahrhundertwende der Vorsitz von den preußischen Ressortministern auf die Reichsstaatssekretäre über, die formell zwar die preußische Regierung vertraten, de facto aber die Reichsleitung und die Interessen der Reichspolitik. Und neben den Staatssekretären arbeiteten in den Bundesratsausschüssen auch die Ministerialdirektoren der Reichsämter mit. Preußen wurde also, gerade weil es der größte unter den Bundesstaaten war und weil die Kronen des Reiches und Preußens und die Ämter des Reichskanzlers und des preußischen Ministerpräsidenten in Personalunion verbunden waren, viel stärker an die Reichspolitik gebunden als die übrigen deutschen Bundesstaaten. Damit begann das allmähliche Aufgehen Preußens in Deutschland[6].

Während dem Kaiserreich der Einbau der Einzelstaaten mit ihrer alten eigenstaatlichen Tradition ohne Erschütterung gelungen ist, hat es für andere Verfassungsprobleme keine befriedigende Lösung gefunden: das Verhältnis von politischer und militärischer Führung, die Machtverteilung zwischen Monarchie und Volksvertretung, die Arbeiterfrage, das Verhältnis von Nationalstaat und nationalen Minderheiten.

Politische und militärische Führung waren im Deutschen Reich im Unterschied zu anderen europäischen Staaten nur in der Person des Monarchen vereint. Hier hatte das Reich die preussische Verfassung und die preußische Staatspraxis übernommen. Gewiß bedurfte der Kaiser für alle seine Regierungsakte der Gegenzeichnung des Reichskanzlers, der damit die Verantwortung übernahm. Und ein *Kanzler*, von dessen Bereitschaft zur Gegenzeichnung und zur Verantwortungsübernahme der Kaiser abhängig war, war nicht nur ein »Willenswerkzeug« und »Gehilfe« des Kaisers, wie die damals herrschende Staatsrechtslehre (so vor allem Laband) annahm. Der Kanzler war vielmehr Leiter der Reichspolitik. Das war er jedoch nur

17

im zivilen Bereich. Auf den militärischen Bereich konnte er lenkend und kontrollierend nur dort einwirken, wo eine Gegenzeichnungspflicht für die Willensäußerungen des Kaisers bestand. Das war aber nur der Bereich der Militärverwaltung (Wehretat, Heeresstärke, Rekrutierung, Ausrüstung, Versorgung und Verpflegung der Truppen). Alle »Kommandosachen« (militärische Planung, Stellenbesetzung, Organisation, Ausbildung, Disziplin, Mobilisierung und Einsatz der Truppen) – also alle Fragen, die sich auf die Verwendung des militärischen Machtinstruments bezogen – unterlagen der alleinigen militärischen Kommandogewalt des Monarchen und waren der ministeriellen Gegenzeichnung und Verantwortlichkeit entzogen. Diese Trennung von Militärverwaltung und Militärkommando war in Preußen nach der Einführung der Verfassung und des Parlaments entwickelt worden, um das Militär dem Einfluß des Parlaments zu entziehen. Sie wurde vom Reich übernommen. Somit stand dem Leiter der Reichspolitik das militärische Machtinstrument mit seiner Führung unabhängig gegenüber. Konflikte zwischen politischem und militärischem Denken, zwischen politischer und militärischer Führung waren in der deutschen Verfassung angelegt und konnten dann nur durch den Kaiser entschieden werden. Wie und zu wessen Gunsten solche Konflikte entschieden wurden, hing davon ab, ob der Kaiser mehr für die politischen oder für die militärischen Argumente aufgeschlossen war. Und da die Monarchen aus dem Hause Hohenzollern vor ihrer Thronbesteigung zwar eine militärische Ausbildung erhielten und militärische Kommandos innehatten, aber so gut wie gar keine Erfahrungen in der zivilen Verwaltung sammelten, waren ihre Affinität zum militärischen Denken und damit die Einflußmöglichkeiten der hohen Militärs auf den Monarchen sehr groß[7]. Ein Kanzler wie Bismarck konnte kraft seines Ansehens den Primat der politischen Führung behaupten; seinen Nachfolgern ist das nicht mehr gelungen (s. Kap. 17, 27, 28, 30).

Während die politische Führung in der Person des Reichskanzlers konzentriert war, gab es im *militärischen Bereich* unterhalb des Kaisers keine militärische Kommandostelle für die gesamten Streitkräfte des Reiches. Vielmehr stand eine relativ große Zahl von Generalen und Admiralen (1871 waren es 23, 1914 infolge der Heeresvermehrung 32) immediat zum Kaiser, d. h. sie hatten das Recht, dem Kaiser Vortrag zu halten, ohne daß andere Stellen darüber informiert werden mußten. Das waren zunächst die engsten militärischen Berater des Kaisers, die Chefs des Militärkabinetts und des (1889 eingerichteten) Marinekabinetts. Sie hielten dem Kaiser täglich Vortrag und berieten ihn in den Personalangelegenheiten und auch in anderen militärischen Kommandofragen. Dadurch war ihr Einfluß sehr groß. Sie bildeten geradezu eine geheime, nur dem Kaiser verantwortliche militärische Nebenregierung[8]. Immediat zum Kaiser standen auch der Chef des preußischen Großen Generalstabes und der Chef des Admiralstabes, der preußische Kriegsminister und die Kommandierenden Generale der Armeekorps (mit Ausnahme der bayerischen Armeekorps wegen der Sonderstellung der bayerischen Armee). Diese große Zahl von immediat stehenden hohen Militärs öffnete Generalen und Admiralen mit politischem Ehrgeiz einen leichten Zugang zum Monarchen, führte aber andrerseits auch zu Rivalitäten zwischen verschiedenen militärischen Kommandostellen und zu mangelhafter Koordination in der militärischen Planung (s. Kap. 24 u. 29).

Das Verhältnis von monarchischer Gewalt und *Volksvertretung* im Reich und in seinen Einzelstaaten wurde durch das Prinzip der *konstitutionellen Monarchie* bestimmt, das der frühere Deutsche Bund aufgestellt hatte. Danach waren die Monarchen alleinige Inhaber der Souveränität; sie besaßen die volle Regierungsgewalt, und die Volksvertretungen waren nur an der Feststellung des Inhalts der Gesetze und des Budgets beteiligt. Der Reichskanzler war zwar im Prinzip dem Reichstag verantwortlich; aber diese Verantwortlichkeit war »nicht zu einem Rechtsinstitut gestaltet« (Laband). Er konnte daher nicht durch ein Mißtrauensvotum des Reichstags gestürzt werden. Deshalb war die Verantwortlichkeit des Kanzlers für den Reichstag faktisch bedeutungslos. Der Wechsel im Kanzleramt hing allein von der Entscheidung des Kaisers und den Einflüssen in der Umgebung des Kaisers ab. Die Kanzlerwechsel des Kaiserreichs beruhten daher bis zum Ersten Weltkriege nicht auf Konflikten zwischen Kanzler und Reichstag, sondern auf Vertrauenskrisen zwischen dem Reichskanzler und dem Kaiser.

In den Bereich der vom Parlament nicht beeinflußten und kontrollierten monarchischen Regierungsgewalt gehörte auch die *auswärtige Politik*. Nur diejenigen völkerrechtlichen Verträge, die sich auf die Reichsgesetzgebung über Handel, Verkehr, Zölle u. ä. bezogen, bedurften auch der Zustimmung des

Reichstags. Alle übrigen völkerrechtlichen Verträge (vor allem Bündnis- oder Friedensverträge) wurden allein vom Kaiser ratifiziert. Lediglich für die Kriegserklärung bedurfte der Kaiser, sofern nicht das Reichsgebiet unmittelbar angegriffen wurde, der Zustimmung des Bundesrats, aber nicht des Reichstags. (Für die deutschen Kriegserklärungen im August 1914 wurde die Zustimmung des Bundesrats erst nachträglich eingeholt!) Dies monarchische Privileg für den Abschluß völkerrechtlicher Verträge war die verfassungsrechtliche Voraussetzung dafür, daß das System der Geheimdiplomatie und Geheimverträge aus dem Zeitalter des Absolutismus in das Zeitalter des Konstitutionalismus übernommen werden konnte.

Im Gegensatz zu seiner im Vergleich mit den west- und nordeuropäischen Parlamenten geringen Machtfülle war der *Reichstag* nach seinem Wahlrecht bereits eine Institution der modernen Massendemokratie; denn er wurde nach dem allgemeinen, gleichen, direkten und geheimen Wahlrecht gewählt. Die Mandate wurden nicht nach der Verhältniswahl, sondern nach der absoluten Mehrheitswahl vergeben. In Wahlkreisen, in denen im ersten Wahlgang kein Kandidat die absolute Mehrheit gewann, fand eine Stichwahl zwischen den beiden Kandidaten statt, die im ersten Wahlgang die meisten Stimmen bekommen hatten. Dies Wahlrecht begünstigte diejenigen Parteien, deren Wählerstamm in bestimmten Gebieten zusammengeballt und nicht gleichmäßig über das ganze Reichsgebiet verteilt war: das Zentrum (in den Gebieten mit starker katholischer Mehrheit) und die Konservativen (in den ländlichen Gebieten Ostdeutschlands). Das Stichwahlsystem ermöglichte auch Wahlbündnisse zwischen einzelnen Parteien, und es konnte dahin führen, daß Parteiengruppierungen, die der Stimmenzahl nach in der Minderheit geblieben waren, eine beträchtliche Mandatsmehrheit erhielten (s. Kap. 16 u. 26).

Das allgemeine, gleiche *Reichstagswahlrecht* war von Bismarck in die Verfassung des Norddeutschen Bundes und dann des Deutschen Reiches eingebaut worden, weil er in der Zeit der Reichsgründung noch mit einem starken, für die Reichseinheit gefährlichen Partikularismus der Einzelstaaten rechnete und weil er einen auf breiter Basis gewählten Reichstag als kräftiges unitarisches Gegengewicht gegen partikularistische Tendenzen einzusetzen gedachte. Diese Erwartungen erwiesen sich schon bald als falsch. Als Verbündeter zur Abwehr einzelstaatlicher Sonderungsbestrebungen wurde der Reichstag nie gebraucht. Und je mehr im Reichstag die Bestrebungen zur Ausdehnung der Befugnisse des Parlaments und zur Parlamentarisierung der Regierungsform hervortraten, um so mehr bedauerten Bismarck und seine Nachfolger die Einführung des allgemeinen, gleichen Wahlrechts für den Reichstag als einen Fehler[9].

Hinter der Spannung zwischen dem in seinen Rechten beengten Reichstag und der monarchischen Regierungsgewalt trat schon bald als eine noch schwerere Belastung des Reichsgefüges die *Arbeiterfrage* hervor. In der Zeit der Reichsgründung machte die Arbeiterklasse etwa ein Fünftel des deutschen Volkes aus, 1882 schon ein Viertel und 1907 ein Drittel. Hier ging es nicht nur um Fragen der Lebenshaltung und der sozialen Sicherung, sondern vor allem um die Eingliederung der Arbeiter als gleich berechtigte Mitglieder in den politischen und sozialen Bau des Reiches und seiner Gliedstaaten. Wenn auch das Reichstagswahlrecht allgemein und gleich war und wenn auch alle Deutschen vor dem Gesetz formell gleich waren, so konnten doch die Arbeiter ihre vitalen Interessen nicht mit dem gleichen Gewicht vertreten wie die anderen sozialen Gruppen. In den Landtagen der am stärksten industrialisierten Einzelstaaten, Preußen und Sachsen, und in der kommunalen Selbstverwaltung konnte die Arbeiterklasse wegen des dort geltenden Klassenwahlrechts ihre Stimme auch nicht annähernd so stark zur Geltung bringen, wie es ihrer Zahl entsprochen hätte. In der sozialpolitischen Auseinandersetzung mit ihren Kontrahenten, den Unternehmern, wurden die Arbeiter durch scharfe Begrenzung des Koalitions- und Streikrechts behindert: Um jede Form von Koalitionszwang zu unterbinden, bedrohte die vom Norddeutschen Bund übernommene Reichsgewerbeordnung in ihren Bestimmungen über Koalitionen und Streiks (§ 153 GO) auch solche Handlungen mit Strafe, die nach dem allgemeinen Strafrecht nicht strafbar oder allenfalls Antragsdelikte waren. Formell galten diese Bestimmungen auch für die Koalitionen der Arbeitgeber, jedoch konnten diese aufgrund ihrer kleineren Zahl und ihrer sozialen Stellung den Koalitionszwang in einer Weise ausüben, daß ihnen keine strafbare Handlung nachzuweisen war. Faktisch war also nur den Arbeitern im sozialen Interessenkampf die Möglichkeit, ein solidarisches Verhalten der ganzen Gruppe zu verwirklichen, durch Strafandrohungen, die über das allgemeine Strafrecht hinausgingen, stark beengt. Gerade dieser

§ 153 der Gewerbeordnung wirkte auf die Arbeiter außerordentlich verbitternd. Überdies waren die sozialpolitischen Interessenvertretungen der Arbeiter, die *Gewerkschaften*, durch das Gesetz nur toleriert, aber nicht sanktioniert. Sie hatten nur das passive Prozeßrecht, d. h. sie konnten verklagt werden, konnten aber nicht selbst vor Gericht klagen. Schließlich hatten die Unternehmer gesellschaftliche und familiäre Verbindungen zur politischen und administrativen Führungsschicht, die den Arbeitern fehlten. So konnten sie sich nicht als gleichberechtigte Teilhaber am politischen und sozialen Bau des Reiches fühlen. Die volle politische und soziale Eingliederung der wachsenden Arbeiterklasse wurde das innenpolitische Hauptproblem des Kaiserreiches. Das war ein Verfassungsproblem, das mit den Mitteln bloßer sozialer Fürsorge nicht zu lösen war[10].

Das Deutsche Reich war nach dem Willen der bürgerlich-liberalen Nationalbewegung der *Nationalstaat* der Deutschen[11]. Aber dieser Nationalstaat hatte größere Gruppen anderer Nationalitäten innerhalb seiner Grenzen: zur Zeit der Reichsgründung 2,4 Millionen Polen (5,2% der Reichsbevölkerung, 10% der Bevölkerung Preußens) in den preußischen Ostprovinzen, über 80000 Dänen, 60000 Litauer; und auch die 1,5 Millionen Elsässer und Lothringer waren, obwohl in ihrer großen Mehrheit deutschsprachig, nach der langen Beeinflussung durch französisches Staatsdenken und französische Kultur ein *Nationalitätenproblem*. Diese Nationalitäten – mit Ausnahme der kleinen litauischen Gruppe – strebten aus dem deutschen Staatsverband heraus oder wollten doch mindestens, wie die Elsaß-Lothringer, ihr Eigenleben bewahren. Sie folgten auch bei den Reichstagswahlen nicht den deutschen politischen Parteien, sondern wählten überwiegend Volkstumsvertreter, die im Reichstag unter der Fraktionsbezeichnung »Polen«, »Elsässer« usw. auftraten. Selbst die sozialistische Bewegung im Reich, die sich grundsätzlich zum Internationalismus bekannte, wurde durch die Nationalitätenfrage gespalten. 1892 entstand eine »Polnische Sozialistische Partei in Preußen«, die sich als unabhängige Partei neben der SPD verstand[12].

Die *Polen* waren bis zur Reichsgründung loyale Angehörige des preußischen Staates gewesen, da das alte Preußen ihre nationale Eigenart respektiert und keine bewußte Germanisierungspolitik betrieben hatte. Denn das alte Preußen war kein nationales Machtgebilde, es hatte von seinen Untertanen nur Loyalität, nicht aber Nationalität verlangt. Das änderte sich mit der Reichsgründung. Darauf wies 1871 ein polnischer Reichstagsabgeordneter hin mit den Worten: »Wir wollen, meine Herren, bis Gott anders über uns bestimmt, unter preußischer Herrschaft bleiben; aber dem Deutschen Reich wollen wir nicht einverleibt sein.« Mit der Reichsgründung war Preußen die Hegemonialmacht des deutschen Nationalstaates geworden, und nun verlangten die preußische Regierung und die Parteien der Konservativen und der Nationalliberalen, daß die Polen und Dänen »gute Deutsche« werden sollten. Um die Minderheiten zu germanisieren, sollten ihre Muttersprachen auf den engsten privaten Bereich zurückgedrängt werden. Diesem Ziel dienten die verschiedenen *Sprachverordnungen:* 1872/73 wurde die deutsche Sprache zur alleinigen Unterrichtssprache (mit Ausnahme des Religionsunterrichts in den Anfangsklassen) in den polnischsprachigen Gebieten Preußens erklärt; seit 1876 war nur noch Deutsch als Geschäfts- und Amtssprache zugelassen, und 1878 wurde auch in Nordschleswig für die dänische Minderheit Deutsch zur Unterrichtssprache[13]. Diese *Germanisierungspolitik* wurde gegenüber den Polen durch Versuche zur Ansiedlung deutscher Bauern verschärft (s. Kap. 16 u. 26). In diesen Zwangsmaßnahmen wurde der Wandel vom Nationalgedanken des frühen 19. Jahrhunderts zum aggressiven Nationalismus des imperialistischen Zeitalters sichtbar. Dadurch wurden die Nationalitätenprobleme nicht gelöst, sondern immer mehr verschärft.

[1] Verfassungsgesch. u. Verfassungsprobleme d. Kaiserreichs sind ausführlich u. ausgezeichnet sowohl unter historischem als auch staatsrechtlichem Aspekt dargestellt von E. R. HUBER, Dt. Verfassungsgesch. seit 1789, Bd. 3: Bismarck u. das Reich (1963), Bd. 4: Struktur u. Krisen d. Reichs (1969).

[2] W. BUSCH, Die Kämpfe um Reichsverf. u. Kaisertum. 1870/71 (1906). G. GEISSLER, Zeitgenössische Kritik an der Bismarckschen Reichsgründung (Diss. Leipzig 1930). H. MARTIN, Die Stellung d. histor.-polit. Blätter zur Reichsgründung 1870/71, Zs. f. bayer. Landesgesch. 6 (1933). TH. SCHIEDER, Die kleindeutsche Partei in Bayern in den Kämpfen um die nationale Einheit 1863–1871 (1936). K. KRAUS, Der Kampf in der bayerischen Abgeordnetenkammer um die Versailler Verträge (Diss. Köln 1935). A. RAPP, Die Württemberger u. die nationale Frage 1863–1871 (1910). Th. SCHIEDER, Die Bismarcksche Reichsgründung von 1870/71 als gesamtdt. Ereignis, in: Stufen u. Wandlungen d. dt. Einheit (1943). K. Frhr. v. SCHOWINGEN, Der Reichsgedanke in Süddtld., HJb 62/69 (1949). G. G. WINDELL, The Catholics and German Unity 1866–1871 (1954).

[3] G. STOLTENBERG, Der Dt. Reichstag 1871–1873 (1955).

[4] P. LABAND, Das Staatsrecht d. Dt.

1. Die Verfassung und die politischen Parteien

Reiches (4 Bde. [5]1911–1914, Standardwerk der damals herrschenden Lehre im dt. Staatsrecht). E. v. Jagemann, Die dt. Reichsverfassung (1904). R. Smend, Ungeschriebenes Verfassungsrecht im monarchischen Bundesstaat, in: ders., Staatsrechtliche Abhandlungen ([2]1968).

[5] H. Triepel, Unitarismus u. Föderalismus im Dt. Reich (1907). H. Goldschmidt, Das Reich u. Preußen im Kampf um die Führung 1871–1918 (1931); gegen Goldschmidt, der den Gegensatz Unitarismus-Föderalismus im Kaiserreich stark herausarbeitet, hat R. Morsey, Die oberste Reichsverwaltung unter Bismarck 1867–1890 (1957) mit Recht betont, daß dieser Gegensatz mehr eine logische Antithese als historisch-politisch relevant gewesen sei.

[6] F. Hartung, Preußen u. das Dt. Reich seit 1871 (1932). S. A. Kaehler, Das preuß.-dt. Problem seit der Reichsgründung, Preuß. Jbb. 185 (1921). R. Dietrich, Preußen u. Dtld. im 19.Jh., in: Preußen, Epochen u. Probleme s. Gesch., hg. v. d. Histor. Gesellsch. zu Berlin (1931). Hartung, Kaehler u. Dietrich betonen sehr stark die Abhängigkeit d. Reiches von Preußen. Die These von d. Eigenständigkeit d. Reiches gegenüber Preußen u. vom allmählichen Aufgehen Preußens im Reich vertritt: K. E. Born, Preußen u. Dtld. im Kaiserreich (1967).

[7] G. Ritter, Staatskunst u. Kriegshandwerk (Bd. 1, [2]1959, Bd. 2, 1960). Hdb. zur dt. Militärgesch. 1648–1939, hg. v. H. Meyer-Welcker u. W. v. Grote, 3. Lfg.: 1890–1918 (1969). F. Frhr. Marschall v. Bieberstein, Verantwortlichkeit u. Gegenzeichnung bei Anordnungen d. Obersten Kriegsherrn (1911). H. Hass, Der Kanzler u. das Heer (1939). E. R. Huber, Heer u. Staat in d. dt. Gesch. ([2]1943). L. W. Hilbert, Les rapports entre les pouvoirs civil et militaire en Allemagne, en France et en Grande-Bretagne au début du XXe siècle (Thèse Nancy 1958).

[8] R. Schmidt-Bückeburg, Das Militärkabinett d. preuß. Könige u. dt. Kaiser (1933). H. O. Meisner, Militärkabi-

nett, Kriegsminister u. Reichskanzler z. Z. Wilhelms I., FBPG 50 (1938).

[9] J. Hatschek, Das Parlamentsrecht des Dt. Reiches 1 (1915). W. Pickavé, Die staatsrechtl. Stellung d. Reichskanzlers nach d. Bismarckschen Reichsverfassung v. 1871 (Diss. Ms. München 1950). K. E. Born, Regierte u. Regierung in der dt. Gesch. d. 19.Jh., in: Recueils de la Société Jean Bodin, Bd. 26: Gouvernés et Gouvernants (1965). Für die Gesch. d. Reichstags ist unentbehrlich das Nachschlagewerk von M. Schwarz, MdR. Biograph. Hdb. d. Reichstage (1965).

[10] Beste systematische Einführung in die wirtschaftl., sozialen u. rechtl. Aspekte d. Arbeiterfrage vor 1914: H. Herkner, Die Arbeiterfrage (2 Bde. [8]1922). Einen guten wirtschafts- u. ideengeschichtl. Überblick über die dt. Arbeiterbewegung bis 1890 bietet C. Jantke, Der vierte Stand (1955). Zum Problem d. Koalitionsrechts: H. Kollmann, Die Entstehungsgesch. d. dt. Koalitionsgesetzgebung, in: Strafrechtliche Abhandlungen 191 (1916). Zur wirtschaftl. Lage d. Arbeiter: J. Kuczynski, Die Gesch. d. Lage d. Arbeiter unter dem Kapitalismus 3 (1964). W. Köllmann, Polit. u. soziale Entwicklung d. dt. Arbeiterschaft 1850–1914, VSWG 50 (1964).

[11] Th. Schieder, Das dt. Kaiserreich von 1871 als Nationalstaat (1961).

[12] H. U. Wehler, Sozialdemokratie u. Nationalstaat, Die dt. Sozialdemokratie u. die Nationalitätenfragen in Dtld. von Karl Marx bis zum Ausbruch des I. Weltkriegs (1962).

[13] O. Hauser, Preuß. Staatsräson u. nationaler Gedanke (1960, behandelt das Nationalitätenproblem in Nordschleswig). G. Gothein, Die preuß. Polenpolitik, in: Patria (1909). M. Laubert, Die preuß. Polenpolitik 1772–1914 ([3]1944, materialreich, aber tendenziös antipolnisch). W. Frauendienst, Preuß. Staatsbewußtsein u. polnischer Nationalismus, Preuß.-dt. Polenpolitik 1815 bis 1890, in: Das östliche Dtld. (1959). R. W. Tims, Germanizing Prussian

Poland (1941). H. ROTHFELS, Bismarck, der Osten u. das Reich (²1960). J. MAI, Die preuß.-dt. Polenpolitik 1885–1887 (1962). H. U. WEHLER, Die Polenpolitik im dt. Kaiserreich 1871–1918, in: Polit. Ideologien u. nationalstaatl. Ordnung (Festschr. f. Th. Schieder 1968).

b. Die politischen Parteien[1]

Bis 1871 gab es in Deutschland mit Ausnahme der damals noch zahlenmäßig schwachen Sozialdemokratie keine politische Partei, deren Organisation sich über ganz Deutschland erstreckte. Zwar hatten sich überall die politischen Richtungen des Liberalismus, der Konservativen und des politischen Katholizismus formiert, aber sie bildeten von Einzelstaat zu Einzelstaat eigene Parteien unter verschiedenen Namen. Erst nachdem mit der Reichsgründung der deutsche Reichstag als gesamtdeutsche Volksvertretung entstanden war, wuchsen im Laufe der 70er Jahre die einzelstaatlichen Parteien zu deutschen, das gesamte Reichsgebiet umfassenden Parteien zusammen. Abgesehen von der Sozialdemokratie besaßen diese Parteien noch keine feste Organisation. Sie waren vielmehr lockere Vereinigungen von Honoratioren auf der Grundlage gleicher Weltanschauung. Organisatorisch existierten sie nur in den Parlamenten als *Fraktionen*. Aber auch diese Fraktionen waren keine festen Blöcke. Die einzelnen Abgeordneten waren recht unabhängig; sie finanzierten auch ihren Wahlkampf selbst. Einen wirksamen Fraktionszwang gab es noch nicht, und nicht selten kam es vor, daß ein Abgeordneter von einer Fraktion zur anderen wechselte. Außerhalb der Parlamente traten die Parteien als Organisationen fast nur in den Wahlkämpfen als lokale Wahlkomitees oder Wahlvereine auf. Im übrigen manifestierten sich die politischen Parteien außerhalb der Parlamente vor allem in den großen ihnen nahestehenden *Zeitungen:* die Deutsch-Konservativen in der ›Neuen Preußischen Zeitung‹ (auch ›Kreuz-Zeitung‹ genannt, Berlin), die Freikonservativen in der ›Post‹ (Berlin), die Nationalliberalen in der ›National-Zeitung‹ (Berlin) und der ›Kölnischen Zeitung‹, die Linksliberalen in der ›Vossischen Zeitung‹ (Berlin), der ›Frankfurter Zeitung‹ und dem ›Berliner Tageblatt‹, das Zentrum in der ›Germania‹ (Berlin); die führende sozialdemokratische Parteizeitung war der ›Vorwärts‹ (1876–1878 Leipzig, ab 1891 Berlin). Neben diesen großen, im ganzen Reich verbreiteten Zeitungen gab es eine Fülle regionaler Parteizeitungen[2].

1. Die Verfassung und die politischen Parteien

Bis zum Ende der 80er Jahre nahm die Masse des Volkes am politischen Leben nur wenig teil. Das zeigt der Umfang der *Wahlbeteiligung* bei den Reichstagswahlen: 1871 gab nur die Hälfte der Wahlberechtigten ihre Stimme ab, und bis 1884 erreichte die Wahlbeteiligung noch nicht einmal zwei Drittel (1884: 60,3%). Das änderte sich seit den 80er Jahren. Durch die staatliche Intervention in die wirtschaftlichen und sozialen Verhältnisse (s. Kap. 12 u. 13) wurde das politische Interesse gesteigert, und die Wahlbeteiligung nahm zu: Bei der Reichstagswahl 1887 gaben 77,2% der Wahlberechtigten ihre Stimme ab, und bei den Reichstagswahlen 1907 und 1912 erreichte die Wahlbeteiligung über 84%. Mit der zunehmenden Differenzierung der wirtschaftlichen und sozialen Interessen bildeten sich große wirtschaftliche und soziale Interessenverbände (s. Kap. 2), die durch Zuschüsse zur Finanzierung der Wahlkämpfe und durch Beteiligung an der Aufstellung der Wahlkandidaten auf die Parteien einwirkten. Damit wandelte sich die Struktur der *politischen Parteien*. Sie bildeten sich aus lockeren Honoratiorenvereinigungen zu fest organisierten Parteien mit starken ökonomischen und sozialen Interessenteneinflüssen um. Bei der Reichstagswahl 1878 wurde diese Entwicklung zum ersten Mal sichtbar[3]. Da der Reichskanzler und die leitenden Minister der Einzelstaaten nicht aus den Reihen des Parlaments gewählt, sondern allein vom Kaiser oder den einzelnen Landesfürsten ernannt wurden, gab es für die deutschen Parteien nicht den Wechsel zwischen der Rolle der Regierungspartei und der Opposition. Keine der deutschen Parteien hatte die Aussicht, jemals zu regieren und politisch zu führen. Sie hatten nur die Wahl, entweder gouvernemental zu sein, d. h. eine Regierung zu unterstützen, an deren Zustandekommen sie nicht beteiligt waren und deren Programm sie nicht mitbestimmt hatten, oder in Opposition zu stehen.

Die gouvernementale Rolle war denjenigen Parteien am leichtesten und häufigsten möglich, die mit der politischen Struktur des Reiches grundsätzlich einverstanden waren und die zugleich diejenigen Gesellschaftsschichten politisch repräsentierten, aus denen die hohen Beamten und Militärs stammten. Das waren die beiden konservativen Parteien und die Nationalliberalen. Die katholische Zentrumspartei und die Linksliberalen konnten nur unter besonderen Konstellationen gelegentlich als *gouvernementale* Parteien auftreten (s. Kap. 22 u. 26). Dauernd zur Oppositionsrolle verurteilt war die Sozialdemokratie, obwohl sie seit 1890 bei allen Reichstagswahlen die relativ meisten Stimmen erhielt (zur mandatsstärksten Partei wurde sie aufgrund des absoluten Mehrheitswahlrechts erst 1912). Von den großen Parteien konnte man also drei als überwiegend gouvernemental und drei als oppositionell bezeichnen. Und da der Rollenwechsel zwischen Regierungs- und Oppositionspartei fehlte, erschien die Stellung der Parteien zur Regierung wie ein dauerndes positives oder negatives Verhältnis zum bestehenden Staat schlechthin. Das verleitete die hohen Beamten, die Offiziere, viele Unternehmer und die Konservativen dazu, die deutschen Parteien in »Reichstreue« (Konservative und Nationalliberale) und »Reichsfeinde« (Sozialdemokraten, Linksliberale und Zentrum) zu klassifizieren[4].

Unter den politischen Richtungen hatte in der Reichsgründungszeit der *Liberalismus* die stärkste Resonanz in Deutschland. Von den 382 Abgeordneten des ersten Reichstages waren 202 Liberale. Sie konnten die Reichsgründung nicht nur als Erfolg der preußischen Politik, sondern auch als einen Sieg der liberalen Nationalstaatsidee betrachten; denn die politische Einigung Deutschlands unter preußischer Führung und unter gleichzeitigem Ausschluß Österreichs war ja schon 1848/49 ihr Programm gewesen. Der deutsche Liberalismus formierte jedoch keine einheitliche Partei. Im Reichstag traten immer zwei bis vier liberale Parteien auf[5].

Den rechten Flügel des Liberalismus bildete die *Nationalliberale Partei*. Sie war in erster Linie die politische Repräsentanz des protestantischen Bildungsbürgertums und industriellen Großbürgertums. Obwohl sie rückhaltlos die preußische Hegemonie in Deutschland befürwortete, war sie keine »preußische« Partei in dem Sinne, daß die Masse ihrer Wähler in Preußen beheimatet gewesen wäre. Vielmehr lagen die von den Nationalliberalen beherrschten Wahlkreise hauptsächlich in Baden, Württemberg, Hessen, in der (zu Bayern gehörenden) Pfalz, in Thüringen, Mecklenburg und in der erst seit 1866 preußischen Provinz Hannover. In den altpreußischen Provinzen wirkte die Erbitterung des Verfassungskonfliktes der 60er Jahre so stark nach, daß im liberalen Lager die oppositionelle linksliberale Richtung dominierte. Im Unterschied zu den Linksliberalen war den Nationalliberalen die Verwirklichung des nationalen Machtstaates ebenso wichtig wie die Verwirklichung des liberalen und nationalen Rechtsstaates. Deshalb traten sie für eine starke militärische Streitmacht ein und unterstützten später die Kolonialpolitik, und deshalb gehörten sie auch zu den treibenden Kräften der Germanisierungspolitik gegenüber der polnischen und dänischen Minderheit. In der Verfassungsfrage waren die Nationalliberalen Anhänger der bestehenden konstitutionellen Monarchie. Das ermöglichte ihnen die Rolle der gouvernementalen Partei, jedoch nicht ohne Vorbehalte und Spannungen. Denn während sie überzeugte Konstitutionelle waren und innerhalb dieses Systems der Volksvertretung soviel Einfluß wie möglich sichern wollten, betrachteten Bismarck und die konservativen hohen Beamten den Konstitutionalismus als unvermeidliches Übel und suchten dem Reichstag so wenig Einfluß wie möglich einzuräumen. Diese Spannung führte 1880 zur Spaltung der Nationalliberalen Partei (s. Kap. 12). Seit der Abspaltung des linken Flügels traten in der Nationalliberalen Partei unter dem Einfluß Miquels die liberalen Züge in den Hintergrund, während sie sich politisch immer mehr den Konservativen näherte. Sie trat jetzt nicht mehr für die Parlamentarisierung des Regierungssystems ein, sondern verteidigte gemeinsam mit den Konservativen die bestehende politische und soziale Ordnung gegen die Arbeiterbewegung und gegen die Verfassungsreformbestrebungen des Linksliberalismus[6].

Der *Linksliberalismus* blieb bis 1910 in mehrere Parteien zersplittert. Im ersten Reichstag waren drei linksliberale Gruppen vertreten: die Fortschrittspartei, die Liberalen ohne Fraktionsbindung und die Deutsche Volkspartei. Nach dem Verschwinden der Liberalen (1881) trat als neue linksliberale Gruppe die Liberale Vereinigung (der abgespaltene linke Flügel der Nationalliberalen) auf. 1884 vereinigten sich Fortschrittspartei und Liberale Vereinigung zur Deutschen Freisinnigen Partei; 1893 trennten sie sich wieder in Freisinnige Volkspartei und Freisinnige Vereinigung. 1910 schlossen diese beiden Parteien sich mit der Deutschen Volkspartei zur Fortschrittlichen Volkspartei zusammen.

Diese langdauernde organisatorische Zersplitterung beruhte nicht auf tiefgreifenden politischen Differenzen, sondern auf internen persönlichen Rivalitäten und unterschiedlichen taktischen Überlegungen. Nur die *Deutsche Volkspartei* hatte ein gegenüber den anderen linksliberalen Gruppen abweichendes Programm. Sie setzte die Tradition der 48er Demokraten fort. Die Volkspartei war republikanisch gesinnt, wollte aber die Monarchie solange dulden, als die Mehrheit der Wähler mit der

Monarchie einverstanden war. Im Gegensatz zu den anderen linksliberalen Gruppen bekämpfte die Deutsche Volkspartei den wirtschaftlichen Liberalismus und trat für die sozialpolitische Intervention des Staates ein. Diese sozialstaatliche Orientierung verdankte sie vor allem Leopold *Sonnemann*, der in den 60er Jahren mit Bebel in der Arbeiterbewegung zusammengearbeitet hatte (bis zur Gründung der Sozialdemokratischen Partei). Sonnemann war auch der Begründer und langjährige Inhaber der ›Frankfurter Zeitung‹. Der Schwerpunkt der Deutschen Volkspartei lag in Württemberg; außerhalb Süddeutschlands konnte sie nicht Fuß fassen[7].

Die größeren linksliberalen Parteien fanden ihre Wähler vornehmlich unter den Angehörigen der freien Berufe und unter den Handwerkern. Ihr regionaler Schwerpunkt lag dort, wo die härteste Auseinandersetzung zwischen Regierung und Parlament stattgefunden hatte: in Preußen (Berlin, Niederschlesien und Schleswig-Holstein). Wie die Nationalliberalen waren die Linksliberalen monarchisch gesinnt, kämpften aber für die Umwandlung der konstitutionellen Monarchie in eine parlamentarische Monarchie nach englischem Vorbild. Politische Freiheit im Staat und Freiheit der Wirtschaft waren ihre Ideale. Deshalb bekämpften sie alles, was zur Steigerung der Staatsmacht und zur Reglementierung der Wirtschaft führen konnte: hohe Militärausgaben, Kolonialpolitik, Schutzzölle und staatliche Sozialpolitik. Vom Standpunkt des wirtschaftlichen Liberalismus aus waren sie entschiedene Gegner der Sozialdemokratie. Die Arbeiterfrage wollten sie nicht durch staatliche Fürsorgepolitik lösen, sondern durch soziale Freiheit, durch das Recht der Arbeiter zur Selbsthilfe (Wahlrechtsverbesserung und freiheitliches Koalitionsrecht)[8].

Nach der Jahrhundertwende, als die ältere Generation der linksliberalen Führer (Eugen Richter, Ludwig Bamberger, Albert Hänel) abtrat, wurde der wirtschaftspolitische Dogmatismus gemildert, und die Linksliberalen gewannen ein tieferes soziales Verständnis der Arbeiterfrage und auch ein neues Verhältnis zur Sozialdemokratie. Bei grundsätzlicher Ablehnung des Sozialismus sahen sie nun in dem parlamentarisch-demokratischen Verhalten der Sozialdemokratie Möglichkeiten zu teilweiser politischer Zusammenarbeit mit der SPD (besonders im Kampf um die Parlamentarisierung der Regierungsform), und es kam nach 1900 auch zu gelegentlichen Wahlbündnissen zwischen Linksliberalen und Sozialdemokratie. Um diese »Öffnung nach links« bemühten sich vor allem Friedrich Naumann[9] und Theodor Barth[10]. *Naumann* war aus der liberalen Richtung der Evangelisch-Sozialen Bewegung (s. Kap. 13) hervorgegangen. Viel stärker als die anderen Linksliberalen erkannte er den Zusammenhang zwischen außenpolitischen und innenpolitischen Problemen. So forderte er einerseits die parlamentarische Demokratie als politische Voraussetzung für die Lösung der Arbeiterfrage und für die Einigkeit der Nation nach außen, andererseits wünschte er eine kraftvolle Machtpolitik unter der Führung des Kaisertums, damit Deutschland sich im Daseinskampf und im Ringen um den Weltmarkt behaupten könne (Naumann, Demokratie und Kaisertum, 1900). Nachdem Naumann mit seiner eigenen Parteigründung, dem *Nationalsozialen Verein* (1896), bei der Reichstagswahl 1903 gescheitert war, schloß er sich im gleichen Jahr der Freisinnigen Vereinigung an. Naumann und Barth gehörten 1910 zu den treibenden Kräften bei der Vereinigung der linksliberalen Parteien zur Fortschrittlichen Volkspartei.

Für die *konservativen Parteien*, die besonders stark an die einzelstaatliche Tradition und an die einzelstaatlichen Dynastien gebunden waren, bedeutete die Reichsgründung den Zwang zur politischen Umorientierung. Das gilt auch für die Konservativen des Hegemonialstaates Preußen. Nur die Freikonservativen (s. u.) und eine kleine Gruppe der Preußisch-Konservativen Partei unter Moritz v. Blanckenburg unterstützte Bismarcks deutsche Politik vorbehaltlos. Die übrigen, an der Spitze die konservativen Parteihäupter Ludwig v. Gerlach, Hans v. Kleist-Retzow und Karl v. Waldow-Steinhöfel, bewahrten skeptische Zurückhaltung. Sie kritisierten aus legitimistischen Gründen die Beseitigung deutscher Dynastien in Hannover, Kurhessen und Nassau (1866), sie lehnten die Zusammenarbeit mit den Liberalen ab, und sie fürchteten, daß Preußen im Deutschen Reich seine Eigenständigkeit verlieren würde. Dadurch geriet die *Preußisch-Konservative Partei* nach 1871 in eine innere Krise und in einen mehrjährigen Gegensatz zu Bismarck. Sie spaltete sich in eine »altkonservative« Fraktion, die erbittert Opposition leistete, und in eine »neue konservative« Fraktion unter Wilhelm v. Rauchhaupt und Bismarcks Bruder Bernhard, welche die deutsche und preußische Regierungspolitik unterstützte. Die Polemik der Altkonservativen gegen Bismarck fand ihren Höhepunkt 1875 in den »Ära«-Artikeln Perrots in der ›Kreuz-Zeitung‹, in denen Bismarck rechtswidrige Bereicherung vorgeworfen wurde. Als Bismarck darauf mit einem scharfen Angriff gegen die Zeitung antwortete, bekundeten Hunderte von »Deklaranten«, Landadlige und evangelische Pfarrer, in Zuschriften an die ›Kreuz-Zeitung‹ ihre Zustimmung zur Haltung des konservativen Parteiblattes. Damit war jedoch der Höhepunkt der Kontroverse zwischen dem Kanzler und seinen alten Parteifreunden überschritten. Die Spaltung im konservativen Lager und der Bruch der »Altkonservativen« mit Bismarck hatten den Konservativen bei den Wahlen zum preußischen Abgeordnetenhaus 1873 und zum Reichstag 1874 schwere Niederlagen eingetragen: Von 116 Sitzen im preußischen Abgeordnetenhaus hatten sie nur 32 und von 54 Reichstagssitzen nur 21 behalten. Bald nach diesen konservativen Wahlniederlagen begann Bismarck seine Zusammenarbeit mit den Liberalen zu lockern, und es zeigte sich, daß Preußen in der föderativen Struktur des Reiches seine Eigenständigkeit bewahren konnte. – So blieb es wenigstens in der Bismarck-Zeit. – Alle diese Momente führten dazu, daß die Konservativen sich mit der Reichsgründung abfanden und mit Bismarck aussöhnten. Damit wurde auch der Weg zur Überwindung der Spaltung der Preußisch-Konservativen Partei frei. 1876 schlossen sich »Altkonservative« und »Neukonservative« zur »Deutschkonservativen Partei« unter der Führung von Otto von Helldorf-Bedra zusammen. Mit dem neuen Namen bekundete die Partei, daß sie die Reichsgründung akzeptierte und daß sie nunmehr im ganzen Reichsgebiet wirken wollte[11].

Trotzdem blieb die *Deutschkonservative Partei* auf Preußen und hier wiederum auf die agrarischen Ostgebiete beschränkt. Westlich der Elbe hatte sie nur einen sicheren Wahlkreis (Minden). Der preußische Landadel bestimmte den Kurs der Partei. Sie betrachtete die Einführung des allgemeinen gleichen Wahlrechts im Reich als eine verhängnisvolle Konzession Bismarcks an den Liberalismus und verteidigte um so hartnäckiger das preußische Klassenwahlrecht. Monarchisch-legitimistisches Denken verband sich mit der Vertretung aristokratischer und agrarischer Interessen. Seit der Gründung des Bundes der Landwirte (s. Kap. 2) wurde das politische Profil der Partei immer stärker durch die agrarische Interessenbindung bestimmt. Gegenüber den modernen Entwicklungen: der Industrialisierung, der Arbeiterbewegung und den Verfassungsreformbestrebungen, nahmen die Deutschkonservativen eine starre und sterile Abwehrhaltung ein[12]. Nur vorübergehend trat unter den Konservativen eine sozialpolitisch aktive Gruppe hervor. Der evangelische Hofprediger *Adolf Stoecker* wollte durch politische Agitation und ein Programm staatlicher Sozialpolitik, das auch eine sozialdemokratische Forderung – die progressive Einkommensteuer – übernahm, die Arbeiter für die Kirche und für die Monarchie zurückgewinnen. 1878 gründete er eine Christlichsoziale Partei und schloß sich mit ihr 1879 den Deutschkonservativen an. Als sich aber seit 1893 die Konservativen einseitig auf die Vertretung der agrarischen Interessen konzentrierten, mußte Stoecker mit seiner kleinen christlich-sozialen Gruppe 1896 aus der Deutschkonservativen Partei ausscheiden[13].

Mit Stoecker kam der *Antisemitismus* in die deutsche Politik. Er selbst vertrat einen religiös motivierten Antisemitismus, der sich nicht gegen die getauften oder die mosaisch-gläubigen Juden, sondern gegen das aufgeklärte Reformjudentum richtete. Der von ihm propagierte Antisemitismus ging bald über ihn hinweg und weitete sich zum rassischen Antisemitismus aus, der von wirtschaftlichen und sozialen Neidgefühlen gespeist wurde. Die Antisemiten traten seit 1890 als eigene politische Partei auf und gewannen 1893 sogar 16 Reichstagssitze. In den späteren Jahren zersplitterte sich die antisemitische Partei; aber ihr antisemitischer Radikalismus beeinflußte die konservative Wahlpropaganda, die nun im Kampf um die für antisemitische Parolen empfänglichen Mittelstandsgruppen ebenfalls antisemitische Töne anschlug[14].

Eine Mittelstellung zwischen den Deutschkonservativen und den Nationalliberalen nahmen die Freikonservativen ein. Die *Freikonservative Partei* hatte sich 1867/68 in der Auseinandersetzung um die Indemnitätsvorlage (s. Bd. 15, Kap. 13) gebildet. Nach der Reichsgründung nahm sie den Namen »Reichspartei« an. Die Freikonservativen waren diejenige Partei, die Bismarcks Politik bedingungslos unterstützte. Sie waren konstitutionell, widerstrebten aber jeder Parlamentarisierung. Die liberale Komponente der Freikonservativen zeigte sich in der Kulturpolitik, d. h. im preußischen Abgeordnetenhaus. Hier stimmten sie in kulturpolitischen Fragen mit den Liberalen gegen das Zentrum und oft auch gegen die Deutschkonservativen. Während die Deutschkonservativen eindeutig durch die Großagrarier bestimmt wurden, hatten die Freikonservativen sowohl agrarische als auch industrielle Interessenbindungen. Der

Gründer und langjährige Vorsitzende der Partei, *Wilhelm von Kardorff*, war ein schlesischer Rittergutsbesitzer, gehörte aber auch zu den Gründern des Centralverbandes Deutscher Industrieller (s. Kap. 2), dessen Ehrenmitglied er später war. Wegen der doppelten Interessenbindung stimmte die Partei in wirtschafts- und handelspolitischen Fragen nicht einhellig ab, sondern teilte sich hier in einen agrarischen Flügel – das war die Mehrheit der Partei – und in einen industriellen Flügel unter der Führung des Abgeordneten und Industriellen Carl v. Stumm-Halberg. Da die Freikonservativen in der ›Post‹ eine bedeutende Zeitung besaßen und da sie gute Verbindungen zur Regierung und zum Hof hatten – Stumm gehörte zu den Vertrauten Bismarcks und Wilhelms II. –, war ihr politischer Einfluß größer, als es ihrer Abgeordnetenzahl entsprach[15].

Der *politische Katholizismus* hatte 1871 in Preußen durch das Zentrum und in Bayern durch die »Patrioten-Partei« zwei starke Vertretungen. Die katholischen Abgeordneten des preußischen Abgeordnetenhauses hatten sich im Sommer 1870 unter der Führung Peter Reichenspergers und des ehemaligen hannoverschen Ministers Ludwig Windthorst zu einer neuen Partei auf konfessioneller Grundlage zusammengeschlossen. Den Namen *Zentrum* übernahm die Partei von der alten katholischen Fraktion des preußischen Abgeordnetenhauses, die sich im preußischen Verfassungskonflikt aufgelöst hatte. Den Anstoß zur Neugründung der katholischen Partei gab die Entstehung eines kleindeutschen Nationalstaates mit einem protestantischen Fürstenhaus und einem starken Einfluß liberaler Gedanken. Diesem protestantisch-liberalen Übergewicht gegenüber sollte die neue Partei die Interessen des katholischen Volksteiles vertreten. Wenn auch die Partei keine rein konfessionelle, sondern eine politische Partei sein wollte, so gab ihr doch die starke Betonung der kirchen- und kulturpolitischen Programmpunkte ein durchaus konfessionelles Gepräge. Der Kulturkampf (s. Kap. 5, 6 u. 13) hat den konfessionellen Charakter des Zentrums noch verstärkt[16]. Da das Zentrum im Gegensatz zum Zentralismus der liberalen Parteien entschieden föderalistisch gesinnt war, fand es enge Verbindung zu denen, die mit dem neuen Reich unzufrieden waren: Welfen, Polen, Elsässer.

Die *bayerische Patriotenpartei* stimmte in den kulturpolitischen Fragen mit dem Zentrum völlig überein, war aber in der

Reichsgründungszeit noch extrem partikularistisch und anti-preußisch. Erst allmählich mäßigte sich der Partikularismus der Patriotenpartei zum Föderalismus, danach war der Weg zur Verschmelzung mit dem Zentrum offen (1887)[17].

Im Unterschied zu anderen Parteien hatte das *Zentrum* keine ausgeprägte soziale Bindung an bestimmte Gesellschaftsschichten. Solange der Kulturkampf die Katholiken zu einer Kampf-gemeinschaft zusammenschweißte, sind dem Zentrum aus der Vielfalt der sozialen Interessen keine nennenswerten Spannungen erwachsen. Es wurde von einer Gruppe politischer Honoratioren aus den Reihen des akademisch gebildeten Bürgertums (Ludwig Windthorst, Peter und August Reichensperger) und des rheinischen, westfälischen, schlesischen und bayerischen Adels (v. Mallinckrodt, v. Franckenstein, v. Schor-lemer-Alst, Graf Ballestrem) geführt[18].

Seit dem letzten Jahrzehnt des 19. Jh. wandelte sich auch das Zentrum aus einer Honoratiorenvereinigung in eine fest organisierte Massenpartei. Grundlage für den organisatorischen Zusammenhalt und für die außerparlamentarische Arbeit wurde der 1890 gegründete *Volksverein für das katholische Deutschland*. Er sollte ursprünglich den katholischen Standpunkt vertreten und den propagandistischen Kampf gegen die Sozialdemokratie führen. Aber unter dem Einfluß des Geistlichen Franz Hitze und des Unternehmers Franz Brandts wuchs er bald über diese Aufgabenstellung hinaus und widmete sich der politischen Massenarbeit und vor allem der Sozialpolitik. Dadurch wurde er zur Schule der katholischen Sozialpolitiker[19].

Mit der Entwicklung des Zentrums zur Massenpartei und mit dem zunehmenden Einfluß sozialer und wirtschaftlicher Interessen auf die politischen Parteien führte die Vielfalt der im Zentrum vertretenen Interessen zu Spannungen und zur Bildung zweier *rivalisierender Flügel*. Im linken Flügel gruppierten sich diejenigen, die dem Volksverein und den Christlichen Gewerkschaften (s. Kap. 2) nahestanden. Sie traten für die Verbesserung des Koalitionsrechts der Arbeiter, für den Ausbau der Sozialversicherung und vor allem für eine Demokratisierung der Verfassung, für die Umwandlung der konstitutionellen Monarchie in eine parlamentarische Monarchie ein. Die führenden Köpfe dieses demokratischen Flügels waren Franz Hitze, August Pieper, Julius und Carl Bachem, Carl Trimborn. In der Reichstagsfraktion bildete dieser Flügel die Mehrheit. Der konservative Flügel (Frhr. v. Hertling, Peter

Spahn, Roeren) hielt demgegenüber an der konstitutionellen Monarchie mit starker monarchischer Gewalt fest und stemmte sich den Entwicklungstendenzen der industriellen Massengesellschaft entgegen. In den Landtagen der Einzelstaaten, in denen die kulturpolitischen Fragen eine große Rolle spielten, trat diese konservative Richtung des Zentrums stärker hervor. So ergaben sich *widersprüchliche Tendenzen in der Politik des Zentrums:* Die Reichstagsfraktion strebte die Demokratisierung der Verfassung an, und die Zentrumsfraktion im preußischen Abgeordnetenhaus verteidigte das preußische Dreiklassenwahlrecht. Die Spannungen zwischen dem demokratischen und dem konservativen Flügel entluden sich im letzten Jahrzehnt vor dem Ersten Weltkrieg in einem heftigen Konflikt, der nach außen als ein Streit um den konfessionell-katholischen oder überkonfessionell-christlichen Charakter der Zentrumspartei und der Christlichen Gewerkschaften (Gewerkschaftsstreit, s. Kap. 2) ausgetragen wurde. Den Anstoß zur Auseinandersetzung um Konfessionalität oder Überkonfessionalität der Partei (»Zentrumsstreit«) gab ein Artikel von Julius Bachem ›Wir müssen aus dem Turm heraus!‹ 1906 in den ›Historisch-politischen Blättern für das katholische Deutschland‹. Bachems Forderung nach einer überkonfessionellen christlichen Partei stellte die konservative Richtung die Idee der konsequent katholischen Partei entgegen. In dem langen erbitterten Streit fanden die Vertreter der konservativen Richtung Unterstützung bei hohen Klerikern und bei der Kurie. Schließlich setzte sich die »Kölner Richtung« Bachems mit Hilfe der starken rheinischen Parteiorganisation durch, ohne daß aber das Zentrum protestantische Wähler gewinnen konnte[20].

Deutschland war das erste Land, in dem eine dauerhafte und starke *sozialistische Partei* entstand. Zur Zeit der Reichsgründung bestanden noch zwei rivalisierende sozialistische Parteien nebeneinander: der Allgemeine Deutsche Arbeiterverein und die Sozialdemokratische Arbeiterpartei. Durch die Reichsgründung wurde der Streit um die deutsche Frage zwischen den kleindeutsch-preußisch orientierten Lassalleanern und den großdeutsch gesinnten Führern der Arbeiterpartei hinfällig. Der Rücktritt Schweitzers, der ein erbitterter Gegner von Marx, Engels und Bebel war, vom Vorsitz des Arbeitervereins förderte ebenfalls die Annäherung der beiden Parteien. Schließlich begünstigte die staatliche Verwaltungspraxis, die das Vereins- und Versammlungsrecht gegen beide Parteien mit gleicher Schärfe handhabe, das Zusammenwachsen der beiden sozialistischen Parteien. 1875 schlossen sie sich in Gotha zur *Sozialistischen Arbeiterpartei Deutschlands* (der Name »Sozialdemokratische Partei Deutschlands« wurde erst 1891 mit dem Erfurter Programm angenommen) zusammen und formulierten ihre Ziele im *Gothaer Programm*. Nur einige Punkte dieses Programms waren marxistisch im eigentlichen Sinn (so die kritische Charakterisierung des Kapitalismus, der Hinweis auf den internationalen Charakter der Arbeiterbewegung und die Feststellung, daß die Befreiung der Arbeit das Werk der Arbeiterklasse sein müsse). Die meisten Punkte des Gothaer Programms waren nicht spezifisch marxistisch, sondern sozialistisch im Sinne Lassalles und radikaldemokratisch. Sie forderten die Errichtung von Arbeiter-Produktivgenossenschaften mit staatlicher Unterstützung, Einführung des allgemeinen, gleichen Wahlrechts bei *allen* Wahlen, Unentgeltlichkeit der Schulbildung, Ersetzung des stehenden Heeres durch eine Miliz und Einführung eines Normalarbeitstages. Diese Ziele wollte die Partei »mit allen gesetzlichen Mitteln« erreichen. Marx hat in einem Brief an den sozialdemokratischen Parteivorstand heftige und auch kleinliche Kritik geübt. Diese ›Kritik des Gothaer Programms‹ ist erst 1891 im Druck veröffentlicht worden[21].

Marx' Kritik am Gothaer Programm war deshalb so heftig, weil die Partei, die sich dies Programm gegeben hatte, eben nicht marxistisch im vollen Sinne des Wortes war. Und das ist die deutsche Sozialdemokratie nie gewesen. Ihr grundsätzliches Bekenntnis zum Marxismus hinderte nicht, daß auch andere geistige Strömungen in ihr wirksam waren, vor allem die Tradition der demokratisch-nationalen Bewegung von 1848. Und im Gegensatz zu Marx und Engels war für die führenden Männer der deutschen Sozialdemokratie (Bebel, Wilhelm Liebknecht, Hasenclever) der deutsche demokratische Einheitsstaat nicht nur eine Etappe auf dem Wege zur sozialen Revolution, sondern ein Wert an sich. Die »Reichsfeindschaft« der Sozialdemokratie und ihre starke internationale Ausrichtung in den ersten 25 Jahren nach der Reichsgründung waren dadurch bedingt, daß einmal die Reichsgründung, so wie sie 1871 zustandegekommen war, der Arbeiterbewegung keinen Platz ließ und daß zum andern nach der Reichsgründung die noch nicht gelöste soziale Frage in den Vordergrund trat. So wurde durch die innenpolitische Frontstellung des Kaiserreichs das nationaldemokratische Erbe in der Sozialdemokratie für eine Generation verdrängt[22].

In den 90er Jahren geriet die Sozialdemokratie in eine langdauernde innere *ideologische Auseinandersetzung*. Sie wurde dadurch ausgelöst, daß die Thesen von Marx und Engels, die auf Beobachtungen im zweiten Drittel des 19. Jh. beruhten, mit der tatsächlichen Entwicklung am Ende des Jahrhunderts nicht übereinstimmten. Während Marx die zunehmende relative Verelendung der Arbeiter, die Bildung zweier scharf geschiedener Klassen und eine Kette von Wirtschaftskrisen bis zum Zusammenbruch des Kapitalismus prognostiziert hatte, setzte nach 1890 ein kräftiger Konjunkturaufschwung ein, an dem die Arbeiter der Industrieländer mit steigenden Nominal- und Reallöhnen teilnahmen, und statt der scharfen Scheidung in zwei Klassen trat eine stärkere soziale Differenzierung ein. Innerhalb der Sozialdemokratie erkannte als erster der bayerische Sozialdemokrat *Georg v. Vollmar*, daß das sozialdemokratische Programm und die sozialdemokratische Politik der veränderten Situation angepaßt werden müßten. In einer Reihe von Reden im Münchner »Eldorado« forderte er 1891 die SPD auf, nicht starr auf dem reinen Ideal zu beharren und statt einer Politik des »alles oder nichts« eine Politik praktischer Teilerfolge zu verfolgen, um auf diesem Wege das Ziel des Sozialismus zu erreichen[23].

Vollmar wandte sich als praktischer Politiker gegen das starre Festhalten an der reinen Theorie. Die Marxsche Theorie als solche stellte er dabei noch nicht in Frage. Erst einige Jahre später, als die SPD bereits die Politik der Teilreformen und Teilerfolge im Sinne Vollmars betrieb, unternahm es *Eduard Bernstein*, in einer Reihe von Artikeln in der sozialdemokratischen Zeitschrift ›Neue Zeit‹ einige Theorien von Marx kritisch zu prüfen und für falsch zu erklären. Er folgerte daraus, daß die SPD nicht auf die Revolution warten und sich darauf vorbereiten müsse, sondern daß sie das Endziel des Sozialismus durch praktische Wirksamkeit für Teilerfolge und Teilreformen anstreben müsse; dafür sei die Ausnutzung der parlamentarischen Möglichkeiten und das Zusammengehen mit anderen (d. h. bürgerlichen) Parteien notwendig. Bernsteins Aufsätze, die 1899 als Buch unter dem Titel ›Die Voraussetzungen des Sozialismus und die Aufgaben der Sozialdemokratie‹ veröffentlicht wurden, bedeuteten für die politische Praxis der

SPD nichts Neues; denn die hier beschriebene Politik betrieb sie schon. Bernstein verlangte von der SPD im Grunde nur, daß sie ihr politisches Programm und ihre politische Theorie in Übereinstimmung mit ihrer politischen Praxis brachte. Trotzdem wurde sein *Revisionismus* von Bebel, Kautsky und Rosa Luxemburg erbittert bekämpft, ohne daß er mit seinen Anhängern aus der Partei ausgeschlossen wurde. Die lautstarke Verdammung des Revisionismus, besonders auf dem Dresdner Parteitag (1903), hat den deutschen Regierungen und den meisten bürgerlichen Parteien lange ein falsches Bild von der Sozialdemokratie vermittelt. Sie überdeckte die tatsächliche Entwicklung der SPD zu einer demokratischen Reformpartei. Je mehr die jüngere, in den Gewerkschaften geschulte Generation (Ebert, Noske, Scheidemann) in die Parteispitze nachrückte, um so mehr Anhänger fand der Bernsteinsche Revisionismus. Und 1907 gab Bebel das Signal zum Abbruch des ideologischen Kampfes gegen die »Revisionisten«[24].

[1] Eine umfassende Darstellung d. dt. Parteigesch. fehlt noch. Beste Einführung in ihre Probleme: TH. SCHIEDER, Die geschichtl. Grundlagen u. Epochen d. dt. Parteiwesens, in: ders., Staat u. Gesellschaft im Wandel unserer Zeit (1958). Gute Überblicke bieten L. BERGSTRÄSSER, Gesch. der politischen Parteien in Deutschland ([10]1960) und W. TORMIN, Gesch. der deutschen Parteien (1969). Als kluge Analyse eines Zeitgenossen immer noch lesenswert: F. NAUMANN, Die politischen Parteien in Deutschland (1910). D. FRICKE (Hg.), Die bürgerlichen Parteien in Deutschland 1830–1845, 2 Bde. (1968/70).

[2] E. v. d. NAHMER u. K. BUCHHEIM, Beiträge zur Gesch. der Kölnischen Zeitung (2 Bde. 1920–1930). K. LÖFFLER, Gesch. d. kath. Presse Dtlds. (1924). A. BUCHHOLTZ, Die Vossische Zeitung (1904). Gesch. d. Frankfurter Zeitung, hg. v. Verlag d. Frankf. Zeitung (1911).

[3] A. BORELL, Die soziologische Gliederung des Reichsparlaments als Spiegelung d. polit. u. ökonomischen Konstellationen (Diss. Gießen 1933). E. LEDERER, Das ökonomische Element u. die polit. Idee im modernen Parteiwesen, Zs. f. Politik 5 (1913). L. ROSENBAUM,

Beruf u. Herkunft d. Abgeordneten zu den dt. u. preuß. Parlamenten 1847–1919 (Frankfurt 1923). TH. NIPPERDEY, Die Organisation d. dt. Parteien vor 1918 (1961). R. MICHELS, Zur Soziologie d. Parteiwesens in der modernen Demokratie (1925, Ndr. 1957). J. H. KNOLL, Die Elitebildung im Liberalismus d. Kaiserreichs (Diss. Erlangen 1956).

[4] Hierzu s. SCHIEDER (Anm. 1); ferner E. PIKART, Die Rolle d. Parteien im dt. konstitutionellen System vor 1914, Zs. f. Politik NF 8 (1962).

[5] O. KLEIN-HATTINGEN, Gesch. des dt. Liberalismus (2 Bde. 1911/12). F. SELL, Die Tragödie des dt. Liberalismus (1953).

[6] E. BRANDENBURG, 50 Jahre nationalliberale Partei (1917). H. KALKOFF, Nationalliberale Parlamentarier 1866 bis 1917 d. Reichstags u. d. Einzellandtage, Beiträge z. Parteigesch. (1917). J. HEYDERHOFF u. P. WENTZCKE, Dt. Liberalismus im Zeitalter Bismarcks, Eine polit. Briefsammlung 2 (1926). H. ONCKEN, Rudolf v. Bennigsen (2 Bde. 1910). H. HERZFELD, Johannes v. Miquel (2 Bde. 1938).

[7] L. SONNEMANN, 12 Jahre im Reichstag, hg. v. A. GIESEN (1901). F. v.

PAYER, Die Dt. Volkspartei u. die Bismarcksche Politik (in: Patria 1908).

[8] L. PARISIUS, Die Dt. Fortschrittspartei 1861–1878 (1879). Ders., Leopold Frhr. v. Hoverbeck (2 Bde. 1897–1900). E. RICHTER, Im alten Reichstag (2 Bde. 1894–1896). F. RACHFAHL, Eugen Richter u. der Linksliberalismus im neuen Reich, Zs. f. Pol. 5 (1912). L. ULLSTEIN, E. Richter als Publizist u. Herausgeber (1930). L. KELSCH, Ludwig Bamberger als Politiker (Diss. Jena 1933). W. BUSSMANN, Zwischen Revolution u. Reichsgründung, Die polit. Vorstellungswelt von Ludwig Bamberger, in: Schicksalswege dt. Vergangenheit (Festschr. f. S. A. Kaehler 1950). L. BAMBERGER, Bismarcks großes Spiel, Die geheimen Tagebücher Bambergers, hg. v. E. FEDER (1932).

[9] F. NAUMANN, Werke, hg. v. TH. SCHIEDER u. W. UHSADEL (5 Bde. 1964 bis 1967). TH. HEUSS, Friedrich Naumann ([2]1949). W. CONZE, Friedrich Naumann, Grundlagen u. Ansatz s. Politik in der nationalsozialen Zeit, in: Schicksalswege dt. Vergangenheit (Festschr. f. S. A. Kaehler 1950). R. NÜRNBERGER, Imperialismus, Sozialismus u. Christentum bei Fr. Naumann, HZ 170 (1950). M. WENCK, Die Gesch. d. Nationalsozialen 1895–1903 (1905).

[10] K. WEGNER, Theodor Barth u. d. Freisinnige Vereinigung, Studien z. Gesch. d. Linksliberalismus im Wilhelminischen Dtld. 1893–1910 (1968).

[11] G. RITTER, Die preuß. Konservativen u. Bismarcks dt. Politik 1858–1876 (1913). H. BOOMS, Die Dt.konservative Partei (1954). H. v. PETERSDORFF, Kleist-Retzow (1907). E. L. v. GERLACH, Aufzeichnungen aus s. Leben u. Wirken, hg. v. J. v. GERLACH (2 Bde. 1903).

[12] E. v. HEYDEBRAND, Beitr. zu einer Gesch. d. konserv. Partei in d. letzten 30 Jahren (1888–1918), Konserv. Monatsschr. 77 (1920). F. W. GF. v. LIMBURG-STIRUM, Aus d. konserv. Politik d. Jahre 1890 bis 1905 (1921). H. J. PUHLE, Agrarische Interessenpolitik und preußischer Konservativismus im wilhelminischen Reich 1893–1914 ([2]1966).

[13] S. A. KAEHLER, Stoeckers Versuch, eine christl.-soz. Arbeiterpartei in Berlin zu gründen, in: Festschr. F. Meinecke (1922). W. FRANK, Hofprediger Adolf Stoecker u. d. christl.-soz. Bewegung ([2]1935).

[14] K. WAWRZINEK, Die Entstehung d. dt. Antisemitenparteien 1873–1890 (1927). P. W. MASSING, Rehearsal for Destruction, A Study of Political Antisemitism in Imperial Germany (1949).

[15] A. WOLFSSTIEG, Die Anfänge d. freikonservativen Partei, in: Festschr. H. Delbrück (1908). K. VIEBIG, Die Entstehung u. Entwicklung d. Reichs- u. Freikonservativen Partei (1920). S. v. KARDORFF, Wilhelm v. Kardorff (1936). F. HELLWIG, Carl Frhr. v. Stumm-Halberg (1936).

[16] K. BACHEM, Vorgesch., Gesch. u. Politik d. dt. Zentrumspartei (8 Bde. 1927–1931). K. BUCHHEIM, Gesch. d. christlichen Parteien in Dtld. (1953). J. SCHAUFF, Die dt. Katholiken u. die Zentrumspartei (1928).

[17] M. POLL, Edmund Jörgs Kampf für eine christl. u. großdt. Volks- u. Staatsordnung (1936).

[18] E. HÜSGEN, Ludwig Windthorst (1907). A. REUMONT, L. Windthorst ([2]1920). L. PASTOR, August Reichensperger (2 Bde. 1899). O. PFÜLF, Hermann v. Mallinckrodt (1892).

[19] E. RITTER, Die kath.-soz. Bewegung Dtlds. im 19. Jh. u. der Volksverein (1954). K. H. GRENNER, Wirtschaftsliberalismus u. kath. Denken, Ihre Begegnung u. Auseinandersetzung im Dtld. des 19. Jh. (1967).

[20] K. HOEBER, Der Streit um den Zentrumscharakter (1912). A. BETZ, Beiträge zur Ideengesch. d. Staats- u. Finanzpolitik d. Zentrums 1870–1918 ([2]1930). E. J. DUNNE, The German Center Party in Empire and Republic (Diss. Washington D. C. 1950). K. EPSTEIN, Erzberger's Position in the Zentrumsstreit before World War I, The Catholic Hist. Rev. 44 (1958). R. GROSCHE, Der geschichtl. Weg d. dt. Katholizismus aus dem Ghetto, in:

2. Die sozialen Strukturen

Der Weg aus d. Ghetto (1955). Knappe Zusammenfassungen auf neuestem Forschungsstand in: H. Lutz, Demokratie im Zwielicht, Der Weg d. dt. Katholiken aus dem Kaiserreich in die Republik 1914–1925 (1963), u. R. Morsey, Die dt. Zentrumspartei 1917–1923 (1966).

[21] Gesamtdarstellungen d. Sozialdemokratie: F. Mehring, Gesch. d. Sozialdemokratie (4 Bde. [12]1922; in vielem überholt u. einseitig, doch glänzend geschrieben u. immer noch lesenswert). Gesch. d. dt. Arbeiterbewegung, hg. v. Institut f. Marxismus-Leninismus beim ZK d. SED, Bd. 1 u. 2 (1966/67). D. Fricke, Die dt. Arbeiterbewegung 1869–1890 (1964). Ders., Zur Organisation u. Tätigkeit d. dt. Arbeiterbewegung 1890–1914 (1962). F. Osterroth u. D. Schuster, Chronik d. Sozialdemokratie (1963). G. Roth, The Social Democrats in Imperial Germany (1963).

[22] W. Conze u. D. Groh, Die Arbeiterbewegung in der nationalen Bewegung, Die dt. Sozialdemokratie vor, während u. nach der Reichsgründung (1966). W. Mühlbradt, Wilh. Liebknecht, die Gründung d. dt. Sozialdemokratie u. d. nationale Staat (1956).

[23] R. Jansen, Georg v. Vollmar (1958).

[24] E. Bernstein, Der Revisionismus in der Sozialdemokratie (1909). E. Rikli, Der Revisionismus, Zürcher Volkswirtsch. Forschungen 25 (1936). H. Johannsen, Der Revisionismus in der dt. Sozialdemokratie 1890–1914 (Diss. Ms. Hamburg 1954). P. Gay, Das Dilemma d. demokrat. Sozialismus, Eduard Bernsteins Auseinandersetzung mit Marx (dt. 1954). C. E. Schorske, German Social Democracy 1905 to 1917 (1955). Ch. Gneuss, Um den Einklang von Theorie u. Praxis, E. Bernstein u. der Revisionismus, in: Marxismus-Studien, 2. F. (1967). E. Matthias, Kautsky u. der Kautskyanismus (ebd.). R. W. Reichard, Karl Kautsky and the German Social Democratic Party 1869 bis 1914 (1951). C. J. H. Hayes, Influence of Political Tactics on Socialist Theory in Germany 1863–1914, in: A History of Political Theory, hg. v. C. E. Merriman u. H. E. Barnes (1924). G. A. Ritter, Die Arbeiterbewegung im Wilhelminischen Reich 1890–1900 ([2]1963). D. Groh, Die »vaterlandslosen Gesellen« und das Vaterland, Sozialdemokratie u. Staat bis zum Vorabend d. I. Weltkriegs (1968).

Kapitel 2
Die sozialen Strukturen

Die *Bevölkerung* des Deutschen Reiches wuchs zwischen 1871 und 1914 von 41 auf über 65 Millionen. Unter den souveränen Staaten stand das Reich – gemessen an der Volkszahl – 1871 an dritter Stelle (hinter China und Rußland), 1914 an vierter Stelle (hinter China, Rußland und den Vereinigten Staaten von Nordamerika). In den ersten 20 Jahren nach der Reichsgründung waren für die wachsende Bevölkerung innerhalb der Reichsgrenzen noch nicht genügend Erwerbsmöglichkeiten vorhanden. Deshalb wanderten bis 1895 noch 2,37 Millionen Deutsche aus, zum größten Teil in die Vereinigten Staaten. Als zu Beginn der 90er Jahre die freie Landnahme in den Vereinigten Staaten aufgehört und gleichzeitig in Deutschland wie in Westeuropa ein starker und dauerhafter Konjunkturaufschwung eingesetzt hatte, brach die deutsche *Auswanderung* ab. Zwischen 1896 und 1913 wanderten nur noch 476000 Menschen aus Deutschland aus, und diese Auswanderung wurde übertroffen durch die *Einwanderung*. Das hochindustrialisierte Deutschland, in dem seit der Jahrhundertwende Vollbeschäftigung herrschte, zog viele ausländische Einwanderer an. Seit 1905 lebten ständig über eine Million ausländische Staatsangehörige im Reich; dazu kamen noch jährlich fast eine Million russische, polnische und italienische Saisonarbeiter[1].

Obwohl zur Zeit der Reichsgründung die *Industrialisierung* in Deutschland schon kräftig eingesetzt hatte, überwog 1871 noch die Landwirtschaft und die *ländliche Bevölkerung*. Zwei Drittel des deutschen Volkes wohnten noch in ländlichen Gemeinden, und 6 Millionen waren noch in der Land- und Forstwirtschaft tätig (gegenüber 5 Mill. in der Industrie und im Bergbau). Am Vorabend des Ersten Weltkriegs war infolge der Hochindustrialisierung die Zahl der in der Industrie und im Bergbau Erwerbstätigen mit 9,5 Millionen fast doppelt so groß wie diejenige der in der Landwirtschaft Erwerbstätigen.

Die Verschiebung des Schwergewichts von der Landwirtschaft zur Industrie hatte eine starke *Binnenwanderung und Verstädterung* zur Folge. Während 1871 erst 36,1% des deutschen Volkes in städtischen Gemeinden lebten, waren es 1910 schon 60,1%. Am stärksten war das Wachstum der großstädtischen Bevölkerung. Ihr Anteil stieg von 4,8% auf 21,3%. In Schlesien, Mitteldeutschland und Südwestdeutschland vollzog sich diese Verstädterung durch Zuzug aus dem ländlichen Umland in die nächstgelegene Industriestadt. Dagegen resultierten das Wachstum Berlins zum großen Teil und das Wachstum der Städte des Ruhrgebiets fast ausschließlich aus der Zuwanderung aus den 5 Ostprovinzen Preußens (Pommern, Ost- und Westpreußen, Posen, Schlesien). Diese Provinzen hatten infolge des Landesausbaues nach der preußischen Agrarreform noch lange die stetig wachsende Bevölkerung aufnehmen und ernähren können. Als mit dem Ende des Landesausbaues die Aufnahmefähigkeit der Provinzen für weiteren Bevölkerungszuwachs erschöpft war, begann die Abwanderung (seit 1860), zunächst als Auswanderung und als Binnenwanderung in den Raum Berlin. Die Abwanderung verstärkte sich, als in der Agrarkrise der 70er Jahre die industriellen Löhne einen großen Vorsprung vor den ländlichen Arbeitslöhnen gewannen. Seit

1880 ging die Binnenwanderung der Ostdeutschen in der Hauptsache als Ost-West-Wanderung in das rheinisch-westfälische Industriegebiet[2].

Durch die *Ost-West-Wanderung* verschob sich nicht nur das wirtschaftliche, sondern auch das Bevölkerungsschwergewicht Preußens allmählich aus den östlichen Stammprovinzen in die westlichen Provinzen, die weniger mit der preußischen Staatstradition verbunden waren. War 1871 noch Schlesien die volkreichste preußische Provinz, so war es 1910 mit weitem Vorsprung die Rheinprovinz. Und Westfalen, dessen Volkszahl 1871 noch kleiner gewesen war als diejenige Ostpreußens, hatte 1910 doppelt soviel Einwohner wie Ostpreußen.

Die Binnenwanderung und die Verstädterung wirkten sich auch auf die Erfolgschancen der politischen Parteien bei den Reichstagswahlen aus. In der Zeit der Reichsgründung waren die Wahlkreise so eingeteilt worden, daß sie je etwa 100000 Einwohner hatten. Jedoch war den 8 Kleinstaaten, die weniger als 100000 Einwohner hatten, je ein Wahlkreis zur Reichstagswahl eingeräumt worden. Diese Wahlkreiseinteilung blieb unverändert bis 1918. Da sich nun die Bevölkerungszahl der Industriegebiete vervielfachte, während sie in den ländlichen Gebieten stagnierte, entstanden gewaltige Unterschiede in der Einwohnerzahl der Reichstagswahlkreise. Der volkreichste Wahlkreis (Teltow-Charlottenburg) hatte 1912 1,3 Millionen Einwohner, der Wahlkreis Schaumburg-Lippe dagegen nur 47000 Einwohner. Der in Teltow-Charlottenburg gewählte Abgeordnete mußte (bei 300000 Wahlberechtigten) mindestens 100000 Stimmen gewinnen, für den in Schaumburg-Lippe gewählten Abgeordneten genügten 4000–5000 Stimmen. Die *Diskrepanz zwischen Wahlkreiseinteilung und Bevölkerungsverteilung* gab also bei dem Mehrheitswahlrecht den Stimmen der ländlichen und kleinstädtischen Wähler einen größeren Erfolgswert als den Stimmen der Wähler in den Großstädten. Dadurch wurden diejenigen Parteien begünstigt, die einen starken Wähleranhang unter der ländlichen Bevölkerung hatten. Das waren die Deutschkonservativen und das Zentrum. Sie benötigten für den Gewinn eines Mandates im Durchschnitt immer weniger Stimmen als die liberalen Parteien oder gar die Sozialdemokraten[3].

In der *sozialen Schichtung* Deutschlands war seit den Reformen am Beginn des 19. Jh. die starre, durch das Geburtsprivileg bestimmte Gliederung der ständischen Gesellschaft durch eine

Gesellschaftsordnung abgelöst worden, in welcher der Besitz das ausschlaggebende Kriterium war: die *Klassengesellschaft*. Der ländliche Großgrundbesitz war nicht mehr identisch mit dem Landadel. Die »Rittergüter« Preußens und Mecklenburgs befanden sich im letzten Drittel des Jahrhunderts fast zur Hälfte im Besitz bürgerlicher Familien. So war hier aus dem Stand des großgrundbesitzenden Landadels eine Gutsbesitzerklasse teils adliger, teils bürgerlicher Herkunft geworden. Indes blieben die Latifundien mit wenigen Ausnahmen im Besitz alter Hochadelsfamilien[4]. Der Zugang zum höheren Staatsdienst war nur den Söhnen der Besitzenden möglich, welche die hierfür erforderliche teure Ausbildung bezahlen konnten. Wer die mittlere Reife des Gymnasiums erworben hatte, brauchte nicht drei (seit 1893 zwei) Jahre aktiven Wehrdienst zu leisten, sondern diente als »Einjährigfreiwilliger« nur ein Jahr bei der aktiven Truppe. Die augenfälligste und schärfste Konsequenz der Klassengesellschaft war die Abstufung des Wahlrechts nach der Steuerleistung durch das Klassenwahlrecht bei den Kommunalwahlen und vor allem bei den preußischen Landtagswahlen.

In dieser Klassengesellschaft waren jedoch noch Elemente der alten ständischen Gesellschaft enthalten, die sich in der teils rechtlichen, teils faktischen *Privilegierung des Adels* auswirkten. So waren die Ersten Kammern der einzelstaatlichen Landtage ganz überwiegend dem Adel vorbehalten. Die Familienhäupter des Hochadels waren kraft ihrer Geburt erbliche Mitglieder der Ersten Kammern; andere Adlige wurden von ihren Standesgenossen in die Ersten Kammern gewählt. Bürgerliche konnten nur aufgrund eines hohen staatlichen, geistlichen oder kommunalen Amtes Mitglieder der Ersten Kammern werden. In den meisten deutschen Staaten war der Besitz (gewöhnlich Grundbesitz) einer Reihe von Adelsfamilien als Fideikommiß gegen Veräußerung, Verpfändung und Versteigerung gesichert, um den Angehörigen dieser Familien die »standesgemäße« Führung ihres Namens zu sichern[5].

Größere Bedeutung als diese rechtliche Privilegierung des Adels hatte seine faktische Privilegierung in der Besetzung der administrativen und politischen *Führungspositionen*. Die hohen Beamtenstellen standen Bürgerlichen bereits seit dem Ausbau des modernen Verwaltungsstaates im Absolutismus offen. Die höchsten Positionen blieben jedoch eine Domäne des Adels. Daran änderte sich auch im 19. Jh. nur wenig. Die Minister waren zumeist Adlige. Unter den größeren deutschen Staaten machte hier nur Baden eine Ausnahme, dessen Minister zwischen 1871 und 1914 überwiegend Bürgerliche waren. Die sog. »klassischen« Botschaften (in London, Wien, Paris, St. Petersburg) wurden ausnahmslos von adligen Diplomaten geleitet. In den leitenden Stellen der preußischen Verwaltung (Oberpräsidenten, Regierungspräsidenten, Landräte) war der Adel überproportional vertreten. Demgegenüber war der Justizdienst in allen deutschen Staaten, auch in Preußen, bis in die höchsten Stellen überwiegend mit Bürgerlichen besetzt[6].

Ungleich stärker als im zivilen Staatsdienst war die Bevorzugung des *Adels im Offizierkorps* ausgeprägt. Noch lange Zeit, nachdem das generelle Adelsprivileg im preußischen und sächsischen Offizierkorps abgeschafft worden war – in Bayern und in Württemberg hatte es dies Privileg nie gegeben –, blieb das preußische Offizierkorps zu zwei Dritteln adlig. Erst als der Adel infolge der starken Heeresvermehrung (seit 1860) nicht mehr in der Lage war, die Masse der Offiziersstellen zu besetzen, änderte sich das. Bereits zur Zeit der Reichsgründung waren zwei Drittel des preußischen Offizierkorps bürgerlich, und von den 25 000 Offizieren, die das Reichsheer 1913 zählte, waren vier Fünftel Bürgerliche. Unter den Kommandierenden Generalen der 25 Armeekorps waren jedoch 22 von fürstlicher oder adliger Herkunft, und 3 waren nobilitierte Bürgerliche. Auch die übrige Generalität bestand ganz überwiegend aus Adligen. Je höher der Rang, um so größer der Anteil des Adels; je niedriger der Rang, um so größer war der Anteil der Bürgerlichen[7].

Während der ganzen Zeit des Kaiserreichs blieb der Adel trotz den gewaltigen Besitzunterschieden zwischen reichen Latifundienbesitzern und verarmten Adligen, die nur im Staatsdienst ihren Lebensunterhalt finden konnten, ein geschlossener Stand, ein Relikt der vorindustriellen ständischen Gesellschaft in einem hochindustrialisierten Land.

Innerhalb des *Bürgertums* setzte infolge der starken Differenzierung der wirtschaftlichen, sozialen und politischen Interessen, des wirtschaftlichen, sozialen und politischen Horizonts seit dem Beginn der Hochindustrialisierung eine starke Aufgliederung und Zersplitterung in einzelne Gruppen ein, so daß es »das Bürgerum« als Stand oder Gesellschaftsschicht, wie es 1848 noch manifest gewesen war, am Vorabend des Ersten Weltkriegs nicht mehr gab[8]. Das *industrielle Großbürgertum*, das bis in die Reichsgründungszeit noch Vorkämpfer des liberalen Bürgertums gewesen war, gewann in der Hochindustrialisierung eine wirtschaftliche Macht, die es seit der Blütezeit der Fugger in Deutschland nicht gegeben hatte. Und nun sonderte es sich vom übrigen Bürgertum ab und wurde feudalisiert. In seinem Streben, zur Spitze der gesellschaftlichen Pyramide aufzusteigen, suchte das Großbürgertum nach einer Lebensform, die ihm die Zugehörigkeit zur Elite bestätigte, und es glaubte, diese Form in dem durch lange Tradition gefestigten Lebensstil des Adels zu finden. Man sieht diese Übernahme aristokratischer Lebensformen an der Entwicklung der Fabrikantenwohnungen vom kleinen Haus unmittelbar neben dem Betrieb über die Villa bis zum ländlichen Herrensitz oder daran, daß immer mehr Söhne von Fabrikbesitzern und Kaufleuten den Offiziersberuf wählten, oder schließlich in dem Streben nach der Nobilitierung, nach Orden und nach auszeichnenden Titeln (Kommerzienrat). Die Feudalisierung des Großbürgertums entsprang nicht nur gesellschaftlichem Ehrgeiz, sondern auch einem gemeinsamen verfassungspolitischen Interesse mit dem Adel. Diese politische Interessengemeinschaft beruhte darauf, daß beiden in der Arbeiterbewegung ein gemeinsamer Gegenspieler erwachsen war. Gegen die Arbeiterbewegung verteidigten sie gemeinsam die bestehende Staats- und Gesellschaftsordnung, die ihren Interessen entsprach. So wuchsen *Adel und Großbürgertum* zu einer *Führungsschicht* zusammen, obwohl die wirtschaftliche Interessenrivalität zwischen Industriellen und Großagrariern in handelspolitischen Fragen nach 1890 gelegentlich zu scharfen Auseinandersetzungen führte (s. Kap. 18 u. 22). Diese Erweiterung der Führungsschicht wirkte sich auch politisch aus. Einerseits förderte die Feudalisierung des Großbürgertums die Annäherung der Nationalliberalen an die Konservativen; andererseits gab das Großbürgertum mit seinen weltmarktwirtschaftlichen Verflechtungen und Interessen der deutschen Führungsschicht den Impuls zur Kolonial- und Seemachtpolitik[9].

In bescheidenerem Maße nahm auch das *Bildungsbürgertum* an der Feudalisierung teil. Für die Angehörigen des Bildungsbürgertums wurde der Rang des Reserveoffiziers zu einer Art Ersatznobilitierung. Das gesellschaftliche Ansehen des Einzelnen wurde stark dadurch beeinflußt, ob er Reserveoffizier war oder nicht. Diese hohe gesellschaftliche Bedeutung des Reserveoffizierspatents hatte zur Folge, daß militärisches Denken und militärische Wertmaßstäbe in die zivilen Bereiche eindrangen. Insofern bewirkte sie eine *Militarisierung des Bildungsbürgertums*, wie es sie in anderen europäischen Staaten nicht gegeben hat. Hierin unterschied sich der deutsche Militarismus von dem Militarismus in anderen Staaten[10].

Das mittelständische *kleingewerbliche und handwerkliche Bürgertum* konnte entgegen den düsteren Prognosen der Handwerkerbewegung und entgegen der Marxschen Theorie auch unter den Bedingungen der Gewerbefreiheit und der Industrialisierung seine wirtschaftliche und soziale Selbständigkeit behaupten. Wenn die Industrie auch einigen Handwerkszweigen (vor allem in der Bekleidungs- und Nahrungsmittelherstellung) den wirtschaftlichen Spielraum sehr eingeengt hatte, so hatte sie doch gleichzeitig neue Handwerke (Anbringungs- und Reparaturhandwerke) und neue Existenzmöglichkeiten für selbständige Handwerker geschaffen[11]. Neben diesem alten, wirtschaftlich selbständigen Mittelstand entwickelte sich seit dem Ende des 19. Jh. ein *neuer Mittelstand*, die Gruppe der *Angestellten*. Um 1870 hatten die Angestellten neben den Fabrikarbeitern zahlenmäßig noch keine Rolle gespielt; auf 30 Arbeiter kam *ein* Angestellter. In der Hochindustrialisierung komplizierte sich die Leitung und Verwaltung der Betriebe und verschob sich das Verhältnis zwischen den betrieblichen Verwaltungen und Produktionsabteilungen. Dadurch wuchs die Bedeutung und die Zahl der Angestellten sogar relativ stärker als die der Arbeiterschaft. Bis 1914 verschob sich das Zahlenverhältnis zwischen Angestellten und Arbeitern von 1 : 30 auf 1 : 9. Diese neue soziale Gruppe der Angestellten war eine Gruppe wirtschaftlich unselbständiger Arbeitnehmer wie die Arbeiter, sie schloß sich aber in ihrem Verhalten und in ihrem sozialen Selbstverständnis nicht den Arbeitern, sondern den übrigen bürgerlichen Gruppen an. So bildeten sie auch nach der Jahrhundertwende neben den Arbeitergewerkschaften eigene Angestelltengewerkschaften und bemühten sich mit Erfolg darum, daß neben der Sozialversicherung der Arbeiter eine eigene Angestelltenversicherung geschaffen wurde (1912)[12].

Innerhalb der *bäuerlichen Bevölkerung* blieben die großen *Besitzunterschiede* bestehen, die sich nach der Agrarreform zu Beginn des 19. Jh. noch verschärft hatten (s. Bd. 14, Kap. 17 u. Bd. 17, Kap. 3). 76,6% der deutschen Landwirte hatten 1882 Klein- und Zwergbetriebe bis zu 5 ha Nutzfläche; diesen 76,6% gehörten nur 15,7% der gesamten landwirtschaftlichen

Nutzfläche. 17,6% waren Mittelbauern mit Betrieben zwischen 5 und 20 ha Nutzfläche; ihnen gehörten 29,8% der gesamten Nutzfläche. Die Großbauern mit Betrieben zwischen 20 und 100 ha machten 5,3% der selbständigen Landwirte aus; ihr Anteil an der Gesamtnutzfläche betrug 30,1%. Fast ein Viertel der gesamten landwirtschaftlichen Nutzfläche war Gutsbesitz; aber die Gutsbetriebe machten nur 0,5% aller landwirtschaftlichen Betriebe aus. An diesen Zahlenverhältnissen hat sich bis 1907 nur wenig geändert. Die Zahl der großbäuerlichen Betriebe und der Güter ging etwas zurück, ebenso ihr relativer Anteil an der Gesamtnutzfläche, während die Zahl der Kleinbauern und der Mittelbauern und auch deren Anteil an der Nutzfläche zunahmen. Immerhin waren auch 1907 noch 51,3% der gesamten landwirtschaftlichen Nutzfläche in der Hand von Großbauern und Gutsbesitzern (5,0% aller selbständigen Landwirte)[13].

Die *Arbeiterklasse* entwickelte sich in der Zeit des Kaiserreichs zur zahlenmäßig stärksten sozialen Gruppe. Ihre Lage war, wie bereits geschildert, nicht nur ein sozialökonomisches Problem, sondern noch mehr eine Frage der politischen Verfassung. Entgegen der Marxschen Verelendungstheorie hat sich die wirtschaftliche Lage der Arbeiter in der Hochindustrialisierung nicht verschlechtert, sondern verbessert. In der Konjunktur der Gründerjahre stiegen die Nominallöhne kräftig an. Nach dem Konjunkturumschwung 1874/75 sank das Lohnniveau in der Depression, blieb jedoch über den Nominallöhnen der Jahre 1871/72, und die Reallöhne stiegen in der Depression noch an, da die Preise stärker zurückgingen als die Löhne. Seit 1887 war der Trend in der Entwicklung der Nominallöhne durch eine stetige Aufwärtsentwicklung gekennzeichnet. Im Durchschnitt waren die Nominallöhne des Jahres 1913 mehr als doppelt so hoch als im Jahre 1871. Und die Reallöhne waren von 1871–1913 im Durchschnitt um etwa 50% gestiegen[14]. Neben dem Anstieg der Arbeitslöhne trug auch die Sozialversicherung (s. Kap. 13) dazu bei, daß sich die wirtschaftliche Lage der Arbeiter gegenüber der Reichsgründungszeit verbesserte. Diese Entwicklung war eine der wesentlichen Ursachen für die Entstehung und den Erfolg des Reformismus in der deutschen Sozialdemokratie. Aus dem Komplex der Arbeiterfrage blieben jedoch drei Probleme ungelöst: die soziale Freiheit (Liberalisierung des Koalitionsrechts), die politische Chancengleichheit (Abschaffung des Klassenwahlrechts in den Gemeinden, in Preußen und in Sachsen) und die Sicherung gegen Arbeitslosigkeit (Arbeitslosenversicherung).

Mit dem Wandel von der Agrargesellschaft zur Industriegesellschaft entstanden seit der Reichsgründungszeit auf der Grundlage der differenzierten sozialen und wirtschaftlichen Interessen die großen *Interessenverbände*. Zwischen dem Ende der 50er Jahre und der Reichsgründung bildeten sich *Unternehmerverbände* mit noch sehr begrenzten Aufgaben. Sie sollten für eine rührige Verkehrspolitik eintreten, um der aufstrebenden Industrie Wege und Raum zu schaffen. In dieser Phase der Verkehrsvereine entstanden die »bergbaulichen Vereine« von Dortmund (1859), Zwickau (1860), Oberschlesien (1861), die »Handelsvereine« von Stuttgart (1862), Augsburg (1868), München (1869) und der »Verein zur Wahrung der gemeinsamen wirtschaftlichen Interessen in Rheinland und Westfalen«, der sog. »Langnamverein« (1871). Nach der Wirtschaftskrise 1874 entstanden weitere Verbände, die sich als wichtigste Aufgabe zunächst die Einführung und Erhaltung von Schutzzöllen stellten, z. B. der »Verein deutscher Eisen- und Stahl-Industrieller« (1874). Später übernahmen diese Verbände die Wahrnehmung aller wirtschaftlichen Interessen ihrer Mitglieder. Als Dachorganisation wurde 1876 der »Centralverband Deutscher Industrieller« gegründet. Ihm gehörten als Mitglieder Branchenverbände (wie der »Verein deutscher Eisen- und Stahl-Industrieller«, Regionalverbände wie der »Langnamverein«), Handelskammern und auch einzelne Großunternehmen an. Innerhalb des Centralverbandes hatte die Schwerindustrie einen dominierenden Einfluß. Sie war an Schutzzöllen interessiert; denn dadurch wurde es ihr möglich, im Inland überhöhte Preise zu halten und dafür die Exportpreise so stark zu senken, daß sie die ausländische Konkurrenz unterbieten konnte. Die zollpolitischen Interessen der deutschen Industrie waren jedoch nicht einheitlich. Die Konsumgüterindustrie und die chemische Industrie waren im Unterschied zur Schwerindustrie an niedrigen Importpreisen für ausländische Rohstoffe interessiert. Dieser Interessengegensatz führte 1895 dazu, daß Teile der chemischen Industrie, der Textilindustrie und der Fertigwarenindustrie aus dem Centralverband austraten und eine konkurrierende Dachorganisation, den »Bund der Industriellen« gründeten. Politisch wirkten die beiden großen Verbände vor allem durch ihre Verbindung zu den Konservativen, den Nationalliberalen und den Behörden, weniger durch die finanzielle Unterstützung der imperialistischen Propagandavereine, des Flottenvereins und der Deutschen Kolonialgesellschaft (s. Kap. 19). Der »Bund der Industriellen« stand in besonders engen Beziehungen zu den Nationalliberalen, während die Leitung des Centralverbandes bis zum Ausgang der 90er Jahre enge Verbindung zu den Freikonservativen, danach zu den stärkeren Deutschkonservativen unterhielt[15].

Neben den beiden großen industriellen Unternehmerverbänden entstand 1909 der »*Hansabund*«, der nach den Absichten seines Gründers, des Bankiers Jakob Rießer, die wirtschaftlichen Interessen des gesamten Bürgertums: Industrie, Handel, Banken, Handwerk und auch Angestellte, vertreten sollte. Der Hansabund wandte sich dabei besonders gegen die politische und sozialpolitische Zusammenarbeit des »Centralverbandes Deutscher Industrieller« mit den Konservativen und den Junkern. Wie die beiden großen industriellen Unternehmensverbände war auch der Hansabund eine Dachorganisation von Verbänden. Seinen Rückhalt bildete der »Centralverband des deutschen Bank- und Bankiersgewerbes«, dessen Vorsitzender Rießer war[16].

Die Unternehmerverbände vertraten zunächst auch die sozialpolitischen Interessen ihrer Mitglieder gegenüber der staatlichen Sozialpolitik (s. Kap. 13, 18, 22) und gegenüber den Forderungen der Arbeiter. Für die Wahrnehmung der spezifischen sozialpolitischen Interessen der Unternehmer als Arbeitgeber erwiesen sich jedoch besondere Organisationen als zweckmäßig. Daher wurden eigene *Arbeitgeberverbände* gegründet. Der erste war der »Deutsche Buchdruckerverein« (1869), als Gegenorganisation der Arbeitgeber gegen die Gewerkschaft der Buchdruckergehilfen, den »Deutschen Buchdruckerverband« (1866), gegründet. Später wurden von Unternehmerverbänden aus Arbeitgeberverbände gegründet, und zwar als regionale Branchenverbände. Der langdauernde Streik der Textilarbeiter in Crimmitschau 1904 veranlaßte die deutschen Arbeitgeberverbände zu einer gemeinsamen Unterstützungsaktion, um den bestreikten Unternehmen den Rücken zu stärken. Diese Zusammenarbeit ad hoc wurde noch im gleichen Jahr institutionalisiert durch die Gründung von Dachorganisationen. Wie bei den Unternehmerverbänden kam es auch bei den Arbeitgeberverbänden zur Gründung zweier großer Dachverbände. Die »Hauptstelle Deutscher Arbeitgeberverbände« war mit dem

»Centralverband Deutscher Industrieller« verbunden. Der Generalsekretär des Centralverbandes, Henry Axel Bueck, war gleichzeitig auch Generalsekretär der »Hauptstelle«. Die zweite Dachorganisation, der »Verein Deutscher Arbeitgeberverbände«, stand ebenfalls dem »Centralverband Deutscher Industrieller« nahe. Der »Verein« nahm aber im Unterschied zur »Hauptstelle« auch die Arbeitgeberverbände des Handwerks auf. In allen prinzipiellen Fragen stimmten »Hauptstelle« und »Verein« überein. Sie lehnten die Gleichberechtigung der Arbeiter mit den Arbeitgebern ab; sie erkannten die Gewerkschaften nicht als Vertretung der Arbeiter an; sie suchten durch »Arbeitsnachweise« der Arbeitgeber gewerkschaftlich aktive Arbeiter bei der Suche nach einem neuen Arbeitsplatz zu behindern; und schließlich suchten sie das Tempo der staatlichen Sozialgesetzgebung zu bremsen. Die enge Zusammenarbeit der beiden großen Arbeitgeberorganisationen führte 1913 zur Vereinigung von »Hauptstelle« und »Verein« in der »Vereinigung der deutschen Arbeitgeberverbände«[17].

Die Arbeiter fanden ihre wirtschaftliche und sozialpolitische Interessenvertretung in den seit der Mitte der 60er Jahre entstehenden *Gewerkschaften*. Als erste Gewerkschaften wurden der »Allgemeine Deutsche Zigarrenarbeiterverein« (1865) und der »Deutsche Buchdruckerverband« (1866) gegründet. Charakteristisch für die deutsche Gewerkschaftsbewegung war es, daß sie von Beginn an ideologisch in »Richtungsgewerkschaften« gespalten war: die sozialistischen Freien Gewerkschaften und die liberalen Hirsch-Dunckerschen Gewerkvereine. Als dritte Richtung entstanden 1895/96 die Christlichen Gewerkschaften. Bis 1890 waren die Gewerkschaften noch keine Massenbewegung, sondern kleine aktivistische Eliten. Ihre Mitglieder waren vornehmlich Handwerksgesellen und Facharbeiter. Erst nach dem Außerkrafttreten des Sozialistengesetzes (1890) und nach dem Beginn der industriellen Hochkonjunktur setzte die Entwicklung der Gewerkschaften zu Massenorganisationen ein, die 1913 insgesamt 3 Millionen Mitglieder hatten[18].

Die bei weitem stärkste Gewerkschaftsrichtung waren die *sozialistischen Freien Gewerkschaften*. Sie schlossen sich 1890 in der Dachorganisation »Generalkommission der Freien Gewerkschaften Deutschlands« zusammen. Unter der Führung Carl Legiens wurde die Generalkommission zur stärksten Gewerkschaftsorganisation in Europa vor 1914. Bis 1900 hatten die in der Generalkommission zusammengeschlossenen Freien Gewerkschaften ihren Mitgliederstand von etwa 50000 (1890) auf 680000 erhöht. 1913 hatten sie über 2,5 Millionen Mitglieder. Zwischen den Freien Gewerkschaften und der Sozialdemokratie hat es einen langen Kampf um die Eigenständigkeit der Gewerkschaft neben der Partei gegeben. Die Gewerkschaften mußten ja unter den bestehenden politischen und wirtschaftlichen Bedingungen Verbesserungen für die Arbeiter erzielen, d. h. sie mußten immer wieder Kompromisse mit der bestehenden Ordnung schließen. Sie waren also in ihrer Tendenz nicht auf die Revolution, sondern auf die Reform angelegt. Und dadurch waren sie besonders aufnahmebereit für die Vorstellungen des Revisionismus. Die sozialdemokratische Parteileitung, die den Revisionismus bekämpfte, sah daher in den Gewerkschaften einen starken Rückhalt für die Revisionisten. Dem suchte sie dadurch entgegenzuwirken, daß sie die Gewerkschaften enger an die Richtlinien der Parteileitung band. Legien und die Generalkommission behaupteten aber ihre Selbständigkeit. Schließlich wurde auf dem Mannheimer Parteitag der SPD 1906, kurz bevor der Kampf gegen die Revisionisten abgeblasen wurde (s. Kap. 1 b), die Eigenständigkeit der Gewerkschaftsbewegung anerkannt[19].

Die *liberalen*, den Freisinnigen nahestehenden *Hirsch-Dunkkerschen Gewerkvereine* spielten neben den Freien Gewerkschaften nur eine untergeordnete Rolle. Da der Liberalismus im wesentlichen auf bürgerliche Gruppen beschränkt blieb, hatten auch die liberalen Gewerkvereine für Arbeiter nur wenig Anziehungskraft. Sie brachten es bis zur Jahrhundertwende nur auf 92000, bis 1914 auf 107000 Mitglieder[20].

Um der Abwanderung katholischer und evangelischer Arbeiter aus den katholischen und evangelischen Arbeitervereinen, die sich nur mit Bildungsaufgaben, aber nicht mit aktiver Interessenvertretung befaßten, zu den sozialistischen Gewerkschaften entgegenzuwirken, wurden 1895 mit Unterstützung des Zentrums *Christliche Gewerkschaften* gegründet. Sie hatten ihre Schwerpunkte im Ruhrgebiet, im Saargebiet und in Bayern. Die Christlichen Gewerkschaften sollten überkonfessionell sein. In der Entwicklung zur großen überkonfessionellen christlichen Gewerkschaft, die neben katholischen auch evangelische Arbeiter in größerer Zahl umfaßte, wurden sie durch den »Gewerkschaftsstreit« gehindert, der im Zusammenhang mit dem »Zentrumsstreit« (s. Kap. 1 b) ausgefochten wurde. Im Gewerkschaftsstreit forderte die »integrale« Berliner Richtung konfessionelle Gewerkschaften, während die Münchengladbacher Richtung, gestützt durch den Volksverein für das katholische Deutschland, das Prinzip der überkonfessionellen Gewerkschaft vertrat. Obwohl die »Integralen« an dem hohen deutschen Klerus und an Papst Pius X. Rückhalt fanden, setzte sich in den letzten Jahren vor dem Ersten Weltkrieg die Münchengladbacher Richtung durch. Durch den Gewerkschaftsstreit wurde die Anziehungskraft der Christlichen Gewerkschaften für evangelische Arbeiter sehr gemindert. Immerhin gelang es den Christlichen Gewerkschaften, die liberalen Gewerkvereine zu überflügeln. 1913 hatten die Christlichen Gewerkschaften 343 000 Mitglieder[21].

In der gleichen Zeit, in der die Unternehmer und die Arbeiter ihre Interessenvertretungen gründeten, entstanden auch die *Interessenverbände der Landwirtschaft*. Hier bildeten sich im letzten Drittel des 19. Jh. drei Typen von agrarischen Interessenverbänden aus: konfessionell gebundene katholische Bauernvereine, eine vom ostdeutschen Großgrundbesitz beherrschte Interessenvertretung und liberale Bauernvereine[22]. Als erste formierten sich die katholischen Bauernvereine. Den Anstoß gab der westfälische Großgrundbesitzer und spätere Zentrumsabgeordnete Frhr. von Schorlemer-Alst mit der Gründung des Westfälischen Bauernvereins (1862). Nach dem Vorbild dieses Vereins entstanden in den folgenden Jahren katholische Bauernvereine im Rheinland und in Süddeutschland. Sie wurden durchweg von Adligen oder Geistlichen geleitet. Ihr Ziel war es, die Wirtschaftspolitik im Sinne der Erhaltung des bäuerlichen Grundbesitzes zu beeinflussen. Politisch wirkten sie durch ihren Einfluß auf die Zentrumspartei. Trotz gleicher Konfession, gleicher parteipolitischer Bindung und gleicher Interessenrichtung schlossen sich die katholischen Bauernvereine im Kaiserreich nicht zu einem Gesamtverband zusammen[23].

Die ostdeutschen Großagrarier gründeten 1868 den »Kongreß Norddeutscher Landwirte«, um auf die wirtschaftspolitische Gesetzgebung im Interesse der Landwirtschaft einzuwirken. Dieser Kongreß war noch freihändlerisch orientiert, da zu jener Zeit, vor der Agrarkrise der 70er Jahre, die Großagrarier noch dem Wirtschaftsliberalismus huldigten. Nach der Agrarkrise schwenkten die ostdeutschen Großagrarier, zunächst noch zögernd, zum Protektionismus über. Neben dem Kongreß der Landwirte wurde nun 1876 eine neue, gemäßigt schutzzöllnerische Interessenvertretung der Agrarier gegründet, die »Vereinigung der Steuer- und Wirtschaftsreformer«. Ihr wirtschaftspolitisches Programm wurde in das Programm der im gleichen Jahr gegründeten Deutschkonservativen Partei übernommen. In dieser Partei und auch bei Bismarck fand die Vereinigung der Steuer- und Wirtschaftsreformer volles Entgegenkommen für ihre wirtschaftspolitischen Wünsche. Im Laufe der 80er Jahre verstärkte sich die schutzzöllnerische Tendenz unter den Großagrariern immer mehr. Als nun 1891 bis 1893 durch die Handelsverträge Caprivis (s. Kap. 18) die Getreidezölle herabgesetzt wurden, kam es zu einer Radikalisierung der agrarischen Interessenvertretung. Auf Initiative des Gutspächters Ruprecht-Ransern und des Gutsbesitzers Dr. Gustav Roesicke wurde 1893 eine neue Organisation geschaffen, der »Bund der Landwirte«. Er sollte – anders als die bisherigen Verbände – die Interessen der gesamten deutschen Landwirtschaft vertreten, und seine Organisation sollte sich über das ganze Reichsgebiet erstrecken. Der Bund der Landwirte konnte durch eine geschickte Propaganda – er vermittelte seinen Mitgliedern den verbilligten Bezug von Landmaschinen und Düngemitteln – auch unter den Groß- und Mittelbauern viele Anhänger gewinnen. Da seine Führung jedoch vom ostdeutschen Gutsbesitz beherrscht wurde, blieb er auf Ost- und Norddeutschland beschränkt. Im Gegensatz zu den älteren Verbänden war er in der Wahl seiner agitatorischen Mittel wenig wählerisch[24].

In Nordwestdeutschland und in Süddeutschland schlossen sich diejenigen Bauern, die sowohl das großagrarisch-konservative Übergewicht im Bund der Landwirte als auch die konfessionelle Bindung der katholischen Bauernvereine ablehnten, zu Bauernvereinen unter bäuerlichen Führern zusammen. Sie versuchten, politisch durch die Aufstellung eigener Kandidaten bei den Reichstagswahlen oder durch Anlehnung an die liberalen Parteien zu wirken. Ihr Einfluß war jedoch wesentlich geringer als derjenige des Bundes der Landwirte oder der katholischen Bauernvereine, da ihnen der politische Rückhalt einer großen Partei fehlte[25].

[1] Raum u. Bevölkerung in der Weltgesch. (Bevölkerungs-Ploetz), Bd. 2, bearb. v. W. KÖLLMANN (1956). E. KAYSER, Bevölkerungsgesch. Dtlds. (1943). W. KÖLLMANN, Grundzüge d. dt. Bevölkerungsgesch. im 19. u. 20. Jh., Studium Generale 12 (1959). Die Bedeutung d. Bevölkerungsentwicklung für die polit. u. soz. Gesch. d. 19. Jh. behandelt P. RASSOW, Die Bevölkerungs-

vermehrung Dtlds. u. Europas im 19. Jh., in: ders., Die geschichtl. Einheit d. Abendlandes (1960).

[2] H. HAUFE, Die Bevölkerung Europas, Stadt u. Land im 19. u. 20. Jh. (1936). K. KELLER, Umfang u. Richtung d. Wanderungen zwischen den preuß. Provinzen 1871–1925, Zs. d. preuß. Statist. Landesamtes 70 (1931). W. BREPOHL, Der Aufbau d. Ruhrvolkes im Zuge d. Ost-West-Wanderung (1948). W. KÖLLMANN, Industrialisierung, Binnenwanderung u. »Soziale Frage«, VSWG 46 (1959).

[3] Hierzu E. R. HUBER, Dt. Verfassungsgesch. seit 1789, Bd. 3 (1963).

[4] S. CONRAD, Agrarstatistische Unternehmungen, Jbb. f. Nat. ök. u. Stat. NF 16 (1888). H. ROSENBERG, Die Pseudodemokratisierung der Gutsbesitzerklasse, in: Zur Gesch. u. Problematik d. Demokratie (Festschr. f. H. Herzfeld 1958).

[5] C. v. DIETZE, Fideikommiß, in: Handwörterbuch d. Staatswissenschaften, Bd. 3 (⁴1926).

[6] N. v. PRERADOVICH, Die Führungsschichten in Österreich u. Preußen 1804 bis 1918 (1955). L. W. MUNCY, The Junker in the Prussian Administration under William II (1944). O. HINTZE, Der Beamtenstand (1911, Ndr. 1963). J. C. RÖHL, Higher Civil Servants in Germany 1890–1900, Journ. of Contemporary History 2 (1967).

[7] K. DEMETER, Das dt. Offizierskorps in Gesellschaft u. Staat 1650–1945 (²1962).

[8] Für die Erforschung der Geschichte d. dt. Bürgertums in dieser Zeit methodisch vorbildlich: H. HENNING, Das westdeutsche Bürgertum in der Epoche der Hochindustrialisierung 1860–1914, Bd. 1 (1972).

[9] H. BÖHME, Dtlds. Weg zur Großmacht, Studien zum Verhältnis von Wirtschaft u. Staat während d. Reichsgründungszeit 1848–1881 (1966).

[10] G. RITTER, Staatskunst u. Kriegshandwerk, Bd. 1 (²1959).

[11] W. WERNET, Gesch. d. Handwerks in Dtld. (⁴1963). Ders., Das gewerblich-kleinbetriebl. Element im modernen Industrialismus, Schmoller-Jb. 74 (1954).

[12] R. DAHRENDORF, Soziale Klassen u. Klassenkonflikt in der industriellen Gesellschaft (²1964). J. KOCKA, Unternehmensverwaltung und Angestelltenschaft am Beispiel Siemens 1847–1914 (1969).

[13] A. SKALWEIT, Agrarpolitik (1924). TH. Frhr. v. d. GOLTZ, Gesch. d. dt. Landwirtschaft 2 (1903). H. HAUSHOFER, Die dt. Landwirtschaft im technischen Zeitalter (1963).

[14] Die Angaben über Nominal- u. Reallöhne stellen nur Durchschnitts- u. Annäherungswerte dar. Bei den Nominallöhnen gab es starke Unterschiede nicht nur nach Branchen u. Berufen, sondern auch nach Gebieten. Für eine exakte Berechnung d. Reallöhne bedarf es noch einer differenzierten Ermittlung d. Lebenshaltungskosten. Zur Entwicklung d. Nominal- u. Reallöhne vgl. J. KUCZYNSKI (Kap. 1a, Anm. 10). G. BRY, Wages in Germany 1871–1945 (1960). A. V. DESAI, Real Wages in Germany 1871–1913 (1968), gibt im Anhang einen vorzügl. quellenkrit. Überblick über die statist. Quellen.

[15] Als Einführung u. Überblick zur Verbandsgesch.: G. SCHULZ, Über Entstehung u. Formen von Interessengruppen in Dtld. seit Beginn d. Industrialisierung, Polit. Vjschr. 2 (1961). H. J. VARAIN (Hg.), Interessenverbände in Deutschland (1973). Über Organisation u. Tätigkeit d. »Centralverbands Dt. Industrieller« die ausgezeichnete Studie von H. KAELBLE, Industrielle Interessenpolitik in der Wilhelminischen Gesellschaft. Centralverband Dt. Industrielle 1895–1914 (1967) u. D. STEGMANN, Die Erben Bismarcks Parteien und Verbände in d. Spätphase d. Wilhelmin. Deutschlands (1970). Über bedeutende Einzelverbände: C. KLEIN, Aus der Gesch. d. Vereins Dt. Eisen- u. Stahlindustrieller (1924). J. WINSCHUH, Der Verein mit dem langen Namen (1932).

[16] J. RIESSER, Der Hansabund (1912).

[17] Beste Einführung: G. KESSLER, Die dt. Arbeitgeberverbände (1907). Das

Buch von F. Tänzler, Die dt. Arbeitgeberverbände 1904–1929 (1929), ist eine Selbstdarstellung der Arbeitgeberverbände. Ferner: G. Erdmann, Die dt. Arbeitgeberverbände im soz. geschichtl. Wandel d. Zeit (1966).

[18] W. Kulemann, Die Berufsvereine (3 Bde. 1908). S. Nestriepke, Die Gewerkschaftsbewegung (3 Bde. ²1922/23).

[19] H. J. Varain, Freie Gewerkschaften, Sozialdemokratie u. Staat (1956). Th. Leipart, Carl Legien (1929). G. A. Ritter, Die Arbeiterbewegung im Wilhelmin. Reich 1890 bis 1900 (²1963). H. Langerhaus, Richtungsgewerkschaft u. gewerkschaftl. Autonomie 1890–1914, Int. Rev. of Soc. Hist. 2 (1957).

[20] W. Gleichauf, Gesch. d. Verbandes d. dt. Gewerkvereine (1907). G. Hartmann, 50 Jahre dt. Gewerkvereine (1918).

[21] E. Ritter, Die kath.-soz. Bewegung Dtlds. im 19. u. 20. Jh. u. der Volksverein (1954). L. Kudera, Der Gewerkschaftsstreit d. dt. Katholiken in der Publizistik, 1900–1914 (Diss. Ms. Münster 1957).

[22] L. Hornstein, Die landwirtschaftl. Berufsorganisationen in Dtld. (1929). K. Schade, Die polit. Vertretung d. dt. Landwirte seit 1867 (Diss. Bonn 1956).

[23] F. Jacobs, Von Schorlemer zur Grünen Front (1957).

[24] S. R. Tirrell, German Agrarian Politics after Bismarck's Fall. The Formation of Farmers' League (1951). U. Lindig, Der Einfluß d. Bundes d. Landwirte auf die Politik d. Wilhelmin. Zeitalters, 1893–1914, unter bes. Berücksichtigung d. preuß. Verhältnisse (Diss. Hamburg 1954).

[25] W. Kersten, Die freien wirtschaftspolit. Organisationen d. dt. Landwirtschaft (Diss. Berlin 1925).

Kapitel 3
Wissenschaft und geistige Strömungen im Kaiserreich[1]

Die Reichsgründung hat dem deutschen *Geistesleben keine neuen Impulse* gegeben. Sie hat weder stilbildend gewirkt – wie etwa das erste Napoleonische Kaiserreich – noch ist sie zum Thema eines großen Kunstwerkes oder eines klassischen Geschichtswerkes geworden. Anton v. Werners Gemälde von der Kaiserproklamation in Versailles (1877) war zwar effektvoll komponiert, trug aber zu sehr den Charakter offiziöser, glorifizierender Darstellung. Auch Franz v. Lenbachs Porträts (Wilhelm I., Bismarck, Moltke) waren in äußerlicher Heldenstilisierung erstarrt. Gedichte, in denen der Sieg über Frankreich mehr noch als die Reichsgründung gefeiert wurde, mußten zwar von den Schülern auswendig gelernt werden, ließen aber in ihrem banalen Pathos künstlerischen Geschmack vermissen. Richard Wagners Absicht, das von ihm geplante Festspielhaus in Bayreuth zur kulturellen Manifestation des neuen Reiches werden zu lassen, konnte nicht verwirklicht werden. An der Einweihungsfeier (1876) nahm zwar der Kaiser teil; jedoch fanden

Wagners Ideen bei Bismarck und Wilhelm I. keinen Widerhall. Nur außerhalb der Reichsgrenzen haben die Ereignisse
und Gestalten der Reichsgründung eine Antwort in der Kunst
gefunden: Conrad Ferdinand Meyer hat unter dem Eindruck
der Zeitereignisse 1871 sein episches Gedicht ›Huttens letzte
Tage‹ (1871) geschrieben, und er hat versucht, in der Gestalt
des ›Jürg Jenatsch‹ (1876) die Persönlichkeit Bismarcks dich-
terisch zu deuten[2].

In der *Geschichtsschreibung* unternahm es Heinrich v. Treitschke
in seiner ›Deutschen Geschichte im 19. Jahrhundert‹ (5 Bde.
1879–1894) die Entstehung des neuen Reiches als Ergebnis der
politischen und geistigen Entwicklung Deutschlands seit dem
Ende des Heiligen Römischen Reiches zu schildern. Treitsch-
kes Werk, in der Bildhaftigkeit der Sprache und in der Verbindung von politischer Geschichte und Kulturgeschichte mei-
sterhaft, blieb ein Torso – die Darstellung reicht nur bis zum
Jahre 1847. Heinrich von Sybels ›Begründung des Deutschen
Reiches durch Wilhelm I.‹ (7 Bde. 1889–1894) begnügte sich
mit der Schilderung der diplomatischen Verhandlungen und
der kriegerischen Ereignisse. Im Schwung der Darstellung und
in der geistigen Durchdringung des historischen Stoffes blieb
dies Werk hinter Sybels früheren Arbeiten über die Entstehung des deutschen Königtums, über die Französische Revolution oder über den Prinzen Eugen zurück[3].

Wie das neue Reich keinen Widerhall in der großen Kunst
hatte, so fand es auch keinen *Nationalfeiertag*, der die nationale
Einigung zum Anlaß hatte. Den Tag der Kaiserproklamation
(18. Januar), den der Großherzog von Baden als Nationalfeiertag vorgeschlagen hatte, wollte Preußen nicht akzeptieren;
denn der 18. Januar war der Tag der ersten preußischen Kö-
nigskrönung, und der sollte nicht in den Schatten eines deutschen Feiertages geraten. Hier erwies sich die einzelstaatliche
Tradition noch als stärker. Deshalb wurde schließlich auf Vorschlag des evangelischen Pfarrers v. Bodelschwingh der Tag
der Kapitulation Napoleons III. in Sedan (2. September) zum
Nationalfeiertag erklärt. So hatte das Kaiserreich einen Nationalfeiertag, der nicht die politische Einigung, sondern ein militärisches Ereignis feierte und zugleich ein Affront gegenüber
dem Nachbarland Frankreich war[4].

Daß das deutsche Geistesleben durch die Reichsgründung so
wenig beeinflußt worden ist, liegt wohl daran, daß sich die
bürgerlich-liberale Nationalbewegung bei den Vorgängen

1870/71 mehr in der Rolle des Zuschauens und nachträglichen Akklamierens befand, als daß sie selbst aktiv beteiligt war. Überdies forderten *neue Probleme*: die Verwandlung der Umwelt und des Weltbildes durch Naturwissenschaft und Technik sowie die Arbeiterfrage, zur geistigen Auseinandersetzung heraus. Diese Probleme bestimmten die Thematik und Richtung der geistigen Strömungen im ausgehenden 19. und beginnenden 20. Jh.

Die Expansion der naturwissenschaftlichen Erkenntnis hatte seit der Jahrhundertmitte die bisher vom Idealismus beherrschte deutsche *Philosophie* in zahlreiche Schulen und Richtungen aufgesplittert[5]. Die Tradition des deutschen Idealismus wurde von den Neukantianern (Kuno Fischer, Hermann Cohen, Paul Natorp, Ernst Cassirer) und von der Wertphilosophie Wilhelm Windelbands und Heinrich Rickerts fortgesetzt[6]. Gegenüber der Naturwissenschaft und einer naturwissenschaftlich bestimmten positivistischen Philosophie suchte Wilhelm Dilthey die methodische und erkenntnistheoretische Eigenständigkeit der Geisteswissenschaft zu sichern. Als *Geisteswissenschaften* faßte er das »Ganze der Wissenschaften, welche die geschichtlich-gesellschaftliche Wirklichkeit zu ihrem Gegenstande haben«, zusammen (›Einleitung in die Geisteswissenschaften‹ 1883). Die methodische und erkenntnistheoretische Unterscheidung der Geisteswissenschaften von den Naturwissenschaften sah Dilthey darin, daß jene ihr Objekt nicht erklärend, sondern verstehend ergreifen und daß dies Verstehen ein »Erlebnis« voraussetzt. Diltheys Einfluß auf die deutsche Geisteswissenschaft, insbesondere die Geschichtswissenschaft, reicht bis in unsere Gegenwart. Dieser Einfluß machte sich vor allem in der einseitig geistesgeschichtlichen Ausrichtung der deutschen Historiographie bis zur Mitte des 20. Jh. geltend[7].

Der in Deutschland zum ersten Mal von Ludwig Feuerbach systematisch und nachhaltig vertretene *Materialismus* entwickelte sich in zwei Richtungen: Die eine war der historische Materialismus von Karl Marx und Friedrich Engels, der das menschliche Bewußtsein und die gesamte Geisteskultur von den durch die Produktionsverhältnisse bestimmten Bewegungsgesetzen der Gesellschaft ableitete. Der Einfluß des historischen Materialismus reichte lange Zeit über den Kreis der Parteiideologen und Parteihistoriker (Karl Kautsky, Eduard Bernstein, Franz Mehring) kaum hinaus[8]. Erst kurz vor der

Jahrhundertwende drang der Marxismus in die Wissenschaft ein. Die frühen Schriften Werner Sombarts (›Sozialismus und soziale Bewegung‹ 1896) waren marxistisch. Und unter dem Einfluß des Marxismus schrieb der Altertumshistoriker Robert v. Pöhlmann seine ›Geschichte des antiken Kommunismus und Sozialismus‹ (2 Bde. 1893 und 1901, 2. und 3. Aufl. unter dem Titel ›Geschichte der sozialen Frage und des Sozialismus im Altertum‹). Um für den marxistischen Sozialismus durch wissenschaftliche Arbeit und Verbreitung richtiger Kenntnis der ökonomischen Entwicklung zu werben, gründeten 1893 zwei österreichische Nationalökonomen (Stephan Bauer und Karl Grünberg) und ein österreichischer Historiker (Ludo Moritz Hartmann) die ›Zeitschrift für Sozial- und Wirtschaftsgeschichte‹, ähnlich wie 1859 Sybel mit der Gründung der ›Historischen Zeitschrift‹ durch die Publikation historischer Aufsätze für die bürgerlich-liberale und nationale Bewegung hatte werben wollen. Hartmann und Bauer gewannen, nachdem ihre Zeitschrift eingegangen war, 1903 den ihnen politisch völlig fernstehenden, konservativ gesinnten Georg v. Below als Mitherausgeber für die neugegründete ›Vierteljahresschrift für Sozial- und Wirtschaftsgeschichte‹. So entstand die erste deutsche wirtschaftshistorische Fachzeitschrift[9]. Gleichzeitig trat in den 90er Jahren nach dem Erscheinen des 3. Bandes von Marx' ›Kapital‹ (1894) die damalige junge Generation der deutschen Nationalökonomen (Max Weber, Robert Michels, Ferdinand Tönnies u. a.) in die in ganz Europa einsetzende Marxismus-Diskussion ein. Sie übernahm die Marxsche Analyse des Kapitalismus als methodologische Anregung, um am Problem des Kapitalismus ihre Gegenwart gesellschaftswissenschaftlich zu deuten. Damit begann die Entwicklung der *Soziologie* in Deutschland, die vor dem Ersten Weltkrieg in Max Weber, Ferdinand Tönnies und Georg Simmel ihre profiliertesten, schulemachenden Vertreter hatte[10].

Die zweite Richtung des Materialismus wurde durch die Entwicklung der Naturwissenschaften, vor allem durch Darwins Abstammungslehre, geprägt. Ihre konsequenteste Formulierung erhielt diese Richtung durch Ernst Haeckels *Monismus* (›Welträtsel‹ 1899), der die Entstehung des Lebens durch Urzeugung annimmt und den Menschen ganz in die Natur einordnet. Vom Monismus her wurde auch der christliche Offenbarungsglaube bekämpft und der christlichen eine weltliche Ethik entgegengestellt. Haeckels ›Welträtsel‹ wurden viel gelesen und gehörten zu den Standardwerken der Freidenker-Literatur[11].

Während Idealismus und Materialismus von der Rationalität (sei es der Idee, sei es der beweisbaren Naturgesetze) ausgingen, machte die an Schopenhauer anschließende Philosophie die Irrationalität, die Irrationalität des triebhaften menschlichen Willens, zum Mittelpunkt ihrer Welterkenntnis und Welterklärung. Unter den Nachfolgern Schopenhauers war Friedrich *Nietzsche* die überragende, für das deutsche Geistesleben wirkungsreichste Gestalt. Seine philosophischen Hauptschriften (die vier ›Unzeitgemäßen Betrachtungen‹ 1873–1876; ›Also sprach Zarathustra‹ 1882; ›Jenseits von Gut und Böse‹ 1886; ›Antichrist‹ 1888; das unvollendete und posthum herausgegebene Hauptwerk ›Der Wille zur Macht‹) sind in den ersten 20 Jahren nach der Reichsgründung entstanden. Im Gegensatz zu Schopenhauer, der aus dem Vorrang des Willens vor dem Intellekt pessimistische Schlußfolgerungen für die Ethik und die Anthropologie zog, wollte Nietzsche auf diesem Vorrang des Willens eine neue Ethik als »Umwertung aller Werte« aufbauen. Darin bekämpfte er die christliche Ethik als eine Verkehrung der natürlichen Werte, als eine »Sklavenmoral« des schlechten Gewissens. Dagegen postulierte er den »Willen zur Macht«. Aus der Ablehnung der christlichen Ethik folgte seine Kulturkritik. Die vom Christentum entscheidend geprägte Kultur seiner Zeit erschien ihm als dekadent; und im ›Zarathustra‹ stellte er dem »Décadent« seiner Zeit den »Übermensch« als »Antidécadent« entgegen[12]. Seit der Mitte der 80er Jahre gehörten Nietzsches Werke zu den meistgelesenen philosophischen Schriften. Insbesondere seine Kulturkritik fand Widerhall, da sie dem unter den Gebildeten verbreiteten Gefühl der »décadence« entsprach, dem Gefühl, am Ende und Verfall einer Kulturepoche zu stehen.

Nietzsches Kulturkritik war »unzeitgemäß« insofern, als sie nicht spezifische Zeiterscheinungen – wie etwa die Industrialisierung und ihre Folgen –, sondern radikal die gesamte Kulturentwicklung seit Beginn des Christentums angriff. *Zeitbezogene Kulturkritik* übten Paul de Lagarde und Julius Langbehn. Beide stritten gegen die Wirkungen der Industrialisierung. Lagarde, wissenschaftlich verdient durch seine textkritischen Arbeiten zum Alten Testament, bekämpfte die politischen und sozialen Wirkungen der Industrialisierung. Er sah in der Internationalität des technischen Zeitalters und in dem Trend der industriellen Gesellschaft zur Nivellierung Gefahren für die Nationalkultur und für die nationale Eigenständigkeit. In seinen ›Deutschen Schriften‹ (1878–1881) stellte er dieser Entwicklung das Ideal einer an der vorindustriellen Zeit orientierten ständisch gegliederten Gesellschaft und eines kulturpolitischen Nationalismus entgegen[13]. Langbehn wandte sich gegen die dem Industriezeitalter immanente Tendenz zur Überbewertung des Rationalen und der Technik. Er forderte in seinem Buch ›Rembrandt als Erzieher‹ (1890) zur Verinnerlichung und zur harmonischen Persönlichkeitsbildung in Anlehnung an das Persönlichkeitsideal der deutschen Klassik und der deutschen Romantik auf[14]. Lagardes Schriften wirkten in den Vorstellungen des Alldeutschen Verbandes (s. Kap. 19) und der späteren »völkischen« Richtungen bis hin zum Nationalsozialismus weiter. Von Langbehn erhielt die Heimatkunstbewegung der wilhelminischen Zeit ihre Impulse.

Die deutsche *Literatur* stand zur Zeit der Reichsgründung noch in der Blüte des poetischen *Realismus*. Seine stärksten und bevorzugten literarischen Gattungen waren die Novelle und der Roman. In der Verbindung von Realität und Humanität, von genauer Schilderung der Alltagswelt oder eines historischen Milieus und von eindringender Charakterdarstellung war der poetische Realismus die künstlerisch-literarische Ausdrucksform der bürgerlichen Gesellschaft und des bürgerlichen Liberalismus. Wilhelm Raabe, Theodor Storm, Theodor Fontane und die beiden Schweizer Gottfried Keller und Conrad Ferdinand Meyer waren die großen deutschsprachigen Erzähler der 70er und 80er Jahre. In den Alterswerken Fontanes, in denen soziale und sittliche Probleme der Berliner Gesellschaft des ausgehenden 19. Jahrhunderts geschildert wurden (›L'Adultera‹ 1882; ›Irrungen, Wirrungen‹ 1888; ›Stine‹ 1890; ›Frau Jenny Treibel‹ 1892), tauchte eine neue Thematik auf: die auf die eigene Gegenwart bezogene Gesellschaftskritik[15].

In Fontanes Gesellschaftskritik stand noch das Bürgertum im Mittelpunkt, die Wandlung seines sozialen Selbstverständnisses und seines geistigen Habitus. Zur gleichen Zeit aber ergriff die Literatur auch das soziale Kernproblem dieser Zeit, die Arbeiterfrage. Sie wurde zu einem der großen Themen des *Naturalismus*, der in Deutschland in der zweiten Hälfte der 80er Jahre einsetzte. Der literarische Naturalismus stand unter dem Eindruck der modernen Naturwissenschaft, der materialistischen Philosophie und der Entwicklung des Proletariats.

Schon die Meister des poetischen Realismus hatten auf jede metaphysische Deutung verzichtet; aber sie waren noch von dem Vertrauen auf die Wirkung bürgerlich-humaner Bildung getragen und hatten sich an den Leitbildern des liberalen Bildungsbürgertums orientiert. Im Naturalismus dagegen wurde die unentrinnbare Verstrickung des Menschen in seine sozialen Umweltbedingungen und in die Triebhaftigkeit seiner Natur zum Leitmotiv. Die Lebensbedingungen der sozialen Unterschicht und die Darstellung geistigen und sittlichen Verfalls, die Schilderung »passiver Helden«, waren bevorzugte Themen naturalistischer Dichtung. Für diese Thematik fand der Naturalismus seine eindringlichste Ausdrucksform im Drama, das nicht mehr in Versen, sondern in der Sprache des geschilderten Milieus geschrieben wurde. So führte der Naturalismus die deutsche *dramatische Dichtung*, die seit dem Tode Hebbels und Grillparzers keine schöpferischen Leistungen mehr aufzuweisen hatte, zu einer neuen Blüte.

Der Durchbruch des Naturalismus kam 1889 mit der Uraufführung des ersten naturalistischen deutschen Dramas, Gerhart *Hauptmanns* ›Vor Sonnenaufgang‹, auf der Berliner »Freien Bühne«. Die Schilderung bürgerlichen Sitten- und Familienverfalls in diesem Drama erzeugte eine ungeheure Aufregung. 1893 erreichte das naturalistische Drama seinen Höhepunkt mit der Uraufführung von Hauptmanns ›Die Weber‹, in denen zum ersten Mal die leidende Masse als Held auf der Bühne erschien. Dem revolutionären naturalistischen Drama zum Durchbruch zu verhelfen, waren die geschmacklich und politisch konservativen Hoftheater und Staatstheater nicht geeignet und auch nicht bereit. Deshalb hatten Otto Brahm und Paul Schlenther 1889 in Berlin die »Freie Bühne« gegründet, die zum Träger der neuen Dramatik wurde. Der »Freien Bühne« wurde auch eine Zeitschrift angegliedert, die in programmatischen Aufsätzen und in Theaterkritiken für die neue Kunstrichtung warb: die Zeitschrift ›Freie Bühne‹ (seit 1894 ›Neue Deutsche Rundschau‹, seit 1904 ›Die Neue Rundschau‹)[16].

Während der Naturalismus die zeitgenössische dramatische Dichtung beherrschte, suchten in der *Lyrik* unter dem Einfluß der französischen Symbolisten (Verlaine, Baudelaire, Rimbaud, Mallarmé) Richard Dehmel, Stefan George, Hugo von Hofmannsthal und Rainer Maria Rilke nach einem neuen, vergeistigten Verständnis der menschlichen Seele, losgelöst vom Alltäglichen. Sie stellten sich dabei in bewußten Gegensatz zum

Naturalismus. Richard Dehmel kritisierte den Naturalismus mit den Worten: »Das Wesentliche wird erdrückt durch das Zuständliche.«[17]

Weder die Werke des Naturalismus, noch die des Symbolismus und der ihm verwandten Richtungen sind von den politisch führenden Männern und von der gesellschaftlichen Oberschicht des kaiserlichen Deutschlands als große und repräsentative Leistungen deutscher Kunst aufgenommen worden. Die Naturalisten galten als umstürzlerisch, die Symbolisten als dekadent. Beide standen im Widerspruch zu dem optimistischen Fortschrittsglauben, dem nationalen Kraftgefühl und der hohen Selbsteinschätzung der deutschen Führungsschicht. Ihrem politischen Denken und ihrem Geschmack entsprach vielmehr eine betont konservative literarische Richtung, die um die Jahrhundertwende entstand. Im Gefolge Lagardes, Langbehns und einer mißverstandenen Romantik wollte diese Richtung ein »deutsches Literaturideal gegen die Bevormundung durch Naturalisten, Artisten und Ästheten« durchsetzen (Friedrich Lienhard) und der »zersetzenden Asphaltliteratur« die »gesunde Heimatkunst« entgegenstellen (Adolf Bartels). Neben Lienhard und Bartels waren Wilhelm Schäfer, Heinrich Sohnrey, Timm Kröger und Gustav Frenssen die führenden Vertreter dieser *Heimatkunstbewegung*. Sie suchte ihre Themen und Gestalten in der vorindustriellen bäuerlichen und kleinstädtischen Gesellschaft[18]. Durch die forcierte Hervorhebung des Volkstums und die bewußte Abkehr von der industriellen Gesellschaft entwickelte sie sich zum literarischen Pendant des Nationalismus und einer sozial-konservativen Haltung.

Während zwischen den künstlerisch bedeutenden Dichtern und bildenden Künstlern einerseits und den politischen und wirtschaftlichen Führungsschichten des Kaiserreichs andererseits kein fruchtbares Verhältnis und kein Dialog sich entwickelten – die hohe Wertschätzung des Malers Adolph Menzel am kaiserlichen Hofe war eine singuläre Erscheinung –, wurde die Arbeit der deutschen Wissenschaften von der Öffentlichkeit mit großem Interesse begleitet. Und das nationale Selbstgefühl des kaiserlichen Deutschlands, das in der Zeit Wilhelms II. hybride Züge annahm (s. Kap. 19), wurde nicht nur durch die militärische Stärke und den wirtschaftlichen Erfolg, sondern auch durch den Stolz auf die Weltgeltung genährt, welche die deutsche Wissenschaft damals hatte.

Die *Geisteswissenschaften* wurden im ausgehenden 19. Jh. noch von dem vertieften historischen Bewußtsein beherrscht, das die Romantik in der Auseinandersetzung mit der Aufklärung gewonnen hatte. Sie verstanden die menschliche Kultur in allen Bereichen (Staat, Recht, Religion, Sprache, Kunst) als geschichtlich geworden und wandelbar. Deshalb suchten sie die kulturellen und sozialen Phänomene nicht systematisch-logisch zu erfassen und Gesetzmäßigkeiten festzustellen, sondern sie betrachteten sie in ihrer Entwicklung als eine Aufeinanderfolge von je einmaligen und unwiederholbaren Individualitäten. Dieser *Historismus* hat vor allem die Entwicklung der Geschichtsschreibung von einer ästhetisch und publizistisch bestimmten Literaturgattung zu einer kritischen Wissenschaft mit erprobten und überprüfbaren Arbeitsmethoden vorangetrieben. In den anderen Geisteswissenschaften brachte der Historismus historische Schulen hervor. So sehr der Historismus das Verständnis für die Geschichtlichkeit des Menschen und der Kultur gefördert hat, so hat er andererseits mit seiner einseitigen geschichtlichen Orientierung die systematisch-dogmatische Arbeit in den Geisteswissenschaften und die Gewinnung eines universalen Weltbildes gehemmt und gleichzeitig durch die Historisierung aller Wertvorstellungen die Tendenz zum Wertrelativismus gefördert. Seit dem Ausgang des 19. Jh. trat diesen Einseitigkeiten eines konsequenten Historismus eine wissenschaftstheoretische Gegenbewegung, namentlich in der Philosophie (Ernst Troeltsch) und in den Sozialwissenschaften (Carl Menger und Max Weber) entgegen[19].

In der *Geschichtswissenschaft* des Kaiserreichs waren Leopold von Ranke und Theodor Mommsen die großen Lehrmeister. *Ranke* unternahm in seinen letzten Lebensjahren (1881–1886) den Versuch, die Reihe seiner nationalgeschichtlichen Monographien über die abendländischen Völker durch eine ›Weltgeschichte‹ zu krönen. Dieses Werk, das unvollendet blieb, war die letzte wirklich universalhistorische Arbeit aus der Feder eines deutschen Historikers. Ranke hatte viele Schüler, aber keinen Nachfolger. Die nach ihm kommende Generation folgte ihm zwar in der Subtilität der Quellenkritik, aber nicht in der Weite des historischen Horizontes. Die Historiker der neueren Geschichte konzentrierten sich auf die Geschichte der Diplomatie und auf die politische Biographie; für die Historiker der mittelalterlichen Geschichte stand die Erschließung und textkritische Edition neuer Quellen im Vordergrund. Diese Arbeit, die mit der Begründung der ›Monumenta Germaniae historica‹ begonnen worden war (ihr erster Band war 1826 erschienen), wurde mächtig gefördert, als das Deutsche Reich 1875 die Finanzierung dieser Forschungsarbeit übernommen hatte und eine Zentraldirektion der ›Monumenta Germaniae historica‹ eingerichtet worden war. Ihr erster Leiter war der Ranke-Schüler Georg Waitz[20].

Während Rankes wissenschaftliche Wirkung auf die Erforschung der mittleren und neueren Geschichte beschränkt blieb, hat Theodor *Mommsen* über den Kreis der Geschichtswissenschaft hinaus gewirkt in die klassische Philologie und Archäologie und in die Rechtswissenschaft. Von ihm gingen die wesentlichen Anstöße zur Erweiterung des Horizontes und der Quellenbasis der römischen Altertumsforschung aus: Mit dem 5. Band seiner ›Römischen Geschichte‹ (1885), der die Entwicklung der römischen Provinzen von Cäsar bis Diokletian behandelte, rückte er die bis dahin kaum beachtete Geschichte der riesigen außeritalischen Gebiete des römischen Weltreichs in das Licht der Forschung. Als erster unternahm er es, die Institutionen des römischen Staatswesens nicht nur zu beschreiben, sondern in seinem ›Römischen Staatsrecht‹ (3 Bde. 1871–1888) juristisch zu definieren und systematisch darzustellen. Die Quellenbasis der römischen Geschichte erweiterte er durch die von ihm begonnene und durch Jahrzehnte organisierte Sammlung und Edition der lateinischsprachigen Inschriften aus dem Gebiet des römischen Imperiums (›Corpus Inscriptionum Latinarum‹). Auf seine Anregung wurde 1890 die Reichs-Limes-Kommission zur Ausgrabung und Erforschung des obergermanischen und rätischen Limes der Römer gegründet. Ebenso war er an der textkritischen Edition des ›Corpus iuris civilis‹ beteiligt und an der Begründung des ›Thesaurus Linguae Latinae‹, des umfassenden, bis heute noch nicht abgeschlossenen Wörterbuches der lateinischen Sprache. Mommsens Wirken war es vornehmlich zu verdanken, daß die alte Geschichte nicht zur Historiographie nur der politischen Geschichte und der Ideengeschichte verengt wurde, sondern einen universalgeschichtlichen Horizont erhielt. Er bekämpfte auch die einseitig philologische Ausrichtung des historischen Studiums und der historischen Arbeitsmethoden (vgl. seine Berliner Rektoratsrede 1874). Mommsen war nicht nur durch sein wissenschaftliches Werk eine Ausnahmeerscheinung unter den deutschen Historikern und Geisteswissenschaftlern. Er gehörte zu den wenigen Historikern, die sich durch den äußeren Glanz des Kaiserreichs nicht blenden ließen. Als politischer Schriftsteller und als Abgeordneter (1873–1879 im Preußischen Abgeordnetenhaus, 1881–1884 im Reichstag) stritt er für die liberalen Freiheitsideale und für die Erweiterung der Rechte des Parlaments[21].

Unter den klassischen *Philologen* ragte Ulrich von Wilamowitz-Moellendorff hervor, der die Textkritik durch textgeschichtliche Untersuchung verfeinerte und in der Textinterpretation philologische und historische Deutung verband[22]. In der Romanistik betrieb Karl Voßler Sprachgeschichte als Kultur- und Geistesgeschichte[23]. Die Germanistik, bisher fast ausschließlich mit der historischen Grammatik und der Sammlung von Sprachdenkmälern beschäftigt, wurde durch Wilhelm Scherer erweitert. Er bezog auch die Literaturwissenschaft, insbesondere auch die neuere deutsche Literaturgeschichte, in das Aufgabengebiet der Germanistik ein[24].

Die historische Schule in der *Rechtswissenschaft* hatte sich in der Reichsgründungszeit in drei miteinander streitende Richtungen aufgespalten. Die eine wurde durch den Römischrechtler Bernhard *Windscheid* repräsentiert. Er bemühte sich um eine »Verdeutschung des römischen Rechts«, d. h. um eine Synthese römisch-rechtlicher und deutsch-rechtlicher Tradition, und um eine widerspruchsfreie Rechtsdogmatik auf der Grundlage des geltenden Rechts. Als Mitglied der ersten Kommission für die Vorbereitung des Bürgerlichen Gesetzbuchs (s. Kap. 4) und durch sein grundlegendes ›Lehrbuch des Pandektenrechts‹ (3 Bde. 1862–1870, ⁹1906) hat Windscheid einen starken Einfluß auf die Gestaltung des deutschen Zivilrechts und die deutsche Rechtsprechung ausgeübt. Der oft kritisierte »Doktrinarismus« des Deutschen Bürgerlichen Gesetzbuchs ist u. a. ein Ergebnis der »Begriffsjurisprudenz« Windscheids. Auf der Suche nach dem Entstehungs- und Erklärungsgrund des Rechts bildete Rudolf von *Jhering* die Arbeitsweise der historischen Rechtsschule in eine – wie er es nannte – »naturhistorische« um. Er glaubte den Entstehungs- und Erklärungsgrund allen Rechts in dem Willen gesellschaftlicher Gruppen, ihre Zwecke zu verwirklichen, zu erkennen (›Der Zweck im Recht‹, 2 Bde. 1877–1884). Diese Zwecke sah er nicht ethisch bestimmt, sondern an materiellen Gütern und sozialen Ansprüchen orientiert. Und ›Der Kampf ums Recht‹ (so der Titel der aufsehenerregenden Schrift Jherings 1872) habe darüber zu entscheiden, welche Interessen das geltende Recht bestimmen. Deshalb beurteilte Jhering die das Recht bestimmenden Zwecke auch nicht ethisch, sondern allein soziologisch. Damit war der Historismus in der Rechtswissenschaft zum Rechtspositivismus umgebogen. Gegen die Begriffsjurisprudenz Windscheids und den Positivismus Jherings wandte sich Otto von *Gierke*, der ebenfalls aus der historischen Rechtsschule hervorgegangen war. Er stand mit Dilthey, Schmoller und Friedrich Naumann in enger Verbindung. Philosophisches Denken (Kant, Fichte, Dilthey) und soziales Denken (Schmoller, Naumann) wirkten auf seine Rechtsdogmatik. Im Gegensatz zu Jhering wollte Gierke die Rechtszwecke nicht bloß soziologisch ermitteln, sondern nach ethischen Grundsätzen und sozialen Erfordernissen gestalten. Von diesem Grundgedanken aus kritisierte er auch den von Windscheid beeinflußten BGB-Entwurf von 1889 (›Die soziale Aufgabe des Privatrechts‹ 1889). Ausgangspunkt für seine Überlegung zur Synthese von Persönlichkeitsrecht und Recht der Gemeinschaft war die Erkenntnis der Genossenschaft als der eigentümlichen germanischen Verbandsform (›Das deutsche Genossenschaftsrecht‹, 4 Bde. 1868–1913). Für die Gestaltung des deutschen Rechts zu einem sozialen und sittlichen Recht forderte er in seiner Schrift über die soziale Aufgabe des Privatrechts: »In unserem öffentlichen Recht muß ein Hauch des naturrechtlichen Freiheitstraumes wehen, und unser Privatrecht muß ein Tropfen sozialistischen Öls durchsickern«[25].

Gierkes Forderung nach einem sozialen Recht berührte sich eng mit den sozialpolitischen Vorstellungen der damaligen deutschen *Nationalökonomen*. Die wissenschaftliche Auseinandersetzung mit dem Sozialismus und der Arbeiterfrage war in der deutschen Nationalökonomie zu einem beherrschenden Thema geworden, als der Tübinger Nationalökonom Albert Schäffle 1864 in einem Aufsatz ›Bourgeois- und Arbeiternationalökonomie‹ (in der ›Deutschen Vierteljahrsschrift‹) auf die einseitige großbürgerliche Interessenbindung des ökonomischen Liberalismus hingewiesen und die Fachwissenschaft aufgefordert hatte, sich mit dem ökonomischen Katechismus der liberalen Bourgeoisie kritisch auseinanderzusetzen. Schäffle fand Zustimmung und Unterstützung bei anderen Nationalökonomen: Gustav Schmoller, Gustav Schönberg, Adolph Wagner, Lujo Brentano. Sie gehörten wissenschaftlich durchaus verschiedenen Schulen an, traten aber gemeinsam für die Intervention des Staates in die Beziehungen zwischen Kapital und Arbeit ein. Von ihren wirtschaftsliberalen Gegnern wurden sie mit dem Spottnamen »*Kathedersozialisten*« tituliert, den sie als Ehrennamen akzeptierten. Um für die soziale Reform wissenschaftlich und publizistisch zu wirken, gründeten die Kathedersozialisten 1872 in Eisenach den »Verein für Sozialpolitik«, dem außer Nationalökonomen auch Juristen (Gierke, Gneist), Historiker (Hans Delbrück), hohe Beamte (v. Berlepsch, v. Rottenburg) und einzelne Unternehmer angehörten. Ein geschlossenes sozialpolitisches Programm haben die Kathedersozialisten nicht vorgelegt. Dazu waren ihre Ansichten in Einzelfragen zu unterschiedlich. Sie gruppierten sich im wesentlichen in einen »konservativen« (Schmoller, Wagner, Schäffle) und einen »liberalen« Flügel (Brentano). Die konservativen Kathedersozialisten wollten an der bestehenden politischen Verfassung nicht rütteln und sahen in einer starken monarchischen Gewalt den Schiedsrichter im sozialen Konflikt. Sie wollten die Lage der Arbeiter durch staatliche Schutzmaßnahmen (Zwangsversicherung, Arbeitszeitbegrenzung) bessern. Die liberalen Kathedersozialisten wollten dagegen durch mehr Freiheit und durch Chancengleichheit für die Arbeiter im Wahlrecht und im Koalitionsrecht die soziale Reform vorantreiben. Obwohl die Kathedersozialisten nicht als geschlossene Gruppe auftraten, war ihr Einfluß auf die deutsche Sozialpolitik groß. Schäffle war als Gutachter an der Ausgestaltung der Bismarckschen Sozialversicherung beteiligt (s. Kap. 13). In der Arbeiterschutzgesetzgebung Berlepschs und Posadowskys (s. Kap. 18 u. 22) waren Anregungen von Schmoller und Wagner verarbeitet. Brentanos Ideen wurden von Friedrich Naumann und den Linksliberalen übernommen[26].

An der Tätigkeit der Kathedersozialisten entzündete sich nach der Jahrhundertwende der Werturteilsstreit in den deutschen Sozialwissenschaften. Das *Werturteilsproblem*, d. h. die Vermengung von wissenschaftlichen Urteilen über das »Sein« und von subjektiven Werturteilen über das »Sollen«, betraf und betrifft zwar alle Geisteswissenschaften; aber gerade durch das Eintreten der Kathedersozialisten für die Sozialreform und für bestimmte sozialpolitische Ideale war dies Problem mit aller Schärfe deutlich geworden. Deshalb wurde auch in ihren Reihen der Streit um »Objektivität« und »Wertung« ausgetragen. Auf der Tagung des Vereins für Sozialpolitik 1909 brach er offen aus. Den konsequentesten Versuch zur Rettung einer »objektiven« Wissenschaft unternahm Max Weber mit seiner Forderung einer »wertfreien« Wissenschaft. Weber fand Unterstützung bei Werner Sombart. Ihm gegenüber hielten Adolph Wagner und Schönberg es durchaus für die Aufgabe der Wissenschaft, politische Ziele, d. h. Werturteile, aufzustellen, während Alfred Weber (der Bruder Max Webers) eine Trennung von wissenschaftlichem Urteil und Werturteil nur für begrenzt möglich erklärte. Max Webers Versuch war zum Scheitern verurteilt. Er selbst konnte sich in seinen Arbeiten von persönlichen Wertungen nicht freihalten. Wenn auch der Werturteilsstreit das Werturteilsproblem nicht lösen konnte, so hat er doch das wissenschaftliche Gewissen geschärft und zu einem kritischeren methodologischen Selbstverständnis der Sozialwissenschaften geführt[27].

Wenn in der Wissenschaftsgeschichte des frühen 19. Jh. noch die philosophischen Systeme und die Entwicklung neuer Betrachtungsweisen und Arbeitsmethoden der Geisteswissenschaften im Mittelpunkt gestanden hatten, so war die wissenschaftliche Entwicklung seit der Mitte des Jahrhunderts vor allem *naturwissenschaftliche Entwicklung*. Die Expansion der naturwissenschaftlichen Erkenntnis wirkte weit über den naturwissenschaftlichen Fachbereich in die Philosophie, die Geisteswissenschaften und die Literatur (s. o.). Für den Aufstieg Deutschlands zur wirtschaftlichen Großmacht war es von entscheidender Bedeutung, daß an diesem Aufbruch der Naturwissenschaft deutsche Gelehrte wesentlichen Anteil hatten. In der *Physik* lieferte Hermann Helmholtz, der das Energieprinzip aufgestellt hatte (›Über die Erhaltung der Kraft‹ 1847) grundlegende Untersuchungen für die Entwicklung der Elektrodynamik und der Thermodynamik. 1895 entdeckte Wilhelm Conrad Röntgen die nach ihm benannten elektromagnetischen Strahlen mit kürzeren Wellenlängen als das Licht. Bei der Untersuchung der Strahlungsvorgänge stellte Max Planck 1900 die Quantentheorie auf, die in Verbindung mit der Relativitätstheorie Einsteins (1905 ff.) die theoretischen Grundlagen der Mikrophysik lieferte und eine theoretische Voraussetzung für die spätere Kernphysik wurde. Die Physik spielte auch in der chemischen Forschung seit dem letzten Viertel eine entscheidende Rolle durch die Übernahme physikalischer Forschungsmittel und Denkweisen in die *Chemie*. Zu den Begründern der physikalischen Chemie gehörten Wilhelm Ostwald (Ostwaldsches Verdünnungsgesetz; Katalyse) und Walter Nernst (Nernstsche Theorie der galvanischen Stromerzeugung, 1889; Nernstsches Wärmetheorem, 1906). Von der klassischen organischen Chemie schlug Emil H. Fischer mit der Trauben-zucker-Synthese (1896 ff.) die Brücke zur Biochemie[28]. In der *Medizin* wurde im zweiten Drittel des 19. Jh. vor allem die Zellularpathologie entwickelt. Sie verdankte ihre Grundlagen Rudolf Virchow. Seit den 70er Jahren wurden vornehmlich die Bakteriologie und Serologie zum Träger des medizinischen Fortschritts. Am Ausbau der Bakteriologie und Serologie hatten deutsche Forscher großen Anteil: Robert Koch (Entdekkung des Tuberkulose- und des Cholera-Bazillus, 1882 u. 1884); Friedrich Loeffler (Entdeckung des Diphtherieerregers, 1884); Emil Behring (Diphtherie-Serum, 1890); Paul Ehrlich (Begründung der modernen Chemotherapie)[29]. Der hohe Stand der damaligen deutschen Naturwissenschaft wurde äußerlich dadurch dokumentiert, daß von den 42 naturwissenschaftlichen Nobelpreisen, die von der Stiftung des Nobelpreises bis zum Ersten Weltkrieg verliehen wurden (1901–1914), 14 an deutsche Gelehrte vergeben wurden.

Die Forschung in den Geisteswissenschaften wie auch in den Naturwissenschaften wurde noch fast ausschließlich von den *Universitäten* getragen. Die Zahl der Universitäten wurde während des Kaiserreiches durch zwei Neugründungen (Münster 1902 u. Frankfurt a. M. 1914) erhöht. Neben die Universitäten trat mit den *Technischen Hochschulen* ein neuer Hochschultypus. Die meisten Technischen Hochschulen waren schon vor der Reichsgründung entstanden, dienten aber zunächst nur der Ausbildung von Technikern für die Praxis. Erst nach der Reichsgründung wurden sie zu Hochschulen im vollen Sinne, zu Forschungs- und Lehranstalten umgebildet (zwischen 1870 und 1890)[30]. Durch die Entstehung der Großbetriebe wurde die kaufmännische Leitung der Unternehmen so kompliziert, daß sie nicht mehr von einzelnen Fabrikbesitzern und bloßen Praktikern bewältigt werden konnte. Man brauchte jetzt wissenschaftlich gebildete wirtschaftliche Führungskräfte, und zwar mit einer Ausbildung, die besonders auf die Bedürfnisse der Privatwirtschaft und des Einzelunternehmens abgestellt war. Um dies Bedürfnis zu befriedigen, wurden um die Jahrhundertwende *Handelshochschulen* (Leipzig 1898, Köln u. Frankfurt a. M. 1901, Berlin 1906, Mannheim 1907) gegründet, an denen als Hauptfach Betriebswirtschaftslehre gelehrt wurde.

Große wissenschaftliche Gemeinschaftsaufgaben, wie etwa der ›Thesaurus Linguae Latinae‹, wurden von den im 18. Jh. gegründeten *Akademien der Wissenschaften* (Berlin, Leipzig,

München, Göttingen) organisiert und finanziert. Sie erhielten ihre Geldmittel vom Staat. Aber auch privates Mäzenatentum beteiligte sich an der Wissenschaftsförderung: 1909 wurde durch eine Stiftung der Firma Lanz in Mannheim die Heidelberger Akademie der Wissenschaften gegründet. Auf Anregung von Adolf v. Harnack und Emil Fischer wurde 1911 unter dem Protektorat Wilhelms II. durch Spenden der deutschen Industrie und Landwirtschaft ein Stiftungskapital von fast 10 Millionen Goldmark zusammengebracht, von dessen Zinsen die neugegründete *Kaiser-Wilhelm-Gesellschaft* zur Förderung der Wissenschaften (heute: Max-Planck-Gesellschaft) ihre Institute und Forschungsarbeiten finanzierte (bis zur Inflation). Zum Direktor eines ihrer Institute (des Instituts für Physik) wurde 1914 Albert Einstein berufen[31].

Wie die technisch-industrielle Entwicklung neben der Universität neue Hochschultypen hervorgebracht hatte, so veränderte sie auch das *Schulwesen*. Neben die auf dem altsprachlichen Unterricht aufbauende »Gelehrtenschule«, das humanistische Gymnasium, traten im Laufe des 19. Jh. die Realschule und das Realgymnasium, die stärker die modernen Sprachen und die naturwissenschaftlichen Fächer pflegten. 1859 hatte das humanistische Gymnasium in Preußen das Monopol verloren, daß nur sein »Maturitätsexamen« den Zugang zum Hochschulstudium eröffnete. Seitdem konnten auch Abiturienten der Realgymnasien wenigstens in den »niederen« Fakultäten: Philosophische Fakultät, zu der damals auch noch die Naturwissenschaften gehörten, und Staatswirtschaftliche Fakultät (Wirtschaftswissenschaften) studieren. Erst 1900 wurde grundsätzlich die Gleichwertigkeit der Reifezeugnisse der humanistischen Gymnasien, der Realgymnasien und der 1882 eingerichteten lateinlosen Oberrealschulen ausgesprochen mit entsprechenden Konsequenzen für die Zulassung zur Hochschule. Gleichzeitig wurde der altsprachliche Unterricht zugunsten der deutschkundlichen Fächer etwas beschnitten. Die Berufstätigkeit der Frauen und die Frauenbildungsbewegung (Helene Lange) führten dazu, daß am Ende des 19. Jh. höhere Mädchenschulen gegründet wurden. 1908 erhielten diese Schulen das Recht zur Reifeprüfung. Damit wurden die Frauen zum Hochschulstudium zugelassen. Gleichzeitig wurde durch das neue Reichsvereinsgesetz den Frauen die Teilnahme an Vereinen und Versammlungen erlaubt[32].

Die Veränderungen im Schulwesen waren nicht nur Fragen

der Organisation und des Fächerkanons, sondern berührten die Kernprobleme der *Erziehung*. Welches sollten die Leitgedanken der Erziehung und Bildung an den Schulen unter den durch die Industrie veränderten Umweltbedingungen sein? Von dieser Frage ging die am Ende des Jahrhunderts einsetzende *Schulreformbewegung* aus. Ihre verschiedenen Richtungen waren sich darin einig, daß die bisher allein gepflegte Verstandesbildung einseitig und unzureichend sei. Langbehn und Lichtwark forderten eine stärkere ästhetische und künstlerische Bildung und Befreiung der Jugend von Schund und Kitsch. Linde und Scharrelmann wollten mit der »Persönlichkeitspädagogik« das Herz der Schüler gewinnen und sie zu eigener produktiver Arbeit erziehen. Paul Natorp forderte in seiner ›Sozialpädagogik‹ (1899), daß alle Erziehung in der Gemeinschaft und für die Gemeinschaft zu geschehen habe und daß die Bildung vor allem Charakterbildung sein müsse. Der Münchner Schulrat Kerschensteiner stellte die Erziehung zur Staatsgesinnung und zu staatsbürgerlich-sittlichem Handeln in den Mittelpunkt. Das beste Mittel dazu sah er in der »Arbeitsschule«, im Werkunterricht; die gemeinsame Arbeit in der Werkstatt erziehe zu Sorgfalt und Rücksichtnahme und wecke das Verständnis für die Berufsarbeit und deren Stellung im Staat[33].

Diesen Bemühungen Erwachsener um die Jugenderziehung trat um die Jahrhundertwende die *Jugendbewegung* als eine Form der Selbsterziehung der Jugend gegenüber. Sie begann mit der Gründung des »Wandervogel« 1901. Der Wandervogel und die nach ihm entstandenen zahlreichen Bünde fanden Unterstützung durch einige Schriftsteller und Gelehrte (Sohnrey, Alfred Weber, Natorp). Zu einer Massenbewegung wurde die Jugendbewegung nicht. Sie hatte kein auch nur annähernd bestimmbares Programm. Auch politisch ließ sie sich nicht eindeutig festlegen. Nahezu alle politischen Tendenzen vom Nationalismus und Antisemitismus bis zu Sympathien für den Sozialismus kamen in ihr zu Worte. Gemeinsam war den verschiedenen Richtungen nur das Bemühen um Ehrlichkeit und Natürlichkeit im menschlichen Zusammenleben, um das Erlebnis der Gemeinschaft in der Gruppe. Ihre Hauptwirkung gewann die Jugendbewegung erst in der Weimarer Republik[34].

[1] Zeitgeist im Wandel, Bd. 1: Das Wilhelminische Zeitalter, hg. v. H. J. SCHOEPS (1967).

[2] E. FRIEDELL, Kulturgesch. d. Neuzeit, Bd. 3 (1931). Über Richard Wagner: TH. MANN, Leiden u. Größe der Meister (1935). M. KÄMPF, Staat u. Politik im Leben u. Werk C. F. Meyers

3. Wissenschaft und geistige Strömungen

(1938). K. E. Lusser, C. F. Meyers geistige Entwicklung (1925).

[3] H. v. Srbik, Geist u. Gesch. vom dt. Humanismus bis zur Gegenwart, Bd. 1 (1950). W. Bussmann, Treitschke. Sein Welt- u. Gesch.Bild (1952).

[4] Th. Schieder, Das dt. Kaiserreich von 1871 als Nationalstaat (1961).

[5] J. Cohn, Die Philosophie im Zeitalter d. Spezialismus (1925). T. K. Oesterreich, Die dt. Philosophie d. 19. Jh. u. d. Gegenwart, in: Grundriß d. Gesch. d. Philosophie, hg. v. F. Überweg, Bd. 4 ([13]1951). G. Lukács, Die Zerstörung d. Vernunft (Neuausg. 1962), schildert die Entwicklung d. dt. Philosophie u. Soziologie seit dem späten 19. Jh. als den »Weg Dtlds. zu Hitler auf dem Gebiet der Philosophie«.

[6] P. Natorp, Philosophie, Ihr Problem u. ihre Probleme (1911). H. Cohen, Kants Theorie d. Erfahrung (1871). E. Cassirer, Das Erkenntnisproblem in der Philosophie u. Wissenschaft d. neueren Zeit (3 Bde. [3]1922/23). H. Rickert, Die Grenzen d. naturwissenschaftl. Begriffsbildung (1892, [6]1928). Ders., Kulturwissenschaft u. Naturwissenschaft (1899, [6]1926). W. Windelband, Über Willensfreiheit (1904, [4]1923).

[7] W. Dilthey, Der Aufbau d. geschichtl. Welt in den Geisteswissenschaften (1910 = Ges. Schr. 7, 1926). A. Stein, Der Begriff d. Verstehens bei Dilthey (1926). E. Rothacker, Logik u. Systematik d. Geisteswissenschaften ([2]1947).

[8] W. I. Lenin, Marxismus u. Empiriokritizismus (1908). G. Lukács, Gesch. u. Klassenbewußtsein (1923). M. Adler, Lehrbuch d. materialist. Gesch.-Auffassung (2 Bde. 1930/31). K. Kautsky, Die materialist. Gesch.-Auffassung (2 Bde. 1927). K. Korsch, Marxismus u. Philosophie ([3]1930). M. Horkheimer u. T. W. Adorno, Die Dialektik d. Aufklärung (1947).

[9] H. Aubin, Zum 50. Band d. Vierteljahrsschrift für Sozial- u. Wirtschaftsgesch., VSWG 50 (1963).

[10] D. Lindenlaub, Richtungskämpfe im Verein f. Sozialpolitik (2 Bde. 1967).

[11] F. Klimke, Der Monismus u. seine philosoph. Grundlagen ([4]1912).

[12] K. Jaspers, Nietzsche (1936). Ders., Nietzsche u. das Christentum (1947). H. M. Klinkenberg, Nietzsches Kulturbegriff, in: Histor. Forschungen u. Probleme (Festschr. f. P. Rassow 1961). Th. Schieder, Nietzsche u. Bismarck (1963).

[13] M. Platz, Paul de Lagardes romantische Flucht ins Altgermanische (1924). W. Mommsen, Paul de Lagarde als Politiker (1927).

[14] M. Nissen, Der Rembrandtdeutsche Julius Langbehn (1926).

[15] E. Alker, Geschichte der deutschen Literatur von Goethes Tod bis zur Gegenwart (2 Bde. 1949/50). G. Lukács, Der dt. Realismus des 19. Jh. (deutsch 1952). H. Pongs, Wilhelm Raabe (1957). C. Wandrey, Theodor Fontane (1919). H. Ritscher, Fontane, Seine polit. Gedankenwelt (1953). F. Stuckert, Theodor Storm (1952). H. Maync, Gottfried Keller (1923). R. Faesi, Conrad Ferdinand Meyer (1925).

[16] A. Soergel, Dichtung u. Dichter der Zeit, Bd. 1 ([20]1928). W. Stammler, Literaturgesch. vom Naturalismus zur Gegenwart (1926). J. Gregor, Gerhart Hauptmann (1952). R. F. Arnold, Das moderne Drama ([2]1912).

[17] C. M. Bowra, Das Erbe d. Symbolismus (dt. 1947). J. Bab, Richard Dehmel (1926). G. u. H. H. Schaeder, Hugo von Hofmannsthal (1933). E. Morwitz, Die Dichtung Stefan Georges ([2]1949). J. F. Angelloz, Rainer Maria Rilke (1955).

[18] F. Lienhard, Die Vorherrschaft Berlins (1900). R. Minder, Kultur u. Literatur in Dtld. u. Frankreich (1962).

[19] F. Meinecke, Die Entstehung d. Historismus ([2]1946). E. Troeltsch, Der Historismus u. seine Probleme (1922). Ders., Der Historismus u. seine Überwindung (1924). K. Heussi, Die Krisis d. Historismus (1932).

[20] H. v. Srbik, Geist u. Gesch. vom dt. Humanismus bis zur Gegenwart, Bd. 2 (1951). F. Wagner, Moderne Gesch.-Schreibung (1960). O. Vossler, Rankes histor. Problem, in: ders., Geist

u. Gesch. von der Reformation bis zur Gegenwart (1964). H. BRESSLAU, Gesch. der Monumenta Germaniae historica (1921).

[21] L. WICKERT, Theodor Mommsen (bisher Bd. 1 u. 2 (1959–1964). A. HEUSS, Th. Mommsen u. das 19. Jh. (1956).

[22] W. KROLL, Gesch. d. klassischen Philologie (1908). M. POHLENZ, Ulrich von Wilamowitz-Moellendorff (1932).

[23] F. SCHALK, Karl Vossler, DVLG 23 (1949).

[24] J. DÜNNINGER, Gesch. d. dt. Philologie, in: Dt. Philologie im Aufriß, Bd. 1 ([2]1966). O. WALZEL, Wilhelm Scherer, Zs. f. dt. Philologie 55 (1930). R. BISCARDO, Scherer e la critica letteraria tedesca (1937).

[25] Über Windscheid, Jhering und Gierke vgl. E. WOLF, Große Rechtsdenker d. dt. Geistesgesch. ([3]1951). Ferner: P. KOSCHAKER, Die Krise des röm. Rechts u. die romanist. Rechtswissenschaft (1938). S. MOGI, Otto von Gierke, His Political Teaching and Jurisprudence (1932).

[26] Beste Darstellung der Kathedersozialisten und ihrer politischen und wissenschaftlichen Auseinandersetzungen: D. LINDENLAUB, Richtungskämpfe im Verein f. Sozialpolitik, Wissenschaft u. Sozialpolitik im Kaiserreich vornehmlich vom Beginn des »Neuen Kurses« bis zum Ausbruch des I. Weltkrieges, 1890–1914 (2 Bde. 1967). Als Ergänzung für die frühere Zeit: G. WITTROCK, Die Kathedersozialisten bis zur Eisenacher Versammlung 1872 (1939). F. BOESE, Gesch. d. Vereins f. Sozialpolitik 1872 bis 1932 (1939).

[27] M. WEBER, Die »Objektivität« sozialwissenschaftl. Erkenntnis, in: ders., Ges. Aufsätze zur Wissenschaftslehre ([2]1951). Ders., Der Sinn der »Wertfreiheit der Sozialwissenschaften« (ebd.). E. BAUMGARTEN, Max Weber (1954). W. J. CAHNMAN, Max Weber and the Methodological Controversy in the Social Sciences, in: CAHNMAN-BOSKOFF, Sociology and History (1964).

[28] M. v. LAUE, Gesch. d. Physik ([3]1950). C. RAMSAUER, Berlin u. die exakten Naturwissenschaften, Die Naturwissenschaft (1951). L. KOENIGSBERGER, Hermann v. Helmholtz (3 Bde. 1902/03). H. HARTMANN, Max Planck als Mensch u. Denker ([3]1953). O. GLASSER, W. C. Röntgen u. die Gesch. d. Röntgen-Strahlen (1931). PH. FRANK, Einstein (1949). P. WALDEN, Gesch. d. Chemie ([2]1950). K. HOESCH, Emil Fischer (1921).

[29] P. DIEPGEN, Gesch. d. Medizin, Bd. 2 (1951). S. ASCHOFF, Rudolf Virchow (1940). P. SCHAAF, Robert Koch u. Emil v. Behring (1944). H. LOEWE, Paul Ehrlich, Schöpfer d. Chemotherapie (1950).

[30] R. Gf. DU MOULIN ECKART, Gesch. d. dt. Universitäten (1929). A. HERTWIG, Der geistige Wandel d. Techn. Hochschulen in den letzten 100 Jahren (1950); dazu die Gesch. einzelner Hochschulen u. Fakultäten, u. a.: M. LENZ, Gesch. d. Kgl. Friedrich-Wilhelm-Universität zu Berlin (4 Bde. 1910–1918); G. v. SELLE, Gesch. d. Albertus-Universität zu Königsberg i. Pr. (1944); W. SCHRADER, Gesch. d. Friedrichs-Universität zu Halle, Bd. 2 (1894); H. HERMELINK u. S. A. KAEHLER, Die Philipps-Universität zu Marburg 1527–1927 (1927); K. E. BORN, Gesch. d. Wirtschaftswissenschaften an der Universität Tübingen 1817–1967 (1967).

[31] A. v. HARNACK, Gesch. d. Kgl. Preuß. Akademie der Wissenschaften zu Berlin, Bd. 3 (1900). O. BENECKE, Zur Vorgesch. d. Kaiser-Wilhelm-Gesellschaft, Mitteil. aus d. Max-Planck-Gesellschaft, H. 1 u. 2 (1954). H. HAEVEKER, 40 Jahre Kaiser-Wilhelm-Gesellschaft, Jb. d. Max-Planck-Gesellsch. (1951).

[32] W. ROESSLER, Die Entstehung d. modernen Erziehungswesens in Dtld. (1961). J. v. D. DRIESCH u. J. ESTERHUES, Gesch. d. Erziehung u. Bildung, Bd. 2 (1952).

[33] E. LINDE, Persönlichkeitspädagogik (1897, [5]1922). P. NATORP, Sozialpädagogik (1899, [6]1925). H. SCHARRELMANN, Herzhafter Unterricht (2 Bde. 1902). G. KERSCHENSTEINER, Die staats-

bürgerliche Erziehung d. dt. Jugend (1901, ⁹1928). Ders., Begriff d. Arbeitsschule (1912, ⁹1950). E. SAUPE, Dt. Pädagogen d. Neuzeit (⁸1929).

[34] W. Z. LAQUEUR, Die dt. Jugendbewegung (1962). H. MAU, Die dt. Jugendbewegung, Rückblick u. Ausblick, Zs. f. Relig. u. Geist.Gesch. 2 (1948). W. JANTZEN, Die soziolog. Herkunft d. Führungsschicht d. dt. Jugendbewegung 1900–1933, in: Führungsschicht u. Eliteproblem, Jb. d. Ranke-Gesellschaft 3 (1957). W. KINDT (Hg.), Die Wandervogelzeit, Quellenschriften zur dt. Jugendbewegung 1876–1919 (1968).

Kapitel 4
Bismarcks Zusammenarbeit mit den Liberalen (1871–1877)

In den ersten Jahren nach der Reichsgründung wurde die deutsche Innenpolitik noch durch das Zweckbündnis bestimmt, das Bismarck 1867 mit der bürgerlich-liberalen Nationalbewegung eingegangen war; denn durch die Entwicklung im konservativen Lager blieb der Kanzler zunächst auf die Zusammenarbeit mit den Liberalen angewiesen. Die liberalen Reichstagsfraktionen besaßen zusammengenommen in den ersten beiden Legislaturperioden des deutschen Reichstags (1871–1877) die absolute Mehrheit, und die Nationalliberale Partei stellte die bei weitem stärkste Fraktion. In den Jahren der liberalen Vorherrschaft im Reichstag und der Zusammenarbeit zwischen Bismarck und den Liberalen wurde auf wirtschafts- und rechtspolitischem Gebiet fruchtbare Arbeit für den weiteren Ausbau der deutschen Einheit geleistet.

Das Ergebnis dieser Zusammenarbeit war die Herstellung der *Währungs- und Münzeinheit,* der Rechtseinheit und eines festen Etats für die Reichsverteidigung. 1871 gab es in Deutschland noch 7 verschiedene Währungsgebiete und 33 Notenbanken, die ihre Noten nach ganz verschiedenen Vorschriften ausgaben. Zunächst wurde 1871 die Mark zur Währungseinheit bestimmt, die einzelnen Landesmünzen verschwanden bis 1878 aus dem Verkehr. 1873 ging das Reich vom Silber- zum Goldstandard über, den bis dahin nur Großbritannien hatte. Das war ein in mehrfacher Hinsicht bedeutsamer Schritt: Die Umstellung auf den Goldstandard erfolgte noch gerade vor dem Ausbruch der großen Silberkrise und bewahrte das Reich vor einer Währungskrise; außerdem war die Währungsumstellung ein Fortschritt auf dem Wege zu einer internationalen Währung, die einheitlich auf dem Gold beruhte. Durch das

Bankgesetz von 1875 wurde die Preußische Bank in die Reichsbank umgewandelt; die Notenausgabe der übrigen Notenbanken wurde streng geregelt und auf niedrige Kontingente beschränkt, so daß bis 1910 27 Notenbanken auf die Notenausgabe zugunsten der Reichsbank verzichteten. Diese Vereinheitlichung der Währung war vornehmlich das Werk des liberalen Abgeordneten und Bankfachmanns Ludwig Bamberger und des Präsidenten des Reichskanzleramtes Rudolf Delbrück[1]. Die liberale Reichstagsmehrheit war auch die parlamentarische Stütze bei der Schaffung der *Rechtseinheit*. Zur Zeit der Reichsgründung bestand diese nur im Strafrecht und im Handelsrecht. Das Handelsgesetzbuch war noch vom Bundestag des Deutschen Bundes ausgearbeitet und 1861–1865 in allen deutschen Staaten eingeführt worden. Als Reichsstrafgesetzbuch wurde das Strafgesetzbuch des Norddeutschen Bundes, das wiederum auf dem preußischen Strafgesetzbuch von 1851 beruhte, mit geringen Änderungen übernommen. 1873 wurde durch Änderung der Reichsverfassung dem Reich auch die Gesetzgebung auf dem Gebiet des Privatrechts übertragen. Eine Kommission des Bundesrats arbeitete darauf bis 1888 den Entwurf eines Bürgerlichen Gesetzbuches aus. Nach starken Änderungen durch Bundesrat und Reichstag wurde 1896 das *Bürgerliche Gesetzbuch* verabschiedet und trat am 1. 1. 1900 in Kraft[2]. Mit dem Recht wurde auch das Prozeß- und Gerichtswesen vereinheitlicht. 1876–1879 wurden durch das Gerichtsverfassungsgesetz, durch die Strafprozeß- und Zivilprozeßordnung die Stellung der Richter und Staatsanwälte, Besetzung und Zuständigkeit der Gerichte, Verfahrensordnung und Instanzenzug einheitlich geregelt. Als gemeinsamer oberster Gerichtshof für das Reich fungierte seit dem 1. 10. 1879 das Reichsgericht in Leipzig. Die leitenden Köpfe bei der Schaffung der Rechts- und Gerichtseinheit waren der nationalliberale Abgeordnete Lasker und der preußische Justizminister Leonhardt. Während die Herstellung der einheitlichen Währung und der Rechtseinheit in guter Zusammenarbeit von liberaler Reichstagsmehrheit, Bundesrat und Reichskanzleramt vonstatten ging, führte die Festsetzung des *Militäretats* zur ersten Krise zwischen Bismarck und dem Reichstag. Der norddeutsche Reichstag hatte 1867 den Militäretat bei einer Friedenspräsenzstärke von 300000 Mann für 4 Jahre bewilligt. Nach der Angliederung der süddeutschen Staaten war 1871 die Friedenspräsenzstärke für 3 Jahre auf 401000 Mann festgesetzt worden. 1874 wurde nun dem Reichstag ein Reichsmilitärgesetz vorgelegt, das die bisherige Friedenspräsenzstärke ohne zeitliche Begrenzung festsetzte. Durch dies »Äternat«, das den weitaus größten Etatposten (vier Fünftel des Reichsetats) der jährlichen Beschlußfassung durch den Reichstag entziehen sollte, wäre dessen schärfste Waffe gegenüber der Regierung, das Budgetrecht, entwertet worden. Einer derartigen Beschneidung des Budgetrechts zuzustimmen, wäre für den Reichstag einer Selbstpreisgabe gleichgekommen. Beim linken Flügel des Liberalismus, bei der Fortschrittspartei, wurde die Erinnerung an den preußischen Verfassungskonflikt, der sich auch am Militäretat entzündet hatte, wieder wach. Ein offener Konflikt wurde aber diesmal vermieden. Weder Bismarck, noch die Liberalen konnten ihn damals wagen. Bismarck war wegen des preußischen Kulturkampfes (s. Kap. 5) und wegen seines Zerwürfnisses mit den Konservativen auf die Liberalen angewiesen. Die Liberalen wollten es mit Rücksicht auf den Kulturkampf, den sie an Bismarcks Seite führten, ebenfalls nicht zum Bruch kommen lassen. Überdies hatte Bismarck sie in eine ungünstige Situation hineinmanövriert, indem er mit der Auflösung des Reichstags und für den Fall, daß die Neuwahlen für ihn ungünstig ausfielen, mit seinem Rücktritt gedroht hatte. Gleichzeitig wies die Bismarck-Presse darauf hin, daß in Frankreich Revanche-Stimmung herrsche und daß die französische Armee schon eine Friedenspräsenzstärke von 470 000 Mann erreicht habe (wobei freilich die französische Gendarmerie mitgezählt wurde). Das führte in Deutschland zu einer »primitiven und starken Bewegung« (nach dem treffenden Urteil des nationalliberalen Führers Bennigsen) zugunsten Bismarcks, so daß die Chancen einer harten Opposition gegen Bismarck bei eventuellen Neuwahlen wenig aussichtsreich erschienen. Bennigsen und Bismarck handelten schließlich einen Kompromiß aus. Danach sollte der Militäretat nicht auf unbestimmte Zeit festgesetzt werden, sondern auf 7 Jahre. Da die Legislaturperioden nur 3 Jahre dauerten – erst 1888 wurden sie auf 5 Jahre verlängert –, konnte also nur jeder zweite Reichstag einmal das volle Budgetrecht ausüben. Diese Kompromißlösung des *Septennats* wurde vom Reichstag mit großer Mehrheit angenommen[3].

Die Ausdehnung der Reichsaufgaben durch die Reichsgesetzgebung erforderte eine Ausdehnung der *Reichsverwaltung*[4]. Neben dem Auswärtigen Amt, dem früheren preußischen

Außenministerium, das den diplomatischen Geschäftsverkehr bearbeitete, fungierte als oberste Reichsbehörde für die gesamte innere Verwaltung das *Reichskanzleramt*[5]. Es vereinigte unter seinem Präsidenten Rudolf Delbrück die Aufgaben mehrerer Ministerien für Handel, Finanzen, Justiz, Eisenbahn und Post. Für die Bearbeitung aller Marineangelegenheiten, für die nach der Reichsverfassung in Gesetzgebung und Verwaltung nur das Reich zuständig war, wurde 1872 die preußische Admiralität vom Reich als kaiserliche Admiralität übernommen; 1889 wurde die kaiserliche Admiralität in das Reichsmarineamt umgewandelt. Den Ausbau der Reichsverwaltung vollzog Bismarck nicht nach einem festen Plan. Zunächst ließ er darin Delbrück freie Hand. Dieser konzentrierte die Bearbeitung aller Aufgaben, die dem Reich neu zukamen, im Reichskanzleramt. Dadurch entstand eine aufs höchste zentralisierte und durch die Zentralisierung sehr mächtige Reichsbehörde, die mit dem föderativen Prinzip der Reichsverfassung nicht in Einklang stand. Diese Entwicklung gefährdete vor allem die Zusammenarbeit zwischen Reich und Preußen; denn die preußischen Minister verloren angesichts der starken Reichszentralbehörde das Interesse an der Arbeit im Bundesrat, sie erschienen kaum noch zu seinen Sitzungen, ließen sich dort vertreten und zogen sich in ihren preußischen »Ressortpartikularismus« zurück. Dieser Entwicklung wirkte Bismarck seit 1875 entgegen. Dabei kam es ihm zustatten, daß der freihändlerisch gesinnte Delbrück zurücktreten mußte (1. 6. 1876), als der Kanzler die Schutzzollpolitik anbahnte (s. Kap. 12). Solange Delbrück, der das Reichskanzleramt aufgebaut hatte, an dessen Spitze stand, wäre es schwer möglich gewesen, diese Behörde zu entmachten und zu degradieren. Bismarck dachte zunächst daran, die Personalunion zwischen Reich und Preußen, die beim Monarchen, beim leitenden Minister und im Heerwesen bestand, auch auf andere Ressorts auszudehnen; wie der preußische Kriegsminister der Vorsitzende des Verteidigungsausschusses im Bundesrat war, der den Etat des Reichsheeres bearbeitete, so sollten die preußischen Minister jeweils das entsprechende Reichsressort leiten. Das hätte eine völlige Führung des Reiches von Preußen aus bedeutet. Die Rücksicht auf das Unbehagen der Einzelstaaten gegenüber einer solchen großpreußischen Lösung sowie die innerpreußische Situation ließen Bismarck jedoch diesen Plan aufgeben. Es gelang ihm nicht, die Zusammensetzung des preußischen

Staatsministeriums ganz in seinem Sinne zu ändern (s. Kap. 12). So wurden schließlich 1878–1880 für das Verhältnis Reich–Preußen und für die Struktur der Reichsverwaltung mehrere Teillösungen gefunden. Durch das *Stellvertretungsgesetz* (17. 3. 1878) wurde die Personalunion Reich–Preußen auf die Vertretung der leitenden Minister im Reich und in Preußen ausgedehnt. Es wurde das Amt eines Stellvertreters des Reichskanzlers geschaffen. Dieser »Vizekanzler« erhielt die Befugnis, den Kanzler in allen Geschäften, auch bei der Gegenzeichnung der kaiserlichen Erlasse, zu vertreten. Eine solche Vertretung war seit langem notwendig geworden, da Bismarck oft sehr lange von Berlin abwesend war. Mit Rücksicht auf die Einzelstaaten wurden von der Vertretungsbefugnis diejenigen Ressorts ausgenommen, in denen das Reich auf die Gesetzgebung und Aufsicht beschränkt war, die Ausführung aber in der Hand der Bundesstaaten lag. Der Stellvertreter des Reichskanzlers wurde auch mit seiner Vertretung im Vorsitz des preußischen Staatsministeriums betraut. Erster Inhaber dieses Vertretungsamtes war der bisherige Botschafter in Wien, Otto Graf zu Stolberg-Wernigerode. Das Reichskanzleramt wurde in mehrere *Reichsämter* aufgelöst: Reichsamt des Innern, Reichsjustizamt, Reichsschatzamt, Reichspostamt, Reichseisenbahnamt[6]. Als Leiter dieser Reichsämter wurden *Staatssekretäre* bestellt, wobei der Stellvertreter des Reichskanzlers jeweils auch Staatssekretär des Reichsamtes des Innern war. Diese Staatssekretäre waren Untergebene des Reichskanzlers und weisungsgebunden. Sie bildeten also, worauf es Bismarck ankam, kein kollegialisches Reichsministerium, sie traten auch nicht zu gemeinsamen Sitzungen zusammen. Um die Verbindung der Reichsämter zur preußischen Regierung enger zu gestalten, führte Bismarck den Brauch ein, einzelnen Reichsstaatssekretären Sitz und Stimme im preußischen Staatsministerium zu geben. Diese als »Staatssekretarisierung Preußens« bezeichnete Einrichtung hat sich jedoch erst nach Bismarcks Entlassung stärker entfaltet. Unter Bismarck beschränkte sie sich darauf, daß außer dem Stellvertreter des Kanzlers, der gleichzeitig den stellvertretenden Vorsitz im preußischen Staatsministerium führte, nur noch der Staatssekretär des Auswärtigen Amts die Stellung eines preußischen Staatsministers erhielt. Obwohl die geplante Personalunion zwischen den preußischen und den Reichsressorts nicht verwirklicht wurde, blieb in der Bismarck-Zeit die Führung der Reichspolitik bei der preußischen Regierung. Sie war das einzige Ministerkollegium, das über Angelegenheiten nicht nur der Reichsgesetzgebung, sondern auch der Reichsverwaltung beriet. Diese Führung des Reichs von Preußen aus wurde 1880 noch dadurch verstärkt, daß Bismarck die Leitung des preußischen Handelsministeriums übernahm. Von diesem wurde die neu einsetzende staatliche Sozialpolitik in Deutschland geleitet – erst in der Ära Posadowsky übernahm das Reich hier selbst die Führung (s. Kap. 22)[7].

Eine Sonderstellung im Reichsbau nahm das *Reichsland Elsaß-Lothringen* ein; denn es hatte keine eigenständige Landesobrigkeit und wurde direkt vom Reich verwaltet. Zunächst stand an der Spitze der reichsländischen Verwaltung ein Oberpräsident, der dem Reichskanzleramt unterstand. Im Zusammenhang mit der Auflösung und Dezentralisierung des Reichskanzleramtes wurde 1879 auch die Verwaltung Elsaß-Lothringens geändert. Das Reichsland erhielt nunmehr den Status eines Bundesstaates, war aber im Bundesrat nur mit beratender Stimme vertreten. An die Spitze des Reichslandes trat ein *Statthalter*. Dieser unterstand nicht mehr dem Reichskanzler, sondern unmittelbar dem Kaiser. Der Statthalter vereinigte die Funktionen eines Landesherrn und des Reichskanzlers in allen Fragen, die das Reichsland betrafen (die kaiserlichen Erlasse für Elsaß-Lothringen wurden nicht vom Reichskanzler, sondern vom Statthalter gegengezeichnet). Als oberste Regierungsbehörde wurde in Straßburg ein Ministerium für Elsaß-Lothringen unter der Leitung eines Staatssekretärs eingerichtet. Trotz dieser Verbesserung in der Stellung des Reichslandes innerhalb des Reiches ist es nicht gelungen, bei der Mehrheit der Elsässer und Lothringer Sympathien für das Reich zu wecken. Durch die 200jährige Zugehörigkeit zu Frankreich war die Bevölkerung politisch und geistig stärker mit Frankreich verbunden, als man es in Deutschland wahrhaben wollte: So machten bis 1873 etwa 150000 Elsässer und Lothringer – ein Zehntel der Gesamtbevölkerung des Reichslandes – von dem Recht der Option für Frankreich Gebrauch und wanderten nach Frankreich aus. Und die überwältigende Mehrheit der im Elsaß gewählten Reichstagsabgeordneten schloß sich keiner der deutschen Parteien an, sondern bildete eine eigene Gruppe als Vertretung einer nationalen Minderheit. Bis 1911 fehlte im Reichsland auch eine repräsentative Volksvertretung; der Statthalter regierte mit den Notabeln, meist Gutsbesitzern und Notaren. Die Wehrpflichtigen des Reichslandes durften nicht in ihrer Heimat dienen, sondern wurden auf die preußischen Armeekorps außerhalb des Reichslandes verteilt. Unter den Verwaltungsbeamten im Reichsland waren viele, die dorthin abgeschoben oder strafversetzt worden waren. All das trug dazu bei, in den Bewohnern des Reichslandes das Gefühl zu wecken, Reichsbürger zweiter Klasse zu sein, und die von vornherein bestehende Reichsfremdheit eher noch zu vertiefen[8].

[1] R. v. DELBRÜCK, Lebenserinnerungen, Bd. 2 (²1908). H. G. SCHACHTSCHABEL, Die Entwicklung d. dt. Währungsgesetzgebung seit der Reichsgründung, in: Dt. Geldpolitik (1941). G. v. EYNERN, Die Reichsbank (1928).

[2] H. BRUNNER, Die Rechtseinheit (1877). F. WIEACKER, Privatrechtsgesch. d. Neuzeit (1952).

[3] E. R. HUBER, Heer u. Staat in der dt. Gesch. (²1943). H. ONCKEN, Rudolf v. Bennigsen (2 Bde. 1910). H. O. MEISNER, Militärkabinett, Kriegsminister u. Reichskanzler z. Z. Wilhelms I., FBPG 50 (1938). Aus einzelnen Äußerungen Bismarcks zu Lucius v. Ballhausen u. zum engl. Botschafter Russell kann man schließen, daß die Äternatsvorlage nicht sein Werk war u. daß er im Hinblick auf das Machtverhältnis zwischen polit. u. milit. Führung am Zustandekommen des Äternats nicht interessiert war; das entspräche auch der inneren Logik; andere Äußerungen B.s, insbesondere seine Versuche, 1867 u. 1871 das Äternat in der Verfassung zu verankern, stehen dem aber entgegen, so daß diese Frage offen bleibt.

[4] Grundlegend das aus ungedruckten Akten gearbeitete Buch von R. MORSEY, Die oberste Reichsverwaltung unter Bismarck 1867–1890 (1957).

[5] E. v. VIETSCH, Die polit. Bedeutung d. Reichskanzleramts für den inneren Ausbau des Reiches 1867–1880 (Diss. Leipzig 1936). W. PICKAVÉ, Die staatsrechtl. Stellung d. Reichskanzlers nach der Bismarckschen Reichsverfassung von 1871 (Diss. Ms. München 1950). R. v. DELBRÜCK, Lebenserinnerungen, Bd. 2 (²1908).

[6] Die in der Verfassung vorgesehene zentrale Verwaltung für alle dt. Eisenbahnen außerhalb Bayerns kam nicht zustande, da die Einzelstaaten nach der Verstaatlichung der Eisenbahnen in den 70er Jahren auf diese Einnahmequelle nicht verzichten wollten. Das Reichseisenbahnamt führte nur eine Oberaufsicht über Tarife, Fahrpläne, Signalwesen u. verwaltete selbst nur die elsaß-lothring. Eisenbahnen. Vgl. R. ROTTSAHL, Bismarcks Reichsbahnpolitik (Diss. Frankfurt 1936).

[7] H. H. BORCHARD, 50 Jahre preuß. Ministerium f. Handel u. Gewerbe 1879 bis 1929 (1929).

[8] Das Reichsland Elsaß-Lothringen 1871 bis 1918, Bd. II 1, hg. v. G. WOLFRAM (1936). Das Elsaß 1870–1932, Bd. 1, hg. v. J. ROSSÉ, u. a. (Kolmar 1936). G. WOLFRAM, Oberpräsident E. v. Moeller in der els.-lothr. Verfassungsfrage (1925). W. SEYDLER, Fürst Chlodwig z. Hohenlohe-Schillingsfürst als Statthalter im Reichsland Elsaß-Lothringen (1929). F. BRONNER, Die Verfassungsbestrebungen d. Landesausschusses f. Elsaß-Lothringen 1875–1911, Schrr. d. wiss. Inst. d. Elsaß-Lothringer im Reich, 15 (1926). J. SCHNEIDER, Die elsäss. Autonomistenpartei 1871–1881 (1933). H. U. WEHLER, Elsaß-Lothringen von 1870–1918, ZGORh 109 (1961).

Kapitel 5
Preußen nach der Reichsgründung
Der Kulturkampf

Während die Vorherrschaft der Nationalliberalen im Reich den
Ausbau der Reichseinrichtungen förderte, führte sie in Preußen
zur Reform der Kreis- und Provinzialverwaltung und zu der
Auseinandersetzung zwischen Staat und Kirche im Kulturkampf. Die Gesetze zur Verwaltungsreform waren in der
Hauptsache das Werk des preußischen Innenministers Friedrich Graf zu Eulenburg[1]. Die *Kreisordnung* für die 6 östlichen
Provinzen Preußens (13. 12. 1872) beseitigte die gutsherrliche
Polizei und das Amt des Erbschulzen. Sie übertrug eine Reihe
von Verwaltungsaufgaben von den Bezirksregierungen auf die
Landkreise. Dadurch wurde es notwendig, daß der *Landrat*
künftig ein Verwaltungsjurist war. Bisher waren die Landräte
in der Regel kreiseingesessene Gutsbesitzer gewesen, die ihr
Amt lebenslang behielten. Jetzt wurde das Amt des Landrats
zur Durchgangsstation in der Karriere der höheren Verwaltungsbeamten. Die von den Konservativen geäußerte Befürchtung, daß die neuen Landräte keine engere Beziehung zu ihren
Landkreisen gewinnen würden, hat sich nicht bestätigt; vielmehr brachte die neue Ordnung einen engeren Kontakt zwischen Ministerialbürokratie und ländlicher Selbstverwaltung.
In der Verwaltung des Kreises wurde der Landrat durch den
Kreisausschuß unterstützt, der aus den Mitgliedern des Kreis-
tags gewählt wurde. Im Kreistag gaben weiterhin die Gutsbesitzer den Ton an, jedoch verloren sie ihr bisheriges erdrük-
kendes Übergewicht, da sie nach der neuen Kreisordnung nur
ein Viertel bis ein Drittel der Kreistagssitze behielten. Zwischen
Kreis und Landgemeinde wurde als neue Verwaltungsinstanz
das Amt eingerichtet. Ein Amtsbezirk umfaßte im allgemeinen
mehrere Dörfer und Gutsbezirke mit insgesamt 6000 bis 8000
Einwohnern. An der Spitze des Amtsbezirks stand ein vom
Oberpräsidenten ernannter Amtsvorsteher. Diesen Amtsvor-
stehern – meistens, wie bisher die Landräte, eingesessene Gutsbesitzer – wurde die Polizeigewalt auf dem Lande übertragen,
die vorher den Gutsbezirken zustand. Das bisher meist erbliche
Amt des Gemeindevorstehers (Erbschulzen) wurde zu einem
Wahlamt[2]. Das preußische Herrenhaus, in dem der Landadel
dominierte, lehnte die Kreisordnung ab. Bismarck, der an der
Kreisordnung an sich nicht interessiert war, nahm die Oppo-

sition des Herrenhauses zum Anlaß, eine Reform des Herrenhauses zu erwägen. Er hatte vor, die Erste Kammer des Landtags durch stärkeres Hereinziehen der hohen Beamten und der Generalität in ein zuverlässiges Organ der Regierung umzubilden, nach dem Vorbild des Napoleonischen Senats[3]. Diese Pläne wurden nicht ausgeführt, da Wilhelm I. durch die Ernennung von 25 neuen Mitgliedern (Pairsschub) eine Mehrheit für die Regierung im Herrenhaus gewann, welche die Kreisordnung annahm. Die *Provinzialordnung* (29. 6. 1875) regelte das Verhältnis zwischen staatlicher Provinzialverwaltung und provinzieller Selbstverwaltung. Sie überließ der provinziellen Selbstverwaltung die Sorge für den Chaussee- und Wegebau, die Bodenmelioration und die Wasserwirtschaft, Wohlfahrtsausgaben (Blinden- und Taubstummenanstalten usw.) und kulturelle Aufgaben (Denkmalpflege, Landesmuseen). Leiter der provinziellen Selbstverwaltung wurde der Landesdirektor – in manchen Provinzen Landeshauptmann –, der vom Provinziallandtag gewählt wurde. In denjenigen Provinzen, in denen der Kulturkampf mit besonderer Schärfe von beiden Seiten ausgetragen wurde (Rheinprovinz, Westfalen, Posen), wurde die Provinzialordnung zunächst nicht eingeführt[4].

Die Gründung des deutschen Nationalstaates verschärfte nicht nur die Polenfrage in Preußen, sondern trug auch wesentlich zum *Kulturkampf zwischen Staat und Kirche* bei. Dieser Kampf wurde nicht im Reich ausgetragen, sondern in Preußen und in einigen anderen Bundesstaaten; denn die Streitobjekte, um die gekämpft wurde, unterlagen nicht der Reichsgesetzgebung, sondern der einzelstaatlichen Gesetzgebung. Nur einzelne Gesetze wurden aus dem einzelstaatlichen Kulturkampf in die Reichsgesetzgebung übernommen.

Die nationalstaatliche Einigung Italiens und Deutschlands, die geistig vom Liberalismus getragen wurde, fiel zeitlich zusammen mit der dogmatischen und hierarchischen Festigung der katholischen Kirche unter dem Pontifikat Pius' IX. Diese innerkirchliche Bewegung vollzog sich in der Auseinandersetzung mit dem Liberalismus. Sie gipfelte in der Enzyklika ›Quanta Cura‹, in dem ›Syllabus errorum‹ (1864) und im Vatikanischen Konzil (1869/70). Der ›Syllabus errorum‹ verwarf vom Standpunkt des katholischen Glaubens die Grundsätze des politischen, kulturellen und wirtschaftlichen Liberalismus. Das *Vatikanische Konzil* beschloß am 18. 7. 1870 die Unfehlbarkeit des Papstes in solchen Entscheidungen, die er ex cathedra in der Glaubens- und Sittenlehre traf, und bestätigte seinen Primat gegenüber den Bischöfen. Sowohl der Syllabus wie auch das Vatikanische Konzil schufen nicht grundlegend Neues. Das Infallibilitätsdogma war der Abschluß einer jahrhundertelangen Entwicklung. Trotzdem lösten der Syllabus und das neue Dogma im liberalen Lager und in der Welt des Protestantismus ungeheure Erregung aus. Sie wurden von den Liberalen als Herausforderung an den modernen Nationalstaat und an die moderne Geisteskultur verstanden, dies um so mehr, als die Liberalen infolge mangelhafter Kenntnis der katholischen Kirche in beidem eine neue, aggressive Tendenz der katholischen Kirche sahen[5]. Die Erbitterung, mit der die Liberalen den Kulturkampf führten, entsprang zum großen Teil dieser Beurteilung des Syllabus und des Infallibilitätsdogmas. Der linke, freisinnige Flügel des Liberalismus kämpfte überdies nicht nur gegen die katholische Dogmatik, sondern überhaupt gegen den christlichen Glauben an einen persönlichen Gott, an den Erlösertod Christi und die Auferstehung. Er hielt die christliche Religion für unvereinbar mit den Erkenntnissen der modernen Naturwissenschaft. Das bedeutendste, am meisten gelesene Bekenntnis dieser Geisteshaltung war das 1872 veröffentlichte Buch von David Friedrich *Strauß* ›Der alte und der neue Glaube‹. Die Nationalliberalen dagegen waren der liberalen Richtung der evangelischen Theologie geistig eng verbunden. Sie stellten dem Infallibilitätsdogma und dem päpstlichen Primat die Forderung nach einer Nationalkirche entgegen (so der Kultusminister Falk, der Verwaltungsrechtler Gneist und der Kirchenrechtler Hinschius).

Bismarck hatte im Kulturkampf ganz andere Motive und Ziele als seine liberalen Verbündeten. Er betrachtete den Syllabus und die Beschlüsse des Vaticanums als innere Angelegenheiten der katholischen Kirche und mahnte 1870 den damaligen preußischen Botschafter bei der Kurie, Graf Arnim, der das Vaticanum für den Beginn einer ultramontanen Offensive hielt, zu strikter Zurückhaltung und Neutralität. Als nach der Besetzung des Kirchenstaates durch Italien (20. 9. 1870) von der Kurie und dem Erzbischof von Posen-Gnesen, Graf Ledochowski, bei Bismarck die Möglichkeit einer deutschen Intervention zugunsten des Kirchenstaates und eines deutschen Asyls für den Papst sondiert wurde, lehnte Bismarck zwar die Intervention für den Kirchenstaat ab, erklärte aber seine Bereitschaft, dem Papst bei einer möglichen Abreise von Rom diplomatische Hilfe zu leisten und ihm in Deutschland – in Köln oder Fulda – Asyl zu gewähren[6].

Die von Bismarck und dem preußischen Kultusminister v. Mühler beobachtete Neutralität gegenüber dem Vatikanischen Konzil ließ sich jedoch nicht aufrechterhalten. Innerhalb des deutschen Katholizismus bildete sich, ausgehend von dem Münchner Kirchenhistoriker Ignaz *Döllinger*, eine Opposition, die das Unfehlbarkeitsdogma ablehnte. Diese Opponenten, die sich *Altkatholiken* nannten, sind immer eine kleine Gruppe geblieben. Das war damals noch nicht abzusehen; vor allem schlossen sich den Altkatholiken sofort mehrere Theologieprofessoren, Religionslehrer und Militärgeistliche an[7]. Die kirchlichen Behörden entzogen diesen die Missio canonica und sprachen in einigen Fällen die Exkommunikation aus. Die Gemaßregelten waren aber nicht nur Kirchendiener, sondern auch Staatsdiener, und als die Kirchenbehörden nun ihre Entfernung aus ihren Staatsämtern forderten, sah die preußische Regierung darin einen Versuch, in die Hoheitsrechte des Staates einzugreifen. Überdies war Preußen ein paritätischer Staat, der alle Religionsgesellschaften duldete. Sollte die Regierung dies Prinzip gegenüber den Altkatholiken durchbrechen? Sie hielt die altkatholischen Professoren, Religionslehrer und Militärgeistlichen in ihren Ämtern und griff zu Repressalien gegen deren geistliche Oberen, die auf der Entziehung der Ämter beharrten: Dem Bischof von Ermland wurden die Staatszuwendungen gesperrt, der katholische Feldpropst der preußischen Armee wurde suspendiert.

Diese Berührung des Staatsinteresses durch den innerkatholischen Streit veranlaßte Bismarck, das *Verhältnis zwischen Staat und Kirche* neu zu regeln. Zu diesem Entschluß wirkte noch ein anderes Motiv mit. Seit einiger Zeit hatte der Kanzler beobachtet, daß die katholische Geistlichkeit und die katholischen geistlichen Orts- und Kreisschulinspektoren in den polnischsprachigen Gebieten Preußens nicht die von ihm gewünschte Ausbreitung der deutschen Sprache, sondern den Unterricht in der polnischen Muttersprache förderten. Er sah darin die Gefahr der Begünstigung polnischer Nationalbestrebungen, der Verbindung katholisch-konfessioneller Interessen mit nationalpolnischen Interessen. Daher plante Bismarck eine schärfere Abgrenzung von Kirche und Staat[8]. Diese sollte nicht nur das Verhältnis des Staates zur katholischen Kirche bestimmen, sondern auch zur evangelischen Kirche der altpreußischen

Union und zu den lutherischen Landeskirchen der 1866 neugewonnenen Provinzen. Bismarcks christliche Gläubigkeit war im Kreise der pommerschen Pietisten geweckt worden. Aus diesem Kreise stammte seine Abneigung gegen das evangelische Staatskirchentum und gegen das landesherrliche Kirchenregiment, das durch den preußischen Oberkirchenrat ausgeübt wurde. Als Staatsmann sah Bismarck in der Personalunion von Krone und Summepiskopat der evangelischen Kirche einen Anachronismus, da Preußen längst ein interkonfessioneller Staat geworden war. Schließlich ging es Bismarck um die Autonomie des Staates und der Politik gegenüber jedem geistlichen Einfluß. Als Politiker wollte er nur seinem Gewissen und keiner geistlichen Gewalt verantwortlich sein. Den Einfluß evangelischer Geistlicher, der Hofprediger und der Mitglieder des Oberkirchenrats, auf politische Entscheidungen bekämpfte er ebenso wie den gleichen Einfluß katholischer Geistlicher. Daher war er später ein so erbitterter Gegner des ganz monarchistischen und konservativen Hofpredigers Stoecker.

Die ersten Maßnahmen zur Neuregelung des Verhältnisses von Staat und Kirche waren die *Aufhebung der katholischen Abteilung im preußischen Kultusministerium* (8. 7. 1871) und das Schulaufsichtsgesetz. Die katholische Abteilung, die bisher für die katholischen Interessen innerhalb des Kultusressorts zuständig gewesen war, wurde mit der evangelischen Abteilung zu einer Abteilung für geistliche Angelegenheiten vereinigt. Die Interessen der katholischen Kirche gegenüber dem Staat sollten künftig nicht mehr durch eine preußische Behörde vertreten werden, sondern – nach den Absichten Bismarcks – durch eine päpstliche Nuntiatur in Berlin. Das *Schulaufsichtsgesetz* (11. 3. 1872) beseitigte die geistliche Orts- und Kreisschulinspektion und unterstellte alle kommunalen und privaten Schulen der staatlichen Aufsicht. Da hiervon auch das Aufsichtsrecht der evangelischen Geistlichen betroffen wurde, führte das Gesetz den offenen Bruch zwischen den staatskirchlich gesinnten Altkonservativen und Bismarck herbei. Diese preußischen Maßnahmen zur Entfernung des geistlichen Einflusses aus den öffentlichen Angelegenheiten wurden im Reich durch den »Kanzelparagraphen« (§ 130a des Strafgesetzbuches, 10. 12. 1871) ergänzt, der den Geistlichen verbot, in Ausübung ihres Amtes staatliche Angelegenheiten »in einer den öffentlichen Frieden gefährdenden Weise« zu behandeln[9]. Dies Reichsgesetz entstammte dem bayerischen Kulturkampf und war im Bundesrat von Bayern beantragt worden (s. Kap. 6).

Die *zweite Phase des Kulturkampfes*, in der das ursprüngliche Ziel einer schärferen Abgrenzung von Kirche und Staat weit überschritten wurde durch den Versuch, eine Staatsaufsicht über die Kirche zu errichten, entsprang der *Auseinandersetzung Bismarcks mit dem Zentrum*. Bismarck sah in der Verbindung des Zentrums mit den welfischen, polnischen und elsässischen »Reichsfeinden« den Beweis für eine »reichsfeindliche« Gesinnung des Zentrums. Er führte diese auf den »ultramontanen« und »internationalen« Charakter der Partei, auf ihre geistige Bindung an das Papsttum zurück und unterschätzte die tatsächliche Reichstreue des Zentrums. Unmittelbar nach der Reichsgründung sah er in dem *Grundrechteantrag des Zentrums* (s. Kap. 1a) einen Vorstoß, der ihm die noch ungefestigte Einheit zu stören schien. Bis in den Winter 1871/72 versuchte Bismarck die Unterstützung der Kurie und des deutschen Episkopats gegen das Zentrum zu gewinnen. Erst als diese Versuche gescheitert waren, entschloß er sich zum verschärften Kulturkampf. Der Rückhalt, den das nach seiner Ansicht »reichsfeindliche« Zentrum an der Kurie fand, erfüllte Bismarck mit solcher Sorge und reizte ihn so, daß er den Kampf mit einer nicht von vornherein beabsichtigten Schärfe führte und über die ursprünglichen Ziele hinausging. Da die Konservativen den Kanzler im Kulturkampf nicht unterstützten, war er ganz auf die Hilfe der Liberalen angewiesen. Auch das trug zur Verschärfung des Kulturkampfes bei; denn infolgedessen wurde im Kulturkampf auch der weltanschauliche Gegensatz zwischen Liberalismus und Katholizismus ausgetragen. Die ministerielle Leitung des Kampfes übernahm der neue preußische *Kultusminister Falk*[10], ein nationalliberaler Jurist, der am 22. 1. 1872 den vermittelnden Mühler[11] abgelöst hatte.

Das erste Kampfgesetz des verschärften Kulturkampfes ging freilich nicht von Preußen aus, sondern vom süddeutschen Liberalismus. Auf die Initiative des bayerischen Kultusministers Lutz und des Fürsten von Hohenlohe, des liberalen ehemaligen bayerischen Ministerpräsidenten, beschlossen Bundesrat und Reichstag das *Jesuitengesetz* (4. 7. 1872), das alle Niederlassungen des Ordens auf deutschem Boden verbot und den einzelnen Ordensmitgliedern Aufenthaltsbeschränkungen auferlegte. Dieses Ausnahmegesetz verletzte die rechtsstaatlichen Grundsätze des Liberalismus; aber nur wenige Liberale wie Bamberger und Lasker blieben in der Leidenschaft des Kulturkampfes den liberalen Grundsätzen treu und stimmten gegen das Gesetz. Die Hauptwaffe im Kampf sollten die preußischen *Maigesetze von 1873* bilden. Nachdem zunächst durch Änderung der preußischen Verfassung die Kirchen den Staatsgesetzen und der staatlichen Aufsicht unterworfen worden waren, machten die Maigesetze die Übernahme eines geistlichen Amtes von dem Reifezeugnis eines deutschen Gymnasiums, dem Studium an einer deutschen Universität und der Ablegung eines »Kulturexamens« in Philosophie, Geschichte und deutscher Literatur abhängig. Sie schrieben ferner für die Übertragung eines geistlichen Amtes die Anzeigepflicht gegenüber dem Oberpräsidenten vor und räumten diesem ein Einspruchsrecht ein. Die kirchliche Disziplinargewalt wurde auf deutsche Kirchenbehörden beschränkt und als Berufungsinstanz gegen Disziplinarentscheidungen kirchlicher Behörden ein königlicher Gerichtshof für kirchliche Angelegenheiten errichtet. 1874 wurden die Maigesetze ergänzt durch die Einführung der obligatorischen Zivilehe und die Übertragung der Beurkundung des Personenstandes (Geburt, Heirat, Todesfall) von den Kirchen auf die neu errichteten Standesämter. Dieses preußische Gesetz wurde 1875 auch vom Reich übernommen[12]. Da der katholische Klerus den Maigesetzen passiven Widerstand leistete, sollten die *Strafgesetze von 1874* seinen Widerstand brechen.

Das *Expatriierungsgesetz* (4. 5. 1874) wurde, damit es wirksamer sei, auf preußischen Antrag als Reichsgesetz verabschiedet. Es erlaubte den Regierungen, Geistliche auf einen bestimmten Aufenthaltsort zu beschränken oder gar aus dem Reichsgebiet auszuweisen. Ein gleichzeitiges preußisches Gesetz übertrug dem Kultusminister die Vollmacht, diejenigen Bistümer, die durch staatliche Strafmaßnahmen vakant geworden waren, durch einen von ihm ernannten Kommissar verwalten zu lassen; vakante Pfarrstellen sollten durch Wahl der Kirchengemeinde neu besetzt werden. 1875 erreichten die Kampfmaßnahmen ihren Höhepunkt mit dem »Brotkorbgesetz« (22. April), das die staatlichen Geldzuwendungen an die katholische Kirche sperrte, und dem *Klostergesetz* (31. Mai), das die Niederlassungen aller Orden in Preußen, mit Ausnahme der reinen Krankenpflegeorden, aufhob. Aufgrund der Strafgesetze waren 1876 alle preußischen Bischöfe verhaftet oder ausgewiesen, beinahe ein Viertel der katholischen Pfarreien war unbesetzt. Damit waren die Mittel des Staates erschöpft, ohne daß er sein Ziel auch nur im mindesten erreicht hätte[13]. Papst Pius IX. erklärte am 5. 2. 1875 alle preußischen Kirchengesetze in feierlicher Form für ungültig und bedrohte alle, die sie befolgten, mit dem großen Kirchenbann. Die katholische Bevölkerung unterstützte den Klerus im passiven Widerstand und hielt treu zu den vertriebenen Geistlichen. Die von den Behörden angeordneten Wahlen von »Staatspfarrern« für die vakanten Gemeinden wurden boykottiert. Das Zentrum konnte bei den preußischen Landtagswahlen 1873 und bei den Reichstagswahlen 1874 die Zahl seiner Wähler verdoppeln. Der Zusammenhalt des katholischen Kirchenvolkes wurde durch die Gründung katholischer Vereine und Zeitungen gefestigt[14], die wiederum der Zentrumspartei einen organisatorischen Rückhalt gaben. Da auch Bismarcks Versuche, internationale Hilfe (Italien, Belgien, Österreich) gegen die Kurie zu gewinnen, scheiterten[15], wurde der Kulturkampf zu einer schweren Niederlage Bismarcks und der Liberalen. Seit 1876 stagnierte der Kampf. Der völlige Fehlschlag und der Wechsel in der innenpolitischen Konstellation (s. Kap. 12, 13) veranlaßten Bismarck zum allmählichen Einlenken.

[1] R. REININGHAUS, Gf. Friedrich zu Eulenburg (Diss. Tübingen 1932).

[2] H. HEFFTER, Die dt. Selbstverwaltung im 19. Jh. (1950). A. TAPPE, Die Selbstverwaltung in Staatsanschauung u. Staatspraxis Bismarcks (Diss. Ms. Göttingen 1948). O. E. SCHÜDDEKOPF, Die dt. Innenpolitik d. letzten 100 Jahre u. der konservative Gedanke (1951).

[3] W. FRAUENDIENST, Bismarck u. das Herrenhaus, FBPG 45 (1933).

[4] W. ZIMMERMANN, Die Entstehung d. provinziellen Selbstverwaltung in Preußen 1848–1875 (Diss. Berlin 1932). H. KUBE, Die geschichtl. Entwicklung d. Stellung d. preuß. Oberpräsidenten (Diss. Würzburg 1939). K. JESERICH, Die preuß. Provinzen (1931).

[5] E. E. Y. HALES, Pius IX., Europ. Politik u. Religion im 19. Jh. (dt. 1957). K. BIHLMEYER u. H. TÜCHLE, Kirchengesch. ([17]1961).

[6] H. L. HARTDEGEN, Die vatikanische Frage u. die Entstehung des Dreibundes (Diss. Bonn 1937).

[7] J. F. v. SCHULTE, Der Altkatholizismus (1887). KOPP, Die altkath. Bewegung d. Gegenwart ([2]1911).

[8] Gesamtdarstellungen d. Kulturkampfes: G. FRANZ, Kulturkampf (1954). E. SCHMIDT-VOLKMAR, Der Kulturkampf in Dtld. 1871–1890 (1962). H. BORNKAMM, Die Staatsidee im Kulturkampf, HZ 170 (1950, wichtig für das Gesamtproblem d. Kulturkampfs). Über Bismarcks Motive u. Rolle im Kulturkampf: H. KARS, Kanzler u. Kirche (1934). S. v. KARDORFF, Fürst Bismarck u. der Kulturkampf, in: Bismarck im Kampf um sein Werk (1943). P. SATTLER, Bismarcks Entschluß zum Kulturkampf, FBPG 52 (1940). R. RUHENSTROTH-BAUER, Bismarck u. Falk im Kulturkampf (1944). R. MORSEY, Bismarck u. der Kulturkampf, Ein Forschungsbericht, AKG 39 (1957). H. KOBER, Studien zur Rechtsanschauung Bismarcks (1961). E. KESSEL, Bismarck u. der Kulturkampf, Zs. f. Pol. NF 9 (1962).

[9] Die Vorgesch. des Kulturkampfes: Quellenveröffentlichung aus dem dt.

Zentralarchiv, bearb. v. A. CONSTABEL, eingel. v. F. HARTUNG ([2]1957). O. ELBE, Der Kanzelparagraph (Diss. Heidelberg 1908).

[10] E. FOERSTER, Adalbert Falk (1927).

[11] W. REICHLE, Zwischen Staat u. Kirche, Leben u. Wirken d. preuß. Kultusministers v. Mühler (1938).

[12] H. CONRAD, Zur Einführung d. Zwangszivilehe in Preußen u. im Reich 1874/75, in: Das dt. Privatrecht in d. Mitte d. 20. Jh. (Festschr. f. H. Lehmann 1956).

[13] G. DETTMER, Die ost- u. westpreuß. Verwaltungsbehörden im Kulturkampf (1958). O. SCHIFFERS, Der Kulturkampf in Stadt u. Regierungsbezirk Aachen (1929). W. SESTAEDT, Der Kulturkampf im Fuldaer Land (Diss. Frankfurt 1959). F. VIGENER, Ketteler, Ein dt. Bischofsleben (1924). E. SCHULTE, Die Stellung d. Konservativen zum Kulturkampf 1870–1878 (Diss. Köln 1959).

[14] H. J. REIBER, Die kathol. Tagespresse unter dem Eindruck d. Kulturkampfes (Diss. Leipzig 1936). MAZURA, Die Entwicklung d. polit. Katholizismus in Oberschlesien von den Anfängen bis 1880 (1925).

[15] F. A. ARLINGHAUS, The Kulturkampf and European Diplomacy 1871 bis 1875, Cath. Hist. Rev. 28 (1942).

Kapitel 6
Die außerpreußischen Bundesstaaten nach der Reichsgründung

Die meisten deutschen Bundesstaaten waren *konstitutionelle Monarchien* wie das Kaiserreich. Von diesem Verfassungstyp wichen nur die drei hanseatischen *Stadtrepubliken* und die beiden mecklenburgischen Großherzogtümer ab. Die beiden Mecklenburg behielten bis 1918 die aus dem 16. Jh. stammende landständische Verfassung. Während die große Mehrzahl der Einzelstaaten in der Staatsform mit dem Reich übereinstimmte, gab es im Wahlrecht zu den Volksvertretungen erhebliche Unterschiede. Das allgemeine, gleiche *Wahlrecht*, wie es für den Reichstag galt, hatten 1871 acht Einzelstaaten: Baden, Hessen, Lübeck, Oldenburg, Sachsen-Koburg-Gotha, Waldeck und mit Einschränkungen Bayern und Sachsen; in diesen beiden Staaten waren diejenigen, die keinerlei direkte Staatssteuer zahlten, vom Wahlrecht ausgeschlossen.

Elf Staaten hatten ein *Klassenwahlrecht:* In Preußen waren die Wähler nach ihrem Anteil am Steueraufkommen des jeweiligen Wahlkreises in drei Klassen eingeteilt. Gewählt war dann derjenige Kandidat, der im Durchschnitt aller drei Klassen den höchsten Stimmenanteil erhalten hatte. Die übrigen Staaten mit Klassenwahlrecht: Anhalt, Braunschweig, Lippe, Sachsen-Meiningen, Sachsen-Weimar-Eisenach, Sachsen-Altenburg, die beiden Schwarzburg und die beiden Reuß, ließen einen Teil der Abgeordneten (ein Viertel bis die Hälfte) durch die Höchstbesteuerten wählen; der Rest der Volksvertretung wurde von allen übrigen Wahlberechtigten gewählt.

In Württemberg, Bremen, Hamburg und Schaumburg-Lippe war die Volksvertretung noch nach alten *ständischen Gliederungen* aufgeteilt. Von den 93 Mitgliedern der württembergischen Zweiten Kammer wurden 13 vom Adel, 70 von den übrigen Wahlberechtigten gewählt; außerdem gehörten die 6 evangelischen Superintendenten, der Bischof von Rottenburg, 2 weitere katholische Prälaten und der Kanzler der Universität Tübingen der Volksvertretung kraft ihres Amtes an. Die hamburgische Bürgerschaft wurde zur Hälfte von allen steuerzahlenden Bürgern, zu einem Viertel von den Grundeigentümern und zu einem Viertel von den Mitgliedern der Gerichte und Verwaltungsbehörden gewählt. In Bremen wählten der Gelehrtenstand (die Akademiker) 14, der Kaufmannsstand 42, der Gewerbestand (die Handwerker) 22, die übrigen Bürger 72 Mitglieder der Bürgerschaft. Trotz dieser Aufteilung der Abgeordneten nach ständischen Gesichtspunkten handelte es sich hier um Volksvertretungen, nicht um Ständeversammlungen, auch wenn die Landesvertretungen wie in Sachsen, Baden und Württemberg noch die alte Bezeichnung »Stände« oder »Landstände« führten: Die Abgeordneten repräsentierten in jedem Fall das gesamte Staatsvolk, nicht nur die Gruppe, von der sie gewählt worden waren, und sie hatten auch kein imperatives Mandat – wie die Mitglieder einer Ständeversammlung –, sondern ein freies Mandat. Sie waren also nur an ihr Gewissen gebunden.

Nur die größeren Staaten (Preußen, Bayern, Sachsen, Württemberg, Baden und Hessen) hatten in ihren Volksvertretungen *zwei Kammern*. Alle übrigen Staaten hatten das *Einkammersystem*. Jedoch bestand in Anhalt, Schwarzburg-Sondershausen, Reuß ä. L. und in Schaumburg-Lippe innerhalb dieser einen Kammer eine quasi Erste Kammer; denn in diesen Staaten wurde ein Teil der Abgeordneten – in Schwarzburg-Sondershausen sogar ein Drittel – vom Landesherrn auf Lebenszeit ernannt[1].

In den *süddeutschen Staaten*, in denen die parlamentarische Tradition älter war und in denen auch die Sozialdemokratie früher zum Revisionismus und zur parlamentarischen Zusammenarbeit mit anderen Parteien überging, wurde das *Wahlrecht* nach der Jahrhundertwende *reformiert*: Baden, das bereits das allgemeine, gleiche, aber indirekte Wahlrecht hatte, führte

1905 die direkte Wahl ein. Ein Jahr später änderten auch Bayern und Württemberg ihr Wahlrecht nach dem Vorbild des Reichstagswahlrechts. In Sachsen und Hamburg dagegen wurde die Wahlrechtsentwicklung durch den Kampf gegen die Sozialdemokratie beeinflußt. Als 1895 die als Kampfgesetz gegen die SPD gedachte Umsturzvorlage vom Reichstag abgelehnt worden war (vgl. Kap. 21), schaffte Sachsen das allgemeine, gleiche Wahlrecht ab und ersetzte es durch ein Dreiklassenwahlrecht nach preußischem Vorbild (1896). Die Sozialdemokraten, die zu dieser Zeit 14 von insgesamt 80 Sitzen in der Zweiten Kammer besaßen, konnten bei der ersten Wahl nach der Wahlrechtsänderung kein einziges Mandat gewinnen. Infolge der nach der Jahrhundertwende zunehmenden Kritik an diesem Wahlrecht wurde es 1909 durch ein Pluralwahlrecht ersetzt, das den Wählern je nach Besitz und Bildung 1 bis 4 Stimmen gab. Nach diesem Modus wurde nur einmal gewählt (1912). Die Sozialdemokratie konnte mit etwa zwei Dritteln der Wählerstimmen etwas mehr als ein Viertel der Mandate zur Zweiten Kammer (25 von nunmehr 91) gewinnen[2].

Zur gleichen Zeit, da Bayern und Baden das allgemeine, gleiche Wahlrecht einführten, wurde in *Hamburg* das *Wahlrecht verschärft* (1906). 80 von den 160 Abgeordneten der Bürgerschaft wurden wie bisher je zur Hälfte von den Grundbesitzern und den Notabeln gewählt. 8 Abgeordnete wurden von dem zum hamburgischen Staat gehörenden Landgebiet in allgemeiner, gleicher Wahl gewählt. Für die 72 Bürgerschaftsmandate, die von den nicht zu den Grundbesitzern oder Notabeln gehörenden Wählern der Stadt Hamburg vergeben wurden, führte man ein Zweiklassenwahlrecht ein. Zur ersten Klasse gehörten diejenigen, die in 3 Jahren vorher ein Jahreseinkommen von mehr als 2500 Mark versteuert hatten. Sie wählten 48 Abgeordnete. Alle diejenigen, die weniger versteuert hatten, wählten dann noch 24 Abgeordnete. Da der Steuerzensus ziemlich niedrig bemessen war, blieb die Wahlrechtsänderung ohne einschneidende Wirkung auf die Zusammensetzung der Bürgerschaft. Im Gegenteil: Die Sozialdemokratie, die vor der Änderung 14 Vertreter in der Bürgerschaft gehabt hatte, gewann bei der ersten Wahl nach dem neuen Modus 19 Mandate[3].

Trotz den wirtschaftlichen, sozialen und geistigen Wandlungen behielten die beiden *mecklenburgischen Großherzogtümer* bis 1918 ihre *landständische Verfassung*, die aus dem Jahre 1523 stammte und zuletzt 1755 modifiziert worden war. Mecklenburg bestand seit den Teilungsverträgen von 1621 und 1701 aus zwei Staaten mit zwei Monarchen und zwei Regierungen. Aber diese beiden Staaten hatten eine gemeinsame Ständeversammlung; denn die mecklenburgischen Landstände hatten trotz der Erbteilung ihre Einheit bewahrt. Die Ständeversammlung, der Landtag bestand aus zwei Kurien: dem »Korps der Ritterschaft« und dem »Korps der Landschaft«. Zur Ritterschaft gehörten die Besitzer der etwa 700 landtagsfähigen Rittergüter. Die Hälfte der Rittergutsbesitzer waren Adlige, die anderen bürgerlich. Das »Korps der Landschaft« wurde von den Deputierten der 47 (seit 1897: 48) landtagsfähigen Städte gebildet. Auch diese Deputierten waren keine gewählten Vertreter, sondern sie wurden von den Magistraten der Städte ernannt und instruiert. In der Ständeversammlung war also nur die Oberschicht vertreten, Großgrundbesitz und städtisches Patriziat. Überdies waren zwei Fünftel des mecklenburgischen Gebietes mit einem Drittel der gesamten Bevölkerung großherzogliches Domanium. Hier konnten die beiden Großherzöge ohne ständische Bewilligung Steuern erheben. Der deutsche Reichstag hat unmittelbar nach der Reichsgründung mehrfach versucht, durch einen Zusatz zur Reichsverfassung, wonach alle Gliedstaaten des Reiches zu einer konstitutionellen Verfassung verpflichtet sein sollten, die beiden Mecklenburg zu einer Verfassungsänderung zu zwingen. Am Widerstand des Bundesrates scheiterte diese Ergänzung der Reichsverfassung. Immerhin sprach der Bundesrat 1875 die Erwartung aus, daß den beiden mecklenburgischen Staaten eine Verfassungsreform gelingen werde. Mehrere Versuche der mecklenburgischen Regierungen, die landständische Verfassung in eine konstitutionelle umzuwandeln, wurden durch das Veto der Ritterschaft zu Fall gebracht. Da andererseits die Ritterschaft den Steueranforderungen der Regierungen entgegenkam, verfolgten diese ihre Verfassungsreformbestrebungen ohne Nachdruck. So blieb die altertümliche Verfassung bis zum Ende der Monarchie in Deutschland erhalten[4].

Ebenso wie in der Gestaltung ihrer Verfassungen und Wahlrechte blieben die Einzelstaaten in der Gestaltung ihrer *inneren Verwaltung* autonom. Hier bestanden jedoch nur Unterschiede in der Verwaltungsorganisation. In der Ausbildung der höheren Verwaltungsbeamten folgten die Einzelstaaten dem preußischen Beispiel durch die Übernahme des sogenannten »Juristenmonopols«. Nur Württemberg behielt bis 1903 eine besondere, stärker auf die Wirtschaftswissenschaften ausgerichtete Ausbildung der höheren Verwaltungs- und Finanzbeamten. Seitdem mußten auch in Württemberg die höheren Verwaltungs- und Finanzbeamten ein volles juristisches Studium absolvieren[5].

Die *Finanzpolitik der Einzelstaaten* wurde nicht nur durch die wirtschaftlichen Krisen und Konjunkturen, sondern auch durch die Reichsfinanzpolitik beeinflußt. Zunächst partizipierten sie an der französischen Kriegsentschädigung. Von den 4 Milliarden Mark, die Frankreich dem Deutschen Reich zahlte, wurden 1,4 Milliarden für Gemeinschaftsaufgaben des Reiches verwendet (Reichsinvalidenfonds, Kriegsschatz, Festungsbauten, militärische und Eisenbahnbauten in Elsaß-Lothringen, Bau des Reichstagsgebäudes); die übrigen 2,6 Milliarden wurden unter die einzelnen Bundesstaaten entsprechend ihrer militärischen Beteiligung am Kriege 1870/71 aufgeteilt. Die meisten Bundesstaaten benutzten diese außerordentliche Einnahme zur Schuldentilgung. Dadurch wurde sehr viel Kapital freigesetzt, und die starke Nachfrage nach Anlagewerten löste eine wilde Spekulation an den Börsen aus. Diese Spekulation der »Gründerjahre« hat wesentlich zur Beschleunigung und Verschärfung der Wirtschaftskrise in der Mitte der 70er Jahre beigetragen. Einzelne Staaten verwendeten ihren Anteil aus der Kriegsentschädigung zur Deckung von Defiziten im laufenden Haushalt. Bayern hat das bis 1877 getan. Vom Reich wurden die Einzelstaaten durch die *Matrikularbeiträge*, deren Höhe jährlich von Reichstag und Bundesrat festgelegt wurde, finanziell in Anspruch genommen. Im ersten Jahrzehnt nach der Reichsgründung zahlten die außerpreußischen Bundesstaaten jährlich insgesamt zwischen 19 und 31 Millionen Mark Matrikularbeiträge (Preußen zahlte im gleichen Zeitraum jährlich zwischen 32 und 51 Millionen). Nach dem Zolltarifgesetz von 1879 (vgl. Kap. 12) erhielten die Einzelstaaten aufgrund der Franckensteinschen Klausel Anteile an den Zolleinnahmen des Reiches. Von 1883 bis 1898 waren diese Anteile sogar höher als die festgesetzten Matrikularbeiträge, so daß die Einzelstaaten nicht nur keine Beiträge zu zahlen hatten, sondern sogar Zahlungen vom Reich erhielten. Seit dem starken Anstieg der Reichsausgaben seit 1899 (insbesondere durch den Flottenbau) mußten die Matrikularbeiträge kräftig erhöht werden. Sie übertrafen jetzt die Gelder, die den Einzelstaaten aus ihren Zollanteilen zustanden. Bis 1910 stiegen die durch Zollanteile nicht gedeckten Matrikularbeiträge der außerpreußischen Einzelstaaten von insgesamt 6,7 Millionen Mark auf 17,3 Millionen[6].

Für die Deckung ihrer Ausgaben waren die Einzelstaaten auf die *Ertragssteuern* (Besteuerung von Grundstücken, Häusern, Gewerbe, Kapitalrenten) und auf die *Einkommensteuern und Erbschaftssteuern* verwiesen; denn die Verbrauchs- und Verkehrssteuern waren dem Reich vorbehalten. Während in den nord- und mitteldeutschen Staaten allgemeine oder klassifizierte Einkommensteuern eingeführt worden waren – die allgemeine Einkommensteuer wurde aufgrund der Selbsteinschätzung der Steuerpflichtigen erhoben; bei der klassifizierten Einkommensteuer wurden die Steuerpflichtigen von einer staatlichen Kommission taxiert und in eine Steuerklasse eingeteilt –, bildeten in Bayern, Baden und Württemberg die Ertragssteuern die Grundlage des Steuersystems. Die Einnahmen aus den Ertragssteuern wurden durch Konjunkturschwankungen weniger beeinflußt als die Einnahmen aus Einkommensteuern. Sie sanken in Zeiten der Depression nur wenig ab, stiegen aber in Zeiten der Hochkonjunktur auch nur gering an. In Baden wurden die Ertragssteuern 1884 durch eine progressive Einkommensteuer ergänzt. Bayern und Württemberg kamen über eine partielle Einkommensteuer nicht hinaus, die nur von denjenigen Teilen des Einkommens erhoben wurde, die noch nicht durch Ertragssteuern belastet waren: Honorare und Gehälter. Alle Versuche zur Einführung einer allgemeinen Einkommensteuer scheiterten hier am Widerstand der Ersten Kammern[7]. In der unterschiedlichen Entwicklung der Staatseinnahmen der Einzelstaaten spiegelte sich der unterschiedliche Grad der Industrialisierung wider: Sachsen und Baden konnten ihre Staatseinnahmen von der Reichsgründung bis zum Ersten Weltkrieg verdreifachen; Bayern, Württemberg und Hessen erreichten in der gleichen Zeit eine Verdoppelung (die preußischen Staatseinnahmen stiegen zwischen 1872 und 1913 um das Vierfache).

Das große innenpolitische Problem der *Arbeiterfrage* berührte die einzelstaatliche Gesetzgebung – außer der Gestaltung des Wahlrechts – nur wenig, da die Sozialpolitik Sache der Reichsgesetzgebung war. Dagegen wurde in mehreren Staaten – ähnlich wie in Preußen – die Auseinandersetzung zwischen katholischer Kirche und modernem Staat, der *Kulturkampf*, ausgefochten. Die schärfste Zuspitzung außerhalb

Preußens erhielt der Kulturkampf in *Baden;* denn Baden war eine der Hochburgen des deutschen Liberalismus. Die Liberalen hatten in der badischen Kammer eine sichere Mehrheit. Großherzog Friedrich stand dem Liberalismus nahe. Der liberale ehemalige Minister Roggenbach hatte enge Beziehungen nicht nur zum Großherzog, sondern auch zur Kaiserin Augusta und zum deutschen Kronprinzen Friedrich Wilhelm. Bismarck sah in Roggenbach einen seiner gefährlichsten Gegner[8]. In diesem liberal regierten Lande war der Kulturkampf schon vor dem Vatikanischen Konzil eröffnet worden: Baden hatte bereits 1867 ein staatliches »Kulturexamen« für die Geistlichen eingeführt. Der Kampf zwischen Kirche und Staat spitzte sich so zu, daß das Freiburger Erzbistum, das 1868 vakant geworden war, 14 Jahre lang nicht mehr besetzt werden konnte. Das Hauptergebnis des badischen Kulturkampfes war die Einführung der obligatorischen Simultanvolksschule (1876). Nach dem Erlaß des Schulgesetzes trat der Initiator der staatlichen Kampfpolitik, Ministerpräsident Julius Jolly, zurück. Danach flaute der Kampf ab und wurde schließlich beigelegt, als 1882 ein neuer Erzbischof von Freiburg ernannt wurde, der zum Huldigungseid bereit war[9].

Das Großherzogtum *Hessen* übernahm im Kulturkampf die preußischen Kampfgesetze, führte sie aber weniger scharf aus. Auch in Hessen wurde im Kulturkampf die simultane Volksschule eingeführt (1874), jedoch nur als fakultative Einrichtung. *Württemberg* blieb, obwohl es einen starken katholischen Volksteil hatte, vom Kulturkampf nahezu unberührt. Der Bischof von Rottenburg, Hefele, hatte auf dem Vaticanum entschieden gegen das Unfehlbarkeitsdogma opponiert. Um der Einheit der katholischen Kirche willen führte er die Konzilsbeschlüsse in seiner Diözese zwar aus, verfuhr dabei aber sehr zurückhaltend. Auf der anderen Seite befanden sich in der württembergischen Kammer die Liberalen in der Koalition mit den Konservativen. Daher ging auch vom Parlament kein Anstoß zum Kampf zwischen Kirche und Staat aus[10].

In *Bayern* wurde der Kulturkampf versteckt geführt. Das parlamentarische Kräftegleichgewicht zwischen Liberalen und Patriotenpartei gab der bayerischen Regierung in den beiden ersten Jahrzehnten nach der Reichsgründung eine recht unabhängige Stellung. Der führende Kopf in der Regierung war der Kultusminister Lutz (1880 bis 1890 auch Ministerpräsident)[11]. Lutz wurde von Bismarck als die stärkste Stütze des Reichs in

Bayern und als wertvollster Verbündeter im Kulturkampf angesehen. In der Führung des Kulturkampfes erwies er sich als wesentlich geschickter und maßvoller als seine preußischen Kollegen. Gegenüber der katholischen Kirche fand er Rückhalt an König Ludwig II. Dieser sympathisierte zwar nicht mit der altkatholischen Bewegung, wünschte aber seine landesherrliche Kirchenhoheit zu behaupten. Der bayerische Kulturkampf diente ausschließlich dieser Behauptung der landesherrlichen Kirchenhoheit. Er wurde nicht, wie der preußische Kulturkampf, mit Hilfe von Kirchengesetzen geführt, sondern beschränkte sich auf einzelne Verwaltungsakte zum Schutz der Altkatholiken. Der Regierung kam es dabei nicht auf eine Förderung der altkatholischen Bewegung an – Bayern verweigerte als einziger deutscher Bundesstaat dem Bischof der deutschen Altkatholiken, Dr. Reinkens, die landesherrliche Anerkennung –, sondern diese Einzelmaßnahmen sollten die grundsätzliche Unabhängigkeit Bayerns von den Beschlüssen des Vatikanischen Konzils demonstrieren. Die gesetzlichen Hilfsmittel für die monarchisch-staatskirchliche Politik beschaffte Lutz sich durch die Reichsgesetzgebung (Kanzelparagraph und Jesuitengesetz). Die bayerische Innenpolitik blieb von den Auseinandersetzungen um diese Gesetze frei; denn die Anträge und Stimmabgaben der bayerischen Regierung im Bundesrat bedurften der Zustimmung des bayerischen Landtags nicht und brauchten vor ihm auch nicht erläutert zu werden. Hier konnte sich die bayerische Regierung hinter dem Rücken des Reiches verstecken. Da der bayerische Kulturkampf keine dramatischen Akzente erhielt, blieben die diplomatischen Beziehungen zwischen Bayern und der Kurie erhalten. So konnte Bismarck 1878 mit Hilfe dieser diplomatischen Verbindungen die Verhandlungen zur Beilegung des preußischen Kulturkampfes einleiten[12].

In drei deutschen Staaten kam es zu *Konflikten um die Besetzung des Thrones.* Jahrelang wurde die Arbeit der bayerischen Regierung durch die zunehmende Geisteskrankheit und Geschäftsunfähigkeit *König Ludwigs II.* gehemmt. Seit dem Beginn der 80er Jahre empfing er die Minister nicht mehr zum Vortrag. Die Unterschriften, die man von ihm brauchte, mußten ihm in seinen klaren Momenten abgewonnen werden. Obwohl in Bayern strenge Diskretion geübt wurde, ließ sich der Zustand des Königs nicht verheimlichen. Dafür gab es zu viele Indizien. Außerhalb Bayerns wurde in der Presse offen über die Krank-

heit Ludwigs II. gesprochen. Aus Rücksicht auf die Anhäng-
lichkeit der bäuerlichen Bevölkerung an den »romantischen«
König und auch aus Rücksicht auf die guten Beziehungen Ludwigs II. zu Bismarck entschloß sich die bayerische Regierung
erst nach langem Zögern, den kranken König durch eine Kommission von 4 Nervenärzten für unheilbar krank und regie-
rungsunfähig erklären zu lassen. Das Gutachten der Kommission beruhte freilich nur auf Zeugenaussagen und nicht auf
persönlicher Beobachtung. Darauf wurde Ludwig II. entmün-
digt (10. 6. 1886). Da der Thronfolger, Ludwigs Bruder Otto,
ebenfalls geisteskrank war, übernahm der Onkel der beiden,
Prinz Luitpold, die Regentschaft, zunächst für Ludwig II., und
nach dessen Tod (Ludwig ertrank am 13. 6. 1886 im Starnberger
See) für den geisteskranken Otto I. Luitpolds Sohn Ludwig,
sein Nachfolger als Regent, erklärte 1913 – noch zu Lebzeiten
Ottos – die Regentschaft für beendet und übernahm als Ludwig III. die bayerische Königskrone[13].

Die beiden anderen Thronkrisen betrafen zwar nur kleine
Staaten (Braunschweig und Lippe), erhielten aber einen besonderen Akzent dadurch, daß sie das Verhältnis zwischen Reich
und Einzelstaat (im Falle Braunschweig) und zwischen Kaiser
und Mitfürsten (im Falle Lippe) berührten. In *Braunschweig*
hätte nach dem Tode des kinderlosen Herzogs Wilhelm 1884
als nächster welfischer Verwandter der Herzog Ernst August
von Cumberland, der Sohn des letzten hannoverschen Königs
(Georg V.), die Thronfolge antreten müssen. Da jedoch Ernst
August auch für den Fall seiner Thronfolge in Braunschweig
seine Ansprüche auf Hannover aufrechterhielt, erkannte er
den Besitzstand Preußens nicht an. Auf Vorschlag Bismarcks
erklärte der Bundesrat eine Thronfolge Ernst Augusts für
unvereinbar mit der Reichsverfassung, die ja die Existenz und
den territorialen Besitzstand der Gliedstaaten des Reiches ga-
rantiere. Der braunschweigische Landtag wählte darauf einen
Regenten, Prinz Albrecht von Preußen. Erst 1913 wurde die
Regentschaft in Braunschweig beendet, als Ernst Augusts Sohn
Ernst August die Reichsverfassung anerkannte und die Tochter Kaiser Wilhelms II. heiratete. Am 1. 11. 1913 übernahm er
die Regierung[14].

In *Lippe* hatte Fürst Waldemar (gest. 1895) für seinen geistes-
kranken Bruder und Thronfolger den Prinzen Adolf von
Schaumburg-Lippe, den Schwager Kaiser Wilhelms II., zum
Regenten im Falle seines Todes bestimmt. Die näher verwandte

gräfliche Linie Lippe-Biesterfeld hatte er dabei übergangen. Wilhelm II. unterstützte seinen Schwager nachdrücklich gegen die Ansprüche der Biesterfelder. Diese wandten sich an den Bundesrat. Ein vom Bundesrat eingesetztes Schiedsgericht deutscher Fürsten bestätigte die Ansprüche der Biesterfelder Linie (1897). Ihr fiel zunächst die Regentschaft zu, und nach dem Tode des geisteskranken Fürsten Alexander wurde Leopold zur Lippe-Biesterfeld Fürst von Lippe (1905)[15].

[1] Zur neueren Entwicklung der im Folgenden nicht mehr erwähnten kleineren Bundesstaaten: H. WÄSCHKE, Anhaltische Gesch., Bd. 3 (1913). E. WEYHE, Landeskunde des Hgt. Anhalt (2 Bde. 1907). SOLDAN, Gesch. d. Großhgt. Hessen (1896). H. TIEDEMANN, Abriß d. Gesch. Bremens (1914). F. ENDRES, Gesch. d. Freien Hansestadt Lübeck (1926). G. RÜTHNING, Oldenburgische Gesch., Bd. 2 (1911). B. SCHMIDT, Gesch. d. Reußenlandes, Bd. 2 (1927). E. DEVRIENT, Thüringische Gesch., (²1915). F. SCHNEIDER u. A. TILLE, Einführung in die thüring. Gesch. (1931).

[2] R. KÖTZSCHKE u. H. KRETZSCHMAR, Sächsische Gesch., Bd. 2, bearb. v. H. KRETZSCHMAR (1935).

[3] E. BAASCH, Gesch. Hamburgs 1814 bis 1918, Bd. 2 (1925).

[4] H. WITTE, Mecklenburgische Gesch., Bd. 2 (1913).

[5] D. LINDENLAUB, Die Ausbildung d. württemberg. höheren Verwaltungsbeamten im 19. Jh., Die öffentl. Verwaltung 20 (1967).

[6] W. GERLOFF, Die Finanz- u. Zollpolitik d. Dt. Reiches nebst ihren Beziehungen zu Landes- u. Gemeindefinanzen von der Gründung des Norddt. Bundes bis zur Gegenwart (1913).

[7] M. v. HECKEL, Die Fortschritte der direkten Besteuerung in den dt. Staaten 1880–1905 (1905).

[8] A. DOVE, Großhg. Friedrich (1902). W. P. FUCHS (Hg.), Großhg. Friedrich I. v. Baden u. die Reichspolitik 1871 bis 1907, Bd. 1 (1968). Ders., Zur Bismarck-Kritik F. v. Roggenbachs. 4 Denkschriften an Kaiserin Augusta, WaG 10 (1950).

[9] R. G. HÄBLER, Badische Gesch. (1951). H. LAUER, Gesch. d. Kath. Kirche im Großhgt. Baden (1908).

[10] A. DEHLINGER, Württembergs Staatswesen in seiner geschichtl. Entwicklung bis heute, Bd. 2 (1953).

[11] F. v. RUMMEL, Das Ministerium Lutz u. seine Gegner 1871–1882 (Diss. München 1935).

[12] Bayern u. der Kulturkampf. Aus den Papieren d. Ministerpräsidenten v. Bray-Steinburg, Dt. Revue 28 (1903).

[13] M. DOEBERL, Entwicklungsgesch. Bayerns, Bd. 3 (1931). G. v. BÖHM, Ludwig II., Kg. v. Bayern (²1924). W. RICHTER, Ludwig II. (1950). Prinzregent Luitpold v. Bayern, mit unveröffentl. Dokumenten zu seiner Lebensgesch. u. zur Entmündigung Kg. Ludwigs II., Südd. Monatsh. 27 (1930).

[14] W. GÖRGES u. F. SPEHR, Vaterländische Geschichten u. Denkwürdigkeiten der Lande Braunschweig u. Hannover, Bd. 1 (³1925).

[15] E. KITTEL, Gesch. d. Landes Lippe (1957).

Kapitel 7
Deutschland im System der großen Mächte bis zur Krieg-in-
Sicht-Krise 1875

Die deutschen Einigungskriege und die Reichsgründung hatten
eine starke *Machtverschiebung im europäischen Mächtesystem* herbei-
geführt. An die Stelle Preußens, das in der europäischen Pent-
archie die schwächste Macht gebildet hatte, war das Deutsche
Reich getreten, an Bevölkerungszahl, Flächengröße, wirtschaftlicher Kraft und militärischer Stärke sowohl Österreich-
Ungarn als auch Frankreich überlegen. Die Stellung des neuen
Deutschen Reiches im europäischen Mächtesystem war jedoch
von Anfang an belastet durch die *Gegnerschaft Frankreichs*. Der
Verlust Elsaß-Lothringens machte die Revision des Frankfurter Friedens und die Rückgewinnung der verlorenen Gebiete
zum leitenden Motiv der französischen Außenpolitik seit 1871[1].
Mit dem deutsch-französischen Gegensatz konnten fortan alle
Mächte als einer festen Größe rechnen. In einer großen nationalen Anstrengung überwand Frankreich die Folgen des verlorenen Krieges innerhalb weniger Jahre. Bis zum Herbst 1873
war die Armee reorganisiert, und bis dahin erreichte Frankreich durch vorzeitige Abzahlung der Kriegsentschädigung
von 5 Milliarden Francs auch den Abzug der deutschen Besat-
zungstruppen. Im Innern war Frankreich während der ersten
zehn Jahre nach dem Kriege durch die scharfe Rivalität zwischen Republikanern und Monarchisten gelähmt. Bismarck war
daran interessiert, daß in Frankreich die Republik erhalten blieb;
denn er fürchtete, daß ein monarchisches Frankreich leichter
Bundesgenossen finden würde als die französische Republik.
Außerdem wußte er, daß die französischen Republikaner zwar
Gegner Deutschlands, aber realistisch genug waren, um es in
der nächsten Zeit nicht auf einen Krieg gegen Deutschland
ankommen zu lassen, während die Monarchisten, die Frankreich in die Niederlage von 1870 geführt hatten, zu ihrer Legi-
timierung eines großen außenpolitischen Erfolges bedurft
hätten. Im Gegensatz zu Bismarck suchte der deutsche Botschafter in Paris, Graf Arnim, engere Verbindung zu den
Monarchisten, in denen er die künftigen Herren Frankreichs
sah. Darin lag der Ursprung der »*Affäre Arnim*«, die 1874 zur
Abberufung Arnims und, weil er zu seiner Rechtfertigung
diplomatische Aktenstücke bekanntgemacht hatte, zu seiner
gerichtlichen Verurteilung führte[2].

Der feste Rückhalt der Bismarckschen Außenpolitik war bis 1871 Rußland gewesen. Allein die *russische Rückendeckung* hatte es Bismarck ermöglicht, die Kriege 1866 und 1870/71 zu führen, ohne daß andere Mächte intervenierten. Durch die Annexion Elsaß-Lothringens und die daraus resultierende sichere Gegnerschaft Frankreichs war Deutschland aber seitdem noch mehr auf Rußland angewiesen als vorher. Und die russische Regierung hatte das gleich nach Kriegsende zu verstehen gegeben, indem sie einmal durchblicken ließ, daß sie mit deutschen Gegendiensten rechne, zum anderen sich bei Bismarck für das besiegte Frankreich verwandte. Wenn Deutschland sich gegenüber Frankreich allein an Rußland anlehnte, wurde es ganz von Rußland abhängig; dann wurde es in den russisch-englischen Gegensatz hineingezogen, und dann drohte die Gefahr eines gegen Deutschland gerichteten Bündnisses der Besiegten von 1866 und 1870/71: Frankreich und Österreich-Ungarn[3]. Um sowohl Frankreich zu isolieren als auch Deutschland vor der Abhängigkeit von Rußland zu bewahren, suchte Bismarck eine *Verbindung mit Rußland und Österreich-Ungarn*. Dieser Absicht kam der Regierungswechsel in Wien entgegen. Im November 1871 wurden Ministerpräsident Hohenwart und Außenminister Beust, die der nach Revanche für 1866 strebenden Gruppe um den Erzherzog Albrecht nahegestanden hatten, wegen der tschechischen Frage entlassen und durch den Fürsten Auersperg (Ministerpräsident) und den Ungarn Andrássy (Außenminister) ersetzt. Mit diesem Ministerwechsel verlagerte sich der Schwerpunkt der österreichischen Außenpolitik auf den Balkan[4]. Und dafür bedurfte sie einer Rückendeckung gegenüber Rußland. Andrássy hatte schon vor seiner Ernennung im Sommer 1871 versucht, Bismarck für ein deutsch-österreichisches Bündnis zu gewinnen. Das hatte Bismarck abgelehnt mit dem Hinweis darauf, daß Deutschland sowohl mit Österreich-Ungarn als auch mit Rußland freundliche Beziehungen wünsche. Ein Bündnis Deutschlands mit Österreich allein hätte damals die Gefahr eines russisch-französischen Gegenbundes heraufbeschworen, und auf eine englische Unterstützung gegen eine französisch-russische Verbindung war zu dieser Zeit nicht zu rechnen; denn der deutsche Machtgewinn und die bisherige Bismarcksche Außenpolitik hatten in England Beunruhigung und Mißtrauen gegenüber Deutschland hervorgerufen. Der konservative Oppositionsführer Disraeli hatte in einer Unterhausrede (9. 2. 1871) den Deutsch-Französischen Krieg als die

»German revolution« bezeichnet, die in ihren Wirkungen noch größer sei als die Französische Revolution 1789[5]. Nach der Ablehnung Bismarcks suchte Andrássy um die Jahreswende ein Bündnis mit England. Gladstone wies diese Werbung ab. Es war zwar wegen des englisch-russischen Gegensatzes im englischen Interesse, daß Österreich eine antirussische Politik betrieb; aber die englische Regierung sah damals keine Notwendigkeit, sich auf dem Kontinent festzulegen. Nun erst ging Andrássy auf Bismarcks Vorschlag einer engeren Verbindung der drei Kaisermächte ein.

Im Sommer 1872 kündigte Kaiser Franz Joseph seinen Besuch in Berlin an. Da der russische Zar Alexander II. kontrollieren wollte, was sein österreichischer Rivale mit den Deutschen besprach, ließ er in Berlin wissen, daß er an der Zusammenkunft gern teilnehmen möchte. So kam es im September 1872 zum *Treffen der drei Kaiser in Berlin.* Russen und Österreicher waren daran interessiert, Deutschland jeweils allein für sich zu gewinnen. Das gegenseitige Mißtrauen zwischen Wien und Petersburg stand einer »entente à trois« im Wege. Es gelang Bismarck, eine österreichisch-russische Annäherung dadurch herbeizuführen, daß er das gemeinsame Interesse der drei Kaisermächte an der Erhaltung der Monarchie gegenüber republikanischen und sozialistischen Tendenzen in den Mittelpunkt der Gespräche rückte. Ein Fortbestehen des österreichisch-russischen Gegensatzes hätte Deutschland zur Option zwischen einer der beiden Mächte genötigt; gerade das wollte Bismarck vermeiden, weil dann wieder die Gefahr des Gegenbundes auftauchte. So dienten die Gespräche in Berlin nur dem Ausgleich und führten noch nicht zu Abmachungen[6].

Kurze Zeit darauf drängte Rußland noch einmal auf ein besonderes deutsch-russisches Bündnis in Form einer Militärkonvention, die zum gegenseitigen militärischen Beistand im Falle des Angriffs einer dritten europäischen Macht verpflichtete. Bismarck gab dem russischen Drängen nur halb nach. Er setzte durch, daß die von den *Russen* gewünschte *Militärkonvention* (6. 5. 1873) nur von den Monarchen und den Generalstabschefs unterzeichnet wurde – ein völkerrechtliches Unikum. Außerdem machte er die Gültigkeit der Konvention davon abhängig, daß Österreich-Ungarn ihr beitrat. Zu einer so engen Bindung an Rußland war Andrássy nicht bereit; denn das wäre einer österreichischen Option für Rußland gegen England gleichgekommen. Österreich-Ungarn hatte aber im Orient mit

England gemeinsame Interessen gegen Rußland. Daher schloß der österreichische Kaiser mit dem Zaren nur ein stark abgeschwächtes politisches Abkommen (6. 6. 1873). Danach verpflichteten sich die Partner zur Konsultation in allen gemeinsam interessierenden Fragen; wenn der Angriff einer dritten europäischen Macht den Frieden bedrohen sollte, wollten sie »ohne Aufsuchung neuer Bündnisse« sich zunächst untereinander verständigen, und für diesen Fall wurde die Möglichkeit einer militärischen Abmachung offengehalten. Wilhelm I. trat am 22. 10. 1873 durch eine Akzessionsakte dem Abkommen zwischen Franz Joseph und Alexander II. bei, das dadurch zum *Drei-Kaiser-Abkommen* erweitert wurde[7].

Das Drei-Kaiser-Abkommen verfolgte im Sinne Bismarcks den doppelten Zweck, Frankreich zu isolieren und den österreichisch-russischen Gegensatz zu überbrücken, um Deutschland vor einer Option zwischen beiden Mächten zu bewahren. Diese ihm zugedachten Aufgaben hat das Abkommen indessen nicht erfüllt. Schon bald darauf traten die unterschiedlichen deutschen und russischen Interessen und die Gegensätze zwischen Österreich und Rußland so deutlich hervor, daß das Drei-Kaiser-Abkommen nur noch auf dem Papier bestand.

Die erste Belastungsprobe brachte die *Verschärfung der deutsch-französischen Beziehungen in der Krieg-in-Sicht-Krise.* Eine wirkliche Kriegsgefahr bestand in dieser scheinbaren Krise nicht; weder Bismarck noch die leitenden französischen Politiker haben damals an eine Kriegsgefahr ernsthaft geglaubt. Der politische Vorgang wurde erst nachträglich durch drohende Kommentare von deutscher Seite mit einer nervösen Atmosphäre erfüllt. Im März 1875 hatte die französische Deputiertenkammer ein Kadergesetz bewilligt, das, ohne die Friedenspräsenzstärke zu erhöhen, durch Vermehrung der Bataillonsstäbe und Offiziersstellen bei der Infanterie die Möglichkeit schuf, im Mobilmachungsfall gleich eine größere Zahl mobiler Formationen aufzustellen. Das Gesetz bezweckte zwar eine erhöhte Schlagkraft der französischen Armee im Kriegsfall, war aber nicht als Vorbereitung eines in absehbarer Zeit geplanten Revanchekrieges gedacht; es war vielmehr dem Bestreben entsprungen, die qualitative militärische Unterlegenheit Frankreichs gegenüber Deutschland auszugleichen, die 1870 so entscheidend gewesen war. Nicht das Kadergesetz als solches, sondern die Tatsache, daß es von einer monarchistisch gesinnten Regierung vorgelegt und von einer Kammer mit monarchistischer

Mehrheit bewilligt worden war, veranlaßte Bismarck zu einer Gegenaktion, um Frankreich einzuschüchtern und weitere Versuche zur Stärkung der französischen Macht zu unterbinden. Die deutsche Regierung erließ ein Verbot des Pferdeverkaufs ins Ausland – damals gewöhnlich eine Maßnahme, die einer Mobilmachung voranging –, und am 8. 4. 1875 erschien in der freikonservativen Zeitung ›Die Post‹ ein Artikel von Konstantin Rößler ›Ist Krieg in Sicht?‹. Darin wurde die Frage untersucht, ob das französische Kadergesetz die Vorbereitung zum Revanchekrieg sei. Die übrige deutsche Presse griff den Gedanken auf und erörterte Möglichkeiten, wie man der französischen Gefahr begegnen könne. Die deutsche Pressekampagne erregte dadurch allgemeines Aufsehen, daß sie von der ›Post‹ ausging, einer Zeitung, die schon mehrfach Bismarck als Sprachrohr gedient hatte. Einige Tage später ließ Bismarck in der ›Norddeutschen Allgemeinen Zeitung‹ einen beruhigenden Artikel veröffentlichen. Damit war die Angelegenheit an sich erledigt. Aber jetzt erfuhr sie durch private Äußerungen deutscher Amtspersonen eine Zuspitzung. Bismarcks Mitarbeiter Radowitz und der Chef des Generalstabs, Moltke, erörterten am 21. 4. 1875 in Privatgesprächen – Moltke mit dem belgischen Gesandten – das Problem des Präventivkrieges. Diese beiden Äußerungen von Amtspersonen, darunter einer Autorität wie Moltke, wurden nach Paris berichtet. Bismarck selbst sprach sich damals eindeutig gegen den Präventivkrieg als Mittel der Politik aus und führte dafür ein religiöses und ein politisches Motiv an: Aus religiösen Gründen lehnte er den Präventivkrieg ab, weil man dadurch der göttlichen Vorsehung vorgreife, deren Wege in der Zukunft man nicht wissen könne; aus politischen Gründen bekämpfte er den Präventivkrieg, weil der Staat, der sich dieses Mittels bediene, bei den anderen das Vertrauen in seine Vertragstreue zerstöre, sich so vertragsunfähig mache und selbst isoliere. Bismarck ließ den Äußerungen Moltkes und Radowitz' am 25. 4. 1875 eine beruhigende Erklärung durch den deutschen Botschafter in Paris folgen. Jetzt holte aber der französische Außenminister Decazes zum Gegenschlag aus, um Deutschland eine diplomatische Schlappe beizubringen und es zu isolieren. Ohne die beruhigende Erklärung zu erwähnen, die Bismarck auf diplomatischem Wege der Pariser Regierung hatte zukommen lassen, unterrichtete er die russische Regierung von den Äußerungen Moltkes und bat um Schutz für Frankreich. Gleichzeitig inspirierte er einen Artikel

›The French Scare‹, der am 6. 5. 1875 in den ›Times‹ erschien. Darin wurden die europäischen Mächte, insbesondere Rußland, aufgefordert, den drohenden deutschen Präventivkrieg gegen Frankreich zu verhindern. Der neue englische Premierminister Disraeli, der schon in dem deutschen Machtanstieg 1870/71 eine für England bedrohliche Störung des Gleichgewichts gesehen hatte, ließ bei den Regierungen in Wien, Petersburg und Rom einen gemeinsamen Schritt in Berlin anregen. Wien und Rom lehnten sofort ab: Wien, weil es die Verbindung zu Deutschland nicht verlieren wollte; Rom, weil es in dem preußischen Kulturkampf eine Hilfe für seine Auseinandersetzungen mit der Kurie um den Kirchenstaat sah, während die französische Regierung, der hier geholfen werden sollte, klerikal gesinnt war. So kam es nur zu einer englischen und russischen Vorstellung in Berlin. Der englische Botschafter bot die englische Vermittlung zwischen Paris und Berlin an. Der russische Schritt ergab sich bei Gelegenheit der Durchreise Alexanders II. und des russischen Reichskanzlers Gorčakov durch Berlin (Mai 1875). Bismarck konnte den Zaren und Gorčakov davon überzeugen, daß Deutschland wirklich keinen Präventivkrieg gegen Frankreich plane und daß die Aufregung auf einem blinden Alarm beruhe. Gorčakov schickte darauf eine Zirkulardepesche an die russischen Auslandsvertretungen, welche die friedliche Gesinnung Berlins erklärte, aber in ihrer Formulierung den Anschein erwecken konnte, als sei diese friedliche Gesinnung erst das Ergebnis einer russischen Intervention (»Theatercoup Gorčakovs«). Damit war die Krieg-in-Sicht-Krise abgeschlossen[8]. Sie endete mit einer Schlappe Deutschlands; denn die beiden entscheidenden Mächte: England und Rußland, hatten sich trotz ihrer sonstigen Gegensätze zusammengefunden, um Deutschland zu zeigen, daß sie an der Erhaltung eines starken Frankreichs interessiert waren. Bismarck zog aus der Krise das Fazit, daß Deutschland sich in der internationalen Politik aufs äußerste zurückhalten müsse, um nicht sofort Mißtrauen zu erwecken und eine antideutsche Koalition auszulösen. Seitdem bestimmte der »cauchemar des coalitions« seine auswärtige Politik.

[1] W. PLATZHOFF, Frankreichs Bestrebungen auf eine Revision d. Frankfurter Friedens, Berl. Monatsh. 12 (1934). H. CONTAMINE, La Revanche 1871–1914 (1957).

[2] H. HERZFELD, Dtld. u. das geschla-gene Frankreich (1924). G. ROSEN, Die Stellungnahme Bismarcks zur Frage d. Staatsform in Frankreich 1871–1890 (1924). F. HARTUNG, Bismarck u. Gf. Harry Arnim, HZ 171 (1951).

[3] R. WITTRAM, Bismarcks Rußland-

politik nach der Reichsgründung, HZ 186 (1958).

[4] E. Wertheimer, Gf. Julius Andrássy, Bd. 3 (1913).

[5] W. Frauendienst, England u. die dt. Reichsgründung, Berl. Monatsh. 19 (1941).

[6] A. Meyendorff, Conversations of Gorchakov with Andrássy and Bismarck in 1872, Slavónic Rev. 8 (1929/30). W. Taffs, Conversations between Lord Odo Russell and Andrássy, Bismarck and Gorchakov in Sept. 1872, ebd.

[7] L. Leidner, Die Außenpolitik Österreich-Ungarns 1870–1879 (Diss. Kiel 1934). H. Holborn, Bismarcks europ. Politik zu Beginn d. 70er Jahre u. die Mission Radowitz (1925). M. L. Brown, The Monarchical Principle in Bismarckian Diplomacy after 1870, The Historian 15 (1952).

[8] H. Herzfeld, Die dt.-französ. Kriegsgefahr 1875 (1922). R. Recouly, Les grandes crises diplomatiques franco-allemandes 1: La crise de 1875, Rev. de France 12 (1932). T. T. Höjer, Bismarck, Decazes och den europeiska krisen 1875, Upsala Univ. Årsskr. 1940, 1 (1940). C. Misch, Bismarck and the Forbidden War, Contemporary Rev. 156 (1939). W. Taffs, The War Scare of 1875, Slavonic Rev. 9 (1930/31). F. Büchler, Das Verhältnis Frankreichs zu Rußland 1871–1878 (1944). Ch. Bloch, Les relations entre la France et la Grande-Bretagne de 1871 à 1878 (Thèse Lettres Univ. Paris 1954). K. Meine, England u. Dtld. 1871–1876 (1937). R. Wittram, Bismarck u. Gorčakov im Mai 1875, Nachr. Ak. Gött., phil.-hist. Kl. 7 (1955).

Kapitel 8
Orient-Krise und deutsch-österreichischer Zweibund

Die politische Zusammenarbeit der drei Kaisermächte, die in der Krieg-in-Sicht-Krise erschüttert worden war, wurde bald darauf durch die *Orient-Krise* zerstört. 1875 erhoben sich die Bosniaken und Herzegowiner gegen die türkische Herrschaft und gegen die einheimischen, zum Islam übergetretenen Grundherren. Die Bewegung griff bald auf Bulgarien über. Es gelang den Türken, die Erhebung mit grausamen Mitteln zu unterdrücken. Die »bulgarischen Greuel« riefen in ganz Europa große Erregung hervor. Um den Aufständischen zu helfen und ein Übergreifen der türkischen Gegenoffensive auf das eigene Gebiet zu verhindern, eröffneten Serbien und Montenegro, die nominell noch unter türkischer Oberhoheit standen, aber autonom waren, den Krieg gegen das Osmanische Reich (Juli 1876). Durch diese Vorgänge wurden die europäischen Mächte in Bewegung gebracht[1]. Am stärksten fühlte sich Rußland in seinem Großmachtinteresse betroffen. Während Rußland in seinen früheren Konflikten mit der Türkei die ideelle Rechtfertigung darin gesehen hatte, daß es die orthodoxen Christen innerhalb des Osmanischen Reiches zu schützen habe, wurde sein Eingreifen nunmehr vor allem von der nationalistischen panslavistischen Bewegung getragen, die sich die Vereinigung aller Slaven in einem Großreich unter russischer Führung zum Ziel setzte und die in der russischen Führungsschicht viele Anhänger besaß[2]. Rußland strebte zunächst an, als »Mandatar Europas« gegen die Türken einzugreifen, und wünschte zu diesem Zweck eine Konferenz der europäischen Großmächte, die von Deutschland einberufen werden sollte. Bismarck lehnte es ab, sich in dieser Weise für die russischen Interessen zu engagieren, ließ aber den Russen durch ein Handschreiben Wilhelms I. an den Zaren mitteilen, daß Deutschland im Fall eines russisch-türkischen Krieges die guten russischen Dienste von 1870 vergelten und wohlwollende Neutralität beobachten werde. Da die gewünschte Rückendeckung durch das »Mandat« einer Konferenz der europäischen Mächte nicht zustande gekommen war, verständigte sich *Rußland mit Österreich-Ungarn*, das als Nachbar Bosniens, Serbiens und Montenegros unmittelbar an den Balkanvorgängen interessiert war, in einem *Geheimabkommen zu Reichstadt* (8. 7. 1876). Danach wollten die beiden Mächte im Fall einer serbischen Niederlage den Bestand Serbiens und Montenegros erhalten; im Fall einer türkischen Niederlage – und von dieser Voraussetzung ging das Abkommen eigentlich aus – sollte Rußland Bessarabien und die Donaumündung in Besitz nehmen, Österreich-Ungarn aber Bosnien und die Herzegowina[3]. Die Türkei brach jedoch nicht zusammen, wie die beiden Mächte in Reichstadt erwartet hatten, sondern brachte Serbien eine vernichtende Niederlage bei (Ende Juli 1876). In dieser Situation kam Rußland den Serben mit Freiwilligen zu Hilfe. Doch auch deren Eingreifen konnte das türkische Vordringen nicht aufhalten, und Serbien mußte um Waffenstillstand bitten (September 1876). Nunmehr erwog die russische Regierung eine größere militärische Aktion, bei der sie auch die Möglichkeit eines Zusammenstoßes mit Österreich-Ungarn, dem Partner von Reichstadt, ins Auge faßte. Um sich dafür der deutschen Rückendeckung zu versichern, fragte die russische Regierung in Berlin an, ob Deutschland im Falle eines russisch-österreichischen Krieges ebenso handeln würde, wie Rußland es 1870 getan habe. Gorčakov wählte für diese verfängliche Frage nicht den diplomatischen Weg, sondern ließ sie durch den Zaren in dessen Urlaubsort Livadia mündlich gegenüber dem deutschen Militärbevollmächtigten General Werder aussprechen. Seit den Tagen der Freundschaft zwischen Friedrich Wilhelm III. und Alexander I. attachierten die preußischen und russischen Monarchen sich gegenseitig Flügeladjutanten als »Militärbevollmächtigte«; diese hatten keine diplomatische Funktion, sondern dienten nur der persönlichen Verbindung der Herrscher[4]. Da die Frage vom Zaren mündlich an den nicht zum diplomatischen Korps gehörenden Militärbevollmächtigten gerichtet wurde, hätte die russische Regierung sie im Fall einer deutschen Indiskretion jederzeit dementieren können, was bei einer Anfrage auf diplomatischem Wege nur schwer möglich gewesen wäre. Diese »Doktorfrage« aus Livadia – wie Bismarck sie bezeichnete – sollte Deutschland zu einer Option für Rußland gegen Österreich-Ungarn nötigen.

Deutschland hatte in der orientalischen Frage kein eigenes Interesse. Es war an den Vorgängen jedoch soweit interessiert, als sie die Beziehungen der anderen Mächte untereinander und zu Deutschland berührten. Bismarck wünschte einen ernsthaften Konflikt vermieden zu sehen, der ihn zur Option genötigt und diejenige Macht, gegen die Deutschland optieren würde, zum Bündnis mit Frankreich[5] bereit gemacht hätte. Aus dieser Erwägung hatte er schon im Januar 1876 mit der englischen Regierung Verbindung aufgenommen und ihr erklärt, daß Deutschland ebenso an guten Beziehungen zu England interessiert sei wie zu den beiden Kaisermächten[6]. Nun stellte die »Doktorfrage« Gorčakovs ihn vor den Zwang zur Option nicht nur zwischen Rußland und Österreich-Ungarn, sondern auch zwischen Rußland und England. Einer direkten Antwort entzog er sich dadurch, daß er durch den deutschen Botschafter in Petersburg, v. Schweinitz, erklären ließ, Deutschland werde im Fall eines russisch-türkischen Krieges wohlwollende Neutralität beobachten, und Österreich werde, da es Absichten auf Bosnien habe, zur Türkei auch keine freundlichen Beziehungen behalten. Als Gorčakov im Gespräch mit Schweinitz auf eine deutlichere Erklärung drängte und dabei nach dem Preis für eine stärkere Unterstützung der russischen Orientpolitik fragte, erwähnte Schweinitz, daß Deutschland alles habe, was es brauche, höchstens eine vertragliche Garantie für den Besitz von Elsaß-Lothringen gern sehen würde. Dem hielt Gorčakov entgegen: »Das würde Ihnen wenig nützen, in unserer Zeit haben Traktate einen sehr geringen Wert[7].« Zur persönlichen Information Schweinitz' beantwortete Bismarck die »Doktorfrage« nach der Stellung Deutschlands in einem eventuellen russisch-

österreichischen Konflikt deutlicher: »Unseren Interessen kann
es nicht entsprechen, durch eine Koalition des gesamten übrigen Europa, wenn das Glück den russischen Waffen ungünstig
wäre, die Machtstellung Rußlands wesentlich und dauernd
geschädigt zu sehen; ebenso tief aber würde es die Interessen
Deutschlands berühren, wenn die österreichische Monarchie in
ihrem Bestande als europäische Macht oder in ihrer Unabhängigkeit derart gefährdet würde, daß einer der Faktoren, mit
denen wir im europäischen Gleichgewicht zu rechnen haben,
für die Zukunft auszufallen drohte.« Um der russischen Regierung klarzumachen, daß Deutschland im Fall eines russisch-
österreichischen Krieges nicht bedingungslos auf der Seite
Rußlands stehe, wie Gorčakov in der »Doktorfrage« und in
seinem Drängen gegenüber Schweinitz gefordert hatte, wählte
Bismarck den Weg der indirekten Antwort und Warnung: Bei
einem Essen, das er dem Vorstand des Reichstages gab (1. 12.
1876), betonte er die deutsche Neutralität in der Orientfrage,
schloß aber die Warnung an: wenn die *Integrität Österreich-
Ungarns* gefährdet würde, müsse Deutschland für die Donaumonarchie eintreten, deren lebensgefährliche Verwundung es
nicht dulden könne[8]. Diese Warnung blieb, obgleich sie im
privaten Kreise fiel, der Öffentlichkeit nicht unbekannt – und
sollte es auch nicht. Seitdem wußte Rußland, wo die Grenze
der deutschen Freundschaft lag. Bismarck war durchaus bereit,
die russische Politik zu unterstützen, wollte aber nicht »einen
Wechsel in blanco zeichnen, den Rußland ausfüllen und Österreich und England gegenüber verwerten oder doch benutzen
will«. Seit dem Sommer 1876 sah Bismarck die panslavistische
Bewegung, die eine scharf antideutsche und profranzösische
Tendenz zeigte, einen stärkeren Einfluß auf die amtliche rus-
sische Politik gewinnen; selbst Zar Alexander II. machte den
Panslavisten seine Reverenz, als er am 10. 11. 1876 in einer
Rede in Moskau von dem für die »slavische Sache« vergossenen
Blut sprach. Die Bedeutung dieser Vorgänge im Sommer und
Herbst 1876 liegt darin, daß sie Bismarck den problematischen
Charakter der deutsch-russischen Beziehungen zeigten und die
erste Voraussetzung für die engere deutsch-österreichische
Verbindung bildeten. Trotzdem wollte Bismarck keine Ent-
fremdung zu Rußland; denn mit der Preisgabe des »Drahtes
nach Petersburg« hätte er jede Möglichkeit zur Einwirkung auf
die russische Politik verloren. Er war auch bereit, die russische
Orientpolitik bis an die Grenzen des deutschen Interesses zu

unterstützen, und wollte den von Rußland geplanten Krieg gegen die Türkei nicht verhindern, schon weil er fürchtete, daß das »eiternde nationale Gift« des Panslavismus auf Österreich-Ungarn übertragen werden könnte, wenn es keinen Abfluß nach der Türkei finde.

Nach der deutschen Absage, Rußland einen Blankowechsel gegenüber Österreich auszustellen, verständigten sich beide erneut in der *Konvention von Budapest* (15. 1. 1877) über die Abgrenzung ihrer Interessen in der europäischen Türkei: Im Falle eines militärischen Vorgehens der Russen gegen die Pforte sollte Bessarabien russisch werden, Rumänien sollte die Dobrudscha erhalten, Österreich-Ungarn sollte als Äquivalent Bosnien und die Herzegowina besetzen; die Bildung eines großen slavischen Staates auf dem Balkan – der eine Anziehungskraft auf die südslavischen Teile der Donaumonarchie hätte ausüben können – sollte ausgeschlossen sein. Nachdem die türkische Regierung das Reformprogramm zugunsten der Christen im Osmanischen Reich abgelehnt hatte, das von den *Botschafterkonferenzen der europäischen Mächte in Konstantinopel und in London* (Frühjahr 1877) vereinbart worden war, begann im Sommer 1877 der *russisch-türkische Krieg*. Da die Pforte die Reformforderungen der Mächte abgelehnt hatte, war Rußland in seinem Vorgehen gegenüber den europäischen Mächten gedeckt; aber nach den Abmachungen mit Österreich in Budapest durfte es nur einen Krieg mit genau abgesteckten Zielen führen[9]. Im Januar 1878 gelang es den Russen, den hartnäckigen Widerstand der türkischen Armee zu überwinden, nachdem sie zunächst größte Schwierigkeiten gehabt hatten. Als sie bis unmittelbar vor Konstantinopel vorstießen, gab die türkische Regierung den Kampf auf und nahm die Bedingungen an, die Rußland im *Frieden von San Stefano* (3. 3. 1878) stellte: Serbien, Montenegro und Rumänien wurden durch türkisches Gebiet vergrößert und wurden unabhängig; Rußland erhielt an Stelle einer Kriegsentschädigung eine Gebietserweiterung an der asiatischen Grenze der beiden Reiche (Kars, Batum, Ardahan, Bajasid); Bulgarien, Ostrumelien und Mazedonien mit Zugang zum Ägäischen Meer wurden zu einem antonomen Fürstentum unter türkischer Oberhoheit vereinigt und sollten zwei Jahre lang von russischen Truppen besetzt bleiben. Der militärische Erfolg der Russen über die Türken war so groß, daß sie diese Bedingungen diktieren konnten; aber mit der in San Stefano festgesetzten Schaffung eines großen bulgarischen Staates hatte

Rußland die Grenzen überschritten, die ihm durch die Konvention von Budapest gezogen waren. Schon im Februar 1878, als die russischen Friedensbedingungen an die Türkei bekannt geworden waren, setzte der Widerstand der im Orient interessierten Mächte England und Österreich-Ungarn ein: Eine englische Flotte lief in das Marmara-Meer ein[10]; Andrássy forderte die Berufung eines Kongresses. Gorčakov schlug dafür Berlin vor, um nicht nach Wien, der Hauptstadt des Rivalen, gehen zu müssen. Dadurch wurde Bismarck die Rolle des Vermittlers im Konflikt angeboten, ein Ergebnis der vorsichtigen Zurückhaltung, die er in der Orientfrage gewahrt hatte.

Bismarck selbst kam dem Bemühen der streitenden Mächte nach einer deutschen Vermittlung in einer großen Reichstagsrede (19. 2. 1878) entgegen, in der er sich bereit erklärte, die Rolle eines *»ehrlichen Maklers«* zu spielen, der das Geschäft zustande bringen wolle. Ein Programm wollte er für diese Vermittlerrolle nicht bekanntgeben, um sich nicht durch vorzeitige Festlegung die Hände zu binden. Was ihm für die Lösung der orientalischen Frage und für die Stellung Deutschlands zu den Mächten erstrebenswert erschien, hatte er für das Auswärtige Amt im *Kissinger Diktat* niedergelegt (15. 6. 1877): England und Rußland sollten zu einem befriedigenden Ausgleich dadurch kommen, daß Rußland die Herrschaft über das Schwarze Meer, England die über Ägypten gewann; Rußland und England sollten dadurch so befriedigt werden, daß sie das gleiche Interesse an der Erhaltung des Bestehenden gewännen wie Deutschland es habe; gleichzeitig sollte England durch den Gewinn Ägyptens von Frankreich getrennt werden, und durch die russischen Gewinne sollte ein solches Maß an Rivalität zwischen Rußland und Österreich geschaffen werden, daß es beiden schwierig würde, gemeinsam an einer »antideutschen Konspiration« teilzunehmen. Für Deutschland wünschte er keinen Ländererwerb, sondern Erhaltung des Bestehenden, Erhaltung des Friedens; andrerseits fürchtete er ein zu enges Einvernehmen anderer Mächte untereinander, das leicht zu einem Druck auf Deutschland führen könne. Deshalb war er daran interessiert, daß eine gewisse Rivalität zwischen den anderen Mächten bestehenblieb, damit sie einerseits auf Deutschland angewiesen waren, andrerseits durch diese Rivalität gehindert wurden, sich gegen Deutschland zu verbinden; er wünschte eine »politische Gesamtsituation, in welcher alle Mächte außer Frankreich unser bedürfen, und von Koalitionen gegen uns durch ihre Beziehungen zueinander nach Möglichkeit abgehalten werden«[11].

Ehe Bismarck die Einladung zu einem Kongreß aussprach, verlangte er eine grundsätzliche Einigung der drei streitenden Mächte, damit die Aussichten für ein Gelingen des Kongresses günstig seien; denn sein Scheitern hätte auch Deutschlands Stellung belastet. Nachdem in österreichisch-russischen Verhandlungen in Wien und in englisch-russischen Verhandlungen in London eine teilweise Einigung über die Hauptstreitpunkte (Bulgarien, Abzug der Truppen) erzielt worden war, konnte am 13. 6. 1878 der *Berliner Kongreß* zusammentreten. Im Laufe eines Monats wurde nach mehreren kritischen Verhandlungsmomenten, die Bismarck vermittelnd überbrückte, ein Ausgleich gefunden[12]: Rumänien, Serbien und Montenegro wurden souveräne Staaten; Rußland erhielt von der Türkei Ardahan, Batum und Kars und von Rumänien Bessarabien; Rumänien wurde dafür durch die Dobrudscha entschädigt; Österreich-Ungarn erhielt das Besatzungsrecht in Bosnien und der Herzegowina und im Sandschak von Novibasar, der Serbien von Montenegro trennte; das Hauptergebnis von San Stefano, die Gründung eines großen bulgarischen Staates, wurde beseitigt: Bulgarien wurde auf das Gebiet zwischen Donau und Balkan beschränkt und erhielt die Stellung eines autonomen, der Pforte tributpflichtigen Fürstentums unter einem christlichen Fürsten, der nicht Mitglied des regierenden Hauses einer der europäischen Mächte sein durfte; Ostrumelien wurde von Bulgarien wieder getrennt, es wurde türkische Provinz mit voller Selbstverwaltung; Mazedonien, das in San Stefano auch zu Bulgarien geschlagen worden war, wurde wieder uneingeschränkt unter die Hoheit und Verwaltung der türkischen Regierung gestellt. England holte sich seinen Gewinn während des Kongresses: Durch einen Vertrag mit der Türkei sicherte es sich das Besatzungs- und Verwaltungsrecht auf Zypern und gewann damit einen wichtigen Stützpunkt im östlichen Mittelmeer.

Rußland betrachtete trotz dem Landgewinn, der die Verluste des Krimkrieges wieder einbrachte, das Ergebnis des Berliner Kongresses als Niederlage, weil es auf die weiter gesteckten Bedingungen von San Stefano, vor allem auf Großbulgarien, hatte verzichten müssen. Obwohl Bismarck jede Parteinahme gegen Rußland vermieden, nur eine vermittelnde

Rolle gespielt hatte, und obwohl der zweite russische Kongreß delegierte, Graf Peter Šuvalov, Bismarcks Haltung auf dem Kongreß als rußlandfreundlich bezeichnete, suchte die russische Regierung die Ursache für ihre Niederlage nicht in der wenig überlegten russischen Politik, in der sich verschiedene Tendenzen gekreuzt hatten, sondern in der mangelnden Unterstützung Deutschlands. Während die deutsch-russischen Beziehungen nach dem Berliner Kongreß sich spürbar verschlechterten[13], führte die Bismarcksche Kongreßdiplomatie zu einer *Annäherung Englands an Deutschland*. Noch zu Beginn des Jahres 1878 hatten der englische Premierminister Disraeli und der Außenminister Salisbury der deutschen Politik mit Mißtrauen gegenübergestanden und damit gerechnet, daß Deutschland sich seine Vermittlerrolle durch Landgewinn bezahlen lassen würde. Bismarcks Tätigkeit als »ehrlicher Makler« und das Ausbleiben jeglicher deutschen Forderungen führten zu einem Umschwung im Urteil Disraelis und Salisburys. Da der deutsche Kanzler die Möglichkeit, inmitten der Wirren von 1877/78 auch machtpolitische Gewinne für Deutschland herauszuholen, nicht auszunutzen versucht hatte, vertrauten sie nunmehr seiner Versicherung, daß Deutschland »saturiert« und nur an der Erhaltung des Bestehenden interessiert sei. Salisbury stellte damals fest, es gebe keine Staaten, die so wenig Rivalitäten und so viele Gemeinsamkeiten hätten wie England und Deutschland.

Verschiedene Momente führten zu einer weiteren *Verschlechterung der deutsch-russischen Beziehungen:* deutsche Schutzmaßnahmen gegen das Einschleppen der Pest aus Rußland, die Veröffentlichung des Entwurfs zum deutschen Schutzzolltarif, die Tätigkeit der internationalen Grenzkommission zur Ausführung der Berliner Kongreßbeschlüsse, die Veröffentlichung des Geheimabkommens zwischen Österreich und Deutschland über die Aufhebung der Nordschleswig-Klausel des Prager Friedens von 1866. Während die *russische Verstimmung* sich zunächst in Pressepolemiken und einzelnen Symptomen (Verstärkung der Garnisonen an der deutschen Grenze) äußerte, fand sie am 15. 8. 1879 einen deutlichen und drohenden Ausdruck in der *»Briefohrfeige«:* In einem Handschreiben an Wilhelm I. beklagte sich der Zar darüber, daß Deutschland das russische Interesse opfere; er legte dies der deutschen Politik und vor allem Bismarck zur Last und schloß mit der drohenden Warnung, daß die Folgen für die beiden Länder verhängnisvoll werden könnten. Schon zwölf Tage nach dieser Drohung hatte Bismarck sich mit Andrássy grundsätzlich über den *Abschluß eines deutsch-österreichischen Bündnisses* verständigt. Die rasche Einigung mit Andrássy über das Bündnis war Bismarck deshalb möglich, weil Andrássy sich seit 1876 anhaltend darum bemühte, für Österreich-Ungarn die Sicherung durch ein Bündnis mit Deutschland zu gewinnen[14]. Um diesem Ziel näherzukommen, hatte die Donaumonarchie im April 1878 in einem Geheimabkommen mit Deutschland den Artikel V des Prager Friedens von 1866 aufgehoben. Dieser Artikel war damals auf Drängen Frankreichs in den Vertrag aufgenommen worden; er sah die Rückgabe Nordschleswigs an Dänemark vor, falls die Bevölkerung sich in einer Abstimmung dafür entscheiden sollte. Bismarck wünschte von dieser Bestimmung, in der er eine Fessel sah, freizukommen; und die Donaumonarchie hatte kein Interesse an der Ausführung des Artikels, da eine Volksabstimmung in Nordschleswig ein peinliches Präjudiz für ihre Nationalitätenprobleme werden konnte[15].

Ehe der Bündnisvertrag unterzeichnet werden konnte, kam es noch zu einer erregten *Auseinandersetzung zwischen dem Kanzler und Wilhelm I*. Noch zu einer Zeit, da Bismarck und Andrássy über den Text des Bündnisvertrages schon einig waren, weigerte der alte Kaiser sich, einem solchen Vertrage seine Zustimmung zu geben. In der Zeit der Verhandlungen Bismarcks mit Andrássy hatte er noch ein freundschaftliches Gespräch mit Alexander II. gehabt. Er hielt es für unritterlich, unmittelbar danach ein gegen Rußland gerichtetes Geheimbündnis zu ratifizieren. Wilhelm I. sah in Rußland noch den bewährten und unentbehrlichen Verbündeten gegenüber dem österreichischen Rivalen. In diesen Vorstellungen war er alt geworden. Er übersah, daß in Rußland der Zar, mit dem er durch Verwandtschaft und Freundschaft verbunden war, immer mehr an Gewicht gegenüber der deutschfeindlichen panslavistischen Bewegung verlor. An dem Inhalt des Vertrages bemängelte Wilhelm, daß er »partie inégale« sei, weil er als casus foederis nur einen russischen, nicht aber einen französischen Angriff vorsah. Bismarck, unterstützt vom Kronprinzen, von Moltke und vom preußischen Staatsministerium, nötigte den Kaiser schließlich zur Zustimmung. Der Kanzler begründete das Bündnis mit Österreich hauptsächlich damit, daß der Panslavismus und sein Einfluß auf die amtliche russische Politik das deutsch-russische Verhältnis zu stark gefährdeten: »Mit der unberechenbaren

Elementargewalt dieser slawischen Revolution ist für uns keine Verständigung möglich, und es ist nicht denkbar, daß der Kaiser, und vielleicht ebensowenig, daß der Thronfolger sich von diesen Einflüssen wieder hinreichend emanzipieren werde.« Mit diesem unsicheren Rußland erschien ihm zur Zeit eine Verbindung noch bedrohlicher, weil er seit dem Berliner Kongreß eine englisch-französisch-österreichische Interessengemeinschaft gegen Rußland beobachtete. Demgegenüber sah er in einem Bündnis mit Österreich Vorteile: »Österreich ist sicherer, weil das Volk dafür ist, dabei ungefährlich für uns, bringt England mit und verfällt feindlichen Einflüssen, wenn es den Halt an uns nicht findet.« Bismarck wird mit Recht als einer der letzten großen Vertreter der Kabinettspolitik bezeichnet; gleichwohl erkannte und berücksichtigte er die Bedeutung der öffentlichen Meinung und populären Stimmungen für die Beziehungen zwischen den einzelnen Staaten. Deshalb eben wurde das deutsch-russische Verhältnis ihm zu einer unsicheren Größe, während er für eine enge deutsch-österreichische Verbindung eine dauerhafte Grundlage sah. Er machte in den Verhandlungen sogar den Vorschlag, dem Bündnis staatsrechtlichen Charakter zu geben dadurch, daß es von beiden Parlamenten als Gesetz sanktioniert würde. Das wurde aber von Andrássy abgelehnt. Dieser befürchtete, daß die voraussichtliche Opposition mehrerer slawischer Gruppen im österreichischen Reichsrat dem Bündnis mehr schaden könne, als die parlamentarische Sanktion ihm nütze. Am 7. 10. 1879 konnte der *Zweibund zwischen Deutschland und Österreich-Ungarn* unterzeichnet werden. Er war ein geheimes Defensivbündnis, das die Partner zur gegenseitigen militärischen Hilfe verpflichtete, falls einer von ihnen durch Rußland angegriffen würde; im Fall des Angriffs einer anderen Großmacht bestand für den nicht angegriffenen Teil die Pflicht zu wohlwollender Neutralität; würde jedoch die angreifende Macht von Rußland unterstützt, so trat auch dann der Bündnisfall ein. Deutschland hatte also nicht die Zusicherung österreichischer Bündnishilfe, falls Frankreich allein Deutschland angriffe; eine Bündnisverpflichtung für diesen Fall wollte Österreich nicht eingehen. Bismarck fand sich damit ab, weil es unwahrscheinlich war, daß Frankreich allein Deutschland angreifen werde; möglich und gefährlich war nur ein französischer Angriff mit russischer Hilfe, und dann galt auch für Österreich der casus foederis.

Der Zweibund war von Bismarck – das zeigt seine Politik in

den folgenden Jahren – nicht als endgültige Option gegen Rußland gedacht; denn damit hätte Bismarck die von ihm gefürchtete russisch-französische Verbindung gefördert. Aber weil das deutsch-russische Verhältnis durch den Einfluß des Panslavismus so unsicher geworden war, daß auf Rußland nicht fest zu rechnen war, schloß Bismarck das Bündnis mit Österreich. Dies Bündnis war nicht als Abschluß einer politischen Entwicklung gedacht, sondern als Grundlage eines weiter auszubauenden Vertragssystems. Der Zweibund sollte nicht für sich allein bestehen; aber in der Bismarckschen Außenpolitik bildete er fortan doch den archimedischen Punkt und die letzte Rückzugslinie[16].

[1] M. BRAUN, Die Slawen auf dem Balkan bis zur Befreiung von der türk. Herrschaft (1941). S. M. GORIAINOV, La question d'Orient à la veille du traité de Berlin 1870–1878 (1948). D. HARRIS, A Diplomatic History of the Balkan Crisis of 1875–1878, Bd. 1: 1875 (1936). M. D. STOJANOVIC, The Great Powers and the Balkans 1875–1878 (1939).

[2] A. FISCHEL, Der Panslavismus bis zum Weltkrieg (1919). H. KOHN, Die Slawen u. der Westen: Gesch. d. Panslawismus (1956). H. SETON-WATSON, The Decline of Imperial Russia 1855–1914 (1952). B. H. SUMNER, Russia and the Balkans 1870–1880 (1937).

[3] G. H. RUPP, A Wavering Friendship: Russia and Austria 1876–1878 (1941).

[4] H. O. MEISNER, Militärattachés u. Militärbevollmächtigte in Preußen u. im Dt. Reich (1957).

[5] Zur damaligen franz. Politik s. W. JAHRMANN, Frankreich u. die oriental. Frage 1875–1878 (1936).

[6] In dieser Sondierung Bismarcks ein Bündnisangebot an England zu sehen – so H. GROSCHE, Bismarcks Bündnisangebot an Großbritannien im ersten Jahr d. großen oriental. Krisis 1875/76 (Diss. Frankfurt 1950) –, ist eine zu weit gehende Interpretation. Zur engl. Politik s. R. LIEBOLD, Die Stellung Englands in der russ.-türk. Krise 1875–1878 (1930). R. SETON-WATSON, Gladstone, Disraeli and the Eastern Question (1936).

[7] Hauptquelle dafür: SCHWEINITZ, Denkwürdigkeiten, Bd. 2 (1927). W. SCHÜSSLER, Bismarcks Bündnisangebot an Rußland »Durch Dick und Dünn« im Herbst 1876, HZ 147 (1932), sieht in der Frage nach einer russ. Garantie für Elsaß-Lothringen ein ernst gemeintes Bündnisangebot; das ist nicht haltbar: Gerade mit dem für Rußland unannehmbaren Preis der Garantie für Elsaß-Lothr. sollte die russ. Forderung nach einer festen Bindung Dtlds. an die russ. Politik abgewehrt werden.

[8] H. POSCHINGER, Bismarck u. die Parlamentarier, Bd. 1 (1894).

[9] Österr.-Ungar. Rotbuch 1–4 (1878 bis 1880).

[10] F. LUCKWALDT, Das engl. Kabinett in der Orientkrise 1876–1878, HJb 57 (1937). W. G. WIRTHWEIN, Britain and The Balkan Crisis 1875–1878 (1935).

[11] Text d. Kissinger Diktats s. Große Politik, Bd. 2, S. 153 f.

[12] Gf. P. SCHUWALOW, Der Berliner Kongreß, Berl. Monatsh. 16 (1938). W. N. MEDLICOTT, The Congress of Berlin and after (1938). A. NOVOTNY, Quellen u. Stud. zur Gesch. d. Berliner Kongresses: Österreich, die Türkei u. das Balkanproblem im Jahre d. Berliner Kongresses (1957). A. NOVOTNY, Der Berliner Kongreß u. das Problem einer europ. Politik, HZ 186 (1958).

[13] M. MÜLLER, Die Bedeutung d. Berliner Kongresses für die dt.-russ. Beziehungen (Diss. Leipzig 1927). F. HASEL-

MAYR, Von russ. Freundschaft zu russ. Groll (1955).

[14] M. B. WINCKLER, Bismarck u. Österreichs Bündnisangebot an Dtld. (Oktober 1876), Jb. d. Albertus-Universität zu Königsberg 11 (1961).

[15] Über die Bedeutung d. Art. V d. Prager Friedens u. seine Aufhebung gab es eine Kontroverse zwischen M. B. WINCKLER u. A. SCHARFF. Eine eingehende u. differenzierte Darstellung des hist. Problems gibt A. SCHARFF, Bismarck, Andrássy u. die Haltung Österreichs zum Nordschleswigschen Vorbehalt, Zs. d. Ges. f. Schleswig-Holst. Gesch. 87 (1962). Hier sind auch die polemischen u. methodisch anfechtbaren Artikel Wincklers zitiert u. kritisch beleuchtet.

[16] W. FRAUENDIENST, Bündniserörterungen zwischen Bismarck u. Andrássy im März 1878, in: Gesamtdt. Vergangenheit (Festschr. f. H. v. Srbik 1938), zeigt das Reifen des Bündnisplans. H. GOLDSCHMIDT, Das dt.-österr. Bündnis 1879, Preuß. Jbb. 235 (1934). W. SCHÜSSLER, Dtld. zwischen England u. Rußland (1941). E. HELLER, Das dt.-österr.-ungar. Bündnis in Bismarcks Außenpolitik (1925). K. HATZFELD, Das dt.-österr. Bündnis in der Beurteilung d. polit. Parteien Dtlds. (1938).

Kapitel 9
Ausbau des Bismarckschen Bündnis- und Vertragssystems

Nach Abschluß des deutsch-österreichischen Zweibundes war die Stellung Deutschlands zu England und Rußland das Kernproblem der Bismarckschen Diplomatie[1]. Die *deutsch-österreichischen Beziehungen* waren durch das Bündnis stabilisiert. Hier hatte Bismarck nur gelegentlich dafür zu sorgen, daß die Wiener Regierung den Zweibund nicht als Rückendeckung für eine aggressive österreichische Erwerbspolitik auf dem Balkan auffaßte. Die *deutsch-französischen Beziehungen* waren durch den seit 1871 bestehenden Gegensatz bestimmt. Dieser Gegensatz konnte zwar vorübergehend – 1879/80 und 1884/85 – durch eine zeitlich und räumlich begrenzte Zusammenarbeit in der Kolonialpolitik gemildert werden, aber grundsätzlich war er eine feststehende Größe in den internationalen Beziehungen. Das Element der Unsicherheit und der Bewegung in der auswärtigen Politik des Reiches blieben die deutsch-englischen und die deutsch-russischen Beziehungen.

Noch vor der Ratifizierung des Zweibundes wurde das *Verhältnis Deutschlands zu Rußland und zu England* Gegenstand von Verhandlungen. Da nicht vorauszusehen war, wie Rußland auf die deutsch-österreichische Verbindung reagieren würde, beauftragte Bismarck am 16. 9. 1879 den deutschen Botschafter in London, Graf Münster, den englischen Premierminister Disraeli zu fragen, was Deutschland von England zu erwarten

habe, wenn es aus Rücksicht auf seine Freundschaft zu Österreich-Ungarn und zu Großbritannien dem russischen Andrän-
gen im Orient widerstehe und dadurch in Konflikt mit Rußland gerate. Diese Frage war noch kein eigentliches Bündnisangebot. Es war das Charakteristische der Bismarckschen Außenpolitik, daß sie in jeder Situation alle nur denkbaren Ge-
fahrenmöglichkeiten erwog. Die äußerste Gefahr, mit der er
damals rechnete, war eine Verschlechterung der deutsch-russischen Beziehungen bis zum Kriege. Für diesen Fall wollte er
die Haltung Englands sondieren. Je nachdem, wie die englische Antwort ausfiel und wie die deutsch-russischen Beziehungen sich weiter entwickelten, konnten aus dieser Frage an
Disraeli deutsch-englische Bündnisverhandlungen entstehen[2].
Die Antwort Disraelis (seit 1876 Lord Beaconsfield) fiel nicht
zur Zufriedenheit des Kanzlers aus: Der englische Premierminister sagte für den Fall eines deutsch-russischen Krieges zu,
England werde Frankreich und Italien neutral halten. Bismarck
vermerkte dazu: »Sonst nichts?« Wenige Stunden, nachdem
Bismarck diesen enttäuschenden Bescheid durch Münster erhalten hatte (29. 9. 1879), erschien der russische Gesandte in
Athen, Saburov, um dem Kanzler im Auftrage des Zaren die
Bereitschaft Rußlands zum Wiederaufleben des Dreikaiserabkommens auszusprechen[3].

Da die englische Antwort auf die deutsche Sondierung un-
befriedigend ausgefallen war, da andrerseits Rußland einlenkte
und wieder eine Zusammenarbeit mit Deutschland und Österreich wünschte, ließ Bismarck die Sondierung in England
nicht weiter verfolgen. Auch als der englische Außenminister
Salisbury im Oktober 1879 über die Antwort Disraelis hinausging und dem deutschen Botschafter die *Bereitschaft Englands zu
einer Allianz* mit den Zweibundmächten aussprach, ließ Bismarck dieses Angebot unbeantwortet. Er hatte aus der Antwort Disraelis den Schluß gezogen, England halte den deutsch-
russischen Gegensatz für so groß, daß Deutschland auf das
Bündnis mit England angewiesen sei; und er befürchtete,
England könnte versuchen, Deutschland von der englischen
Politik abhängig zu machen. Überdies standen die englischen
Parlamentswahlen bevor, und wenn aus diesen Wahlen die
Liberalen unter der Führung Gladstones als Sieger hervor-
gingen, war weiteren Bündnisgesprächen der Weg verbaut;
denn Gladstone lehnte es aus christlicher Überzeugung ab, die
Türkei gegen Rußland zu stützen, und war daher an einer ge-

meinsamen Orientpolitik mit dem Zweibund gegen Rußland nicht interessiert. Schließlich war ihm als überzeugtem Liberalen das monarchisch-konstitutionelle Regierungssystem der beiden mitteleuropäischen Kaisermächte suspekt. Daher kam für ihn eine Allianz mit dem Zweibund, die durch die Teilnahme Deutschlands auch eine Spitze gegen das demokratische Frankreich haben würde, nicht in Frage. Die Wahlen im März 1880 wurden tatsächlich von den Liberalen gewonnen. Damit war auch von englischer Seite einer weiteren Erörterung von Allianzplänen zwischen England und den Zweibundmächten der Boden entzogen. Bismarcks Skepsis war bestätigt worden.

Die von Saburov angeregte Erneuerung des Dreikaiserabkommens führte nach langwierigen Verhandlungen, in denen vor allem ein Ausgleich zwischen den russischen und österreichischen Orientinteressen gefunden werden mußte, am 18. 6. 1881 zum *Dreikaiservertrag*[4]. Der neue österreichisch-ungarische Außenminister Haymerle stand einem Abkommen mit Rußland zunächst ablehnend gegenüber. Bismarck wies ihn darauf hin, daß ein Vertrag mit Rußland die Gefahr eines russischen Angriffs, gegen die der Zweibund geschlossen worden sei, mindestens herabmindere. Im Dreikaiservertrag sicherten sich die drei Mächte für den Fall, daß eine von ihnen mit einer vierten Großmacht in einen Krieg verwickelt würde, wohlwollende Neutralität zu. Diese Verpflichtung war nicht auf den Verteidigungskrieg beschränkt. Dadurch gewannen Deutschland und Österreich-Ungarn Rückenfreiheit im Fall eines Konfliktes mit Frankreich oder Italien, und Rußland bei einem Konflikt mit England. Sollte eine der drei Mächte Krieg gegen die Türkei führen, so galt die Neutralitätspflicht für die anderen beiden nur, wenn vorher eine Einigung über die Ergebnisse des Türkenkrieges erzielt worden war. Damit war Österreich-Ungarn die Freiheit des Handelns gesichert, falls Rußland noch einmal ein San Stefano versuchen sollte. Deutschland und Österreich erkannten die russische Interpretation der »Schließung der Meerengen« an, wonach die Türkei gegenüber allen anderen Mächten zur Schließung verpflichtet war. Wenn die Türkei sich nicht daran hielt, hatte Rußland nach dem Dreikaiservertrag freie Hand gegenüber der Türkei. Nach englischer Auffassung waren nur die außertürkischen Mächte gegenüber dem Osmanischen Reich zur Schließung der Meerengen verpflichtet, während eine Durchfahrt fremder Schiffe im Einverständnis mit der Türkei nicht verboten war. Der Berliner Kongreß hatte beide Interpretationen zu Protokoll genommen, ohne sich für eine von ihnen zu entscheiden. Daher bedeutete die Zustimmung Deutschlands und Österreichs zur russischen Auffassung einen Gewinn für Rußland. In einem Zusatzprotokoll zum Dreikaiservertrag behielt Österreich sich die volle Annexion der bisher nur besetzten Gebiete Bosnien und Herzegowina vor. Die Gegenleistung für Rußlands Einverständnis dazu bestand darin, daß Deutschland und Österreich gemeinsam mit Rußland im Zusatzprotokoll erklärten, die drei Mächte wollten sich einer Vereinigung Bulgariens mit Ostrumelien nicht widersetzen, wenn diese »par la force des choses« eintreten sollte. Das Zustandekommen des Vertrages wurde dadurch gefördert, daß in Rußland der deutschfreundliche Giers[5] an Stelle von Gorčakov die Leitung der auswärtigen Politik übernommen hatte und daß zur Zeit der Verhandlungen Frankreich nicht als Gegengewicht von russischer Seite benutzt werden konnte, denn es schickte sich gerade an, mit deutscher Rückendeckung sein Protektorat über Tunis zu errichten. Auch der neue Zar Alexander III., der noch vor Abschluß des Vertrages seinem ermordeten Vater auf den Thron folgte und der an sich der panslavistischen, deutschfeindlichen Richtung aufgeschlossen war, stimmte dem Vertrag zu. Der Dreikaiservertrag war ein Geheimvertrag. Das Geheimnis wurde bis zum Beginn des Ersten Weltkriegs gewahrt. Die Dauer des Vertrags war auf drei Jahre begrenzt. 1884 konnte er noch einmal (bis 1887) verlängert werden. Zur Zeit der Verlängerung setzte gerade die zweite Periode deutschfranzösischer Zusammenarbeit in der Kolonialpolitik ein und gab Deutschland wiederum eine starke Stellung gegenüber dem isolierten Rußland. Der Wert des Dreikaiservertrags wurde beschränkt durch die fortdauernde österreichisch-russische Rivalität und durch den Einfluß der panslavistischen Bewegung in Rußland. Er band aber doch den russischen Zaren und die russische Regierung und sicherte während seiner Geltungsdauer den Frieden in Osteuropa.

Während der Verhandlungen zum Dreikaiservertrag hatte *Rumänien den Anschluß an den Zweibund* gesucht (1880). Rumänien hatte 1878 Bessarabien an Rußland abtreten müssen und fürchtete, daß Rußland versuchen werde, auf Kosten Rumäniens eine Landverbindung nach Bulgarien, dem russischen Verbündeten, herzustellen. Bismarck ging auf diesen Antrag zunächst nicht ein, weil das die gerade begonnenen Verhandlungen mit Rußland gestört hätte. Er ließ aber den rumänischen König Carol wissen, daß Rumänien im Fall eines russischen Angriffs mit der Hilfe des Zweibunds rechnen könne. Erst im Oktober 1883 wurde Rumänien durch Vertrag an den Zweibund angeschlossen[6].

Zur gleichen Zeit, da sich die drei Kaisermächte über den Balkan und die Meerengenfrage verständigten, wurde als Nachwirkung des russisch-türkischen Krieges und des Berliner Kongresses die *Frage der Vorherrschaft im Mittelmeer* akut[7]. Die Bemühungen der interessierten Mächte: England, Frankreich und Italien, konzentrierten sich auf Tunis und Ägypten, die beide nominell noch unter türkischer Oberhoheit standen. In beiden Ländern stellten die Italiener den stärksten Anteil an der europäischen Kolonie; aber sie waren zumeist Handwerker, Kolonisten und kleine Geschäftsleute, sie spielten wirtschaftlich keine ausschlaggebende Rolle. Da Tunis und Ägypten beide stark verschuldet waren, wurden sie wirtschaftlich beherrscht durch die Gläubigerländer Frankreich und England. In Tunis überwog der französische Kapitaleinfluß, in Ägypten der englische (1875 hatte Disraeli mit Hilfe des Londoner Bankhauses Rothschild dem verschuldeten Khedive von Ägypten das Aktienpaket abgekauft, das er in der Suez-Kanal-Gesellschaft besaß, so daß die Königin von England nunmehr unter den Aktionären der Suez-Kanal-Gesellschaft den größten Anteil, ein Drittel aller Aktien, besaß). Außer den wirtschaftlichen hatten die drei Mächte auch strategische Interessen in diesen Gebieten: am Suezkanal, der Verbindung zwischen Mittelmeer und Indischem Ozean, und an den tunesischen Häfen, welche den südlichen Teil der Meerenge von Sizilien beherrschten. Zwischen England und Frankreich war während des Berliner Kongresses eine Verabredung zustande gekommen, nach der *Ägypten* englisches Interessengebiet sein sollte, während *Tunis* den Franzosen überlassen blieb. Bismarck unterstützte diese Verabredung. Er wünschte für Frankreich einen machtpolitischen Gewinn durch die Besetzung von Tunis, in der Hoffnung, daß dadurch den Franzosen der Verlust Elsaß-Lothringens gemildert und das französische Interesse wenigstens teilweise von den Vogesen nach Afrika abgelenkt werden könne. Ermutigt durch die deutsche und englische Zustimmung, besetzte Frankreich 1881 die wichtigsten Plätze Tunesiens und errichtete ein Protektorat über das Land[8]. Im Jahr darauf gab der Aufstand Arabi Paschas gegen den Einfluß des ausländischen Kapitals in Ägypten den Engländern den Anlaß zur militärischen Besetzung Ägyptens[9]. Dadurch wurde auch das obere Nilgebiet, der Sudan, in die englische Interessensphäre einbezogen. Dort aber stießen Englands Interessen auf diejenigen Frankreichs; denn Frankreich erstrebte eine Landverbindung von Westafrika durch den Sudan zur Küste des Roten Meeres.

Italien war bei dieser Aufteilung der Interessegebiete leer ausgegangen. In Italien hatte man Tunis als italienisches Interessengebiet angesehen, einmal weil es Sizilien gegenüberliegt, ferner weil in Tunis 1880 bereits 10000 italienische Siedler saßen. Daher führte die Besetzung Tunesiens durch Frankreich zu einer Neuorientierung der italienischen Politik. Jetzt wurde nicht mehr die Donaumonarchie, die noch Gebiete mit italienischer Bevölkerung besaß, als Gegner angesehen, sondern Frankreich, das der kolonialen Ausbreitung Italiens einen Riegel vorgeschoben hatte. Seit dem Herbst 1881 suchte der italienische Ministerpräsident Depretis Anschluß an die Zweibundmächte. Diese Bemühungen führten am 20. 5. 1882 zum *Dreibund*. Der Dreibund war nicht eine Erweiterung des Zweibundes, sondern ein besonderer Vertrag neben dem Zweibund. Nach dem Dreibundvertrag erhielt Italien im Falle eines unprovozierten französischen Angriffs militärische Hilfe durch Deutschland und Österreich-Ungarn; im Falle eines unprovozierten französischen Angriffs auf Deutschland war Italien zu militärischer Hilfe verpflichtet; wurde einer der Vertragspartner in einen Krieg mit einer anderen europäischen Macht verwickelt, sollten die beiden anderen Partner wohlwollende Neutralität beachten; geriet eine Dreibundmacht in einen Krieg mit mehreren Mächten, so trat der casus foederis ein. Mit Rücksicht auf die Verwundbarkeit der italienischen Küsten wurde in einer Zusatzerklärung vereinbart, daß der Dreibund auf keinen Fall zur Bündnishilfe gegen England verpflichte. Italien hatte in den Dreibund eine gegenseitige Garantie des Staatsgebiets aufnehmen wollen. Dadurch wäre die Okkupation Roms durch italienische Truppen von Deutschland und Österreich-Ungarn sanktioniert worden. Das wurde von Bismarck und Kálnoky, dem neuen österreichischen Außenminister, mit Rücksicht auf die Beziehung zur Kurie abgelehnt; Bismarck hatte gerade mit der Beilegung des Kulturkampfes begonnen. Er sah im Dreibund keine militärische Verstärkung des Zweibundes – er schätzte den Bündniswert Italiens nicht hoch ein –, sondern in erster Linie eine Sicherung des österreichischen Zweibundpartners gegen italienische Grenzrevisionswünsche. Der Dreibund sollte Österreich gegenüber Rußland den Rücken freihalten. Italien fühlte sich nach Abschluß des Dreibundes stark genug zur Kolonialpolitik und begann sich am Roten Meer festzusetzen[10].

[1] Den Gesamtzusammenhang d. Bismarckschen Vertragssystems behandelt aufgrund intensiver Quellenstudien (auch im Friedrichsruher Archiv) W. Windelband, Bismarck u. die europ. Großmächte 1879–1885 (1940). Vgl. auch M. B. Winckler, Bismarcks Bündnispolitik u. das europ. Gleichgewicht (1964).

[2] H. Rothfels, Bismarcks engl. Bündnispolitik (1924). Die Aufsatzsammlung von M. v. Hagen, Bismarck u. England (³1943), ist wenig ergiebig und bleibt in enger Bismarck-Scholastik stecken.

[3] J. Y. Simpson, The Saburov-Memoirs or Bismarck and Russia 1881 (1929). W. Windelband, Bismarck über das dt.-russ. Verhältnis 1880, Dt. Rundschau 258 (1939).

[4] W. N. Medlicott, Bismarck and the Three Emperors Alliance 1881–1887, Transactions of the Royal Hist. Society, 4. Reihe, Bd. 27 (1945). R. Wittram, Die russ.-nationalen Tendenzen d. 80er Jahre im Spiegel d. österr.-ungar. diplomat. Berichte aus St. Petersburg, in: Schicksalswege dt. Vergangenheit (Festschr. f. S. A. Kaehler 1950).

[5] A. v. Erdmann, Nikolaus Karlowitsch Giers, Zs. f. osteurop. Gesch. 9 (1935).

[6] A. Smedovsky, La Roumanie et la Triple Alliance 1883–1913, Rev. d'hist. dipl. 51 (1937).

[7] J. Ganiage, Les origines du protectorat français en Tunisie 1861–1881 (1959).

[8] W. L. Langer, The European Powers and the French Occupation of Tunis 1878–1881, AHR 31 (1925/26). J. Despois, La Tunisie (1931). A. Guicciardo, La conquista di Tunisia (1940).

[9] W. J. Mommsen, Imperialismus in Ägypten (1961). E. W. Polson-Newman, Great Britain in Egypt (1928). Lord Zetland, Lord Cromer (1932). M. Kleine, Dtld. u. die ägypt. Frage 1870–1890 (Diss. Münster 1927).

[10] L. Salvatorelli, La Triplice Alleanza 1871–1912 (1939). C. Brandi di Vesme, La politica estera dell'Italia dal 1880 al 1900, Nuova Rivista Storica 35 (1951). Italicus (i. e. E. E. Berger), Italiens Dreibundpolitik 1870–1896 (1928). G. Volpe, L'Italia nella Triplice Alleanza 1877–1912 (1939). H. L. Hartdegen, Die vatikanische Frage u. die Entstehung d. Dreibundes (Diss. Bonn 1938). B. E. Schmitt, Triple Alliance and Triple Entente (1931). F. Fellner, Der Dreibund. Europ. Diplomatie vor dem I. Weltkrieg (1960).

Die Besetzung Tunesiens durch Frankreich und Ägyptens durch England leitete eine *Welle kolonialpolitischer Unternehmungen* ein[1]. Von Ägypten aus stießen die Engländer den Nil aufwärts in den Sudan vor; von Lagos aus errichteten sie ihre Herrschaft über das untere Nigerbecken (1884); in Südafrika scheiterte zwar der englische Versuch, die Herrschaft über Transvaal zu festigen (1881), die Engländer konnten aber die Burenrepublik durch den Erwerb von Betschuanaland einkreisen (1885); gegenüber von Aden setzte England sich in Berbera an der Somaliküste fest (1884); in Asien wurde Burma gewonnen (1886), und Afghanistan wurde ein britisches Protektorat aufgezwungen (1879–1883). Frankreich setzte sich im großen Nigerbogen fest (1880–1883), stieß zwischen dem Kongogebiet und dem Sudan nach Äquatorial-Afrika vor (1882–1884) und besetzte am Ausgang des Roten Meers Obok (1882) und Djibouti (1884); im Indischen Ozean besetzten die Franzosen Madagaskar (1885), und ihren hinterindischen Besitz dehnten sie nach Annam aus (1884). Im transkaspischen Gebiet stießen die Russen über Merv bis zur afghanischen Grenze vor (1881–1884). Als neue Kolonialmächte traten Italien an der Küste des Roten Meers (1885 in Massaua) und im südlichen Somaliland (1887) und die von Leopold II. von Belgien gegründete Kongo-Gesellschaft im Kongobecken (1882) auf[2].

Diese kolonialen Unternehmungen führten seit 1883 zu schweren *Spannungen zwischen England und Frankreich* (wegen des Sudan) und zwischen *England und Rußland* (um das afghanische Grenzgebiet). Zu diesem Zeitpunkt, da England isoliert und durch den kolonialpolitischen Gegensatz zu Frankreich und Rußland voll in Anspruch genommen war, ging auch *Deutschland* zum *Erwerb von Kolonien* über: Im April 1884 stellte das Reich das Gebiet, das der Bremer Kaufmann Lüderitz in *Südwestafrika* an der Bucht von Angra Pequena erworben hatte, unter deutschen Schutz[3]; im Juli 1884 stellte der deutsche Generalkonsul in Tunis, Gustav Nachtigal, im Auftrag Bismarcks die Hoheit des Reiches über *Togo* und *Kamerun* her[4], im Februar 1885 wurde für das Gebiet in *Ostafrika*, das Carl Peters im Jahre vorher für die von ihm gegründete Gesellschaft für deutsche Kolonisation durch Schutzverträge mit den

Negerfürsten erworben hatte, ein kaiserlicher Schutzbrief ausgestellt, und im Mai 1885 übernahm das Reich die Oberhoheit über *Kaiser-Wilhelm-Land* (Nord-Neuguinea) und die vorgelagerte Inselgruppe, den *Bismarck-Archipel* – diese Gebiete hatte die deutsche Neu-Guinea-Kompanie unter der Leitung Adolf v. Hansemanns, des Direktors der Disconto-Gesellschaft, erworben[5].

Der Eintritt Deutschlands in die Kolonialpolitik war ein völlig neues Moment in der deutschen Geschichte[6]. Noch in den 70er Jahren bestand weder bei Bismarck noch im deutschen Volk Interesse an Kolonialpolitik. Nur einige Professoren (Treitschke) und Kaufleute propagierten sie. Ihr Hauptargument lautete: Wenn Deutschland eine Macht ersten Ranges sein will, muß es Kolonien haben wie die anderen Mächte. 1882 gründeten die Kolonialfreunde zur Verstärkung ihrer Agitation den *Deutschen Kolonialverein*.

Als Bismarck 1884 den privaten Kolonialunternehmungen die Rückendeckung und den Schutz des Reiches gab, leiteten ihn vor allem zwei *Motive*[7]: Er sah in deutschen Kolonien keine Erweiterung des deutschen Herrschaftsbereichs und keine militärischen Stützpunkte – dieser Gedanke der deutschen Kolonialpolitik nach 1890 lag ihm völlig fern –, sondern ausschließlich Stützpunkte für den deutschen Handel, die den deutschen Kaufleuten im überseeischen Konkurrenzkampf mit den Kaufleuten anderer Nationen einen Rückhalt geben sollten. Auf keinen Fall sollten die Kolonien zu einem neuen Ausgabenposten im Reichsetat werden; deshalb wünschte er ihre Verwaltung durch private Gesellschaften, die lediglich unter dem Schutz des Reichs standen; eine reichseigene Kolonialverwaltung ist erst nach seiner Entlassung eingerichtet worden. Bismarck glaubte auch nicht, wie manche Kolonialenthusiasten, daß deutsche Kolonien zum Siedlungsgebiet für deutsche Auswanderer werden könnten[8]. Ein zweites Motiv für sein Eintreten in die Kolonialpolitik war das Bestreben, dem deutschen Volk wieder eine große nationale Aufgabe zu geben, die wie früher die Reichsgründung ein einigendes Element sein sollte.

Als Zeitpunkt für die kolonialen Erwerbungen wählte er den Höhepunkt der englisch-russischen und englisch-französischen Spannungen. Der deutsche Vorstoß führte auch zu einer vorübergehenden *deutsch-englischen Spannung*[9]. Während das englische Außenministerium sich abwartend verhielt, versuchte das englische Kolonialministerium den deutschen Erwerbungen überall einen Riegel vorzuschieben. Bismarck setzte England dadurch unter Druck, daß er mit der französischen Regierung unter Ferry eine enge kolonialpolitische Zusammenarbeit durchführte (1884/85) und in allen englisch-französischen Streitfragen Frankreich unterstützte. Gleichwohl war er fest entschlossen, es wegen der Kolonien zu keinem Bruch mit England kommen zu lassen, und schickte in der kritischen Zeit mehrfach seinen Sohn Herbert als Sondergesandten zu Ausgleichsverhandlungen nach England. *Die deutsch-französische Zusammenarbeit* führte auf der *Kongo-Konferenz* in Berlin (Dezember 1884 bis Februar 1885) zu einer völligen Isolierung Englands[10]. Die Kongo-Konferenz setzte Leopold II. von Belgien als Herrscher des souveränen Kongo-Staats ein; sie regelte den freien Handel und die freie Flußschiffahrt in Mittelafrika; sie verbot den Sklavenhandel und den Einsatz farbiger Truppen auf einem europäischen Kriegsschauplatz. Das von England angestrebte Handelsmonopol in Mittelafrika war damit gescheitert. Im gleichen Jahr wurden die Engländer durch den Aufstand des Mahdi aus dem Sudan vertrieben. Dadurch war vorerst der Anlaß der englisch-französischen Spannung beseitigt. Mit Rußland konnte England ebenfalls 1885 eine Verständigung über die afghanische Grenze erreichen. Die Isolierung Englands, die Voraussetzung für Bismarcks kolonialpolitische Aktivität, war vorüber. Gleichzeitig stellte auch Bismarck die aktive Kolonialpolitik ein. Sie blieb in seiner Politik eine Episode; denn er wußte, daß Deutschland in seiner Mittellage zwischen zwei Großmächten keine »Weltpolitik« treiben konnte. Am 5. 12. 1888 sagte er dem deutschen Afrikaforscher und Kolonialpolitiker Eugen Wolf: »Ihre Karte von Afrika ist ja sehr schön, aber meine Karte von Afrika liegt in Europa. Hier liegt Rußland und hier liegt Frankreich, und wir sind in der Mitte; das ist meine Karte von Afrika[11].«

[1] Allg. Lit. zur Kolonialgesch.: J. TRAMOND u. A. REUSNER, Éléments d'histoire maritime et coloniale contemporaine (1924). R. MAUNIER, Sociologie coloniale (2 Bde. 1932). G. CLARK, The Balance Sheets of Imperialism. Facts and Figures in Colonies (1936). M. E. TOWNSEND, European Colonial Expansion since 1871 (1941). J. F. SAINTOYANT, La colonisation européenne, Bd. 1: La

formation des empires coloniaux (1947). G. A. REIN, Die Bedeutung d. überseeischen Ausdehnung für das europ. Staatensystem (1958). D. K. FIELDHOUSE, Die Kolonialreiche seit d. 18. Jh., Fischer-Weltgesch. 29 (1965).

[2] CH. A. JULIEN, Histoire de l'Afrique du Nord (1931). P. DASGUPTA, La Politique anglaise en Asie centrale de 1878 à 1885 (Diss. Ms. Paris 1951).

W. Habberton, Anglo-Russian Relations Concerning Afghanistan 1837 bis 1907 (1937). R. S. Thomson, La Fondation de l'État indépendant du Congo (1933).

[3] W. Schüssler, Adolf Lüderitz (1936). F. Ronnberger, Bismarck u. Südwestafrika (1941). W. O. Aydelotte, Bismarck and British Colonial Policy, The Problem of South West Africa 1883–1885 (1937).

[4] H. R. Rudin, Germany in the Cameroons 1884–1914 (1938).

[5] C. Peters, Die Gründung von Dt.-Ostafrika (1906). G. Jantzen, Ostafrika in der dt.-engl. Politik 1884–1890 (1934). K. Büttner, Die Anfänge d. dt. Kolonialpolitik in Ostafrika (1959). F. F. Müller, Dtld. – Zanzibar – Ostafrika (1959). M. G. Jacobs, Bismarck and the Annexation of New Guinea, Hist. Stud. Australia and New Zealand 5 (1951).

[6] P. E. Schramm, Dtld. u. Übersee (1950). M. E. Townsend, Macht u. Ende d. dt. Kolonialreichs (dt. 1931). A. J. P. Taylor, Germany's First Bid for Colonies 1884/85 (1938). H. Spellmeyer, Dt. Kolonialpolitik im Reichstag (1931). H. Pehl, Die dt. Kolonialpolitik u. das Zentrum 1884–1914 (1934).

[7] Umfassende, jedoch polemisch übertreibende Darstellung der dt. Kolonialpolitik in der Bismarck-Zeit: H. U.

Wehler, Bismarck u. der Imperialismus (1969). Von älterer Lit. noch wichtig: M. v. Hagen, Bismarcks Kolonialpolitik (1923). W. O. Aydelotte, Wollte Bismarck Kolonien? in: Dtld. u. Europa (Festschr. f. H. Rothfels 1951). O. Becker, Zu Bismarcks Kolonialpolitik, Berl. Monatsh. 17 (1939). A. Rein, Bismarcks Afrika-Politik, HZ 160 (1939).

[8] D. Oncken, Das Problem d. »Lebensraums« in der dt. Politik vor 1914 (Diss. Ms. Freiburg 1948).

[9] W. O. Aydelotte, The First German Colony and its Diplomatic Consequences, Cambridge Hist. Journ. 5 (1937). H. Appel, Die ersten dt. Kolonialerwerbungen im Lichte d. engl. Presse (1934).

[10] R. H. Wienefeld, Franco-German Relations 1878–1885 (1929). P. B. Mitchell, The Bismarckian Policy of Conciliation with France 1875–1885 (1935). L. L. Snyder, The Role of Herbert Bismarck in the Angra Pequena Negotiations between Germany and Britain 1880–1885, The Journ. of Negro History 35 (1950). G. Koenigk, Die Berliner Kongo-Konferenz 1884/85 (1938). S. E. Crowe, The Berlin Westafrica Conference 1884/85 (1942).

[11] Bismarck, Ges. Werke, Bd. 8, S. 646.

Kapitel 11
Das Sozialistengesetz

Neben dem »ultramontanen, internationalen« Zentrum mit seinem polnischen, welfischen und elsässischen Anhang rechnete Bismarck die sozialistische Arbeiterbewegung zu den »Reichsfeinden«, welche die monarchische Ordnung und den Bestand des Reiches gefährdeten. Bei der ersten Reichstagswahl hatte die Sozialdemokratie mit 124000 Stimmen 2 Reichstagsmandate gewonnen; 1874 brachte sie es auf 352000 Stimmen und 9 Mandate. Nach der Vereinigung mit den Lassalleanern konnte die Sozialdemokratie in der Reichstagswahl 1878 fast eine halbe Million Stimmen und 12 Reichstagssitze gewinnen. Seit der Mitte der 70er Jahre erhielt für Bismarck die *sozialistische Bewegung* das stärkste Gewicht unter den Gefahrenmomenten. Diese Entwicklung hat, im Zusammenhang mit dem Umschwung in seinen Beziehungen zum Liberalismus (s. Kap. 12), dazu beigetragen, daß er den aussichtslosen Kampf gegen das Zentrum und die katholische Kirche aufgab.

Die *Sozialdemokratie* ist seit ihren Anfängen von Bismarck als unversöhnlicher und gefährlicher Gegner des monarchischen Staates betrachtet worden. In ihrem internationalen Charakter sah er ein Sprengmittel gegen die Einheit des jungen deutschen Nationalstaates. Am meisten beunruhigte ihn die revolutionäre Zielsetzung der Partei. Die *politische Haltung Bismarcks* wurde schon früh durch eine latente Revolutionsfurcht bestimmt, die seit den 60er Jahren immer stärker wurde. Er war – darin dem pessimistischen Urteil Jacob Burckhardts nahekommend – in seinem Weltbild stark beeinflußt durch die Vorstellung von der Brüchigkeit der eigenen Epoche und ihrer Zustände, durch die Besorgnis, daß »après nous« die Sintflut hereinbrechen werde, bisweilen gesteigert zu einer »Art von cauchemar des révolutions« (Th. Schieder)[1]. Diese Sorge schärfte seinen Blick für die Bedeutung der panslavistischen Bewegung und die Problematik der deutsch-russischen Beziehungen. Sie ließ ihn aber auch in der Zentrumspartei und im Ultramontanismus eine revolutionäre Gefahr wittern, die in Wirklichkeit nicht bestand. Von der Sozialdemokratie befürchtete Bismarck ernsthaft eine unmittelbare revolutionäre Bedrohung der monarchisch-konservativen Ordnung Europas. In dieser Lagebeurteilung wurde er bestärkt durch Bebels Lobrede auf die Pariser Kommune im Reichstag 1871 mit der Bemerkung, daß der Kommune-Aufstand nur ein kleines Vorpostengefecht gewesen sei[2]. Bismarck hielt noch Sozialisten und Anarchisten für Parteigänger ein und derselben großen Umsturzbewegung. Dies Fehlurteil teilte er mit vielen Zeitgenossen. Es wird dadurch verständlicher, daß in den 70er Jahren selbst in den Reihen der Sozialdemokratie noch keine volle Klarheit über Wesen und Methoden einer sozialistischen Partei bestand und einzelne Mitglieder (Most, Hasselmann) anarchistischen Anschauungen nahestanden. Die Überschätzung der sozialistischen Revolutionsgefahr veranlaßte Bismarck zu dem verhängnisvollen Entschluß, die sozialistische Partei durch ein *Ausnahmegesetz* zu unterdrücken. Jedoch war er von vornherein entschlossen, der sozialistischen Bewegung nicht nur mit Repressalien, sondern auch mit sozialpolitischer Hilfe für die Arbeiter (s. Kap. 13) zu begegnen.

Bismarcks erste Versuche zur Bekämpfung der Sozialdemokratie scheiterten am Widerstand des Reichstags. Die liberale Reichstagsmehrheit lehnte sowohl den vom Kanzler vorgelegten Pressegesetz-Entwurf ab (1874) als auch die Erweiterung des Strafgesetzbuchs durch einen Paragraphen, der die »Aufreizung zum Klassenhaß« mit Strafe bedrohte (1875). In den sehr dehnbaren Bestimmungen beider Vorlagen sah die Reichstagsmehrheit eine Gefährdung des Rechts der freien Meinungsäußerung. Erst zwei *Attentate auf Wilhelm I.* schufen Bismarck die Voraussetzung, ein Sondergesetz gegen die Sozialdemokratie durchzubringen. Im Mai 1878 schoß Hödel, ohne zu treffen, auf den Kaiser. Obwohl eine Verbindung des Attentäters zur Sozialdemokratie nicht festzustellen war, legte Bismarck schon acht Tage nach dem Attentat ein Verbotsgesetz gegen die Sozialdemokratie vor. Die flüchtig und schlecht ausgearbeitete Vorlage wurde vom Reichstag mit 251 gegen 57 Stimmen abgelehnt. Die liberale Reichstagsmehrheit war zwar mit Bismarck, mit den Konservativen und dem Zentrum einig in der scharfen Ablehnung des Sozialismus; aber sie wollte im Kampf gegen den Sozialismus nicht selbst den rechtsstaatlichen Grundsatz der Rechtsgleichheit aller Bürger durch die Zustimmung zu einem Ausnahmegesetz unterhöhlen. So wurde die Vorlage mit den Stimmen aller Liberalen und des Zentrums abgelehnt (24. 5. 1878)[3]. Eine Woche danach wurde Wilhelm I. bei dem Nobilingschen Attentat schwer verwundet. Auch eine Verbindung Nobilings zur Sozialdemokratie war nicht festzustellen, die Sozialdemokratie bestritt jede Verbindung zu den Attentätern. Aber dies zweite Attentat weckte in Deutschland eine ungeheure Erregung. Überall verbreitete sich jetzt, von den konservativen und den offiziösen Zeitungen noch geschürt, die Sozialistenfurcht. Die Erregung wurde dadurch gesteigert, daß der in ganz Deutschland beliebte, als ritterlicher Monarch verehrte Wilhelm I. schwer verwundet worden war. Bismarck nutzte die Erregung der Öffentlichkeit aus, um durch *Auflösung und Neuwahl des Reichstags* eine gefügige Parlamentsmehrheit zu gewinnen. Bei den Wahlen erzielten die beiden konservativen Parteien (Deutschkonservative und Reichspartei) als einzige Gewinne; sie verbesserten sich von zusammen 78 auf 116 Sitze, und zwar auf Kosten der Liberalen; denn die

Nationalliberalen behielten von 128 Mandaten nur noch 99, der Fortschritt von 35 nur 26. Das Zentrum konnte seine Mandate (93) behaupten, während die Sozialdemokratie von 12 Mandaten noch 9 behielt. Im Wahlkampf war aber auch schon die Vorentscheidung über die künftige Abstimmung der Nationalliberalen gefallen: Sie hatten unter dem Druck der erregten öffentlichen Meinung sich darauf festlegen müssen, daß sie diesmal einem Ausnahmegesetz gegen die Sozialdemokratie zustimmen würden.

Der neue Reichstag nahm am 18. 10. 1878 mit den Stimmen der Konservativen, der Nationalliberalen und einiger Unabhängiger (insgesamt 221) gegen die Stimmen des Zentrums, des Fortschritts, der Sozialdemokratie und der Polen (insgesamt 149) das *Sozialistengesetz* an (›Gesetz gegen die gemeingefährlichen Bestrebungen der Sozialdemokratie‹). Dies Gesetz verbot alle »sozialdemokratischen, sozialistischen oder kommunistischen« Vereine, Versammlungen und Druckschriften; sozialistische Agitatoren konnten von den Landespolizeibehörden aus einzelnen Orten und Bezirken ausgewiesen werden; die einzelnen Bundesstaaten konnten mit Zustimmung des Bundesrats in »gefährdeten« Bezirken den »kleinen Belagerungszustand« für die Dauer von höchstens einem Jahr verhängen: Dadurch wurde in dem betroffenen Bezirk auch die Versammlungstätigkeit und Publizistik anderer Parteien einer verschärften polizeilichen Kontrolle unterworfen. Die einzige Milderung des Gesetzes, welche die Nationalliberalen erreichten, bestand darin, daß seine Gültigkeit auf zweieinhalb Jahre beschränkt wurde; bis 1890 ist es dann immer wieder verlängert worden[4]. Die Nationalliberalen stimmten dem Gesetz mit zwiespältigen Gefühlen zu. Sie waren sich bewußt, daß sie hier ein rechtsstaatliches Prinzip preisgaben, das sie kurz vorher noch bei der Ablehnung der ersten Ausnahmegesetzvorlage verfochten hatten. Andererseits waren sie in der Mehrheit davon überzeugt, daß sich der Staat im Stande der Notwehr gegen eine Umsturzbewegung befinde. Die Zustimmung zum Sozialistengesetz ist für die Nationalliberalen ebenso wie die Beteiligung an den Sondergesetzen gegen die katholische Kirche verhängnisvoll geworden. Das Preisgeben liberaler Rechtsstaatsideale schwächte ihre Überzeugungskraft und bereitete das Auseinanderfallen der Partei in den 80er Jahren vor (s. Kap. 12).

Trotz dem Sozialistengesetz konnten auch weiterhin sozialdemokratische Abgeordnete gewählt werden, so daß im Reichstag auch in der Zeit des Sozialistengesetzes die Sozialdemokratie ihre Stimme zu Gehör bringen konnte. Die verbotenen Parteiorganisationen wurden durch Arbeitersportvereine und Arbeitergesangvereine und durch Freiwillige Hilfskassen wenigstens teilweise ersetzt. Die sozialdemokratische Publizistik wurde in der Schweiz gedruckt und durch die »Rote Feldpost« im Reich verteilt[5]. Auf dem Parteikongreß in Wyden in der Schweiz (1880) wurde das Parteiprogramm dahin geändert, daß die Partei ihr Ziel nicht mehr »mit allen gesetzlichen Mitteln«, sondern »mit allen Mitteln« anstrebe. Damit sollte nicht ausgedrückt werden, daß sie nun etwa eine bewaffnete Erhebung anstrebe, sondern es war eine Anpassung an die Lage; denn unter den Bedingungen des Sozialistengesetzes mußte sie sich in ihrer Propaganda illegaler Methoden bedienen. Gemessen an den Terrormethoden des 20. Jh., aber auch gemessen an der zweimaligen blutigen Unterdrückung sozialistischer Erhebungen im Frankreich des 19. Jh., war das Sozialistengesetz weit weniger grausam. Jedoch stellte es eine ganze Partei nicht etwa wegen begangener Verbrechen, sondern wegen ihrer Überzeugung unter ein Sonderstrafrecht. Darin lag für das hochentwickelte Rechtsgefühl des 19. Jh. die verletzende und erbitternde Schärfe des Sozialistengesetzes. Den beabsichtigten Zweck verfehlte es völlig: Nach einem kleinen Rückgang bei den Reichstagswahlen 1881 konnte die Sozialdemokratie ihre Wählerzahl unter den Bedingungen des Sozialistengesetzes 1887 auf 763 000 und 1890 auf 1,4 Millionen steigern[6].

[1] TH. SCHIEDER, Das Problem d. Revolution im 19. Jh., in: Ders., Staat u. Gesellschaft im Wandel unserer Zeit (1958). G. A. REIN, Die Revolution in der Politik Bismarcks (1958).

[2] R. HEISS, Die Idee d. Revolution bei Marx u. im Marxismus, Arch. f. Rechts- u. Staatsphilos. 38 (1949/50). Die Sozialdemokratie im dt. Reichstag, Tätigkeitsberichte u. Wahlaufrufe 1871–1893 (5 Bde. 1907–1909). P. KAMPFFMEYER u. B. ALTMANN, Vor dem Sozialistengesetz (1928).

[3] G. SCHÜMER, Die Entstehungsgesch. d. Sozialistengesetzes (Diss. Göttingen 1930). F. TÖNNIES, Der Kampf um das Sozialistengesetz 1878 (1929).

[4] R. LIPINSKI, Dokumente zum Sozialistengesetz (1928). W. PACK, Das parlamentar. Ringen um das Sozialistengesetz Bismarcks 1878–1890 (1961).

[5] K. A. HELLFAIER, Die dt. Sozialdemokratie während d. Sozialistengesetzes 1878–1890. Ein Beitrag zur Gesch. ihrer illegalen Organisations- u. Agitationsformen (Diss. Halle 1956). E. ENGELBERG, Revolutionäre Politik u. Rote Feldpost 1878–1890 (1959).

[6] P. KAMPFFMEYER, Unter dem Sozialistengesetz (1929). Der Kampf der dt. Sozialdemokratie in der Zeit d. Sozialistengesetzes 1878–1890, Die Tätigkeit d. Reichskommission, hg. v. L. STERN, bearb. v. H. BUCK (2 Bde. 1956, Archival. Forschungen z. Gesch. d. dt. Arbeiterbewegung 3).

Kapitel 12
Bismarcks Bruch mit den Liberalen
Zoll- und Finanzreform

In dem parlamentarischen Kampf um das Sozialistengesetz konnte das Bündnis Bismarcks mit den Nationalliberalen gerade noch einmal aufrechterhalten werden. Es zeigte sich aber deutlich, daß es keine dauerhafte Grundlage hatte; und schon im nächsten Jahr brach es auseinander. Den äußeren Anlaß für Bismarcks *Bruch* mit den *Nationalliberalen*[1] gab die Zoll- und Finanzreform, der Übergang des Reichs vom Freihandel zum wirtschaftspolitischen Protektionismus (s. Bd. 17, Kap. 22). Das war aber nur eines unter mehreren Momenten, die den Bruch zwischen dem Kanzler und den Nationalliberalen herbeiführten. Nicht nur der Wandel in der Wirtschaftspolitik riß den Gegensatz zwischen Bismarck und dem Liberalismus auf; die von Bismarck im Zusammenhang mit dem Sozialistengesetz geplante staatliche Sozialpolitik widersprach ebenso dem wirtschaftlichen und sozialen Individualismus der Liberalen. Der Kulturkampf, der Bismarck am stärksten mit dem Liberalismus verband, wurde Ende der 70er Jahre von Bismarck als verloren angesehen. Mit dem Entschluß, dies verfehlte Unternehmen aufzugeben, schuf er einen weiteren Streitpunkt mit dem Liberalismus. Hinter all dem stand als Hauptursache des Bruchs die große Differenz zwischen den *Vorstellungen Bismarcks und der Liberalen* von der Aufgabe und Bedeutung des Parlaments und der Parteien und vom *Verständnis des Konstitutionalismus*.

Bismarck erkannte grundsätzlich die verfassungsrechtliche Bindung der monarchischen Regierungsgewalt gegenüber dem Parlament an und war bereit, konstitutionell, d. h. in Übereinstimmung mit der Parlamentsmehrheit, zu regieren – solange er eine Mehrheit für seine Pläne oder wenigstens für einen ihm annehmbaren Kompromiß fand. Wenn aber in lebenswichtigen Fragen eine Einigung zwischen Parlamentsmehrheit und Regierung nicht zu erzielen war, dann hörte für ihn die verfassungsrechtliche Bindung an die parlamentarische Majorität auf, dann sah er den Staat im Stande der Notwehr. Daraus entstand in den 60er Jahren der preußische Verfassungskonflikt; daraus entsprangen in den 80er Jahren seine mehrfach auftauchenden Überlegungen, durch einen Staatsstreich den Reichstag auszuschalten oder durch eine Wahlrechtsverschlechterung eine gefügige Reichstagsmehrheit zu gewinnen[2]. Am 14. 6. 1882 erwiderte er auf eine Kritik Bambergers im Reichstag: »Ich würde, wie ich schon bei früheren Gelegenheiten gesagt habe, keinen Augenblick anstehen, die Sprache des Absolutismus zu reden, wenn ich mich überzeugen müßte – wovon ich bisher nicht überzeugt bin –, daß Absolutismus und Patriotismus übereinstimmend sind, daß die deutsche Nationalität, die deutsche Unabhängigkeit nach außen und nach innen Schutz und Würdigung nur bei den Dynastien findet, ... kurz und gut, wenn ich optieren müßte zwischen meinem Vaterlande und der parlamentarischen Majorität, so kann meine Wahl niemals zweifelhaft sein.« Bismarck identifizierte seine eigene Person, Monarch und Regierung so sehr mit dem Staatsganzen, und Staatsräson und Vaterland verbanden sich bei ihm so stark, daß er im Konfliktsfall das Interesse des Ganzen nur durch die Regierung repräsentiert sah, nicht aber durch die Mehrheit der Volksvertretung. Geriet er in Gegensatz zur Parlamentsmehrheit, so sah er in den Parteien nur partikulare Interessen und Fraktionsgeist wirksam. Daraus leitete er die Berechtigung ab, der Regierung in lebenswichtigen Fragen gegenüber der parlamentarischen Majorität das höhere Recht zu vindizieren[3]. Die Liberalen dagegen – und darin stimmte die Mehrheit der Nationalliberalen mit den Fortschrittlern grundsätzlich überein – verstanden den Konstitutionalismus so, daß die Regierung stets an die Parlamentsmehrheit gebunden blieb. Deshalb legte der Liberalismus so großen Wert auf die Ministerverantwortlichkeit gegenüber dem Parlament[4]. Diesem liberalen Verlangen wirkte Bismarck dadurch entgegen, daß er beim Ausbau der Reichsorganisation alles tat, um die Schaffung einer kollegialischen, verantwortlichen Reichsregierung zu verhindern (vgl. Kap. 4).

In dem Bruch Bismarcks mit den Liberalen wirkte sich schließlich noch der *heimliche Machtkampf zwischen Bismarck und dem kronprinzlichen Hof* aus. Kronprinz Friedrich Wilhelm und seine englische Gattin Viktoria[5] waren seit dem preußischen Verfassungskonflikt Gegner der Bismarckschen Innenpolitik. Sie standen in Verbindung mit dem linken Flügel des Liberalismus und mit denjenigen Liberalen, die ihre grundsätzliche Bismarck-Gegnerschaft selbst in der Zeit seiner Zusammenarbeit mit dem Liberalismus nicht aufgegeben hatten: Roggenbach, Gustav Freytag, Lasker, Bamberger, Forckenbeck[6]. Bei dem hohen Alter Kaiser Wilhelms I. konnte jederzeit mit dem Thronwechsel gerechnet werden. Und für diesen Fall befürchtete Bismarck seine Ablösung durch ein »Kabinett Gladstone« mit Stosch, dem Freund des Kronprinzen und Chef der Admiralität, als preußischem Ministerpräsidenten und Reichskanzler[7]. Gegen einen solchen Umschwung bot Bismarck die bisherige Form der Zusammenarbeit mit den Nationalliberalen zu wenig Sicherheit, da er dem linken Flügel der Nationalliberalen (Lasker, Bamberger, Rickert, Forckenbeck) mißtraute. So war der 1878 einsetzende Kampf Bismarcks mit den Nationalliberalen gleichzeitig auch eine vorbeugende Maßnahme gegen eine nationalliberal-fortschrittliche Regierungskoalition im Fall eines Thronwechsels.

Die große Auseinandersetzung begann mit dem *Umschwung in der Wirtschafts- und Finanzpolitik*. In den Erwägungen Bismarcks, die diesen Umschwung einleiteten, waren staatspolitische, wirtschafts- und sozialpolitische Motive und auch persönliche Interessen verbunden. Seit 1875 dachte Bismarck daran, die bisherigen sehr niedrigen Finanzzölle durch Schutzzölle zu ersetzen und eine Reihe von Verbrauchssteuern zu erhöhen. Da nach der Reichsverfassung die Zölle und die Verbrauchssteuern dem Reich zustanden, wurden dadurch die eigenen Einnahmen des Reichs gesteigert, und es wurde unabhängig von den bundesstaatlichen Matrikularbeiträgen. Aber auch die Finanzen der Bundesstaaten sollten dabei gewinnen; denn sie wurden von der drückenden Last der Matrikularbeiträge befreit. Durch die Erleichterung der bundesstaatlichen Finanzen glaubte Bismarck ein weiteres finanzpolitisches Ziel allmählich erreichen zu können: die Abschaffung der direkten Steuern; nur für die Reichen sollte noch eine Einkommensteuer bestehen bleiben. Direkte Steuern hielt er für eine Belästigung und Behinderung der »produktiven Volksklassen« – er verstand darunter Landwirtschaft und Industrie –, derjenigen Schichten, die ihm als gesellschaftliche Grundlage des Staates galten. Deshalb hielt Bismarck indirekte Steuern auf die »Luxusgegenstände der großen Masse« (Kaffee, Bier, Branntwein, Tabak usw.) für die besten Steuern, weil sie am wenigsten empfunden würden. Die Abschirmung des Binnenmarktes gegen überlegene ausländische Konkurrenz sollte ebenfalls den »produktiven Volksklassen« Rückhalt geben. Die Mehreinnahmen, die Bismarck sich für das Reich aus der Steuer- und Zollerhöhung ausrechnete, sollten nicht nur die materielle Grundlage des Reichs verstärken, sondern auch die finanziellen Voraussetzungen für die geplante Sozialpolitik schaffen (s. Kap. 13).

Wesentliche Anregungen für die finanzpolitischen Pläne erhielt der Kanzler von dem *Centralverband deutscher Industrieller*, der seit 1876 für die Schutzzollinteressen agitierte (vgl. Kap. 2)[8].

Ehe Bismarck den parlamentarischen Kampf um die Zoll- und Finanzreform aufnahm, kam es ihm darauf an, die sichere Unterstützung seiner Pläne durch das preußische Staatsministerium und durch seine Mitarbeiter im Reich zu gewinnen. Das ging nicht ohne personelle Umbesetzungen, denn die Wirtschafts- und Finanzpolitik des Reichs und Preußens wurde bisher von Männern geleitet, die der Freihandelslehre anhingen. Bismarcks erster Mitarbeiter im Reich, Rudolf Delbrück (s. Kap. 4), zog als erster die Konsequenzen. Als der neue wirtschaftspolitische Kurs sich anzubahnen begann, trat er zurück. An seine Stelle trat der farblose Karl von Hofmann. Unter den preußischen Ministern suchte Bismarck zunächst den General v. Stosch zu stürzen. Stosch hatte neben seiner Stellung als Chef der kaiserlichen Admiralität auch den Rang eines preußischen Ministers. Der Kanzler sah in ihm, dem Vertrauten des Kronprinzen und Freund Roggenbachs, seinen gefährlichsten Rivalen innerhalb der Regierung, da er ihn für den Kanzlerkandidaten des Kronprinzen hielt. Am 10. 3. 1877 ließ er in einer Reichstagsrede deutlich durchblicken, daß Stosch nach seiner Ansicht die Belange seines Ressorts dem Reichstag gegenüber ungenügend vertreten habe. Als Stosch darauf seinen Abschied forderte, lehnte es Wilhelm I. ab, den im Kriege 1870/71 bewährten General zu entlassen. Damit war Bismarcks Vorstoß gescheitert und eine *Kanzlerkrise* entstanden. Es ist unklar, in welcher Form die Auseinandersetzung zwischen Kanzler und Kaiser stattgefunden hat[9]. Die Krise wurde dadurch beigelegt, daß Bismarck einen längeren Urlaub nahm (April 1877 bis Februar 1878).

Die nächste Phase in dem Kampf um die Umgestaltung des preußischen Ministeriums und schon das Vorspiel zu den parlamentarischen Auseinandersetzungen bildeten die *Verhandlungen Bismarcks mit Bennigsen* (Juli und Dezember 1877)[10]. Bismark bot dem nationalliberalen Führer Bennigsen den Eintritt in das preußische Staatsministerium an, wobei er die Nachfolge des Finanzministers Camphausen oder des Innenministers Graf Friedrich Eulenburg, die der Kanzler beide entfernen wollte, antreten oder gar das geplante Stellvertreteramt im Reich und in Preußen übernehmen sollte. Bismarck verfolgte mit dem Angebot mehrere Ziele zugleich. Durch den Eintritt Bennigsens sollten die Nationalliberalen fest an die Regierung gebunden und vom Fortschritt, vielleicht auch von ihrem eigenen linken Flügel getrennt werden. Sie sollten zu einer gouvernementalen Partei werden, wie es die Freikonservativen schon waren. Außerdem wollte der Kanzler einer politischen Neuorientierung beim jederzeit möglichen Thronwechsel vorbeugen: Ein Ministerium, dem der Führer der Nationalliberalen angehörte und das sich auf eine enge Verbindung der Konservativen mit den Nationalliberalen stützte, konnte auch dem Kronprinzen annehmbar sein. Die Verhandlungen mit Bennigsen scheiterten. Dieser überschätzte die parlamentarische Machtstellung seiner Partei und glaubte, Bismarck sei auf sie angewiesen. Er forderte als Bedingung für seinen Eintritt in die Regierung, daß zusammen mit ihm auch Stauffenberg und Forckenbeck, die beide dem linken Flügel seiner Partei angehörten, Minister werden müßten. Er hoffte, dadurch diesen linken Flügel fester an sich zu binden, und wollte gleichzeitig für seine Partei eine beherrschende Stellung im Ministerium gewinnen. Der Eintritt von drei liberalen Parlamentariern in die Regierung hätte die von den Liberalen erstrebte Parlamentarisierung der Regierung gefördert. Gerade das aber wollte Bismarck nicht. Ein weiteres Hindernis für die Ministerkandidatur Bennigsens bildete die Weigerung Wilhelms I., einen liberalen Parteimann zum Minister zu ernennen. Um die Jahreswende 1877/78 waren die Verhandlungen um Bennigsens Ministerkandidatur gescheitert. Damit war gleichzeitig der Bruch Bismarcks mit den Nationalliberalen eingeleitet.

Im Frühjahr 1878 drängte Bismarck die Minister Eulenburg, Camphausen und Achenbach (Handelsminister), die er als Gegner seines neuen Kurses ansah, aus der Regierung. Mit dem Sturz der freihändlerischen Minister wurde die dritte Phase der Zoll- und Finanzreform eingeleitet, die parlamentarische Auseinandersetzung. Sie begann im Februar 1878 mit einer Regierungsvorlage, die eine Erhöhung der Tabaksteuer forderte. Die Nationalliberalen waren bereit, sie anzunehmen, forderten aber gesetzliche Garantien für das Budgetrecht des Reichstags und des preußischen Abgeordnetenhauses. Als Bismarck das ablehnte und überdies die Errichtung eines Tabakmonopols ankündigte, war die Tabaksteuervorlage gescheitert. Bald darauf wurde die finanzpolitische Auseinandersetzung unterbrochen durch den Kampf um das Sozialistengesetz (s. Kap. 11). Inzwischen ging die Agitation für den Schutzzoll weiter, die 1876 mit der Gründung des Centralverbandes deutscher Industrieller in großem Stil eingesetzt hatte. Im Herbst 1878 sammelten sich diejenigen Abgeordneten, die für den Schutzzoll eintraten, in der »Volkswirtschaftlichen Vereinigung des Reichstages«. Ihr gehörten 204 Abgeordnete an (darunter 75 Konservative und Reichsparteiler, 87 Zentrumsabgeordnete und 27 Nationalliberale). Damit war bereits sicher, daß die Schutzzölle eine parlamentarische Mehrheit finden würden. In der Zusammensetzung der Volkswirtschaftlichen Vereinigung wurde zum erstenmal die neue politische Kombination der beiden konservativen Parteien mit dem Zentrum sichtbar. Das Zentrum war an den Schutzzöllen sachlich nicht so stark interessiert wie die beiden konservativen Parteien; es sah hier aber eine Gelegenheit, die Nationalliberalen von Bismarck zu trennen und die Front seiner Kulturkampfgegner aufzubrechen.

Die Zusammenarbeit der konservativen Parteien mit dem Zentrum bestimmte dann die parlamentarische Behandlung der Regierungsvorlage zur *Einführung des Schutzzolls* und zur *Erhöhung der Tabaksteuer* (Mai bis Juli 1879)[11]. Das föderalistische Zentrum änderte die Regierungsvorlage durch die *Franckensteinsche Klausel*. Danach wurden die Einnahmen des Reichs aus den Zöllen und der Tabaksteuer auf jährlich 130 Millionen Mark begrenzt. Was darüber einging, mußte auf die Bundesstaaten verteilt werden. Da nun 130 Millionen für den Reichsbedarf nicht ausreichten, mußten weiterhin Matrikularbeiträge der Bundesstaaten erhoben werden. Aber diese konnten jetzt aus den Überweisungen des Reichs gedeckt werden. Dadurch blieb das Reich finanziell auf die Bundesstaaten angewiesen, diese wurden von den Matrikularbeiträgen entlastet und behielten sogar noch einen Überschuß. Reich und Bundesstaaten teilten sich also in den Gewinn aus den erhöhten Zöllen. Da die Matrikularbeiträge jährlich vom Reichstag zusammen mit dem Bundesrat festgesetzt wurden, blieb auch das Budgetrecht des Reichstags gewahrt. Der rechte Flügel der Nationalliberalen versuchte die Verbindung des Zentrums mit Bismarck zu verhindern und erklärte sich bereit, den Schutzzöllen zuzustimmen, wenn der Reichstag das Recht erhielte, zwei Drittel der Zolleinnahmen jährlich zu bestimmen. Da hinter diesem Vorschlag aber nur ein Teil der Nationalliberalen stand, seine Annahme durch die Reichstagsmehrheit also ganz unsicher war, da überdies die Franckensteinsche Klausel sachlich den Absichten Bismarcks mehr entsprach, entschloß dieser sich zu ihrer Annahme. In dieser Form wurden die Schutzzölle und die erhöhte Tabaksteuer am 12. Juli vom Reichstag mit den Stimmen der beiden konservativen Parteien, des Zentrums und einiger weniger Nationalliberaler (Treitschke, Wehrenpfennig u. a.) gegen die Stimmen der Fortschrittspartei, der großen Mehrheit der Nationalliberalen und der Sozialdemokraten angenommen[12].

Diese parlamentarische Entscheidung hatte, abgesehen von ihrer Bedeutung für die Finanzpolitik, große *politische Folgen*: An der Schutzzollfrage *zerbrach* die Einheit der *nationalliberalen Fraktion*. 15 Abgeordnete des rechten Flügels der Partei, die im Gegensatz zur Fraktion für die Zölle gestimmt hatten, traten aus der Fraktion aus (darunter Treitschke und Wehrenpfennig). Ein Jahr später (Sommer 1880) trennte sich der linke Flügel unter Führung Laskers und Bambergers von den Nationalliberalen, da diese die Verbindung zu Bismarck nicht aufgeben wollten und sich auf bloßes Taktieren beschränkten. Die abgespaltene Gruppe der »Sezessionisten« gab sich die Bezeichnung *Liberale Vereinigung*[13]. Die neuen Schutzzölle verteuerten die Lebenshaltung der wirtschaftlich schwachen Bevölkerungsschichten und gaben der Sozialdemokratie politischen Auftrieb. Der Interessenkampf zwischen der Landwirtschaft und der Industrie einerseits, der Arbeiterbewegung andererseits löste den Kampf zwischen Bürgertum und Aristokratie ab, und zwischen den beiden kompakten Machtblöcken wurde die politische Vertretung des liberalen Bürgertums allmählich zerrieben. Schließlich führte die Zustimmung Bismarcks zur Franckensteinschen Klausel auch zu einer Änderung in der preußischen Regierung. Der Finanzminister Hobrecht, der Landwirtschaftsminister Friedenthal und der Kultusminister Falk nahmen ihren Abschied. Damit schieden die letzten Ressortminister, die noch dem Liberalismus nahestanden, aus der preußischen Regierung aus. Ihre Nachfolger waren konservativ: Robert v. Puttkamer (Kultus), Bitter (Finanzen) und Lucius v. Ballhausen (Landwirtschaft). Das preußische Staatsministerium hatte jetzt eine homogene, konservative Zusammensetzung, und in *Preußen* begann eine *Ära streng konservativer Politik*. Dadurch wurde ebenfalls die Beilegung des Kulturkampfes vorbereitet und erleichtert.

Die Einführung der Schutzzölle und die Erhöhung der Tabaksteuer stellten für Bismarck nur einen Teil der von ihm geplanten Finanzreform dar. Sein nächstes Ziel war die Errichtung eines Tabakmonopols und die Erhöhung weiterer indirekter Steuern (Brausteuer, Börsensteuer u. a.), um den wachsenden Finanzbedarf des Reiches zu decken; denn die erhöhten Zolleinnahmen und die Matrikularbeiträge reichten nicht aus, um die geplante Sozialpolitik und die in Aussicht genommene Heeresvermehrung zu decken. Diese Versuche scheiterten 1880/81, so daß das Reich nunmehr auf Anleihen zur Deckung des Fehlbetrages angewiesen war[14]. Es gelang nur, die Zustimmung des Reichstags zu dem neuen *Septennat* (Herbst 1880) zu gewinnen, das für die nächsten 7 Jahre die Stärke des deutschen Heeres von 401 000 auf 427 000 Mann erhöhte[15]. Ebenso wie im Reich scheiterten auch in Preußen die weiteren Versuche zur Vollendung der Finanzreform. In Preußen strebte Bismarck durch Erhöhung bestehender und Einführung neuer indirekter Steuern sein Idealziel der Abschaffung der direkten Steuern an. Dieser Versuch scheiterte in der Ablehnung des Verwendungsgesetzes durch das preußische Abgeordnetenhaus.

Bismarcks Hoffnung, daß er bei den *Reichstagswahlen im Herbst 1881* eine Mehrheit für seine Steuerpläne finden werde, erfüllte sich nicht. Die Wahl wurde zu einer schweren Niederlage für den Kanzler, der seine Steuerpolitik mit der Ankündigung eines Tabakmonopols zum Hauptgegenstand des Wahlkampfes gemacht hatte. Die beiden konservativen Parteien sanken von 116 auf 78 Mandate; das Zentrum verstärkte sich auf 100 Mandate, zu denen noch die 18 polnischen, 10 welfischen, 15 elsaß-lothringischen und 2 dänischen Reichstagsstimmen hinzukamen; die Sozialdemokratie hatte zwar Stimmen verloren, aber 3 Mandate hinzugewonnen. Hauptverlierer der Wahl war die nationalliberale Restpartei unter Bennigsen; sie konnte von 99 nationalliberalen Sitzen nur 47 wiedergewinnen. Wahlsieger war der Linksliberalismus: Die Fortschrittspartei verbesserte sich von 26 auf 60 Mandate, die Liberale Vereinigung Laskers und Bambergers gewann 46 Sitze. Eine Mehrheitsbildung im Sinne Bismarcks war in diesem Reichstag nicht möglich. Eine Koalition der beiden konservativen Parteien mit den Nationalliberalen hätte eine mehr als doppelt so starke Opposition gegen sich gehabt; eine Koalition der beiden konservativen Parteien mit dem Zentrum wäre ebenfalls in der Minderheit geblieben, da das Zentrum seinen polnisch-elsässisch-welfischen Anhang nur dann hinter sich hatte, wenn es in der Opposition stand. Seit dieser Wahl war Bismarck auf das

Taktieren mit wechselnden Mehrheiten angewiesen. Eine großangelegte Innenpolitik und Gesetzgebung auf lange Sicht war ihm verbaut.

Angesichts der Widerstände gegen die Steuerpolitik und der radikalen Verschlechterung der parlamentarischen Situation erwog Bismarck, den Reichstag sich gefügig zu machen oder gar auszuschalten. Nur eine dieser Überlegungen hat er in der Praxis versucht. Er errichtete 1881 einen *preußischen Volkswirtschaftsrat*, dessen Mitglieder teils von den Handelskammern gewählt, teils von der Regierung ernannt wurden. Es waren in der großen Mehrzahl Industrielle und Gutsbesitzer, aber auch 15 Vertreter der Handwerker und der Arbeiter. Die Mitglieder waren nicht Vertreter politischer Parteien, sondern wirtschaftlicher Interessen. Mit ihnen glaubte sich Bismarck als »Geschäftsmann« eher verständigen zu können als mit den vom »Fraktionsgeist« und von politischen »Theorien« beherrschten Parlamentariern. Der Volkswirtschaftsrat sollte alle wirtschafts- und finanzpolitischen Vorlagen der Regierung beraten, bevor sie an das Abgeordnetenhaus gingen. Wenn der Volkswirtschaftsrat zugestimmt hatte, glaubte Bismarck das Abgeordnetenhaus nötigen zu können, daß es auch zustimmte. Er wollte diesen preußischen Volkswirtschaftsrat zu einem deutschen erweitern, um auch den Reichstag durch ein »Nebenparlament« der wirtschaftlichen Interessenvertretung unter Druck zu setzen[16]. Das scheiterte aber daran, daß der Reichstag die Gelder für die Errichtung eines deutschen Volkswirtschaftsrates verweigerte. Auch der preußische mußte bald seine Tätigkeit einstellen, weil das Abgeordnetenhaus ihm die Gelder strich. Bismarck nahm das hin, weil der Volkswirtschaftsrat seinen Erwartungen nicht entsprochen und sich gegen ein Tabakmonopol ausgesprochen hatte.

Bismarcks Erwägungen, wie er den Reichstag gefügig machen oder ausschalten könne, gingen aber noch weiter. Seit 1880 taucht in Bismarcks innenpolitischen Überlegungen immer wieder der *Staatsstreichplan* auf. Sein Ausgangspunkt ist Bismarcks Feststellung, daß auf die Dauer mit einem Reichstag, der aus allgemeinen und gleichen Wahlen hervorgehe, ein Zusammenarbeiten nicht mehr möglich sei. Dem glaubte er im Notfall durch einen Staatsstreich abhelfen zu können. In den Staatsstreichplänen, die Bismarck wiederholt gegenüber seinen preußischen Ministerkollegen, seinen engeren Mitarbeitern, aber auch gegenüber Fürst Chlodwig Hohenlohe, dem damaligen

Botschafter in Paris und späteren Reichskanzler, andeutete, gab es verschiedene Varianten: Ausschaltung des Reichstages dadurch, daß die Bundesstaaten ihre Bundesratsbevollmächtigten abberiefen, sich untereinander über eine gleichlaufende Landesgesetzgebung verständigten und dem Reich nur noch die auswärtige Politik, auf die der Reichstag ohnehin keinen Einfluß hatte, die Zölle und die Wehrpolitik überließen. Die zweite Variante sah vor, daß die Fürsten das »ewige Bündnis«, auf dem nach der Präambel der Reichsverfassung das Reich beruhte, kündigten und durch ein neues Bündnis das Reich neu gründeten, wobei dann ein neues Reichstagswahlrecht nach dem Muster des preußischen Dreiklassenwahlrechts einen gefügigen Reichstag sichern sollte. Es ist in der Forschung umstritten, ob das ernsthafte Pläne waren, hinter denen der feste Wille zur eventuellen Verwirklichung stand, oder nur Überlegungen für einen im Grunde nicht erwarteten extremen Ernstfall[17]. Daß Bismarck die Verwirklichung dieser Pläne nicht versucht hat, lag jedenfalls auch an der außenpolitischen Lage, die ihm seit 1885 einen Staatsstreich nicht erlaubte.

[1] E. RUSCHEN, Bismarcks Abkehr vom Liberalismus (Diss. Köln 1937). V. VALENTIN, Bismarck and Lasker, Journal of Central European Affairs 3 (1944). F. C. SELL, Die Tragödie des dt. Liberalismus (1953). E. WÜBEL, Sozialistengesetz, Zollpolitik u. Steuerreform als Kampfmittel in Bismarcks Auseinandersetzungen mit dem Liberalismus 1878/79 (Diss. Köln 1934), sieht in den Gesetzen in erster Linie Kampfmittel gegen den Liberalismus und stellt dadurch die Kausalität auf den Kopf.

[2] S. u. Anm. 17.

[3] H. ROTHFELS, Bismarck u. der Staat (²1925, Ndr. 1953). Bismarcks Staatsrecht, hg. v. G. v. EPPSTEIN u. C. BORNHAK, (²1923). O. VOSSLER, Bismarcks Ethos, HZ 171 (1951). H. KOBER, Studien zur Rechtsanschauung Bismarcks (1961).

[4] Dt. Liberalismus im Zeitalter Bismarcks, Bd. 2, hg. v. P. WENTZCKE u. J. HEYDERHOFF (1926).

[5] W. RICHTER, Kaiser Friedrich III. (1938). A. DORPALEN, Emperor Frederick III and the German Liberal Movement, AHR 54 (1948). Briefe der Kai-

serin Friedrich, hg. v. F. PONSONBY (1929). H. O. MEISNER, Kaiserin Friedrich, Preuß. Jbb. 215 (1929). R. BARKELEY, Die Kaiserin Friedrich (dt. 1959), bringt wichtiges neues Material, ist aber im Urteil einseitig parteiisch gegen Bismarck.

[6] O. WESTPHAL, Feinde Bismarcks (1930). Bismarcks großes Spiel, Die geheimen Tagebücher L. BAMBERGERS, hg. v. E. FEDER (1932). F. RACHFAHL, Eugen Richter u. der Linksliberalismus im Neuen Reich, Zs. f. Pol. 5 (1912).

[7] E. SCHRÖDER, Albrecht v. Stosch, Eberings Hist. Stud. 353 (1939).

[8] O. SCHNEIDER, Bismarcks Finanz- u. Wirtschaftspolitik (1912). H. v. POSCHINGER, Ft. Bismarck als Volkswirt (5 Bde. 1889–1891). W. GERLOFF, Die Finanz- u. Zollpolitik d. Dt. Reiches 1867–1913 (1913). W. LOTZ, Die Ideen d. dt. Handelspolitik 1867–1891 (1892). M. NITZSCHE, Die handelspolit. Reaktion in Dtld. (1905). H. ROSENBERG, Political and Social Consequences of the Great Depression of 1873–1896 in Central Europe, EHR 13 (1943). G. FREYE, Motive u. Taktik d. Zollpolitik

Bismarcks (Diss. Ms. Hamburg 1929). H. A. Bueck, Der Zentralverband Dt. Industrieller 1876–1903 (3 Bde. 1903 bis 1905). Ch. v. Tiedemann, 6 Jahre Chef d. Reichskanzlei (1909).

[9] Das Abschiedsgesuch, von dem Bismarck in ›Erinnerung und Gedanke‹ spricht, hat sich unter den Akten nicht gefunden. Es ist daher anzunehmen, daß er nur im Gespräch mit Wilhelm I. mit dem Abschied gedroht hat, ohne den Abschied in offizieller, schriftlicher Form zu beantragen.

[10] H. Oncken, Rudolf v. Bennigsen, Bd. 2 (1910). D. Sandberger, Die Ministerkandidatur Bennigsens, Eberings Hist. Stud. 187 (1929).

[11] D. v. Hirsch, Die Stellungnahme d. Zentrumspartei zu den Fragen d. Schutzzollpolitik 1871–1890 (1926). E. Stock, Wirtschafts- u. sozialpolit. Bestrebungen d. dt.-konservativen Partei unter Bismarck (Diss. Breslau 1928). J. Croner, Die Gesch. d. agrarischen Bewegung in Dtld. (1909).

[12] I. N. Lambi, Free Trade and Protection in Germany 1868–1879 (1963). H. Rosenberg, Große Depression u. Bismarck-Zeit (1967). W. Hardach, Die Bedeutung wirtschaftl. Faktoren bei der Wiedereinführung d. Eisen- und Getreidezölle in Dtld. 1879 (1967). L. Maenner, Dtlds. Wirtschaft u. Liberalismus in der Krise von 1879 (1928).

[13] H. Block, Die parlament. Krise d. nat.-liberal. Partei 1879/80 (1930). L. Bamberger, Die Sezession (1881), auch in Ges. Schriften, Bd. 5. H. Oncken, Bennigsen, Bd. 2 (1910).

[14] Gerloff, Finanz- u. Zollpolitik d. Dt. Reiches 1867–1913 (1913).

[15] D. Dietz, Die Heeresvorlage von 1880 u. die liberalen Parteien (Diss. Berlin 1929).

[16] J. Curtius, Bismarcks Plan eines dt. Volkswirtschaftsrats (1919). K. Marzisch, Die Vertretung d. Berufsstände als Problem d. Bismarckschen Politik (Diss. Marburg 1934).

[17] Im Sinne einer ernsthaften Absicht werden die Staatsstreichpläne behandelt von H. Delbrück, Bismarcks letzte polit. Idee, Preuß. Jbb. 147 (1912). E. Zechlin, Staatsstreichpläne Bismarcks u. Wilhelms II. (1929); s. dazu H. Rothfels, DLZ 50, II (1929). E. Eyck, Bismarck, Bd. 3 (1944). Offen bleibt die Frage in der Bismarck-Biographie von A. O. Meyer (1949). Gegen einen ernsthaft erwogenen Staatsstreichplan sprechen sich aus: W. Mommsen, Bismarck (1959), u. W. Pöls, Sozialistenfrage u. Revolutionsfurcht in ihrem Zusammenhang mit den angeblichen Staatsstreichplänen Bismarcks (1960); bei Pöls auch krit. Übersicht über die gesamte Lit. zum Staatsstreichproblem. Vgl. Kap. 17.

Kapitel 13
Beilegung des Kulturkampfes und Beginn der staatlichen Sozialpolitik

Die großen Leistungen in der deutschen Innenpolitik der 80er Jahre waren die Beilegung des Kulturkampfes und die Einführung der Arbeiterversicherung. Die Beilegung des Kulturkampfes war in der Hauptsache ein Werk der Bismarckschen und der päpstlichen Diplomatie unter Ausschaltung der politisch-parlamentarischen Vertretung des deutschen Katholizismus. Die *Wende im Kulturkampf* wurde im Februar 1878 eingeleitet, als Leo XIII. nach dem Tode des unnachgiebigen Pius IX. Papst wurde. Er war entschlossen, die mißliche diplomatische Lage der Kurie zu verbessern[1]. Da 1877 in Frankreich die Wahlen eine eindeutige Mehrheit der laizistischen Republikaner gebracht hatten und infolgedessen der Beginn eines Kirchenkampfes in Frankreich sich abzeichnete, wollte Leo XIII. den Frieden mit Preußen-Deutschland wiederherstellen. Die ersten Schritte zur Annäherung gingen vom Papst aus. Er teilte Wilhelm I. seine Wahl in einem höflichen Schreiben mit, das von Wilhelm ebenso höflich erwidert wurde. Damit war eine Anknüpfungsmöglichkeit zu weiteren Gesprächen gegeben. Diese Möglichkeit wurde von Bismarck ausgenutzt. Der Kanzler hatte den Kulturkampf schon seit einiger Zeit als aussichtslos angesehen. Das Scheitern der Ministerkandidatur Bennigsens, der Beginn des Kampfes gegen die Sozialdemokratie, für den Bismarck die moralische Unterstützung durch die Kirche wünschte, und das Entgegenkommen Leos XIII. veranlaßten ihn, im Sommer 1878 die Verhandlungen zur Beilegung des Kulturkampfes aufzunehmen[2].

Die *ersten Verhandlungen* führte Bismarck mit dem Nuntius in München (Sommer 1878) und mit dem Nuntius in Wien (Sommer 1879). In diesen Gesprächen wurde noch kein Übereinkommen erzielt. Sie brachten nur eine Klärung der beiderseitigen Standpunkte: Bismarck vertrat die alte preußische Auffassung, daß der Staat die ausschließliche Rechtsquelle sei und daß ihm das Kirchenrecht unterliege. Er wollte diesen Standpunkt grundsätzlich nicht preisgeben und wünschte einen für beide Teile annehmbaren modus vivendi. Die Kurie konnte diese Auffassung nicht akzeptieren; denn dann hätte sie das kanonische Recht aufgeben müssen. Sie verlangte daher die volle Freiheit der Kirche. Um der Kurie entgegenzukommen und gleichzeitig den Primat des Staatsrechts aufrechtzuerhalten, entschloß sich Bismarck zu einem einseitigen Vorgehen ohne Abmachung mit der Kurie. Durch das *erste Milderungsgesetz* vom 14. 7. 1880 wurde der preußischen Regierung die »diskretionäre Vollmacht« erteilt, Bischöfe von der vorherigen Eidesleistung auf die preußischen Staatsgesetze zu dispensieren und die durch das »Brotkorbgesetz« aufgehobenen staatlichen Zahlungen an die katholische Kirche wieder aufzunehmen. Danach konnten die Bistümer Trier, Fulda, Breslau, Osnabrück und Paderborn wieder besetzt werden; den neuen Bischöfen wurde der Eid erlassen. Die Kurie kam ihrerseits entgegen, indem der Papst unter dem Eindruck des beginnenden Kulturkampfes in Frankreich (im März 1880 wurde in Frankreich der Jesuitenorden verboten) den deutschen Bischöfen gestattete, der preußischen Regierung die Namen der Priester vor der kanonischen Investitur mitzuteilen.

Der nächste Schritt zur Verständigung war die *Wiederaufnahme diplomatischer Beziehungen zwischen Preußen* und *der Kurie.* Im Sommer 1882 wurde Kurd v. Schlözer, ein guter Kenner der Kurie mit Verbindungen zur kurialen Diplomatie, zum preußischen Gesandten beim Vatikan ernannt. Bismarck wünschte auch eine päpstliche Nuntiatur in Berlin. Das wurde aber von Wilhelm I. entschieden abgelehnt, obwohl gerade er dringend eine Beilegung des Kulturkampfes wünschte, damit »dem Volk die Religion nicht verlorengehe«. Auch das Zentrum war gegen eine Nuntiatur in Berlin. Windthorst fürchtete, daß ein Nuntius in Berlin unter den Einfluß Bismarcks geraten könne und daß dieser auf dem Wege über den Nuntius Druck auf die Zentrumspartei ausüben würde. Das Zentrum war ohnehin unzufrieden mit der Art der Verhandlungen zwischen Berlin und Rom. Es wünschte einen völligen Rückzug Bismarcks auf den Stand vor Beginn des Kulturkampfes und fürchtete, daß bei dem diplomatischen Vorgehen zuviel Zugeständnisse an Bismarck gemacht würden. Gerade deshalb aber legte Bismarck größten Wert darauf, sich mit der Kurie allein zu verständigen und das Zentrum von den Verhandlungen auszuschalten. Und dafür fand er Verständnis bei dem Kardinalstaatssekretär Jacobini (seit 1880)[3].

Durch das *zweite* und *dritte Milderungsgesetz* (31. 5. 1882 und 11. 7. 1883) wurden die Maigesetze faktisch ausgehöhlt. Die beiden Gesetze erlaubten die Rückkehr der vom Staat abgesetzten Bischöfe, schränkten die Zuständigkeit des staatlichen Gerichtshofs für kirchliche Angelegenheiten ein, beseitigten die Wahl von »Staatspfarrern« und erlaubten den Dispens vom Kulturexamen. Jetzt konnten die Bistümer wieder besetzt werden. Der endgültige Friedensschluß zögerte sich aber noch hinaus, da die Kurie noch nicht zur grundsätzlichen Anerkennung der Anzeigepflicht und des staatlichen Einspruchsrechts bei der Einsetzung von Geistlichen, andrerseits Bismarck noch nicht zur Anerkennung der päpstlichen Disziplinargewalt über die Geistlichen bereit war. Erst der deutsch-spanische Streit um die Karolinen brachte die Verhandlungen wieder in Gang. Auf Vorschlag Bismarcks wurde Papst Leo XIII. in diesem

Streit als Vermittler angerufen. Das war nicht nur ein Akt der Courtoisie, sondern bedeutete auch die Anerkennung der tatsächlichen weltlichen Souveränität des Papstes in einer Form, wie sie seit der Besetzung des Kirchenstaats 1870 nicht mehr erfolgt war. Spanien und Deutschland nahmen den Vermittlungsvorschlag des Papstes an, der die Karolinen Spanien zusprach und Deutschland die Handelsfreiheit sicherte. Leo XIII. verlieh Bismarck darauf die höchste päpstliche Auszeichnung, den Christusorden (31. 12. 1885). Wenige Wochen später verabredete Bismarck mit der Kurie den Inhalt des ersten *Friedensgesetzes*. Dies Gesetz erkannte die päpstliche Disziplinargewalt an und hob den staatlichen Gerichtshof für kirchliche Angelegenheiten auf; es beseitigte das Kulturexamen und gestattete die Wiedereinrichtung bischöflicher Konvikte (21. 5. 1886). Das Zentrum war zwar mit dem Inhalt des Gesetzes unzufrieden, stimmte aber zu, da Bismarck sich auf die Verabredung mit dem Papst berufen konnte. Der Papst kam Bismarck entgegen, indem er die Erzbischöfe Melchers und Ledochowski, die im Kulturkampf am stärksten gegen ihn aufgetreten waren, als Kurienkardinäle nach Rom berief (1886) und damit ein weiteres Moment der Spannung beseitigte. Auch das zweite, abschließende Friedensgesetz (29. 4. 1887) wurde unter Ausschaltung des Zentrums direkt mit der Kurie verabredet. Dies Gesetz beschränkte die Anzeigepflicht der Kirche und das Einspruchsrecht des Staates bei der Besetzung von Priesterstellen auf die dauernde Besetzung einer Pfarrstelle, es hob die Beschränkung der geistlichen Gerichtsbarkeit auf und ließ alle Orden wieder zu, mit Ausnahme der Jesuiten. Am 23. 5. 1887 erklärte Leo XIII. in einem öffentlichen Konsistorium den Kampf, »welcher die Kirche schädigte und dem Staat nicht nützte«, für beendet[4]. Das Zentrum war mit diesem Ergebnis nicht zufrieden, weil noch manche Einrichtungen des Kulturkampfes erhalten blieben: Kanzelparagraph, Jesuitenverbot, Aufhebung der katholischen Abteilung im preußischen Kultusministerium, Aufhebung der Artikel 15, 16 und 18 der preußischen Verfassung, Zwangszivilehe. Bismarck hatte es verstanden, bei dem unvermeidlichen Rückzug das Zentrum von der Kurie zu trennen und so eine völlige Kapitulation zu vermeiden. In den Verhandlungen um das zweite Friedensgesetz gelang es Bismarck sogar, durch die Kurie einen Druck auf die politische Haltung des Zentrums auszuüben: Es stand damals dem dritten Septennatsgesetz (s. Kap. 16) ablehnend gegenüber; Bismarck veranlaßte, daß die Kurie dem Zentrum Gehorsam gegenüber der Obrigkeit und Zustimmung zum Septennat anriet. Da das entsprechende Schreiben des Prälaten Galimberti, des Gehilfen des Kardinalstaatssekretärs, auf Bismarcks Wunsch veröffentlicht wurde, geriet das Zentrum in eine überaus kritische Situation: Es war von der Kurie desavouiert worden. Windthorst rettete die Lage, indem er in einer Rede die Autonomie des Zentrums gegenüber der Kurie in rein politischen Fragen betonte[5].

Gemessen an dem ungeheuren Kraftaufwand und dem Gesetzesapparat des preußischen Staates war der *Kulturkampf ein »Verteidigungssieg der Kirche«* (Georg Franz). Die Erbitterung des Kulturkampfes hat zwar das Verhältnis der deutschen Katholiken zum deutschen Nationalstaat nicht nachhaltig belastet; aber bei vielen deutschen Protestanten wirkte die Kulturkampfpropaganda der Nationalliberalen noch jahrzehntelang insofern nach, als sie völlig zu Unrecht die deutschen Katholiken als Deutsche mit zweifelhafter Reichstreue betrachteten.

Gleichzeitig mit der Beilegung des Kulturkampfes setzte die Vorbereitung der *Arbeiterversicherung* ein, die dem Staat ein neues Aufgabengebiet erschloß, die Sozialpolitik. Die *Arbeiterfrage* war schon seit Jahrzehnten ein viel diskutiertes Problem[6] (vgl. Bd. 17, Kap. 17). Zur Lösung dieses Problems wurden durchaus verschiedene Vorschläge gemacht. Die Liberalen lehnten ein staatliches Eingreifen in die Arbeiterfrage ab, weil sie davon eine gefährliche Wendung zur Staatsomnipotenz, zum »Wohlfahrtsstaat« – damals ein Synonym für den Absolutismus – befürchteten. Nach der Auffassung der Liberalen lag die Misere der Arbeiterschaft in dem Mangel an Freiheit begründet, sie wünschten daher, man solle den Arbeitern die volle Freiheit zur Selbsthilfe (freiwillige Hilfskassen, volles Koalitions- und Streikrecht) geben[7]. Das Bedenken gegen die Staatsomnipotenz als Folge staatlichen Eingreifens war auch in der katholischen Kirche und im Zentrum lebendig. Viele Katholiken glaubten, daß durch eine staatliche Hilfe für die Arbeiterschaft die christliche Pflicht zu tätiger Nächstenliebe unterhöhlt werden könne. Diese Auffassung wurde innerhalb des deutschen Katholizismus immer mehr verdrängt durch die *Soziallehren* des Mainzer Bischofs Emmanuel *von Ketteler* und seines sozialpolitischen Nachfolgers Franz *Hitze*. Ketteler und Hitze erkannten, daß die soziale Not der Arbeiterschaft so groß war, daß sie ohne staatliche Hilfe nicht bekämpft werden konnte; sie forderten daher ein gesetzgeberisches Eingreifen des Staates zugunsten der Arbeiterschaft. Ihre Hauptforderungen betrafen die Beseitigung der Sonntagsarbeit, Einschränkung der Frauen- und Kinderarbeit und Einführung einer Arbeiterversicherung[8].

Unter den Konservativen gab es einzelne Anhänger eines Staatssozialismus: Rodbertus, Wagener, Rudolf Mayer. Aber sie waren im konservativen Lager Außenseiter[9]. Gleichfalls ein Außenseiter war der *Hofprediger Stoecker* (s. Kap. 1 b). Mit seiner aus dem sozialdemokratischen Programm entlehnten Forderung, die indirekten Steuern durch eine progressive Einkommensteuer zu ersetzen, stand Stoecker schon im Gegensatz zu Bismarck. Die erbitterte Feindschaft Bismarcks gegen Stoecker – der Kanzler überlegte, ob er das Sozialistengesetz gegen den Hofprediger anwenden könne – wurde vornehmlich durch Stoeckers kirchenpolitische Ziele hervorgerufen. Er wollte der Kirche einen stärkeren Einfluß auf den Staat gewinnen. Bismarck bezeichnete das als »evangelisches Zentrum«.

Die stärksten Anregungen erhielt die deutsche Sozialpolitik durch die Ideen der »Kathedersozialisten« unter den deutschen Nationalökonomen (s. Kap. 3). Da die Kathedersozialisten in den letzten Jahrzehnten des 19. Jh. die wirtschafts- und sozialwissenschaftlichen Lehrstühle an den deutschen Universitäten beherrschten, wurde eine ganze Generation höherer Staatsbeamter und politisch interessierter Akademiker durch ihre Anschauungen nachhaltig beeinflußt.

Bismarck hat sich keines der verschiedenen Sozialprogramme zu eigen gemacht. Man kann auch bei ihm von einem geschlossenen Sozialprogramm nicht sprechen. Seine *sozialpolitischen Pläne* wurden nicht vom Sozialen, sondern vom Politischen bestimmt. Unbestreitbar steckte in seiner Sozialpolitik auch ein christlicher Impuls[10], man darf diesen aber nicht überschätzen. Hauptziel seiner Sozialpolitik war es, die Arbeiterschaft der Sozialdemokratie zu entfremden. Er wollte die Arbeiter zu Staatsrentnern machen und sie dadurch an der Erhaltung des bestehenden monarchischen Staates interessieren: »Ich glaube, daß, wenn Sie uns diese Wohltat von mehr als einer halben Million kleinen Rentnern im Reich schaffen können, Sie . . . auch den gemeinen Mann das Reich als eine wohltätige Einrichtung anzusehen lehren werden« (Reichstagsrede am 18. 5. 1889). Um dies Ziel zu erreichen, wollte Bismarck eine *Sozial-*

versicherung einführen, zu der die Arbeiter keine Beiträge zahlen mußten. Denn durch Versicherungsbeiträge würde sich die Sozialversicherung zunächst für die Arbeiter als Lohnkürzung bemerkbar machen, und das mußte nach Bismarcks Ansicht die politische Wirkung ins Gegenteil dessen verkehren, was er beabsichtigte. Daher sollten nach seiner Vorstellung die Unternehmer und das Reich die Kosten der Versicherung tragen. Für diese Pläne hatte der Kanzler Anregungen von Wagener und von der Sozialpolitik Napoleons III. erhalten[11]. Die sozialpolitischen Pläne Bismarcks hatten auch eine antiparlamentarische Spitze: Er hatte vor, die Berufsgenossenschaften, die als Träger der Unfallversicherung errichtet wurden, zu einer berufsständischen Organisation auszubauen und sie dem Reichstag als »Nebenparlament« an die Seite zu stellen mit ähnlichen Aufgaben, wie er sie dem gescheiterten Volkswirtschaftsrat zugedacht hatte (vgl. Kap. 12)[12].

Mit diesen Absichten ist Bismarck nicht durchgedrungen. Seine Mitarbeiter setzten ihm Widerstand entgegen: Theodor Lohmann, der wichtigste sozialpolitische Mitarbeiter, strebte eine freiheitlichere und stärker von religiösen Motiven getragene Sozialpolitik an[13]. Bismarck trennte sich von ihm. Trotzdem fiel die Sozialversicherung nicht nach Bismarcks Wunsch aus: Ihm fehlte die parlamentarische Mehrheit zur Verwirklichung seiner Pläne; es fehlten ihm auch die Geldmittel, aus denen die staatlichen Zuschüsse bezahlt werden sollten. Das Tabakmonopol, aus dem er die staatliche Sozialpolitik hatte finanzieren wollen, hat er nie durchsetzen können. So mußte er sich mit einer Kompromißlösung zufriedengeben.

1881 wurde die Sozialversicherung durch eine Botschaft Wilhelms I. an den Reichstag angekündigt. 1883 wurde als erste Arbeiterversicherung die *Krankenversicherung* eingeführt, deren Kosten je zur Hälfte von Arbeitgebern und Arbeitern aufzubringen waren; 1884 folgte die *Unfallversicherung*, 1889 die *Alters-* und *Invaliditätsversicherung*[14]. Die Invalidenversicherung entsprach den Wünschen Bismarcks am meisten, weil hier das Reich finanzielle Zuschüsse leistete.

Das Ziel, die Arbeiterschaft der Sozialdemokratie zu entfremden, wurde nicht erreicht. Jedoch hat der Beginn der staatlichen Sozialpolitik innerhalb der sozialdemokratischen Parteileitung zu einer mehrjährigen scharfen Spannung zwischen den alten Lassalleanern und den Marxisten geführt, weil jene glaubten, das revolutionäre Programm sei nunmehr überflüssig, da der Staat selbst die revolutionäre Umgestaltung der Gesellschaft beginne. Erst 1887 konnte Bebel die ideologische Einheit auf der Grundlage des Marxismus wiederherstellen[15]. Anerkennung in der Arbeiterschaft konnte die Sozialversicherung erst nach dem Sturz Bismarcks und nach dem Fall des Sozialistengesetzes gewinnen.

[1] C. CRISPOLTI u. G. AURELI, La politica di Leone XIII (1912). E. SODERINI, Leo XIII. u. der dt. Kulturkampf (dt. 1935). E. L. Comte de BÉHAINE, Leo XIII et le Prince de Bismarck (1898).

[2] F. X. SCHMITT, Bismarcks Abkehr vom Kulturkampf (Diss. Tübingen 1931). H. MANN, Der Beginn d. Abkehr Bismarcks vom Kulturkampf 1878–1880 (Diss. Ms. Frankfurt 1953).

[3] G. FRANZ, Kulturkampf (1954).

[4] J. HECKEL, Die Beilegung d. Kulturkampfes in Preußen, ZRG 50 KA 19 (1930).

[5] K. BACHEM, Vorgesch., Gesch. u. Politik d. dt. Zentrumspartei, Bd. 4 (1928).

[6] Beste systemat. Einführung in die Arbeiterfrage des 19. Jh. mit reichen Literaturangaben H. HERKNER, Die Arbeiterfrage (2 Bde. [8]1922). Guter Überblick über Sozial- u. Ideengesch. d. Arbeiterbewegung bei C. JANTKE, Der vierte Stand (1955). Aus den Akten geschöpfte Gesamtdarstellungen d. Entstehung d. Sozialversicherung bei W. VOGEL, Bismarcks Arbeiterversicherung (1951), u. H. ROTHFELS, Theodor Lohmann u. die Kampfjahre d. staatl. Sozialpolitik (1927).

[7] W. KALSCH, Bamberger als Sozialpolitiker (Diss. Jena 1933).

[8] Umfassende Darstellung d. kath.-soz. Bewegung: E. RITTER, Die kath.-soz. Bewegung Dtlds. im 19. Jh. u. der Volksverein (1954). F. VIGENER, Ketteler (1924). F. HITZE, Die Arbeiterfrage u. die Bestrebungen zu ihrer Lösung ([4]1900). P. GREBE, Die Arbeiterfrage bei Lange, Ketteler, Jörg, Schäffle (1935). G. v. HERTLING, Aufsätze u. Reden sozialpolit. Inhalts (1884). A. F. EICKHOFF, Georg v. Hertling als Sozialpolitiker (1932). K. H. GRENNER, Wirtschaftsliberalismus u. kath. Denken (1967).

[9] C. v. RODBERTUS-JAGETZOW, Briefe u. sozialpolit. Aufsätze, hg. v. R. MEYER (1882). R. MEYER, Der Emanzipationskampf des 4. Standes (2 Bde. 1873). Ders., Was heißt conservativ sein? (1872). W. SAILE, Hermann Wagener u. sein Verhältnis zu Bismarck, in: Tübinger Stud. z. Gesch. u. Pol. 9 (1958).

[10] H. ROTHFELS, Prinzipienfragen d. Bismarckschen Sozialpolitik (1935). O. VOSSLER, Bismarcks Sozialpolitik, HZ 167 (1943). K. E. BORN, Staat und Sozialpolitik im Deutschen Kaiserreich, in: Festschr. K. KLUXEN (1972).

[11] SAILE (s. o. Anm. 9). H. ROTHFELS, Bismarcks Social-Policy and the Problem of State Socialism in Germany, The Sociological Review 30 (1938).

[12] K. MARZISCH, Die Vertretung d. Berufsstände als Problem d. Bismarckschen Politik (Diss. Marburg 1934). W. VOGEL (s. o. Anm. 6).

[13] H. ROTHFELS, Theodor Lohmann u. die Kampfjahre d. staatl. Sozialpolitik (1927).

[14] Zur Haltung d. Parteien gegenüber den Sozialversicherungsgesetzen s. O. QUANDT, Die Anfänge d. Bismarckschen Sozialpolitik u. die Haltung d. Parteien 1881–1884 (1938).

[15] E. ENGELBERG, Revolutionäre Politik und Rote Feldpost 1878–1890 (1959).

Kapitel 14
Die europäische Krise 1885–1887
Mittelmeer-Entente und Rückversicherungsvertrag

Das Bündnis- und Vertragssystem, das Bismarck 1879 bis 1883 aufgebaut hatte, wurde schon nach wenigen Jahren erschüttert. 1885 wurden die *russisch-österreichischen Beziehungen* durch die *bulgarische Krise* in einem Maße belastet, daß das Fortbestehen des Dreikaiservertrages unmöglich wurde. Die Bulgaren besetzten 1885 Ostrumelien. Die Vergrößerung Bulgariens veranlaßte Serbien zum Losschlagen. In dem serbisch-bulgarischen Krieg behielten die Bulgaren die Oberhand; nur durch eine österreichische Intervention wurde Serbien vor Gebietsverlusten bewahrt. Sie erfolgte ohne vorherige Absprache mit Rußland, und die russische Regierung sah darin einen Bruch des Dreikaiservertrages, der die Partner zur Konsultation verpflichtete, bevor sie in Balkanfragen eingriffen. Die Vereinigung Ostrumeliens mit Bulgarien zu einem großbulgarischen Staat entsprach zwar einem schon lange verfolgten russischen Plan, aber der Fürst von Bulgarien, Alexander von Battenberg, der als Schützling Rußlands auf den Thron gekommen war, versuchte sich von der russischen Bevormundung freizumachen und mit Hilfe einer bulgarischen Nationalversammlung eine unabhängige Politik zu treiben. Deshalb wurde er mit russischer Hilfe durch die russische Partei in Bulgarien 1886 gestürzt[1]. Die Frage, wer sein Nachfolger werden solle, brachte einen weiteren Konfliktstoff in die österreichisch-russischen Beziehungen. Ende 1886 war der im Dreikaiservertrag geregelte österreichisch-russische Interessenausgleich so gründlich gestört, daß weder Rußland noch Österreich-Ungarn zur Verlängerung dieses Vertrages, der im Sommer 1887 ablief, bereit waren. Die Friedenssicherung in Osteuropa war damit aufs höchste gefährdet; denn sowohl in Rußland als auch in Österreich wuchs die Bereitschaft, den österreichisch-russischen Gegensatz mit kriegerischen Mitteln auszutragen[2].

Ebenso wie im Osten verschlechterte sich auch im Westen die Lage. Die deutsch-französische Kolonialentente ging Ende 1885 mit dem Sturz des Ministeriums Ferry zu Ende. In der Regierung, die Freycinet im Januar 1886 bildete, gewann die nach Revanche strebende französische Patriotenliga unter Déroulède starken Einfluß dadurch, daß der *General Boulanger*, der ihr nahestand, das Kriegsministerium übernahm. Er wurde in kurzer Zeit sehr populär, und in der französischen Publizistik wurde 1886 der Revanchekrieg gegen Deutschland und ein französisch-russisches Bündnis, für das in Rußland die Panslavisten unter Führung Katkovs warben, eifrig diskutiert. Der Ausgang der Boulanger-Krise im Frühjahr 1887 zeigte, daß Boulanger mit seinem Revanche-Programm weder die Mehrheit des französischen Volkes noch seiner Ministerkollegen hinter sich hatte[3]. Das war bis zum Frühjahr 1887 aber noch nicht zu erkennen. Für Bismarck stellte sich die Lage im Sommer und Herbst 1886 so dar, daß im Westen die *Gefahr des französischen Revanchekrieges* wuchs, während durch die österreichisch-russische Entzweiung der Einfluß der Panslavisten auf die russische Politik so groß wurde, daß ein Bündnis Rußlands mit dem revanchebereiten Frankreich möglich wurde. Die Gefahr des Zweifrontenkrieges, die Bismarck seit 1871 fürchtete, schien unmittelbar bevorzustehen[4].

Bismarcks Gegenmaßnahmen gegen diese Gefährdung der Stellung Deutschlands bestanden in der Verstärkung der deutschen Rüstung, in der Förderung der englisch-italienisch-österreichischen Mittelmeerentente, im Rückversicherungsvertrag und in seinem Briefwechsel mit Salisbury.

Die *Heeresvermehrung* durch das Septennat vom 11. 3. 1887 (vgl. Kap. 16) war in erster Linie gegen die Gefahr der französischen Revanche gerichtet, an die Bismarck ernsthaft glaubte. In der großen *Septennatsrede* am 11. 1. 1887 begründete er die Heeresvermehrung ausschließlich mit dem Hinweis auf die von Frankreich drohende Gefahr. Er unterließ jeden Hinweis auf die Sorgen, die Rußland ihm bereitete; denn er wollte die von ihm befürchtete Möglichkeit einer russisch-französischen Annäherung nicht noch vergrößern, indem er Rußland in einem Atemzug mit Frankreich als Gefahrenherd für die deutsche Außenpolitik nannte. Vielmehr stellte er die deutsch-russischen Beziehungen so gut dar, wie sie in Wirklichkeit nicht waren, und betonte Deutschlands Uninteressiertheit an Bulgarien, dies als Wink für Österreich-Ungarn, den Zweibund nicht als Rückendeckung einer aggressiven Politik gegen Rußland auszunutzen. Trotz der scharfen Auseinandersetzung mit der französischen Politik wies Bismarck mit Nachdruck darauf hin, daß Deutschland Frankreich nicht angreifen, auch keinen Präventivkrieg führen werde. Abschreckung eventueller französischer Angriffsabsichten – dazu dienten die Heeresvermehrung und ein Manöver mit 72000 Reservisten im Elsaß (Februar 1887) – und Beruhigung französischer Besorgnisse vor einem deutschen Präventivkrieg waren Bismarcks Methoden gegenüber der Boulanger-Krise. Die deutsch-französische Spannung löste sich, als Boulanger im Mai 1887 gestürzt wurde. Kurz vor diesem Ausgang hatten die deutsch-französischen Beziehungen sich noch einmal verschärft, da deutsche Beamte den französischen Zollkommissar Schnœbelé auf deutschen Boden gelockt und verhaftet hatten. Er war zwar als Spionageagent tätig, aber seine Verhaftung war rechtswidrig, da er unter der Vorspiegelung einer zollamtlichen Besprechung über die Grenze gelockt worden war. Bismarck ordnete, nachdem ihm der Sachverhalt bekannt geworden war, die Freilassung des französischen Beamten an. Dies Eingreifen des Kanzlers wirkte in Frankreich sehr beruhigend[5].

Die Entwicklung in Bulgarien und die Möglichkeit seiner Besetzung durch russische Truppen veranlaßten die Regierungen in London und Wien, von Deutschland die Zusicherung zu verlangen, daß es sich einem bewaffneten Vorgehen Rußlands in Bulgarien und an den Meerengen widersetzen werde (Sommer und Herbst 1886). Bismarck verhielt sich diesen Anträgen gegenüber ablehnend. Hätte er ihnen entsprochen, so wäre ein Bruch zwischen Deutschland und Rußland und als Folge davon ein russisch-französisches Bündnis in greifbare Nähe gerückt, ohne daß diese Gefahr durch eine Bündnisverpflichtung Englands für Deutschland kompensiert worden wäre. Bismarck glaubte aus den englischen Vorschlägen zu ersehen, daß England es darauf anlegte, Deutschland und Österreich als Bollwerk gegen einen Angriff auf dem Balkan vorzuschieben, um sich selbst zurückhalten zu können. Um das zu verhindern, wünschte Bismarck, daß England, und nicht Deutschland, in der Abwehr der russischen Balkanpolitik voranging, weil England dann auf Deutschland angewiesen war und sich nicht mehr zurückziehen konnte. Im umgekehrten Fall, wenn Deutschland in der Frontstellung gegen Rußland voranging, war Deutschland auf England angewiesen, und England konnte zusehen, wie Deutschland und Österreich ihm die Kastanien aus dem Feuer holten. Bismarck wünschte, daß England sich mit den unmittelbar im Orient interessierten Staaten, Österreich-Ungarn und Italien, über eine gemeinsame Abwehrfront im Orient verabreden möge, ohne daß Deutschland unmittelbar beteiligt wurde. Deshalb begrüßte und unterstützte er den Vorschlag des italienischen Außenministers

Robilant, daß England und Italien sich auf eine gemeinsame Haltung in der Orientpolitik festlegen sollten, nach Möglichkeit unter Hinzuziehung Österreich-Ungarns (Januar 1887). Die italienische Initiative führte am 12. 2. 1887 zur *Mittelmeerentente* zwischen *England* und *Italien*, der sich *Österreich-Ungarn* am 24. 3. 1887 anschloß[6]. Die Entente wurde in der Form des Austauschs gleichlautender Noten geschlossen. Ein förmlicher Vertrag hätte der Zustimmung des englischen Parlaments bedurft, und dadurch wäre die Entente, die streng geheim war, publik geworden. Nur die deutsche Regierung wurde über Existenz und Inhalt der Mittelmeerentente informiert. In der Entente verabredeten die drei Mächte, den status quo im Mittelmeer, in der Adria, in der Ägäis und im Schwarzen Meer aufrechtzuerhalten, »autant que possible«; jede Annexion, Okkupation und Errichtung eines Protektorats sollte verhindert werden; falls die Aufrechterhaltung des status quo nicht möglich wäre, so sollte doch jede Änderung nur nach vorheriger Übereinstimmung der drei Mächte erfolgen; Italien und Österreich versprachen, Englands Interessen in Ägypten zu unterstützen, ebenso England und Österreich die Interessen Italiens in Tripolis. Deutschland war stiller Teilhaber der Mittelmeerentente, blieb aber, wie Bismarck es gewünscht hatte, in der Hinterhand. Durch die Mittelmeerentente wurde England an den Dreibund herangeholt und die Stellung der Dreibundpartner Deutschlands verstärkt. Voraussetzung dafür war, daß Deutschland sich aus der Orientfrage heraushielt, eine eigene Frontstellung gegen Rußland vermied und dadurch England nötigte, gemeinsam mit Österreich und Italien eine Abwehrfront gegen die russische Orientpolitik einzunehmen.

Diese Kombination konnte aber nur so lange bestehen, wie Rußland sich stark genug für eine aktive Orientpolitik fühlte. Wenn es jedoch den Eindruck gewann, isoliert zu sein, war damit zu rechnen, daß es seine Ziele im Orient zurücksteckte und sich gleichzeitig, um der Isolierung zu entgehen, mit Frankreich verband – wie es 1892 geschah. In diesem Augenblick wäre England nicht mehr im Orient engagiert gewesen, es hätte sich von der Mittelmeerentente, die ja nicht vertraglich sanktioniert war, zurückziehen können, und Deutschland hätte dem russisch-französischen Zweifrontendruck gegenübergestanden, ohne der Unterstützung Englands sicher zu sein. Dieser Möglichkeiten und Gefahren war sich Bismarck bewußt, und deshalb war für ihn der *Rückversicherungsvertrag mit Rußland* die notwendige Ergänzung zur Mittelmeerentente.

Der Rückversicherungsvertrag diente dem Zweck, dem von den russischen Panslavisten geforderten russisch-französischen Bündnis ein vertragliches Hindernis entgegenzustellen, Rußland das Gefühl der Isolierung in der Orientfrage gegenüber England, Österreich-Ungarn und Italien zu nehmen und vielmehr die russische Orientpolitik zu ermutigen. Der russische Außenminister Giers verfolgte seit dem Herbst 1886 das Ziel, den Dreikaiservertrag (vgl. Kap. 9) durch eine deutsch-russische Abmachung zu ersetzen, um gegenüber Österreich-Ungarn mehr Bewegungsfreiheit zu gewinnen. Im Januar 1887 wurden die Verhandlungen begonnen; nach einer längeren Unterbrechung (Ende Januar bis Anfang März 1887) führten sie am 18. 6. 1887 zum Vertragsabschluß.

Der Rückversicherungsvertrag bestand eigentlich aus zwei Verträgen: dem defensiven, geheimen Hauptvertrag und dem offensiven, »ganz geheimen« Zusatzprotokoll[7]. Der Hauptvertrag erneuerte, z. T. in wörtlicher Übernahme des Textes, den Inhalt des Dreikaiservertrages unter Begrenzung auf Deutschland und Rußland. Jedoch wurde die Neutralitätsverpflichtung schärfer begrenzt: Im Fall eines deutsch-französischen Krieges war Rußland nur dann zur Neutralität verpflichtet, wenn Deutschland unprovoziert angegriffen würde. Mit dieser begrenzten russischen Neutralitätsverpflichtung mußte Deutschland zufrieden sein, weil es seinerseits mit Rücksicht auf den deutsch-österreichischen Zweibund im Fall eines russisch-österreichischen Krieges seine Neutralität nur dann zusagen konnte, wenn Rußland unprovoziert angegriffen wurde. Bei einem russisch-englischen, deutsch-englischen oder russisch-türkischen Kriege war der Partner in jedem Fall zur Neutralität verpflichtet. Im Gegensatz zu den defensiven, auf Erhaltung des status quo gerichteten Bestimmungen des Hauptvertrages stand das »ganz geheime« *Zusatzprotokoll*, dessen Kenntnis auf noch weniger Amtspersonen beschränkt wurde als der nur »geheime« Hauptvertrag. Während dieser auf Gegenseitigkeit der Verpflichtungen beruhte, war im Zusatzprotokoll allein Deutschland der gebende Teil. Es sicherte Rußland seine Unterstützung bei der Errichtung einer neuen regulären Regierung in Bulgarien zu und versprach, sich der Rückkehr Alexanders von Battenberg nach Bulgarien zu widersetzen – 6 Monate später wurde Ferdinand von Koburg zum Fürsten von Bulgarien gewählt. Im zweiten Artikel des Zusatzprotokolls verpflichtete Deutschland sich zu wohlwollender Neutralität und zu moralischer und diplomatischer Unterstützung, falls der Zar es für notwendig halte, den »Schlüssel seines Reiches in Verwahrung« zu nehmen, um selbst den »Eingang zum Schwarzen Meer« zu verteidigen. Das war eine deutliche Ermutigung der russischen Absichten auf die Meerengen. Sie sollte den Bestand der Mittelmeerentente sichern und England an die Seite des Dreibunds zwingen helfen; denn ein russischer politischer oder militärischer Vorstoß zu den Meerengen mußte Englands Widerstand gegen die russische Politik und seine Unterstützung für Österreich herausfordern[8]. Die deutsche Zusage an Rußland widersprach dem Geist des deutsch-österreichischen Zweibundes und dem Text des kurz vorher erneuerten Dreibundes, der in einem Zusatzprotokoll gemeinsame Konsultationen und gegenseitige Information zwecks Aufrechterhaltung des status quo im östlichen Mittelmeer vorsah[9]. Bismarck aber sah im Rückversicherungsvertrag keinen Widerspruch zum Zweibund oder Dreibund, weil er mit Hilfe des Rückversicherungsvertrages ja gerade die Stützung der österreichischen und italienischen Orientpolitik durch England erzwingen wollte. Er hat auch die Wiener Regierung gelegentlich darauf hingewiesen, daß ein russischer Vorstoß nach den Meerengen für Österreich eher ein Vorteil sei, weil Rußland dadurch in eine Sackgasse laufe: Es würde dann eine lange ungeschützte Flanke gegenüber Österreich haben und überdies England an die Seite Österreichs führen.

Die »Bismarck-Scholastik« zwischen den beiden Weltkriegen und die populäre Legende haben im Rückversicherungsvertrag das Kernstück und »Geheimrezept« der späten Bismarckschen Diplomatie gesehen, das man nur hätte beibehalten müssen. In Wirklichkeit war es eine verzweifelte, wenn auch geniale Aushilfe. Es war gar nicht sicher, daß Rußland in die Sackgasse von Konstantinopel lief. Die russische Regierung hat in der Tat auf das Zusatzprotokoll keinen großen Wert gelegt und wollte es 1890 bei der beabsichtigten Erneuerung des Rückversicherungsvertrages wegfallen lassen. Die Mächtekonstellation, die Bismarck durch Mittelmeerentente und Rückversicherungsvertrag noch einmal zugunsten Deutschlands bestimmte, konnte nicht konserviert werden. Sie konnte nur eine Übergangslösung sein, die der deutschen Politik Zeit gab, neue Sicherungen gegen die Gefahr der russisch-französischen Zweifrontenbedrohung zu suchen.

Im Sommer 1887 versuchten Österreich und Italien der Mittelmeerentente eine präzisere Verabredung zu geben. Salisbury, der englische Premierminister, hatte dagegen Bedenken. Er wollte eine näher bestimmte Abmachung nur treffen, wenn er des deutschen Rückhalts sicher war. Und in diesem Punkte war er skeptisch: In Deutschland konnte jeden Tag der Thronwechsel eintreten, und da Kronprinz Friedrich Wilhelm – wie allgemein bekannt – todkrank war, war in naher Zukunft mit der Thronbesteigung des Prinzen Wilhelm zu rechnen, über dessen außenpolitische Haltung Salisbury voller Zweifel war. Das war der Anlaß zum *Briefwechsel zwischen Bismarck und Salisbury* im November 1887[10]. Bismarck ließ dem englischen Minister zunächst den Inhalt des deutsch-österreichischen Zweibundes mitteilen, um zu zeigen, daß Deutschland den Ententepartner Österreich gegen einen russischen Angriff militärisch unterstützen würde. In einem persönlichen Brief an Salisbury legte Bismarck die außenpolitische Haltung des Reiches dar: Deutschland sei saturiert und wünsche nur Sicherung gegen eine russisch-französische Verbindung; es könne mit seinem Volksheer nur einen Krieg zur Verteidigung eigener Interessen führen, nicht aber um Orientfragen; an der Erhaltung Österreich-Ungarns als unabhängiger Großmacht habe Deutschland ein lebenswichtiges Interesse; diese allgemeine Richtung der deutschen Politik könne durch keinen Thronwechsel geändert werden. Salisbury erklärte sich dadurch befriedigt und stimmte der präziseren Fassung der Verabredungen der Mittelmeerentente zu (November 1887)[11].

[1] E. C. Conte Corti, Alexander v. Battenberg, sein Kampf mit dem Zaren u. Bismarck (1920). A. Hajek, Bulgariens Befreiung u. staatl. Entwicklung unter seinem ersten Fürsten (1939). W. N. Medlicott, The Powers and the Unification of the two Bulgarias 1885, EHR 54 (1939). K. Walenta, Kálnoky, die europ. Großmächte u. die Balkanfrage (1938). A. Smedovsky, La diplomatie de Bismarck et la crise bulgare de 1886/87, Revue d'hist. dipl. 49 (1935).

[2] S. Gorianow, The End of the Alliance of the Emperors, AHR 23 (1917/18).

[3] A. Dansette, Le Boulangisme

(16 1946). P. Albert, La Presse française et la Crise franco-allemande de 1887 (Diss. Ms. Paris 1954).

[4] H. Trützschler, Bismarck u. die Kriegsgefahr vom Jahre 1887 (1925). H. Hallmann, Paul Cambon u. General Boulanger, HZ 168 (1943). A. Dorpalen, Tsar Alexander III and the Boulanger Crisis in France, Journ. of Mod. Hist. 23 (1951). V. Wroblewski, Der Boulangismus im Lichte der russ. Berichterstattung, Berl. Monatsh. 14 (1936).

[5] C. Vergniol, L'Affaire Schnœbelé, Rev. de France (1929).

[6] W. N. MEDLICOTT, The Mediterranean Agreements of 1887, Slavonic Review 5 (1926). R. SANTINI, Bismarck et l'Angleterre. Les accords méditerranéens de 1887 (Diss. Ms. Paris 1953). L. ISRAEL, England u. der orient. Dreibund (1937). H. ROTHFELS, Bismarcks engl. Bündnispolitik (1924). B. E. SCHMITT, Triple Alliance and Triple Entente (1931).

[7] Neueste, eindringliche Problembehandlung unter Benutzung d. Friedrichsruher Archivs u. d. Holstein-Papiere: P. RASSOW, Die Stellung Dtlds. im Kreise der Großen Mächte 1887–1890 (Abh. Ak. Mainz 1959). H. ÜBERSBERGER, Abschluß u. Ende d. Rückversicherungsvertrages, Berl. Monatsh. 5 (1927). P. RASSOW, Zur Interpretation d. Rückversicherungsvertrages, HJb 74 (1955).

[8] Diese Bedeutung d. Rückversicherungsvertrages hat zuerst H. ONCKEN in seinem Buch ›Das alte und das neue Mitteleuropa‹ (1917) erkannt, obwohl ihm die Akten und der genaue Text d. Vertrages damals noch nicht zugänglich waren. Vgl. auch P. RASSOW, Die Stellung Dtlds. im Kreise d. Großen Mächte (wie Anm. 7).

[9] H. J. SCHLOCHAUER, Der dt.-russ. Rückversicherungsvertrag. Eine hist.-völkerrechtl. Studie (1931). Seinem Ergebnis, daß der Rückversicherungsvertrag mit den dt. Bündnisverpflichtungen kollidiert habe, widersprach in einigen Punkten H. KRAUSNICK, Rückversicherungsvertrag u. Optionsproblem, in: Geschichtl. Kräfte u. Entscheidungen (Festschr. f. O. Becker 1954).

[10] H. ROTHFELS u. R. SANTINI (s. o. Anm. 6).

[11] MEDLICOTT, SANTINI u. ISRAEL (s. o. Anm. 6).

Kapitel 15
Deutschland zwischen England und Rußland

Schon bald nach dem Abschluß des Rückversicherungsvertrages mußte die deutsche Regierung sehen, daß es sehr zweifelhaft war, ob der Vertrag die eine seiner beiden Aufgaben, nämlich die Verhinderung einer französisch-russischen Allianz würde erfüllen können. Die deutsch-russischen Beziehungen wurden fortgesetzt durch Zwischenfälle gestört, während die Zeichen einer *russisch-französischen Annäherung* sich mehrten: Die Hetze der russischen offiziösen Presse gegen Deutschland steigerte sich. Der Führer der französischen Patriotenliga, Déroulède, unternahm eine Agitationsreise durch Rußland, auf der er viel Beifall erntete (August 1887). In einem Trinkspruch für französische Offiziere an Bord des französischen Dampfers »Uruguay« spielte der russische Großfürst Nikolai auf einen baldigen gemeinsamen Krieg Frankreichs und Rußlands gegen Deutschland an. Der deutsche Militärattaché in Paris berichtete über Kontakte zwischen russischen und französischen Generalstäblern und über die Hoffnung der französischen Militärs auf russische Hilfe im Falle eines Krieges gegen Deutschland[1]. Die russische Regierung erließ eine Verfügung, die es Ausländern verbot, in den Westprovinzen Rußlands Grundstücke zu kaufen. Dies Verbot richtete sich vornehmlich gegen Deutsche. Bismarck nahm das zum Anlaß, einen wirtschaftlichen Druck auf Rußland auszuüben. Er verbot der Reichsbank, russische Wertpapiere zu beleihen, und ließ durch die deutsche Presse eine so heftige Kampagne gegen russische Wertpapiere führen, daß schließlich der deutsche Kapitalmarkt für Rußland völlig versperrt war. Dies Pressionsmittel erwies sich freilich als Bumerang, da die Russen seit 1888 ihren Geldbedarf auf dem französischen Kapitalmarkt deckten und dadurch die französisch-russische Annäherung noch gefördert wurde[2].

Im Herbst 1887 war das deutsch-russische Verhältnis so schlecht, daß Bismarck sich fragte, ob der Rückversicherungsvertrag nicht schon wertlos sei. Der Zarenbesuch in Berlin (November 1887) gab ihm Gelegenheit, einzelne Mißverständnisse und Streitfragen zu bereinigen, und Alexander III. erklärte, daß er am Vertrag festhalten wolle. Trotzdem blieb die Haltung Rußlands gegenüber Deutschland so unsicher, daß die Mehrzahl der deutschen Diplomaten und die führenden deutschen Militärs in absehbarer Zeit mit einem russisch-französischen Bündnis rechneten. *Moltke* und sein Gehilfe in der Leitung der Generalstabsarbeit, der Generalquartiermeister Graf *Waldersee*, befürworteten in dieser Situation einen deutschen *Präventivkrieg gegen Rußland*, da die starken russischen Truppenkonzentrationen gegenüber der deutschen Grenze Deutschland den Vorteil der schnelleren Mobilmachung nahmen, der im Fall des Zweifrontenkrieges den Nachteil des Kampfes an zwei Fronten hätte mildern können[3]. Bismarck trat dem Präventivkriegsplan sofort entgegen; um Moltke von dem Plan abzubringen, teilte er ihm die Hauptpunkte des Rückversicherungsvertrages mit. Bismarcks begabtester diplomatischer Mitarbeiter, der Vortragende Rat im Auswärtigen Amt *von Holstein*, hielt den Rückversicherungsvertrag für völlig wertlos. Deshalb befürwortete er eine Option Deutschlands für Österreich und England mit scharfer Frontstellung gegen Rußland. Um diesem Ziel näherzukommen, gab er geheime Informationen an die österreichische Regierung weiter und ermunterte sie heimlich zu scharfem Auftreten gegen Rußland, im Gegensatz zur offiziellen deutschen Politik, die Österreich zu ruhigem Abwarten gegenüber Rußland mahnte[4].

Bismarcks Urteil über den *Wert des Rückversicherungsvertrages* war von dem Holsteins nur graduell unterschieden. Während

Holstein meinte, der Vertrag sei nichts wert, war Bismarck der Ansicht, daß er keinen großen Wert besitze. Schon beim Abschluß des Vertrages teilte Herbert Bismarck, der als Staatssekretär des Auswärtigen Amts und engster Mitarbeiter seines Vaters ganz in dessen Gedankengänge eingeweiht war, seinem Bruder Wilhelm mit, der Vertrag mit Rußland sei ziemlich »anodyn« (= belanglos): »Es ist immer eine Art Druck auf den Czaren und hält uns im Ernstfall die Russen doch wohl 6 bis 8 Wochen länger vom Halse als ohnedem[5].« Bismarck selbst stellte in einer Sitzung des preußischen Staatsministeriums unter Kaiser Friedrich III. fest, »daß es bei einem Konflikt mit Frankreich keineswegs gewiß sei, daß auch Rußland sich beteiligen werde« (13. 5. 1888). Bismarck erwartete vom Rückversicherungsvertrag nicht, daß er ein zuverlässiges Mittel gegen eine russisch-französische Verbindung sei, sondern glaubte nur, daß sie dadurch *vielleicht* noch verhindert werden könne, ohne diesen Vertrag hingegen *sicher* eintreten würde.

Angesichts der wachsenden Gefahr einer russisch-französischen Allianz suchte Bismarck schließlich eine enge *Anlehnung an England* in Form eines Bündnisses. Am 11. 1. 1889 beauftragte er den deutschen Botschafter in London, Graf Hatzfeldt, Salisbury den Vorschlag eines öffentlichen, d. h. durch das englische Parlament zu ratifizierenden deutsch-englischen Verteidigungsbündnisses gegen einen eventuellen französischen Angriff zu unterbreiten. Er verschwieg dabei alle Sorgen, die ihm die russische Politik machte, und bezeichnete Frankreich als das derzeit einzige bedrohliche Element für Deutschland und England. Dem öffentlichen Bündnis gab er den Vorzug, weil es einen Krieg mit Frankreich verhindern würde, während ein Geheimbündnis nur den glücklichen Ausgang eines Krieges sichern könnte. Bismarck wies Hatzfeldt an, den Vorschlag in aller Vorsicht zu machen, Salisbury nicht vor die Alternative sofortiger Zustimmung oder Ablehnung zu stellen[6]. Salisbury lehnte nach zweimonatiger Bedenkzeit in sehr vorsichtiger Form ab. Er sagte Herbert Bismarck, der damals gerade in London war, am 22. 3. 1889: »Meanwhile we leave it on the table, without saying yes or no: that is unfortunately all I can do at present.« Das einzige greifbare Ergebnis des Bündnisangebots war die Aufnahme von Verhandlungen über die Abtretung Helgolands, das noch in englischem Besitz war, an Deutschland (s. Kap. 17). Der Zeitpunkt des Bündnisangebots war ungünstig: England war gerade mit Rußland über Zentralasien in Verhandlungen getreten und hatte daher eine weit größere Bewegungsfreiheit als Deutschland. England und Deutschland hatten zwar die gleiche Frontstellung gegen Rußland und Frankreich; aber beide mußten im Interesse ihrer diplomatischen Bewegungsfreiheit darauf bedacht sein, selbst in der Hinterhand zu bleiben, den anderen vorzuschieben und ihn politisch festzulegen. Dies war das größte Hindernis, das einem vertraglichen Bündnis der beiden Mächte, die so viel gemeinsame Interessen hatten, im Wege stand. Ein weiteres wichtiges Moment für Salisburys ablehnende Antwort lag darin, daß Bismarck das Vertrauen Salisburys, das er sich in der Orientkrise 1877/78 erworben hatte, durch die Verhinderung der Ehe Alexanders von Battenberg mit der Hohenzollernprinzessin Viktoria (s. Kap. 16) und durch die gehässige Polemik der Bismarck-Presse gegen den russophilen englischen Botschafter in Petersburg, Morier, verloren hatte. Salisbury traute Bismarck nicht mehr, er schien ihm unzuverlässig. Trotz der englischen Ablehnung hielt Bismarck ein deutsch-englisches Bündnis weiterhin für wünschenswert. Er erkannte, daß England abgelehnt hatte, weil es Deutschland zur Zeit nicht brauchte, und zog daraus die Folgerung: »Man muß die englische Initiative abwarten und dafür den Moment, wo England uns braucht. Bisher brauchen wir England, wenn der Frieden noch etwas erhalten werden soll« (21. 6. 1889). Die Situation der Handlungsfreiheit für Deutschland, auf das alle Mächte außer Frankreich angewiesen sein sollten, wie sie Bismarck Ende der 70er Jahre als Idealfall ausgemalt (s. Kap. 8) und wie sie in der ersten Hälfte der 80er Jahre bestanden hatte, war also schon vor Bismarcks Abgang nicht mehr gegeben. Daran hatte auch Bismarcks Vorsicht und politische Beweglichkeit nichts ändern können. Er hat diese Lage und die daraus sich ergebende Gefahr jedoch erkannt. Er wollte ihr mit vorsichtiger Zurückhaltung begegnen. Schon im Anfang der verschlechterten außenpolitischen Situation formulierte er diese Politik der Zurückhaltung in einer Reichstagsrede (20. 1. 1887): »Jede Großmacht, die außerhalb ihrer Interessensphäre auf die Politik der anderen Länder zu drücken und einzuwirken sucht und die Dinge zu leiten sucht, die periklitiert außerhalb des Gebiets, welches Gott ihr angewiesen hat, die treibt Machtpolitik und nicht Interessenpolitik, die wirtschaftet auf Prestige hin. Wir werden das nicht tun ...« In diesen Sätzen ist der Unterschied zwischen der auf der Staatsräson beruhenden und auf Europa sich beschränkenden Politik Bismarcks und der späteren »Weltmachtpolitik« des Wilhelminischen Deutschlands knapp und klar gekennzeichnet.

[1] Aus Berichten d. Pariser Militärattachés Frhrn. v. HOININGEN gen. HUENE an den Gf. Waldersee 1888–1891, hg. v. H. O. MEISNER, Berl. Monatsh. 15 (1937). Gf. Waldersees Pariser Informationen, mitgeteilt v. H. O. MEISNER, Preuß. Jbb. 244 (1931).

[2] R. NATHAN, Le Rôle international des Grands Marchés financiers (1938).

[3] W. KLOSTER, Der dt. Generalstab u. der Präventivkriegsgedanke (1932). W. FORMASCHON, Die politischen Anschauungen des Gf. Waldersee u. seine Stellungnahme zur dt. Politik (1935). A. GF. WALDERSEE, Briefwechsel, hg. v. H. O. MEISNER (nur Bd. 1, die Jahre 1886–1891 umfassend, erschien 1928). A. GF. WALDERSEE, Denkwürdigkeiten, hg. v. H. O. MEISNER (3 Bde. 1922/23). P. RASSOW, Der Plan Moltkes für den Zweifronten-Krieg, in: Ders., Die geschichtliche Einheit des Abendlandes (1960). E. KESSEL, Moltke (1958).

[4] H. KRAUSNICK, Holsteins Geheimpolitik in der Ära Bismarck 1886–1890 (1942). Die Geheimen Papiere F. v. Holsteins, hg. v. W. FRAUENDIENST (4 Bde. 1956–1963).

[5] Abgedruckt bei P. RASSOW, Die Stellung Dtlds. im Kreise d. Großen Mächte (1959, s. Kap. 14, Anm. 7).

[6] Die fruchtbarsten und am besten fundierten Darstellungen zum Bündnisangebot Bismarcks, seinen Motiven und den Ursachen der Ablehnung bieten H. ROTHFELS, Bismarcks englische Bündnispolitik (1924). S. A. KAEHLER, Zwei dt. Bündnisangebote an England, 1889 u. 1939, Nachr. Ak. Gött. 5 (1948). P. KLUKE, Bismarck u. Salisbury, HZ 175 (1953). R. MOELLER, Bismarcks Bündnisangebot an England im Januar 1889, HV 31 (1938), meint, Bismarck habe das Angebot an Salisbury in der festen Erwartung gemacht, daß es abgelehnt werde, um dadurch dem anglophilen jungen K. Wilhelm II. zu demonstrieren, daß Dtld. nur mit Rußland zusammengehen könne; diese These ist durch die Veröffentlichung der Holstein-Papiere widerlegt. W. SCHÜSSLER, Dtld. zwischen England u. Rußland (⁴1940), vertritt die These, mit dem Angebot an Salisbury habe Bismarck zunächst einmal das Nahziel einer Besserung der dt.-engl. Beziehungen verfolgt; ein volles Bündnis sei nur Bismarcks Fernziel gewesen, das sich aus einem engeren dt.-engl. Verhältnis später vielleicht hätte ergeben können. Diese These wird durch die Quellen nicht bestätigt. Die Kontroverse zwischen MOELLER u. SCHÜSSLER, HZ 163 (1941), ist durch die späteren Arbeiten (KAEHLER u. KLUKE) überholt.

Kapitel 16
Deutschlands innere Entwicklung in den letzten Jahren der Bismarck-Zeit

Durch den Abbau des Kulturkampfes, die Schutzzollpolitik und die staatliche Sozialpolitik änderte sich in den 80er Jahren das Verhältnis der politischen Parteien nicht nur zu Bismarck, sondern auch untereinander. Das *Zentrum* wurde als *stärkste Fraktion* im Reichstag die ausschlaggebende Partei. Es gab seine frühere grundsätzliche Opposition auf und stimmte bei einzelnen Gesetzen mit den beiden konservativen Parteien für die Regierung; bei dem Zollgesetz von 1879, der Unfallversicherung von 1884 und der Erhöhung der Landwirtschaftszölle 1885 stand das Zentrum geschlossen auf der Seite der Regierung, bei der Krankenversicherung von 1883 etwa die Hälfte des Zentrums. Eine sichere Regierungspartei, wie die Nationalliberalen in den 70er Jahren, wurde das Zentrum in der Bismarck-Zeit jedoch nie.

Schutzzollpolitik und Sozialpolitik vertieften den Graben zwischen den *liberalen Parteien*. Bennigsen zog sich 1883 von der aktiven Politik zurück, weil er weder gouvernemental noch oppositionell werden wollte. Sein Nachfolger als Führer der Liberalen wurde der Frankfurter Oberbürgermeister *Miquel*. Unter seiner Leitung entwickelten sich die *Nationalliberalen* zu einer fast konservativen Partei, die die Grenze nach links sehr scharf betonte, während die Abgrenzung zu den Konservativen kaum noch sichtbar war[1]. Die Nationalliberalen stellten sich hinter das wirtschafts-, sozial- und wehrpolitische Programm der Regierung und waren nun die Regierungspartei, zu der Bismarck sie mit der Ministerkandidatur Bennigsens hatte machen wollen; aber sie besaßen nur noch ein Drittel ihrer früheren Stärke. Die Rechtsorientierung der Nationalliberalen führte deren abgespaltenen linken Flügel, die Liberale Vereinigung (»Sezession«), zur Annäherung an die linksliberale Fortschrittspartei.

Im Frühjahr 1884 vereinigten sich die beiden Gruppen zur *Deutschen Freisinnigen Partei*[2]. Bei der Vereinigung einigte man sich auf Bekämpfung der staatlichen Sozialpolitik und der Zollpolitik, während in den wehrpolitischen Fragen der gemäßigte Standpunkt der Sezessionisten das Programm bestimmte. Führender Kopf der vereinigten Partei wurde *Eugen Richter*, der bisher schon den Kurs der Fortschrittspartei bestimmt hatte. Bismarck sah in der Vereinigung der Linksliberalen eine Vorbereitung auf den Thronwechsel, das parlamentarische Vorspiel zu einem »Kabinett Gladstone« – der Kronprinz hatte die Vereinigung auch begrüßt. Da das Zentrum aus seiner bisherigen starren Opposition herausgetreten war und, wenn auch nur gelegentlich, als Stütze einer konservativen Politik eingesetzt werden konnte, wurden die Linksliberalen für Bismarck in den 80er Jahren neben der Sozialdemokratie zum Hauptgegner, den er mit allen Mitteln rhetorischer Fechtkunst, über die er reichlich verfügte, im Reichstag bekämpfte[3]. Während der Kanzler von der Sozialdemokratie, sobald sie sich stark genug fühlen würde, die bewaffnete Erhebung zum politischen und sozialen Umsturz erwartete, befürchtete er von den Linksliberalen den Versuch, in Deutschland eine parlamentarische Republik zu errichten, und da ihm die Aussichten dafür größer erschienen als für die sozialistische Revolution, hielt er den Linksliberalismus für die größte innerpolitische Gefahr.

Der liberalen Tendenz begegnete der Kanzler mit einem scharfen *konservativen Kurs in Preußen*. Dessen Führung übernahm der Innenminister Robert v. Puttkamer, der bis 1881 als Nachfolger Falks das Kultusministerium geleitet hatte[4]. Bismarck und Puttkamer legten vor allem Wert darauf, daß die preußischen Beamten eine homogene, streng konservative Korporation bildeten. In einem Erlaß Wilhelms I. (4. 1. 1882) an das preußische Staatsministerium, den Bismarck und Puttkamer veranlaßt hatten, wurde in Ablehnung der liberalen Auffassung vom Konstitutionalismus betont, daß der König persönlich die Regierungsgeschäfte leite und daß die Regierungsakte »selbständige königliche Entschließungen« seien. Bismarck kommentierte diesen Satz vor dem Reichstag: »Der wirkliche, faktische Ministerpräsident in Preußen ist und bleibt Seine Majestät der König.« In dem Erlaß wurden ferner die preußischen Beamten darauf hingewiesen, daß ihr Diensteid sie dazu verpflichte, die Regierungspolitik auch bei den Wahlen zu vertreten, und daß sie daher im Wahlkampf nicht gegen die Regierung sprechen dürften. Bei der Besetzung der höheren Beamtenstellen im Reich und in Preußen wurde die politische, auch die wirtschaftspolitische Einstellung der Kandidaten überprüft[5].

Mit Hilfe der *Wehrpolitik* gelang es Bismarck im Frühjahr 1887 noch einmal, einen Reichstag mit konservativ-nationalliberaler Mehrheit zu erzwingen. 1887 endete das zweite Septennat. Die Regierung wollte unter Ausnutzung der Boulanger-Krise (s. Kap. 14) im dritten Septennat die Heeresstärke von 427000 auf 468000 Mann erhöhen. Während die beiden konservativen Parteien und die Nationalliberalen bedingungslos zustimmten, waren Zentrum und Freisinn zwar bereit, die Heeresverstärkung zu konzedieren, wollten sie aber aus konstitutionellen Gründen nur für 3 Jahre (Freisinn) bewilligen. Bismarck ließ sich auf keinen Kompromiß ein, sondern löste den Reichstag auf (14. 1. 1887). Für die Neuwahlen brachte er ein Wahlbündnis der beiden konservativen Parteien mit den Nationalliberalen zustande: das *Kartell*[6]. Es eroberte bei der Wahl mit insgesamt 220 Reichstagssitzen die Mehrheit. Außer dem Zusammenspiel der drei Parteien hatte die durch die Boulanger-Krise erregte nationale Stimmung dem wehrpolitischen Programm der Kartellparteien zum Siege verholfen. Das Zentrum behauptete sich, es verlor nur ein Mandat und war im neuen Reichstag mit 98 Abgeordneten vertreten. Die Sozialdemokratie konnte zwar 213 000 Stimmen mehr gewinnen als bei der Reichstagswahl 1884, verlor aber trotzdem infolge der Wahlkreiseinteilung und des Stichwahlsystems 13 Mandate und behielt nur noch 11. Der große Verlierer der Wahl war die Freisinnige Partei. Sie büßte von den 67 Mandaten, die sie bei der Reichstagswahl 1884 erobert hatte, 35 ein und brachte nur noch 32 Abgeordnete in den Reichstag. Die Polen und Welfen verloren zusammen 10 Reichstagssitze. Mit dem *Kartellreichstag* brachte Bismarck das dritte Septennat durch. Das Zentrum gab wegen der päpstlichen Ermahnung (s. Kap. 10) seine offene Opposition gegen das Septennat auf: Die Mehrheit des Zentrums enthielt sich der Stimme, einige Zentrumsabgeordnete stimmten dafür[7]. Dem Septennat folgte am 6. 2. 1888 ein weiteres Wehrgesetz, das zwar nicht die Friedenspräsenzstärke erhöhte, aber für den Mobilmachungsfall die Kriegsstärke des Feldheeres um rund 700 000 Mann vermehrte: Seit der preußischen Heeresreform (1861) war die Landwehr vom Feldheer getrennt, die kämpfende Truppe auf die aktiv Dienenden und die Angehörigen des Beurlaubtenstandes (bis zum 27. Lebensjahr) beschränkt worden. Jetzt trat die Landwehr im Mobilmachungsfall wieder zum Feldheer, und gleichzeitig wurde die Landwehrdienstpflicht bis zum 39. Lebensjahr ausgedehnt.

Am 9. März 1888 *starb Wilhelm I.* Sein *Nachfolger Friedrich III.*, von dem nicht nur Bismarck eine liberale Regierung erwartet hatte, war bei der Thronbesteigung schon todkrank und regierte nur 99 Tage. Deshalb kam es zu keinem Kurswechsel; nur Puttkamer, der Exponent des konservativen Regiments in Preußen, wurde als Innenminister durch Herrfurth abgelöst, einen reinen Verwaltungsfachmann. Die einzige kritische Situation in der Regierungszeit Friedrichs III. brachte der von Kaiserin Viktoria betriebene, vom englischen Hof und auch von Friedrich III. selbst unterstützte Versuch, *Alexander von Battenberg* mit der zweiten Tochter des Kaisers, der Prinzessin Viktoria, zu vermählen. Die Ehe wäre ein Affront gegen Rußland gewesen und hätte die deutsch-russischen Beziehungen schwer belastet; denn Alexander von Battenberg war ja wegen seiner antirussischen Haltung von den Russen aus seinem bulgarischen Fürstentum verdrängt worden. Nach einer heftigen Auseinandersetzung, vor allem mit der Kaiserin, gelang es Bismarck, das außenpolitisch gefährliche Eheprojekt zu vereiteln[8].

Es ist oft bemerkt worden, durch den frühen Tod Kaiser Friedrichs sei in Deutschland eine *Generation* übersprungen und die größte Chance des deutschen Liberalismus, einen bestimmenden Einfluß auf die deutsche Politik zu gewinnen, zerstört worden. Friedrich III. stand zweifellos den politischen Vorstellungen des Liberalismus sehr nahe; er hatte aber auch eine sehr hohe Vorstellung von der Würde und der Macht des Monarchen und vertrat in wehrpolitischen Fragen die Ansicht des Offizierkorps. Daher kann man nicht ohne Vorbehalt sagen, daß sein früher Tod dem deutschen Liberalismus eine große Chance geraubt hat. Mit Sicherheit läßt sich jedoch feststellen, daß sein früher Tod die Möglichkeit, mit England in ein engeres Verhältnis zu kommen, verringert hat; denn Kaiser Friedrich, der England gut kannte und in England sehr beliebt war, wäre der gegebene Vermittler einer deutsch-englischen Verbindung gewesen[9].

[1] H. HERZFELD, Johannes v. Miquel (2 Bde. 1938/39).

[2] H. E. MATTHES, Die Spaltung d. Nationalliberalen Partei u. die Entwicklung d. Linksliberalismus bis zur Auflösung d. Dt.-Freisinnigen Partei (Diss. Kiel 1953).

[3] H. ROETTGER, Bismarck und Eugen Richter im Reichstag 1879–1890 (Diss. Münster 1932).

[4] A. v. PUTTKAMER, Staatsminister v. Puttkamer (1928). E. KEHR, Das soziale System d. Reaktion in Preußen unter d. Ministerium Puttkamer, in: ders., Der Primat d. Innenpolitik (1965).

[5] F. HARTUNG, Studien zur Gesch. d. preuß. Verwaltung 3: Zur Gesch. d. preuß. Beamtentums im 19. u. 20. Jh., Abh. Ak. Berlin 1945/46, phil.-hist. Kl. 8 (1948). Viele anschauliche Belege bringt R. MORSEY, Die oberste Reichsverwaltung unter Bismarck 1867–1890 (1957).

[6] H. HEFFTER, Die Kreuzzeitungspartei u. die Kartellpolitik Bismarcks (Diss. Leipzig 1927).

[7] F. KOHLNDORFER, Die Stellung d. Reichstags zu den Heeresvorlagen 1867 bis 1893 (Diss. Ms. München 1945).

[8] E. C. CONTE CORTI, Alexander v. Battenberg (²1928).

[9] G. SCHOLTZ, Übersprungene Generation 1888 (Diss. Heidelberg 1934). G. BEYERHAUS, Die Krise d. dt. Liberalismus u. das Problem d. 99 Tage, Preuß. Jbb. 239 (1935). Aufschlußreiche Quelle: G. FREYTAG, Briefe an Albrecht v. Stosch, hg. v. F. HELMOLT (1931). Weitere Quellen u. Lit. zu Friedrich III. s. Kap. 12, Anm. 5.

Kapitel 17
Bismarcks Entlassung

Der Kanzlerwechsel, den Bismarck von dem liberalen Friedrich III. befürchtet hatte, trat unter dessen konservativem Sohn und Nachfolger *Wilhelm II.* ein. Es waren weniger Gegensätze in sachlichen Fragen, die zum Bruch zwischen dem jungen Kaiser – er war bei der Thronbesteigung erst 29 Jahre alt – und dem alten Kanzler führten, als vielmehr das Geltungsbedürfnis Wilhelms II. und sein Verlangen, unmittelbare Macht auszuüben, sein Streben nach einem »persönlichen Regiment«. Zunächst schien es, als ob zwischen ihm und Bismarck ein ähnlich gutes Einvernehmen bestehe wie zwischen Wilhelm I. und dem Kanzler. Wilhelm II. war seinen Eltern völlig entfremdet und stand seinem Großvater sehr nahe; er bekundete als Prinz immer wieder seine Bewunderung für Bismarck, so daß Herbert Bismarck kurz vor dem Tode Kaiser Friedrichs frohlokkend bemerkte: »Demnächst wird unsere Zeit nun wieder beginnen.« Indes war Wilhelm II. schon als Prinz trotz seiner zur Schau getragenen Bewunderung für Bismarck keineswegs gewillt, die politische Führung dem Kanzler in dem Umfang zu überlassen, wie sein Großvater das getan hatte. Sein Ehrgeiz, selbst zu handeln, veranlaßte ihn schon im Dezember 1887, dem preußischen Finanzminister Scholz zu erklären, daß künftig die Funktionen des Kanzlers geteilt werden sollten und der Monarch selbst mehr davon übernehmen müsse. Einen Anlauf zur Verwirklichung dieser Absicht hat Wilhelm II. auch unmittelbar nach Bismarcks Entlassung unternommen (s. Kap. 18). Stoecker teilte in seinem ›Scheiterhaufenbrief‹ eine charakteristische private Äußerung Wilhelms II. mit: »Sechs Monate will ich den Alten verschnaufen lassen, dann regiere ich selbst.« Dies Streben nach einem persönlichen Regiment war von Bismarck selbst stark gefördert worden. Die Erklärung des Kanzlers, daß der faktische Ministerpräsident in Preußen der König sei (s. Kap. 16), und die Mahnungen, die Bismarck aus Sorge vor dem liberalen Friedrich III. 1881/82 an dessen jungen Sohn Wilhelm gerichtet hatte, er möge später vor allem seine Souveränitätsrechte behaupten, waren bei diesem auf fruchtbaren Boden gefallen[1].

Das monarchische Prinzip, das Bismarck in seiner politischen Theorie und Praxis verteidigt und gestärkt hatte, kehrte sich jetzt gegen ihn selbst. Der junge Kaiser wurde in seiner Tendenz, für die Behauptung der vollen monarchischen Souveränität den mächtigen Kanzler notfalls zu beseitigen, durch seine Umgebung bestärkt. Wilhelm II. stand in einem vertrauten Verhältnis zu *Graf Waldersee*, der 1888 Moltkes Nachfolger als Chef des Generalstabes wurde und die sachliche Spannung politischer und militärischer Führung (s. Kap. 7 u. 15) zu einer grundsätzlichen Gegnerschaft gegen Bismarck steigerte[2]. Waldersee brachte Wilhelm auch in nähere Verbindung mit dem konservativen Bismarck-Gegner *Stoecker*. Dieser entwickelte in seinem ›Scheiterhaufenbrief‹ in der ›Kreuzzeitung‹ (14. 8. 1888) ein regelrechtes Programm zur Beseitigung Bismarcks, das sich vornehmlich an den jungen Kaiser wandte[3]. Man darf indessen diese Einflüsse nicht überschätzen. Sie haben den jungen Kaiser nicht zum Bruch mit dem Kanzler veranlaßt, sondern ihn in einer schon vorhandenen Tendenz nur bestärkt. Sowohl Waldersee wie Stoecker fielen kurz nach Bismarcks Entlassung selbst in Ungnade: Stoecker wurde am 5. 11. 1890 aus dem Hofpredigeramt entlassen, Waldersee wurde am 31. 1. 1891 auf den Posten eines kommandierenden Generals in Altona abgeschoben, in unmittelbare Nähe von Bismarcks Ruhesitz Friedrichsruh.

Bismarck selbst lieferte Wilhelm II. weitere Motive, die zum Bruch führten. Ende 1887 mahnte er den jungen Wilhelm zur politischen Zurückhaltung, weil dieser im Hause Waldersees an einer Versammlung teilgenommen hatte, in der Stoecker gesprochen hatte. Am 9. 5. 1888 gaben kritische Randbemerkungen des damaligen Kronprinzen zur deutschen Rußlandpolitik Bismarck Anlaß zu einer eindringlichen schriftlichen Belehrung. Schließlich verhinderte der Kanzler, daß Wilhelm nach seiner Thronbesteigung in einem Rundschreiben an die deutschen Fürsten allzusehr seine kaiserliche Stellung als Reichsoberhaupt herausstrich und dadurch föderalistische Gefühle verletzte. All das störte das Selbstgefühl des jungen Monarchen und ließ diesen die Stellung des erfahrenen Kanzlers als erdrückend und lästig für einen Kaiser empfinden, der wahrhaft Monarch sein wollte. Deshalb kam es ihm sehr entgegen, daß verschiedene Zwischenfälle dem Ansehen Bismarcks schadeten und in der Öffentlichkeit den Eindruck erweckten, er sei nicht mehr der alte Meister der Politik. Diesem Eindruck gab die Zentrums-Zeitung ›Germania‹ im April 1889 in einem Artikel Ausdruck, der die Überschrift trug »Es gelingt nichts mehr!«.

Unter diesen Zwischenfällen waren vor allem die *Affäre*

Geffcken und der Bergarbeiterstreik im Ruhrgebiet bedeutend. Geffcken, ein früherer Studienfreund Friedrichs III., veröffentlichte im Herbst 1888 Auszüge aus dessen Kriegstagebuch 1870/71. Daraus war zu ersehen, daß Friedrich zehr zentralistisch eingestellt war und die Rolle der deutschen Bundesfürsten bei der Reichsgründung sehr skeptisch beurteilte. Bismarck sah darin eine Gefährdung für den föderalistischen Aufbau des Reiches und ging gegen Geffcken gerichtlich vor. Der politische Anlaß für sein Vorgehen war berechtigt; aber bei dem Verfahren wurde doch auch das Ansehen des verstorbenen Kaisers in bedenklicher Weise beeinträchtigt. Wilhelm II. hatte dem Vorgehen Bismarcks zunächst voll zugestimmt, ließ sich aber nachher durch die konservative Presse davon überzeugen, daß durch Bismarcks Maßnahmen der monarchische Gedanke geschädigt worden sei[4]. Der große *Bergarbeiterstreik* im *Ruhrgebiet* im Mai 1889 war der Ausdruck der großen sozialen Unzufriedenheit, die unter dem innenpolitischen System Bismarcks herrschte. Der Kaiser griff in die Beilegung des Streiks persönlich ein, ohne daß es dabei jedoch zu einer Auseinandersetzung mit dem Kanzler gekommen wäre[5].

Die *soziale Frage* führte dann den offenen Ausbruch der *Kanzlerkrise*[6] herbei, wenn sie auch nicht die Ursache für den Sturz Bismarcks war. Nach dem Bergarbeiterstreik ließ Wilhelm sich von mehreren Seiten, insbesondere von dem damaligen Oberpräsidenten der Rheinprovinz, dem späteren preußischen Handelsminister v. Berlepsch, Vorschläge zur Weiterführung der staatlichen Sozialpolitik machen. Diese Vorschläge arbeitete der Kaiser in einer Denkschrift aus, die er dem preußischen Kronrat am 24. 1. 1890 vortrug. Das *sozialpolitische Programm*, das Wilhelm II. da vortrug, war sehr gemäßigt und stellte nur eine organische Fortsetzung der bisherigen Sozialgesetzgebung dar: Er wünschte die Einführung des Arbeiterschutzes (Verbot der Sonntagsarbeit, Beschränkung der Frauen- und Kinderarbeit) und die Einberufung einer internationalen Konferenz über diese Probleme. Sein Programm ging nicht über das hinaus, was 1891 in der Novelle zur Gewerbeordnung verwirklicht wurde. Der Kaiser verlangte, daß dies Programm in Form einer Kundgebung veröffentlicht werde. Bismarck widersprach, weil er im gegenwärtigen Zeitpunkt, da die Sozialdemokratie ständig Fortschritte machte, in einer sozialpolitischen Kundgebung des Kaisers eine Ermutigung für die Sozialdemokratie sah. Da Wilhelm auf seinem Verlangen beharrte, gab der Kanzler nach und wählte einen anderen Weg, die sozialpolitischen Pläne des Kaisers zu verhindern. Er spielte anderen die Aufgabe zu, die kaiserliche Sozialpolitik zu bremsen. Zunächst veranlaßte er die sächsische Regierung, die im Einverständnis mit Wilhelm II. eine Arbeiterschutzvorlage im Bundesrat einbringen wollte[7], diesen Antrag noch nicht zu stellen. Dann redigierte er selbst die vom Kaiser gewünschte Kundgebung. Er bauschte dessen sehr begrenztes Programm stark auf und ließ darin die Aussicht auf viel mehr sozialpolitische Neuerungen (gesetzliche Arbeitervertretungen, Normalarbeitstag) durchscheinen. Er wollte damit übertriebene Hoffnungen und Ansprüche wecken, an deren Erfüllung Wilhelm II. gar nicht dachte und vor deren Ausmaß er zurückschrecken sollte. Die lästige Rolle des Mahners war dann auf Bismarcks Gegner abgewälzt[8]. Wilhelm II., der froh war, daß der Kanzler endlich sich gefügt und die gewünschte Redaktion abgeliefert hatte, unterschrieb. So wurde die sozialpolitische Kundgebung in der Form der *Februar-Erlasse* an den Reichskanzler und an den preußischen Handelsminister veröffentlicht (4. 2. 1890). Als weiteres Hindernis gegen die Verwirklichung der kaiserlichen Ideen schaltete Bismarck den preußischen Staatsrat ein. Er setzte durch, daß das sozialpolitische Programm zunächst dort beraten wurde, und konnte hoffen, daß die Verhandlungen im Staatsrat, der keine Ressortgliederung und keine Verfahrensordnung hatte, lange dauern würden. Damit war durch Bismarcks Rückzug und dadurch, daß er den Widerstand gegen die sozialpolitischen Pläne des Kaisers anderen zuschob, die soziale Frage als Streitpunkt zwischen Kaiser und Kanzler ausgeschaltet. Sie ist im weiteren Verlauf der Krise nicht mehr wirksam geworden. Wenn auch an der sozialen Frage der offene Konflikt sich entzündete, so ist sie doch nicht die Ursache für die Entlassung geworden. Bismarck selbst hat, als er am 17. März seinen preußischen Ministerkollegen seinen Rücktritt ankündigte, betont, daß die soziale Frage ihn nicht zum Rücktritt bewogen habe. Hier lag auch keine grundsätzliche Meinungsverschiedenheit zwischen Kaiser und Kanzler vor. Wilhelm II. hat nach dem Sturz Bismarcks kein besonderes Interesse an der Sozialgesetzgebung bekundet; er hat schon im Sommer 1890 daran gedacht, den Kruppschen Generaldirektor Jencke, der sich im Staatsrat gegen das Sozialprogramm der Februar-Erlasse ausgesprochen hatte, in die preußische Regierung zu berufen.

Schärfer als in der sozialen Frage stießen in der Kronratssitzung die Ansichten des Kaisers und des Kanzlers über die Verlängerung des Sozialistengesetzes aufeinander. Sie war nur möglich, wenn man auf den Ausweisungsparagraphen verzichtete (s. Kap. 11); denn die Nationalliberalen, deren Stimmen den Ausschlag gaben, machten davon ihre Zustimmung zur Verlängerung abhängig. Damit wenigstens das Gesetz als Ganzes gerettet würde, war Wilhelm II. dazu bereit, grundsätzlich auch Bismarck, der das aber dem Reichstag nicht zu erkennen geben wollte, damit es der Regierung nicht verwehrt würde, zu einem späteren Zeitpunkt vom Reichstag wieder mehr Kampfmittel gegen die Sozialdemokratie zu verlangen. So wurde am 25. 1. 1890 vom Reichstag die *Verlängerung des Sozialistengesetzes abgelehnt*. Das war eine parlamentarische Niederlage, welche die Stellung Bismarcks gegenüber dem Kaiser schwächte.

Die *Reichstagswahl* am 20. 2. 1890 entzog dem Kanzler die parlamentarische Mehrheit, die er im Kartellreichstag besessen hatte. Die Kartellparteien erlitten eine schwere Niederlage, sie behielten von 220 Mandaten nur noch 135. Die Wähler hatten der Innenpolitik der letzten Jahre eine eindeutige Absage erteilt. Die bisherige Opposition besaß eine deutliche Mehrheit: Das Zentrum verfügte über 106 Sitze im neuen Reichstag, die Freisinnigen konnten ihre Mandate gegenüber 1887 auf 66 verdoppeln; den größten Gewinn verzeichnete die Sozialdemokratie, sie hatte mit 1,5 Millionen Wählern jetzt die meisten Anhänger unter allen politischen Parteien, im Reichstag hatte sie 35 Abgeordnete. Die radikale Verschlechterung der parlamentarischen Situation veranlaßte Bismarck, die *Möglichkeit eines Staatsstreiches* zu erwägen (vgl. Kap. 12). Am 25. 2. 1890 gelang es ihm, indem er ausdrücklich auf Widerstand gegen die vom Kaiser gewünschte Arbeiterschutzgesetzgebung verzichtete, die Zustimmung Wilhelms II. zu einem Kampfprogramm gegenüber dem Reichstag zu gewinnen. Der neue Reichstag entsprach ja auch den Wünschen des Kaisers nicht, der im Grunde wie Bismarck eine Fortsetzung der Kartellpolitik wünschte. Am 2. 3. gab der Kanzler den preußischen Ministern nähere Hinweise auf sein Programm. Dem Reichstag sollten der Arbeiterschutz, eine neue Heeresvorlage und ein verschärftes Sozialistengesetz vorgelegt werden. Mindestens das letztere würde mit Sicherheit vom Reichstag abgelehnt werden. Bismarck knüpfte daran die Erörterung verschiedener Kampfmittel gegen den Reichstag: mehrfache Reichstagsauflösung oder »Trockenlegung« des Reichstages durch Abberufung der Bundesratsbevollmächtigten. Schließlich gab er eine staatsrechtliche Interpretation über die Möglichkeit, das Reich durch Übereinkunft der verbündeten deutschen Fürsten aufzulösen und neu zu gründen. Er behauptete, das ewige Bündnis, die Verfassungsgrundlage des Reiches, sei nur durch die Fürsten und Senate der 3 Freien Städte geschlossen worden, nicht durch die Bundesstaaten, und könne daher durch die Fürsten und Senate allein aufgelöst werden, ohne Hinzuziehung der Landtage. Diese Interpretation stimmte nicht; denn die Reichsverfassung war auch durch die einzelnen Landtage ratifiziert worden. Bismarck nahm jedoch das Recht der authentischen Verfassungsinterpretation für sich in Anspruch, weil er wesentlich an ihr mitgewirkt hatte[9]. Die Möglichkeit eines Staatsstreichs – allerdings erst nach mehrfachen »schlechten« Reichstagswahlen – ist nicht aktuell geworden, weil Wilhelm II. am 4. 3. 1890 von dem Kampfprogramm des 25. 2. zurücktrat. Er wollte einen scharfen innenpolitischen Konflikt zu Beginn seiner Regierung vermeiden, er hatte auch wohl überlegt, daß ein innenpolitischer Konflikt, der nur mit Hilfe der Autorität Bismarcks durchzufechten war, ihn vom Kanzler abhängig machen würde, das Gegenteil dessen, was er erstrebte.

Nun spitzte sich der Konflikt auf seine Kernfrage zu, den *Machtkampf zwischen Kaiser und Kanzler*. Dies war der Hauptinhalt der Kanzlerkrise, während die verschiedenen Differenzen über den künftigen Kurs der Politik wohl zur Verschärfung und Beschleunigung des Konfliktes beitrugen, aber doch nicht seine Ursache waren. In der Ministerratssitzung am 2. 3. 1890 erinnerte Bismarck die preußischen Minister an die genaue Beachtung der *Kabinettsordre* vom 8. 9. 1852, nach der die Minister den preußischen Ministerpräsidenten über Immediatvorträge beim König, in denen die Gesamtpolitik des Ministeriums berührt wurde, vorher zu informieren hatten. Diese Ordre hatte schon seit langem keine Bedeutung mehr besessen. Bismarck wollte sie wieder zur Geltung bringen, um das Ministerium fest in der Hand zu behalten und zu verhindern, daß einzelne Minister bei Wilhelm II. eine andere Politik vertraten als er. Wilhelm II. sah in der Ordre eine Beschränkung seines freien Verkehrs mit den Ministern, seiner königlichen Macht zugunsten des Ministerpräsidenten; er verlangte ihre Aufhebung. Ebenso wie die Frage der Kabinettsordre von 1852 gehörte auch der Streit um *Windthorsts Besuch beim Kanzler* am 12. 3. 1890 zu dem Machtkampf zwischen Kaiser und Kanzler. Bismarck hatte Windthorst empfangen, um mit diesem die Möglichkeit einer parlamentarischen Unterstützung der Regierung durch das Zentrum zu besprechen. Windthorst war angesichts des starken Stimmengewinns der Sozialdemokratie grundsätzlich bereit, Bismarck im Kampf gegen den Sozialismus zu unterstützen. Dieser Gewinn wurde jedoch annulliert dadurch, daß Bismarck infolge des Gesprächs mit Windthorst das Vertrauen der Kartellparteien verlor[10]. Wilhelm II. sah in der Verhandlung Bismarcks mit dem Zentrumsführer, die ohne Wissen des Kaisers stattgefunden hatte – der Reichskanzler war nicht verpflichtet, den Kaiser über Verhandlungen mit Parlamentariern vorher zu informieren –, einen weiteren Eingriff in seine monarchische Prärogative.

Am 15. 3. 1890 kam es zur entscheidenden *letzten Aussprache zwischen Wilhelm II. und Bismarck*. Der Kaiser kritisierte den Empfang Windthorsts und bestritt dem Reichskanzler das Recht, ohne seine Erlaubnis mit Parlamentariern zu verhandeln. Dann verlangte er kategorisch Bismarcks Gegenzeichnung zur Aufhebung der Kabinettsordre von 1852. Bismarck lehnte das ab. Das bedeutete den endgültigen Bruch. Jetzt ging es nur noch darum, ob der Kanzler entlassen wurde oder selbst seinen Abschied einreichte. Zwei Tage nach der Aussprache machte der Kaiser Bismarck noch den Vorwurf ungenügender Berichterstattung in Fragen der Außenpolitik. Er hatte Berichte des Konsuls in Kiew zu lesen bekommen, die Bismarck ihm zur Zeit ihres Eingangs nicht vorgelegt hatte. In diesen Berichten war von den russischen Truppenverstärkungen an der russisch-österreichischen Grenze die Rede. Der Kaiser verlangte Gegenmaßregeln dagegen, der Tenor seines Schreibens lag aber in der Kritik daran, daß Bismarck die Berichte ihm nicht vorgelegt hatte. Mit dem Brief, in dem er Bismarcks außenpolitische Berichterstattung kritisierte, spielte er dem Kanzler die Möglichkeit in die Hand, sein Abschiedsgesuch, das der Kaiser am 18. 3. 1890 zweimal anmahnen ließ, nicht mit den kleinlichen Reibereien der Innenpolitik zu begründen, sondern mit der Außenpolitik, in der er noch immer die unbestrittene Autorität war. Bismarck nutzte diese Möglichkeit aus. Gegenüber seinen preußischen Ministerkollegen bezeichnete er als Hauptursache seines Rücktritts, daß es ihm nicht mehr möglich sei, die auswärtige Politik in ihrer bisherigen Richtung fortzuführen. Auch in dem *Abschiedsgesuch*, das er dem Kaiser am 19. 3. 1890 einreichte, legte er das Schwergewicht auf sachliche Differenzen in der Außenpolitik[11]. – Der Kaiser war in der Tat an dem neuen Kurs der Außenpolitik nach Bismarcks Sturz beteiligt; im Augenblick der Entlassung Bismarcks dachte er aber nicht an einen außenpolitischen Kurswechsel; das zeigt seine Bereitschaft zur Erneuerung des Rückversicherungsvertrages. Am 20. 3. 1890 wurde Bismarck der Abschied in äußerlich gnädiger Form erteilt, unter Verleihung des Titels Herzog von Lauenburg und des Generaloberstenranges. Zum Nachfolger als Reichskanzler und preußischer Ministerpräsident bestimmte Wilhelm II., noch auf Bismarcks Rat, den General Caprivi.

Bismarcks Entlassung hat im Ausland starken Eindruck gemacht. Am prägnantesten gab die Karikatur der Londoner Zeitung ›Punch‹ mit dem Titel ›Der Lotse geht von Bord‹ diesen Eindruck wieder. Mit dem Sturz Bismarcks verschwand ein Staatsmann aus der internationalen Politik, der im europäischen Staatensystem nahezu 30 Jahre lang eine bestimmende Rolle gespielt hatte und dessen Politik seit der Reichsgründung alles in allem ein Moment der Beruhigung in Europa war, weil sie in ihren Grundzügen (Vermeidung kriegerischer Konflikte und Zurückhaltung Deutschlands in allen machtpolitischen Fragen) stetig und auch bekannt war. Mit diesem Faktor hatte man rechnen können[12]. Vorerst war die deutsche Politik wieder ein unbeschriebenes Blatt. Bismarck selbst hat sein Amt mit schweren Sorgen um die außenpolitische Lage Deutschlands verlassen. Er wußte am besten, wie wenig sie dem Ideal entsprach, das er im Kissinger Diktat entworfen hatte (s. Kap. 8). Es war ihm, nach seinem eigenen Urteil, in den letzten Jahren immer schwerer geworden, »die Maschine (der auswärtigen Politik) in Gang zu halten«. Er hat zwar noch acht Jahre lang die Entwicklung der deutschen Außenpolitik kritisch verfolgt, und diese Kritik ist uns auch im 3. Band der ›Gedanken und Erinnerungen‹, in Zeitungsartikeln, die er inspiriert hat, und in aufgezeichneten Gesprächen überliefert. Sie erlaubt indes keinen Rückschluß auf die Entscheidungen, die er im Frühjahr 1890 in der auswärtigen Politik treffen wollte; denn in dieser Kritik wird das sachliche Urteil verfälscht durch die bedingungslose Verurteilung aller Maßnahmen seiner Nachfolger. Daher ist das, was er nach seiner Entlassung geschrieben hat – auch sein Memoirenwerk –, nicht als politisches Testament des Fürsten Bismarck zu werten.

Innerhalb Deutschlands ist der Wechsel von Bismarck zum »neuen Kurs«, der auch damals schon als tiefer Einschnitt in der deutschen Politik empfunden wurde, ungewöhnlich ruhig und glatt vonstatten gegangen. Obwohl dem gestürzten Kanzler bei seiner Abreise von Berlin Ovationen bereitet wurden, war doch nicht zu verkennen, daß die Mehrheit der deutschen öffentlichen Meinung und der deutschen Wähler mit seiner Innenpolitik zutiefst unzufrieden war. Bismarck hatte einen entscheidenden Anteil an der Gründung des deutschen Nationalstaates, und er hatte diesen Staat durch seine starke Persönlichkeit und sein überlegenes politisches Können geprägt, aber er stand dem Geist seiner Zeit und den stärksten geistigen Strömungen seiner Nation fern[13]. Bismarcks Sturz machte in der Leitung des Reiches und Preußens Kräfte frei, die eine Politik des inneren Ausgleichs und der sozialen Versöhnung anstrebten und bisher durch Bismarcks harte Kampfstellung gegen den Sozialismus und gegen den Parlamentarismus an der Entfaltung gehindert worden waren.

[1] Quellen u. Lit. zu Wilhelm II. s. Kap. 18, Anm. 1.

[2] E. BETHCKE, Politische Generale, Kreise u. Krisen um Bismarck (1930). Weitere Quellen u. Lit. zu Waldersee s. Kap. 15, Anm. 3.

[3] H. HEFFTER, Die Kreuzzeitungspartei u. die Kartellpolitik Bismarcks (Diss. Leipzig 1927).

[4] G. BEYERHAUS, Bismarck u. K. Friedrichs Tagebuch, in: Festschr. A. Schulte (1927). H. RICHTER, H. Geffcken u. seine Veröffentlichung d. Tagebuchs K. Friedrichs, in: Festschr. M. Bollert (1936).

[5] P. GREBE, Bismarcks Sturz u. der Bergarbeiterstreik vom Mai 1889, HZ 157 (1937). H. G. KIRCHHOFF, Die staatl. Sozialpolitik im Ruhrbergbau 1871–1914 (1958). M. KOCH, Die Bergarbeiterbewegung im Ruhrgebiet z. Z. des Kaiserreichs (1954). K. OBERMANN, Der Ruhrbergarbeiterstreik 1889, Zs. f. Gesch. Wiss. 4 (1956).

[6] Zum Gesamtproblem d. Entlassung Bismarcks sind die wichtigsten Arbeiten: E. GAGLIARDI, Bismarcks Entlassung (2 Bde. 1927–1941). W. SCHÜSSLER, Bismarcks Sturz (³1922). G. Frhr. v. EPPSTEIN, Ft. Bismarcks Entlassung (nach den Papieren Boettichers u. Rottenburgs, 1920). H. ROTHFELS, Zur Bismarck-Krise von 1890, HZ 123 (1921). O. GRADENWITZ, Bismarcks letzter Kampf 1888–1890 (1924). S. v. KARDORFF, Bismarck im Kampf um sein Werk (1943).

[7] H. RICHTER, Sachsen u. Bismarcks Entlassung (1928).

[8] H. ROTHFELS, Theodor Lohmann u. die Kampfjahre d. staatl. Sozialpolitik (1927). K. E. BORN, Staat u. Sozialpolitik seit Bismarcks Sturz (1957).

[9] E. ZECHLIN, Staatsstreichpläne Bismarcks u. Wilhelms II. 1890–1894 (1929). W. PÖLS, Sozialistenfrage u. Revolutionsfurcht in ihrem Zusammenhang mit den angebl. Staatsstreichplänen Bismarcks (1960). Vgl. Kap. 12, Anm. 17.

[10] W. MOMMSEN, Bismarcks Sturz u. die Parteien (1924).

[11] E. SERAPHIM, Der Sturz Bismarcks u. die russ. Politik, VuG 31 (1941).

[12] K. LANGE, Bismarcks Sturz u. die öffentliche Meinung in Dtld. u. im Auslande (1927). W. HASE, Der Eindruck von Bismarcks Entlassung in England u. Frankreich, HV 27 (1932). TH. SCHIEDER, Bismarck u. Europa, in: Dtld. u. Europa (Festschr. f. H. Rothfels 1951).

[13] H. ROTHFELS, Bismarck u. das 19. Jh., in: Schicksalswege dt. Vergangenheit (Festschr. f. S. A. Kaehler 1950).

Kapitel 18
Wilhelms II. »persönliches Regiment«
Innenpolitik des »neuen Kurses« bis zum Sturz Caprivis
(1890–1894)

In der deutschen Literatur wird das Kaiserreich vom Sturz Bismarcks bis zum Untergang der Monarchie vielfach als »*Wilhelminisches Deutschland*« bezeichnet. Das bedeutet nicht, daß Wilhelm II. die beherrschende Gestalt dieser Epoche deutscher Geschichte gewesen wäre. Immerhin hat er danach gestrebt, dem Deutschen Reich seinen Stempel aufzuprägen; und er hatte auch vor, die deutsche Politik selbst zu leiten und die Rolle zu übernehmen, die bisher Bismarck gespielt hatte. Nach der Entlassung Bismarcks hat er daran gedacht, das Amt des Reichskanzlers in mehrere Ämter aufzulösen, wodurch der Kaiser ipso facto an die Stelle des Reichskanzlers als Leiter der Reichspolitik getreten wäre. Wenn dieser Plan auch schnell aufgegeben wurde, so hat Wilhelm II. doch lange versucht, selbst zu regieren und den Kanzler, die Staatssekretäre der Reichsämter und die preußischen Minister zu »Handlangern« zu machen. Infolge seines Mangels an Stetigkeit und an gründlicher Sachkenntnis hat sich dies »*persönliche Regiment*« in gelegentlichen, unzusammenhängenden Eingriffen in die ministerielle Verantwortlichkeit und in politischen Reden, wie man sie in Deutschland von konstitutionellen Monarchen nicht gewöhnt war, erschöpft. Diese Eingriffe und politischen Reden haben durch ihre Unberechenbarkeit der Kontinuität und dem Kredit der amtlichen deutschen Politik, aber auch dem Ansehen der Monarchie geschadet. Viel stärker als seine Vorgänger war Wilhelm II. politischen Einflüssen zugänglich, die nicht aus dem Kreise seiner verantwortlichen politischen Ratgeber kamen. Die Chefs des kaiserlichen Zivilkabinetts, des Militär- und des Marinekabinetts und die persönlichen Freunde des Kaisers konnten dadurch über den von ihnen beeinflußten Kaiser in die deutsche Politik hineinwirken. Da Wilhelm II. jedoch keine starken, unabhängigen Persönlichkeiten in seiner engeren Umgebung schätzte und da er seine Meinung unter wechselnden Anregungen leicht änderte, war unter diesen nicht verantwortlichen Ratgebern keiner, der als Haupt einer Nebenregierung gewirkt und die deutsche Politik dauernd beeinflußt hätte. Die politischen Einwirkungen aus der Umgebung des Kaisers waren ein Gemenge konkurrierender und sich kreuzender Einflüsse. Sie machten sich vor allem in der Personalpolitik bemerkbar.

Ein guter Kenner, der langjährige bayerische Bundesratsbevollmächtigte Graf Lerchenfeld, urteilte 1903 in einem Bericht an die bayerische Regierung über Wilhelm II.: »... Er zeigt heute noch dieselbe jugendliche Frische, dieselbe rasche Auffassungsgabe, denselben persönlichen Mut und denselben Glauben an die Sicherheit seines Urteils und seines Könnens. Diese an sich für einen Monarchen wertvollen Eigenschaften werden aber leider auch heute noch zum Teil paralysiert durch die Abneigung, sich zu konzentrieren und sich in die Dinge zu vertiefen, durch ein fast krankhaftes Bedürfnis, in jeder Lage, ohne die berufenen Ratgeber zu hören, sofort zu entscheiden und durch den Mangel an Augenmaß und eigentlichem politischem Gefühl ... Er möchte in alles eingreifen, für alles die Verantwortung tragen und betrachtet, wenigstens theoretisch, die Minister lediglich als seine Vollzugsorgane. Genau vermag er aber dem Gang der Staatsmaschine nicht zu folgen, und so sind es meistens Einzelheiten, Lieblingsprojekte, bei denen man sein Eingreifen bemerkt ... Über den Reichstag hat der Hohe Herr seine eigenen Gedanken, die sich in das Wort Geringschätzung zusammenfassen lassen ... S. M. glaubt die Macht zu besitzen, wenn es einmal mit dem Reichstag nicht mehr ginge, rasch Wandel zu schaffen, und täuscht sich so über manche Gefahren der inneren Lage hinweg ...«

Wenn *Wilhelm II.* auch nicht die beherrschende Gestalt seiner Zeit war, so hat er doch durch sein Auftreten das Ansehen gewonnen, typischer Repräsentant der herrschenden Schichten, der vorherrschenden Ideen und auch der Schwächen des damaligen Deutschlands zu sein. Er war ein lautstarker Befürworter deutscher Weltmacht- und Flottenpolitik und fand damit gerade im deutschen Bürgertum Zustimmung. In der Bevorzugung und Überbewertung militärischen Denkens und militärischer Wertmaßstäbe stimmte der Kaiser mit dem Adel und auch mit der Mehrheit des deutschen Bürgertums überein. Das Interesse, das Wilhelm II. für die deutsche Großindustrie und die Ausweitung des deutschen Anteils am Welthandel bekundete, und sein vertrautes Verhältnis zu deutschen Großindustriellen (Stumm, Krupp) ließen ihn als modernen Monarchen erscheinen. Mit der Mehrheit des deutschen Volkes teilte der letzte deutsche Kaiser den optimistischen Fortschrittsglauben, der sich auf die Erfolge der deutschen Technik und Industrie und auf das Vertrauen in die militärische Stärke Deutschlands gründete. Schließlich hat Wilhelm II. in seinen Reden und sonstigen Kundgebungen den monarchischen Herrschaftsanspruch so nachdrücklich vertreten, daß er zum Symbol des Prioritätsanspruchs der monarchischen Gewalt gegenüber der Volksvertretung wurde. Seine Äußerungen haben der deutschen konstitutionellen Monarchie in der öffentlichen Meinung der westeuropäischen Länder und Nordamerikas einen Anschein von Autokratie verliehen, welcher der deutschen Verfassungswirklichkeit doch nicht entsprach. Immerhin sprach Wilhelm II., wenn er einseitig den Vorrang der monarchischen Gewalt gegenüber den parlamentarischen Kräften hervorhob, auch die Ansicht der adligen und großbürgerlichen Führungsschicht aus[1].

Der *Kanzlerwechsel* hatte einen innen- und außenpolitischen *Kurswechsel* zur Folge. Während in der Außenpolitik auch der Kaiser am neuen Kurs beteiligt war, wurde der neue innenpolitische Kurs ohne kaiserliche Initiative von dem neuen Kanzler Caprivi, dem neuen preußischen Handelsminister v. Berlepsch und dem neuen preußischen Finanzminister Miquel, unterstützt durch den im Amt gebliebenen Staatssekretär des Reichsamts des Inneren und stellvertretenden preußischen Ministerpräsidenten v. Boetticher, gesteuert[2]. *Caprivi* war als Kanzler und preußischer Ministerpräsident noch von Bismarck empfohlen worden, weil dieser in ihm den geeigneten starken Mann für eine konfliktreiche Innenpolitik sah. Wilhelm II. hatte ihn berufen, weil er erwartete, der befehlsgewohnte Soldat werde ein bequemer Handlanger seines persönlichen Regiments sein. Entgegen Bismarcks Erwartungen strebte Caprivi eine Innenpolitik der Versöhnung an: Er wollte die Arbeiterschaft durch Fortschreiten in der Sozialpolitik mit der Monarchie aussöhnen. Im Gegensatz zu Bismarck wollte er sich nicht einseitig auf die Parteien der Rechten stützen, sondern auch das Zentrum und die Linksliberalen heranziehen. Diese Politik des inneren Burgfriedens wurde durch einige bedeutsame Gesten gegenüber der bisherigen Opposition anschaulich gemacht: Der katholischen Kirche wurden 16 Millionen Mark staatlicher Unterstützung nachgezahlt, die während des Kulturkampfes einbehalten waren; der Welfenfonds wurde aufgelöst und das beschlagnahmte Vermögen Georgs V. von Hannover an das Haus Cumberland ausgezahlt; die 1886 begonnenen Maßnahmen zur Zurückdrängung des Polentums in Posen und West-

preußen wurden gestoppt, und eine polnische Landwirtschaftsbank in Posen erhielt einen Staatskredit; während unter Bismarck einzelne der Regierung nahestehende Journalisten bevorzugt mit Nachrichten beliefert worden waren, ließ Caprivi
alle seriösen Zeitungen ohne Rücksicht auf ihre Parteifärbung
mit Regierungsinformationen versehen; schließlich gab er den
Ministern wieder mehr Selbständigkeit innerhalb ihres Ressorts,
als sie unter Bismarck besessen hatten. Dieser *neue Kurs* entsprach nur zum geringen Teil den Wünschen Wilhelms II. Dieser hätte lieber das Kartell der beiden konservativen Parteien
mit den Nationalliberalen aus der letzten Zeit Bismarcks beibehalten; die Zusammenarbeit Caprivis mit Freisinn und Zentrum paßte dem Kaiser gar nicht. Er duldete sie nur, solange
Caprivi damit Erfolg hatte. Auch in der Sozialpolitik fand
Wilhelm II. schon bald nach Bismarcks Abgang Verbindung
mit denjenigen, die den sozialpolitischen Kurs Bismarcks für
richtig hielten und den neuen Kurs der Sozialpolitik skeptisch
beurteilten (Krupp-Direktor Jencke, Frhr. v. Stumm)[3]. Caprivi verfolgte in der Innenpolitik trotzdem seinen eigenen Kurs
und war keineswegs Handlanger des Kaisers. Die eigenständige
Innenpolitik wurde ihm während der ersten beiden Jahre seiner
Amtszeit dadurch erleichtert, daß er das Vertrauen der Reichstagsmehrheit besaß, und auch dadurch, daß Zentrum und Freisinn sich lange davor hüteten, ihm eine parlamentarische Niederlage beizubringen, weil sie in diesem Fall eine Rückkehr
Bismarcks in das Kanzleramt befürchteten.

Die ersten Maßnahmen der neuen Regierung galten der
Fortsetzung der sozialen Reform, der Bismarck sich hartnäckig
widersetzt hatte. Im März 1890 tagte in Berlin die von Wilhelm II. eingeladene 1. Internationale Arbeiterschutzkonferenz.
Sie führte zu keinen festen Abmachungen, sondern nur zu
Empfehlungen, und auch die wurden nicht einstimmig ausgesprochen[4]. Obwohl die Konferenz nicht die erhoffte internationale Zusammenarbeit im Arbeiterschutz (Schutz der Arbeiter gegen gesundheitliche Schäden infolge überlanger Arbeitszeiten) gebracht hatte, nahm Berlepsch den gesetzlichen
Arbeiterschutz mit einer Gewerbeordnungsnovelle in Angriff.
Danach wurde die Sonntagsarbeit verboten, ebenso die Fabrikarbeit von Kindern unter 13 Jahren; die Arbeitszeit der Jugendlichen unter 16 Jahren wurde auf 10, die Arbeitszeit der
Frauen auf 11 Stunden täglich begrenzt. Außerdem erhielt der
Bundesrat die Vollmacht, für Betriebe mit besonders schweren

Arbeitsbedingungen einen sanitären Maximalarbeitstag auch für erwachsene männliche Arbeiter zu bestimmen[5]. Von dieser Vollmacht hat der Bundesrat in den folgenden Jahren auch Gebrauch gemacht. Am 1. 6. 1891 trat dies neue Gesetz in Kraft. Gleichzeitig wurde durch das *Gewerbegerichtsgesetz* den Gemeinden die Befugnis gegeben, Gewerbegerichte einzusetzen – besetzt mit einem beamteten Vorsitzenden und je einem Arbeitgeber- und Arbeitnehmerbeisitzer –, die bei Arbeitsstreitigkeiten als Schlichtungsstelle wirken sollten. Diese Gerichte bewährten sich so, daß sie 1902 zwangsweise für alle Gemeinden mit mehr als 20000 Einwohnern eingeführt wurden. Während die *Sozialversicherung* Bismarcks ohne jeden psychologischen Erfolg geblieben war, hat die Sozialversicherung und Arbeiterschutzgesetzgebung in der nachbismarckschen Zeit doch wenigstens auf Teilgebieten eine sachliche Zusammenarbeit zwischen Behörden und Arbeitervertretern gebracht. Eine wesentliche Voraussetzung dafür war das *Außerkrafttreten des Sozialistengesetzes* (Herbst 1890), dessen Verlängerung der Reichstag noch unter Bismarck abgelehnt hatte (25. 1. 1890). Damit war eins der größten Hindernisse beseitigt, die einer Annäherung von Arbeiterbewegung und Staat im Wege standen.

Im Sinne des sozialpolitischen Ausgleichs war auch die *Steuerreform* gedacht, die Miquel 1891–1895 in Preußen durchführte. Im Mittelpunkt dieser Reform stand das preußische Einkommensteuergesetz (24. 6. 1891). Die bisherige Klassensteuer, nach der die Steuerzahler in einigen großen Gruppen zusammengefaßt waren und in jeder Klasse jeweils die gleiche Steuer gezahlt werden mußte, wurde ersetzt durch eine progressive Einkommensteuer auf der Grundlage der Selbsteinschätzung der Steuerpflichtigen. Für die niederen Einkommen wurde der Steuersatz gegenüber der bisherigen Klassensteuer ermäßigt, für die mittleren und großen Einkommen wurde er erhöht. Der Einkommensteuersatz begann mit 0,62 Prozent für Jahreseinkommen von 900 bis 1050 Mark und stieg bis zu 4 Prozent für Jahreseinkommen von mehr als 100000 Mark. Die neue Einkommensteuer warf wesentlich höhere Erträge ab als die bisherige Klassensteuer. Dies höhere Steueraufkommen Preußens wurde dazu verwandt, die Gemeindefinanzen auf eine gesündere Basis zu stellen: Der preußische Staat verzichtete zugunsten der Gemeinden auf die Grund- und Gebäudesteuer und auf die Gewerbesteuer. Mit dieser Reform war ein finanzpolitisches Ziel erreicht, das Bismarck 1871 vorgeschwebt hatte: Das Reich war – wie bisher schon – auf die indirekten Steuern (Zölle und Verbrauchssteuern) angewiesen, die Einzelstaaten erhielten die direkten Steuern und die Gemeinden die Ertragssteuern[6]. Durch die Steuerreform wurde jedoch der plutokratische Charakter des preußischen Dreiklassenwahlrechts verstärkt; denn nunmehr vergrößerte sich die Zahl der Wahlbezirke, in denen ein Wähler allein ein Drittel des Steueraufkommens bestritt und daher allein in der ersten Klasse wählte. Um dem entgegenzuwirken, wurde 1893 das *preußische Dreiklassenwahlrecht reformiert*. Während bisher innerhalb der Gemeinden die Wähler entsprechend ihrem Anteil am Steueraufkommen auf die Klassen verteilt worden waren, wurde die Einteilung nunmehr in den sehr kleinen Urwahlbezirken vorgenommen. Auf dem flachen Land, wo Urwahlbezirke und Gemeinden identisch waren, brachte das keine Änderung; jedoch in den Städten wirkte es sich erheblich aus. In den Wohnbezirken und Urwahlbezirken der vermögenden Schichten kamen jetzt auch Wähler mit hohen Einkommen in die dritte Klasse, während in den Arbeiterwohnvierteln wegen der großen Zahl von Steuerfreien, die für die Klasseneinteilung mit einer fiktiven Steuer von 3 Mark berücksichtigt wurden, fast alle wirklichen Steuerzahler, auch wenn sie noch so geringe Beträge zahlten, in die zweite oder erste Klasse aufrückten. Nicht mehr die soziale Stellung innerhalb der Gemeinde, sondern innerhalb des Wohnviertels entschied[7].

Sozialpolitische und außenpolitische Ziele verfolgten die auf Initiative Caprivis abgeschlossenen *Handelsverträge*. Die deutsche Industrie mußte mehr exportieren, wenn sie ihre Produktionshöhe halten oder steigern wollte. Davon hing auch die Arbeitsmöglichkeit für die wachsende Reichsbevölkerung ab. Caprivi brachte vor dem Reichstag diese Notwendigkeit auf die einprägsame Formel: »Wir müssen exportieren: entweder wir exportieren Waren, oder wir exportieren Menschen.« Eine Exportsteigerung war aber nur möglich, wenn man den Ländern, in die der deutsche Export gehen sollte, den Import nach Deutschland erleichterte. Daher wurden 1891–1893 Handelsverträge mit Österreich-Ungarn, Italien, Belgien, der Schweiz und Rumänien geschlossen, in denen diese Länder die Einfuhrzölle für deutsche Industrie-Erzeugnisse senkten, während Deutschland die Einfuhrzölle für Vieh, Holz, Weizen und Roggen senkte (die Getreidezölle wurden von 5 auf 3,50 Mark je Doppelzentner gesenkt). Durch die Ermäßigung des Getreidezolls konnte auch der Brotpreis verringert und damit die Lebenshaltung der Arbeiterschaft verbilligt werden. Neben diesen wirtschafts- und sozialpolitischen Zielen verfolgte die Handelspolitik Caprivis auch außenpolitische Ziele. Caprivi wollte durch die engere wirtschaftliche Verflechtung den Dreibund stärken und in diesen Wirtschaftsblock auch die beiden neutralen Staaten Schweiz und Belgien einbeziehen. Schließlich hat Caprivi auch daran gedacht, durch wirtschaftliche Verflechtung die außenpolitischen Gegensätze zu mildern. Diesem Ziel diente der Handelsvertrag, der im Frühjahr 1894 nach einem kurzen, heftigen Zollkrieg mit Rußland abgeschlossen wurde. Dieser Zollkrieg hat freilich die Ratifikation der russisch-französischen Militärkonvention beschleunigt (s. Kap. 19). Gerade bei den Handelsverträgen trug Caprivis Politik des sozialpolitischen Ausgleichs die ersten Früchte: Die Verträge wurden im Reichstag auch mit den Stimmen der Sozialdemokratie angenommen; es war das erste Mal, daß sie für eine Regierungsvorlage stimmte! Andrerseits führten die Handelsverträge zum *Bruch zwischen Caprivi und den Konservativen*. Die Konservativen, die sich vornehmlich aus dem agrarischen Grundbesitz rekrutierten, sahen in der Ermäßigung der Getreidezölle eine schwere Gefährdung der deutschen Landwirtschaft. Bei den letzten Handelsverträgen stimmten sie, wenn auch ohne Erfolg, gegen die Regierung. Die *Reaktion der Agrarier* auf die Handelsverträge war die Gründung des *Bundes der Landwirte* (1893). Dieser betrieb eine massive, in der Wahl der propagandistischen Mittel nicht eben skrupulöse Interessenvertretung und gewann immer mehr Einfluß auf die Führung der Konservativen. »Der preußische Konservatismus, der unter Friedrich Wilhelm IV. noch eine politische Weltanschauung war, unter Bismarck immerhin noch eine geistige Tradition verkörperte, wurde unter Caprivi eine bloße Interessengruppe« (Stadelmann)[8]. Die Getreidepreise fielen 1894 tatsächlich gewaltig: 1891 kostete eine Tonne Roggen durchschnittlich 208 Mark, 1894 nur noch 110 Mark; aber dieser Preissturz war nicht eine Folge der Zollsenkung, sondern der Überschwemmung des Weltmarktes mit Getreide aus Nord- und Südamerika, wo es mehrere Rekorernten nacheinander gegeben hatte.

Während die Handelsverträge trotz der erbitterten Reaktion der Konservativen verwirklicht wurden, scheiterte die *Reform der Landgemeinden* in den 7 östlichen Provinzen Preußens an der konservativen Opposition. Der Innenminister Herrfurth wollte die verwaltungsmäßig selbständigen Gutsbezirke mit den Landgemeinden vereinigen, um diesen durch die Ertragssteuern der Güter die finanziellen Voraussetzungen zur Erfüllung ihrer Selbstverwaltungsaufgaben zu geben. Herrfurth brachte das Gesetz zwar gegen die Stimmen der Konservativen durch; aber deren Widerstand hatte doch eine Verwässerung des Gesetzes erreicht. Während Herrfurth die Vereinigung von Gutsbezirk und Landgemeinde durch Verfügung des Innenministers hatte vornehmen wollen, wurde auf Vorstellung der Deutschkonservativen Partei für jeden Fall einer solchen Verwaltungsvereinigung ein Beschluß des preußischen Staatsministeriums erforderlich. Das führte bei der schwerfälligen Prozedur des Staatsministeriums dazu, daß von den 16000 Gutsbezirken tatsächlich nur etwa 500 mit Landgemeinden vereinigt wurden.

Noch im gleichen Jahr zwang ein weiterer Fehlschlag in der innerpreußischen Politik Caprivi zur Aufgabe des preußischen Ministerpräsidiums. Im Frühjahr 1892 legte der preußische Kultusminister Graf Zedlitz-Trützschler dem Landtag einen *Schulgesetzentwurf* vor. Danach sollten künftig in Preußen Simultanschulen nicht mehr errichtet werden dürfen; die simultanen städtischen Schulvorstände sollten durch konfessionelle Vorstände ersetzt werden, die Kirchen sollten das Recht erhalten, von sich aus die Eignung der Lehrer zum Religionsunterricht zu prüfen, und schließlich sollten Privatschulen ohne Einschränkung zugelassen werden. Caprivi und Zedlitz waren hier den Wünschen des Zentrums sehr weit entgegengekommen. Die Schulvorlage löste so heftige Proteste der Liberalen, der Universitäten, der wissenschaftlichen Vereine und vieler Städte aus, daß Wilhelm II. die Umarbeitung des Gesetzentwurfes verlangte. Zedlitz trat darauf zurück. Sein Nachfolger Bosse kassierte den Entwurf stillschweigend[9]. Caprivi, der sich im Abgeordnetenhaus für den Entwurf eingesetzt hatte, sah sich nun schwerer Kritik der Liberalen und des Zentrums ausgesetzt, der Liberalen, weil er den Gesetzentwurf unterstützt hatte, des Zentrums, weil er die Kassierung gebilligt hatte. Nach dieser schweren Niederlage legte Caprivi den Vorsitz im preußischen Staatsministerium nieder (23. 3. 1892). Sein Nachfolger wurde Botho *Eulenburg*, der 1878 als Innenminister das Sozialistengesetz ausgearbeitet hatte. Eulenburg stützte sich in Preußen ganz auf die Konservativen, deren volles Vertrauen er besaß. Dadurch wurde Caprivis Stellung auch im Reich geschwächt; denn der stärkste Einzelstaat wurde nun im Zusammenwirken mit einer Partei regiert, die den Kanzler ablehnte und stürzen wollte.

Die Verstimmung beim Freisinn und beim Zentrum über den Schulgesetzentwurf bekam der Kanzler bald zu spüren: Am 6. 5. 1893 lehnte der Reichstag die geforderte *Heeresvermehrung* ab. Da Caprivi die Zweifrontenbedrohung Deutschlands als unabwendbar ansah und keine erfolgreichen diplomatischen Gegenmittel fand, suchte er dem Verlust an Sicherheit, der seit der Blütezeit des Bismarckschen Vertragssystems eingetreten war, durch verstärkte Rüstungen zu begegnen. Bereits im Sommer 1890 hatte Caprivi die Armee auf 486000 Mann verstärkt: Die leichte Artillerie war um 70 Batterien vermehrt worden, und die schwere Artillerie, die bisher nur zu Verteidigungs- und Belagerungszwecken gedient hatte, war mit Pferdegespannen ausgestattet worden; damit war die schwere Artillerie des Feldheeres geschaffen worden. Im November 1892 forderte Caprivi nun eine Erhöhung der Friedenspräsenzstärke des Landheeres um 77000 Mann. Als Gegenleistung bot er die Abschaffung der dreijährigen Dienstzeit bei allen Fußtruppen an. Die Einführung der zweijährigen Dienstzeit erfüllte eine alte Forderung der Liberalen. Caprivi glaubte, sie um so eher bewilligen zu können, als bisher das dritte Dienstjahr infolge Beurlaubung und Abkommandierung der alten Mannschaften der Ausbildung nicht zugute gekommen war. Trotz dem Angebot der zweijährigen Dienstzeit stieß die Heeresvorlage auf den Widerstand der Reichstagsmehrheit. Als auch eine Reduzierung der Mehrforderung auf 66000 Mann keinen Erfolg hatte, löste Caprivi den Reichstag auf (6. 5. 1893). Der *Kampf um die Heeresvorlage* hatte schwere Folgen für die Freisinnigen. Ein Teil von ihnen, und zwar diejenigen, die in den 80er Jahren als »Sezessionisten« von den Nationalliberalen zum Freisinn gestoßen waren, hatte für die Vorlage gestimmt. Auf Antrag des Parteiführers Eugen Richter wurden die Befürworter der Vorlage aus der Partei ausgeschlossen. Die Ausgeschlossenen gründeten eine neue Freisinnige Partei, die Freisinnige Vereinigung, während der Rumpf der Deutsch-Freisinnigen Partei sich nunmehr Freisinnige Volkspartei nannte. Bei den Neuwahlen im Juni 1893 erlitten die beiden freisinnigen Parteien eine schwere Niederlage: Sie erreichten zusammen nur 37 Mandate (24 für die Volkspartei, 13 für die Vereinigung) gegenüber 66 im alten Reichstag. Die beiden konservativen Parteien stiegen von 93 auf 100 Mandate, die Sozialdemokraten von 35 auf 44 Mandate, das Zentrum sank von 106 auf 96 Sitze, während die Nationalliberalen zu ihren bisherigen 42 Mandaten 11 hinzugewannen. Insgesamt waren die alten Kartellparteien die Sieger bei der Wahl, da der Kampf um die Heeresvorlage die Wahlparole hergab – und Reichstagswahlen mit wehrpolitischem Akzent brachten bis 1914 immer Gewinne der Rechtsparteien. Der neue Reichstag bewilligte die Heeresverstärkung um 66000 Mann bei gleichzeitiger Einführung der zweijährigen Dienstzeit für die Fußtruppen. Das deutsche Landheer umfaßte danach 552000 Mann.

Die Berufung Eulenburgs zum preußischen Ministerpräsidenten und der seitdem streng konservative Kurs in Preußen hatten eine neue Verschärfung des *Verhältnisses zwischen Staat und Sozialdemokratie* zur Folge. Das günstige Abschneiden der Sozialdemokratie bei den Reichstagswahlen 1893 ließ bei Wilhelm II. und bei Eulenburg Pläne zu neuen Kampfmaßnahmen gegen die Sozialdemokratie entstehen. Die Ermordung des französischen Präsidenten Carnot durch einen Anarchisten (24. 6. 1894) gab ihnen den Anlaß, ein neues Sondergesetz gegen die »Umsturzpartei« zu fordern. Caprivi widersetzte sich einem Sondergesetz und wollte nur einige Bestimmungen gegen politische Delikte im allgemeinen Strafrecht verschärfen, weil er für ein Ausnahmegesetz keine Reichstagsmehrheit erwartete. Wilhelm II. griff in dieser Situation auf Staatsstreichpläne Bismarcks zurück, nämlich das Reich durch Kündigung des »ewigen Fürstenbündnisses« aufzulösen und dann mit einem neuen Wahlrecht (Klassenwahlrecht an Stelle des allgemeinen, gleichen Wahlrechts) neu zu gründen. Es gelang Caprivi zwar, den Kaiser von diesem Plan abzubringen; aber der Gegensatz zwischen ihm und Eulenburg, dem Befürworter des Ausnahmegesetzes und des Staatsstreichplans, hatte sich so vertieft, daß sie nicht mehr als Kanzler und preußischer Ministerpräsident zusammenarbeiten konnten. Daraufhin wurden sie beide vom Kaiser entlassen (20. 10. 1894), und an ihrer Stelle wurde Chlodwig Fürst zu Hohenlohe-Schillingsfürst Reichskanzler und preußischer Ministerpräsident[10].

[1] Eine wissenschaftlich befriedigende Biographie Wilhelms II. fehlt noch. Ausführliche Darstellung: J. D. CHAMIER, Ein Fabeltier unserer Zeit (dt. [2]1937). Knappe Würdigung: W. SCHÜSSLER, K. Wilhelm II. Schicksal u. Schuld

(1962). Zu Einzelproblemen d. Persönlichkeit u. d. Regierungsweise Wilhelms II.: F. HARTUNG, Das persönliche Regiment K. Wilhelms II., SB Ak. Berlin 3 (1952). E. R. HUBER, Das persönl. Regiment Wilhelms II., Zs. f. Relig. u. Geist. Gesch. 3 (1951). A. v. VALENTIN, Kaiser u. Kabinettschef (1931). C. WEDEL, Zwischen Kaiser u. Kanzler (1943). F. ZIPFEL, Kritik d. Öffentlichkeit an der Person u. an der Monarchie Wilhelms II. bis 1914 (Diss. Berlin 1952). M. PALÉOLOGUE, Wilhelm II. u. Nikolaus II. (dt. 1947). E. F. BUNSEN, The Kaiser and his English Relations (1936). Reden des Kaisers, hg. v. E. JOHANN (1966). Der Bericht Lerchenfelds in: Akten zur staatl. Sozialpolitik in Dtld. 1890–1914, hg. v. P. RASSOW u. K. E. BORN (1959).

[2] Außer den amtl. Akten besitzen wir keine Quellen über Caprivi, da dieser nach seiner Entlassung alle seine Papiere verbrannt hat. Die Reden Caprivis sind hg. v. R. ARNDT (1894). R. STADELMANN, Der neue Kurs in Dtld., GWU 4 (1953). J. C. G. RÖHL, Dtld. ohne Bismarck, Die Regierungskrise im zweiten Kaiserreich 1890–1900 (dt. 1968). H. ÖHLMANN, Studien zur Innenpolitik d. Reichskanzlers v. Caprivi (Diss. Ms. Freiburg 1955). H. O. MEISNER, Der Reichskanzler Caprivi, Zs. f. d. ges. Staatswiss. 111 (1955). Über Berlepsch: H. v. BERLEPSCH, Sozialpolit. Erfahrungen u. Erinnerungen (1925). W. TRAPPE, Dr. Hans Frhr. v. Berlepsch als Sozialpolitiker (Diss. Köln 1934). O. NEULOH, Hans Hermann v. Berlepsch, in: Männer der dt. Verwaltung (1963). Über Miquel: H. HERZFELD,

Johannes v. Miquel (2 Bde. 1938/1939).

[3] Krupp und die Hohenzollern, hg. v. W. BOELCKE ([2]1970). F. HELLWIG, Carl Frhr. v. Stumm-Halberg (1936).

[4] Protokolle der Internationalen Arbeiterschutzkonferenz (1890).

[5] A. WEBER, Die Entwicklung der dt. Arbeiterschutzgesetzgebung seit 1890, Schmollers Jb. NF 21 (1897). W. REAL, Die Sozialpolitik d. neuen Kurses, in: Festschr. Herzfeld (1958).

[6] HERZFELD (s. Anm. 2).

[7] H. DIETZEL, Die preuß. Wahlrechtsreformbestrebungen von der Oktroyierung d. Dreiklassenwahlrechts bis zum Weltkrieg (Diss. Köln 1934).

[8] W. LOTZ, Die Handelspolitik d. Dt. Reiches unter Caprivi u. Hohenlohe, Schr. d. V. f. Sozialpol. 92 (1901). R. IBBEKEN, Staat u. Wirtschaft in der dt. Reichspolitik 1880–1914 (1928). W. TREUE, Die dt. Landwirtschaft z. Z. Caprivis u. ihr Kampf gegen die Handelsverträge (Diss. Berlin 1933). K. H. KRÖGER, Die Konservativen u. die Politik Caprivis (Diss. Rostock 1937). H. J. PUHLE, Agrarische Interessenpolitik u. preußischer Konservatismus im Wilhelminischen Reich 1893–1914 (1969). G. D. v. TIPPELSKIRCH, Agrarhist. Ausschnitte 1893–1924 im Lichte d. Wirkens v. Dr. Gustav Roesicke (o. J.).

[9] K. RICHTER, Der Kampf um den Schulgesetzentwurf d. Gf. Zedlitz-Trützschler (Diss. Halle 1934).

[10] E. ZECHLIN, Staatsstreichpläne Bismarcks u. Wilhelms II. (1929). R. GEIS, Der Sturz des Reichskanzlers Caprivi (Diss. Köln 1929).

Kapitel 19
Deutschlands Übergang zur Weltmachtpolitik (1890–1898)

Als mit der Entlassung Bismarcks die Leitung, der Stil und der Kurs der deutschen Außenpolitik wechselten, befand sich die internationale Politik im *Übergang zum Imperialismus*[1]. Waren die internationalen Beziehungen bisher durch das System der europäischen Großmächte beherrscht worden, das am europäischen Kräftegleichgewicht orientiert war, so trat nunmehr an die Stelle des europäischen Mächtesystems das System der Weltmächte, das durch die konkurrierende *koloniale Expansion* europäischer Staaten, seit der Mitte der 90er Jahre auch Japans und der USA bestimmt wurde. Diese koloniale Expansion hatte zu Beginn der 80er Jahre eingesetzt (s. Kap. 10).

Die Voraussetzungen und Triebkräfte des Imperialismus waren komplex. Unter den allgemeinen Ursachen der imperialistischen Expansion spielte die *technische und ökonomische Entwicklung* eine wesentliche Rolle. Durch die modernen Verkehrs- und Nachrichtenmittel (Dampfschiff, Telegraph) waren die Kontinente zu einer großen Weltmarkt- und Weltverkehrswirtschaft zusammengewachsen[2]. In den bereits industrialisierten Staaten suchte die wachsende Industrie nach neuen *Rohstoffquellen und Absatzmärkten*. Ferry, der Initiator der französischen Kolonialpolitik, bemerkte dazu: »La consommation européenne est saturée; seule la politique coloniale permettra de nouvelles couches de consommateurs; faute de quoi les États industriels seraient acculés à un cataclysme économique et social.« Rohstoffquellen und Absatzmärkte schienen am besten durch direkte oder indirekte Beherrschung überseeischer Gebiete zu gewinnen sein. Es galt aber nicht nur neue Absatzmärkte für die industrielle Produktion zu erschließen, sondern auch neue Anlagemöglichkeiten für das anlagesuchende Kapital. In den 70er Jahren hatte sich in Europa ein Überangebot an Kapital gebildet. Dadurch war es zu hohen Effektenkursen, Spekulation und Börsenkrachs gekommen. Hier versprachen die überseeischen Gebiete lohnende Kapitalinvestitionen im Eisenbahnbau, in Bergwerken und Plantagen. Die ökonomische Motivation der kolonialen Expansion war am stärksten ausgeprägt in der Kolonialpolitik Englands, der Vereinigten Staaten und Japans. Dagegen gingen in Frankreich und in Deutschland Warenausfuhr und Kapitalexport ganz andere Wege als die Kolonialpolitik. Daraus ergibt sich, daß das ökonomische Moment nicht die alleinige Triebkraft des Imperialismus war.

Neben den ökonomischen Impulsen bewirkten vielmehr auch *politische Motive* (im engeren Sinne) den Übergang zum Imperialismus, zur systematischen überseeischen Expansion. Für England und Frankreich gab die Verschiebung des Kräfteverhältnisses auf dem europäischen Kontinent in den Jahren 1866–1871 einen Anstoß zur territorialen Expansion in den überseeischen Gebieten als Kompensation für den Machtgewinn Deutschlands auf dem europäischen Festland. Rußland, das bis zur Mitte des 19. Jh. den Zugang zum Weltmeer nur über das Schwarze Meer und die Meerengen gesucht hatte, stieß nun auch in der Richtung auf den Persischen Golf und den Fernen Osten vor. Durch das Ausgreifen dieser Mächte über Europa hinaus wurden auch die anderen mitgezogen; denn nun schienen nur noch diejenigen Mächte Großmächte bleiben zu können, die auch außerhalb Europas Fuß faßten und ihren Einfluß geltend machten.

Schließlich wirkten auch die *nationalistischen Ideen* des späten 19. Jh. als Triebkräfte des Imperialismus und gaben ihm eine ideologische Begründung und Selbstrechtfertigung. Im Nationalismus wurde der Nationalgedanke des frühen 19. Jh., der nur die politische Unabhängigkeit der Nation im eigenen Nationalstaat erstrebt hatte, zum Gedanken des nationalen Machtstaates übersteigert, dessen Führungs- und Machtanspruch über das Gebiet der eigenen Nation hinausreicht[3]. In dieser Übersteigerung des Nationalgedankens zum Nationalismus verbanden sich nationales Prestigebedürfnis und die vergröbernde Übernahme der biologischen Lehren Darwins vom Kampf ums Dasein und vom Sieg des Stärkeren über den Schwächeren in die politische und soziale Theorie (Sozialdarwinismus)[4]. Danach war die koloniale Expansion eine Bestätigung der eigenen nationalen Vitalität und zugleich die Erfüllung einer nationalen – politischen und kulturellen – Mission (Ausbreitung der eigenen, höheren Zivilisation).

In diese imperialistische Politik trat Deutschland seit 1890 ein. Imperialistische Gedanken waren schon vorher in Deutschland vertreten worden. Sie waren damals noch auf einen kleinen Kreis von Professoren, Gymnasiallehrern und wenigen Kaufleuten beschränkt. Praktisch-politische Konsequenzen hatten sie nur während eines Jahres (1884/85) gehabt, als Bismarck in einer günstigen Situation vorübergehend aktive Kolonialpolitik betrieb (s. Kap. 10). Aber im ganzen hatte Bismarck die Bahnen einer vorsichtigen europäischen Sicherungspolitik nicht verlassen. Er wußte, wie gefährdet die Lage Deutschlands in Mitteleuropa, umgeben von drei Großmächten, war. Und er wußte, daß Deutschland seine ganze Aufmerksamkeit und Kraft brauchte, um sich zwischen diesen drei Großmächten zu behaupten. Danach hatte er seine Politik ausgerichtet und sich bemüht, eine gegen Deutschland gerichtete große Koalition zu verhindern. Bismarcks Nachfolgern war der »cauchemar des coalitions« fremd. Nicht daß sie die Gefahr der Zweifrontenbedrohung Deutschlands durch ein französisch-russisches Bündnis übersehen hätten. Jedoch wurde das Problem des Zweifrontenkrieges in erster Linie als ein militärisch-operatives Problem betrachtet. Die Leiter der deutschen Außenpolitik seit 1890 hielten – das zeigen die Akten des Auswärtigen Amtes – bis zur englisch-französischen Entente 1904 den Gegensatz zwischen England einerseits, Frankreich und Rußland andererseits für gewichtiger als die Spannung zwischen der russisch-französischen Entente und Deutschland. Sie glaubten, daß Deutschland infolge der »unüberwindlichen« Gegensätze zwischen England und den kontinentalen Flügelmächten außenpolitisch freie Hand habe und abwarten könne. Wenn die deutsche Politik nun diese Situation der vermeintlich freien Hand nutzte, um zu weltpolitischer Bewegung überzugehen, so lag dem *kein durchdachtes imperiales Programm* zugrunde – solche Programme sind von der amtlichen Politik erst im Ersten Weltkrieg aufgestellt worden –, sondern einfach das Bestreben, Deutschlands Stimme bei der Aufteilung der Erde zur Geltung zu bringen und bei kolonialen Neuerwerbungen anderer Mächte »Kompensationen« zu erwerben, damit Deutschland gegenüber den andern nicht ins Hintertreffen gerate. Deutschland sollte eben auch Weltmacht sein wie England, Frankreich und Rußland[5].

Die neue deutsche Weltmachtpolitik wurde von einer kräftigen *Publizistik* unterstützt. Träger dieser Publizistik waren in erster Linie die imperialistischen Agitationsverbände: die »Deutsche Kolonialgesellschaft« (1888 gegründet als Nachfolger des »Deutschen Kolonialvereins«), der »Alldeutsche Verband« (1891 gegründet) und der »Flottenverein« (1898 gegründet). An der Gründung der Agitationsverbände waren führende Industrielle und Mitglieder des Centralverbandes Deutscher Industrieller beteiligt, jedoch war der Einfluß des

Centralverbandes auf die Tätigkeit der Agitationsverbände ziemlich gering. In diesen Verbänden gab das Bildungsbürgertum (Professoren und Lehrer vor allem) den Ton an. Die stärkste Wirkung hatte der *Flottenverein* mit über einer Million Mitgliedern. Er hatte auch enge Beziehungen zu den staatlichen Behörden. Der radikal chauvinistische *Alldeutsche Verband* kam über eine Mitgliederzahl von 40 000 nicht hinaus. Gegenüber seiner radikalen Agitation bewahrten Regierung und Centralverband Distanz. Während der Centralverband Deutscher Industrieller auf die Publizistik der Agitationsverbände nur geringen Einfluß ausübte, brachte er seine imperialistischen Vorstellungen in wirtschaftlichen Vereinen zur Geltung, die nicht in der Öffentlichkeit publizistisch wirkten, sondern den Kontakt mit Behörden pflegten: im »Kolonialwirtschaftlichen Komitee« (gegründet 1896) und im »Mitteleuropäischen Wirtschaftsverein« (gegründet 1904)[6].

Auch von der Wissenschaft, von *Historikern und Nationalökonomen*, wurde eine imperiale deutsche Politik proklamiert. Historiker wie Heinrich v. Treitschke, Max Lenz, Erich Marcks sahen in deutscher Weltmachtpolitik die kontinuierliche Fortsetzung preußisch-deutscher Politik. So wie einst Preußen in der Auseinandersetzung mit Österreich zur deutschen Großmacht, in der Auseinandersetzung mit Frankreich zur europäischen Großmacht aufgestiegen war, sollte nun Deutschland in Rivalität zu England zur Weltmacht aufsteigen. Unter den Nationalökonomen begründete Max Weber in seiner Freiburger Antrittsvorlesung ›Der Nationalstaat und die Volkswirtschaftspolitik‹ (1895), von den wirtschaftlichen und sozialen Bedingungen ausgehend, eine nationale Machtpolitik, die bei ihm jedoch mit sozialer Reformpolitik verbunden sein sollte[7].

Nicht nur im Kurs der deutschen Außenpolitik vollzog sich 1890 ein Wandel, sondern auch in der Form ihrer Leitung. Bis dahin war die auswärtige Politik allein vom Reichskanzler geleitet worden. Nach Bismarcks Sturz war sie ein Kompromiß der Meinungen des Kaisers, des jeweiligen Kanzlers, des jeweiligen Staatssekretärs des Auswärtigen Amts und des Vortragenden Rates im Auswärtigen Amt, Holstein. *Friedrich v. Holstein* war unter den deutschen Außenpolitikern nach 1890 der scharfsinnigste. Er hat bis zu seiner Entlassung (1906) und noch darüber hinaus auf die deutsche Diplomatie einen starken Einfluß ausgeübt, insbesondere durch seine scharf zugespitzten Analysen der jeweiligen Lage. Er war von der Unvermeidlichkeit des deutsch-russischen Gegensatzes überzeugt und strebte eine Festigung des Dreibundes durch Verbindung mit England an. Er glaubte jedoch, daß die Zeit noch schneller gegen England arbeite als gegen Deutschland und daß daher England um Deutschland werben müsse, nicht Deutschland um England. So groß auch Holsteins Einfluß auf die deutsche Außenpolitik war, so kann man ihn doch nicht als deren eigentlichen Leiter bezeichnen; denn er besaß in seiner Stellung nicht die Macht, der deutschen Politik die von ihm gewünschte Richtung zu geben[8]. Da seit dem Sturz Bismarcks die einheitliche außenpolitische Leitung fehlte, ging der von Bismarck behauptete Primat der politischen Führung gegenüber der militärischen verloren. Reichsmarineamt und Generalstab, Militär- und Marineattachés trieben in zunehmendem Maße Sonderpolitik. Sie wurden dabei durch ihre Immediatstellung zum Kaiser und durch die Vorliebe Wilhelms II. für seine militärischen Berater gestützt. Als 1895 das Auswärtige Amt den Militärattaché in Rom in seine Schranken weisen wollte, wurde dieser von Wilhelm II. gedeckt: »Er ist mein Kamerad und Flügeladjutant! Wird er noch weiterhin schlecht behandelt oder sekkiert, so haue ich auch im Auswärtigen Amt einmal dazwischen.«[9] Durch diese verschiedenen sich kreuzenden Einflüsse von Kaiser, Kanzler, Holstein, Staatssekretär des Auswärtigen Amts und von den Militärs verlor die deutsche Außenpolitik ihre bisherige Stabilität.

Die erste außenpolitische Entscheidung des »neuen Kurses« war die *Nichterneuerung des Rückversicherungsvertrags*, der im Juni 1890 ablief. Schon am 10. 2. 1890 hatte der russische Botschafter in Berlin, Graf Paul Šuvalov, im Auftrage seiner Regierung die Verlängerung des Vertrags vorgeschlagen. Bismarck hatte sich, im Einverständnis mit Wilhelm II., zu Verhandlungen darüber bereit erklärt. Wenige Stunden vor der Entlassung des Kanzlers (20. März) versuchte Herbert Bismarck noch, der Kanzlerkrise eine Wendung zu geben, indem er Wilhelm II. vorstellte, der russische Botschafter habe nur Vollmacht, mit den beiden Bismarcks über Verlängerung des Rückversicherungsvertrages abzuschließen. Der Kaiser ließ daraufhin Šuvalov zu sich kommen und erklärte ihm, durch den Abgang Bismarcks ändere sich nichts an der traditionellen Hohenzollernpolitik gegenüber Rußland. Auf diese Äußerung hin erhielt Šuvalov von seiner Regierung die Vollmacht, auch mit den neuen Leitern der deutschen Politik abzuschließen;

und zwar wünschte die russische Regierung eine Verlängerung des Vertrages um 6 Jahre, jedoch ohne das »ganz geheime« Zusatzprotokoll. Die neuen Leiter der deutschen Außenpolitik, der Reichskanzler General *Caprivi* und der Staatssekretär des Auswärtigen Amts, Frhr. *Marschall* v. Bieberstein – bisher Staatsanwalt, dann badischer Bundesratsbevollmächtigter –, waren Neulinge in der Diplomatie. Sie stützten sich auf den Rat der Diplomaten aus der Bismarck-Schule: des Unterstaatssekretärs Graf Berchem, der Vortragenden Räte Holstein und Raschdau. Am 25. März trug Berchem seine, Holsteins und Raschdaus Ansicht dem Kanzler in einer Denkschrift vor. Er riet von der Erneuerung des Rückversicherungsvertrages ab; denn dieser widerspreche dem Geist des Dreibundvertrages; er zwinge Deutschland zu einer Schaukelpolitik zwischen Rußland und Österreich-Ungarn; er gebe Rußland freie Hand, den Zeitpunkt eines europäischen Krieges zu bestimmen; und er gebe den Russen ein Dokument in die Hand, durch dessen beabsichtigte oder fahrlässige Bekanntgabe sie die deutschen Beziehungen zu Österreich-Ungarn, Italien, England und der Türkei trüben könnten. Caprivi holte vor seiner Entscheidung noch die Meinung des Botschafters in Petersburg, v. Schweinitz, ein. Als auch dieser sich gegen die Verlängerung des Vertrages aussprach (27. März), schlug Caprivi dem Kaiser vor, den Vertrag nicht zu verlängern (27. März). Wilhelm II., der sich ja zunächst für die Verlängerungsverhandlung eingesetzt hatte, stimmte widerstrebend zu (»Nun, dann geht es nicht, so leid es mir tut.«) Am 28. März wurde Šuvalov mitgeteilt, Deutschland wolle zwar nach wie vor die besten Beziehungen zu Rußland unterhalten, müsse sich aber infolge des Personenwechsels vorerst ruhig verhalten und könne daher keine weitgehenden Abmachungen treffen und den Vertrag nicht erneuern. Damit waren die Verhandlungen noch nicht beendet. Der russische Außenminister Giers legte größten Wert auf ein schriftliches Abkommen mit Deutschland und war daher bereit, auf alle Bestimmungen des Rückversicherungsvertrages zu verzichten, die Deutschland als kompromittierend auffassen könnte; so wollte er außer dem Zusatzprotokoll auch den Artikel II fallen lassen, in dem das Reich den vorwaltenden Einfluß Rußlands in Bulgarien anerkannt hatte. Holstein, Caprivi und Marschall sprachen sich aber auch gegen einen entschärften Vertrag aus, da nach ihrer Ansicht allein die Tatsache eines deutsch-russischen Vertrages zerstörend auf die übrigen deutschen Vertragsverhältnisse wirken werde (20./22. Mai). Caprivi sah überdies in der öffentlichen Meinung, die vor allem in Rußland gegen eine deutsch-russische Entente eingenommen sei, ein Hindernis für ein wirksames deutsch-russisches Abkommen. Während nun Holstein vorschlug, die Verhandlungen dilatorisch zu führen und die russische Regierung durch unerfüllbare deutsche Wünsche (z. B. Veröffentlichung des Vertrages) in die Rolle des Ablehnenden zu manövrieren, wünschte Caprivi reinen Tisch und ließ Giers mitteilen, daß die Angelegenheit definitiv erledigt sei (Ende Mai 1890). Trotzdem unternahm Giers nach dem günstig verlaufenen Kaiserbesuch in Petersburg (August 1890) noch einen Versuch, eine schriftliche Vereinbarung zu erlangen. Er schickte seine Aufzeichnungen über den Inhalt seiner Unterredung mit Wilhelm II. an Caprivi (23. August), in der Hoffnung, daß dieser schriftlich zustimmen werde. Caprivi stimmte mündlich gegenüber Šuvalov zu, weigerte sich aber, seine Zustimmung schriftlich zu fixieren. Das Verhalten der deutschen Regierung erweckte in Petersburg den Eindruck eines deutschen Kurswechsels. Dabei war nicht die bloße Ablehnung der Erneuerung des Rückversicherungsvertrages ausschlaggebend, sondern die brüske Form, in der jede Abmachung verweigert wurde[10].

Der Eindruck eines deutschen Kurswechsels wurde in Petersburg dadurch verstärkt, daß Deutschland zur gleichen Zeit, da es einen Vertrag mit Rußland definitiv ablehnte, den *Helgoland-Sansibar-Vertrag* mit England schloß (1. 8. 1890). In diesem Vertrag trat Deutschland in Ostafrika das Sultanat Witu und den deutschen Teil der Somaliküste an England ab. Es räumte den Engländern das Protektorat über die Insel Sansibar und deren Nebeninseln ein. Dafür trat England die Insel Helgoland an Deutschland ab und gewährte für Deutsch-Südwestafrika einen Zugang zum Sambesi, den »Caprivi-Zipfel«. Daneben wurde die Grenze zwischen Togo und der britischen Goldküste reguliert und den Engländern abgabenfreier Durchzug durch Deutsch-Ostafrika auf der sogen. Stevenson-Straße zugesichert. Dieser Vertrag war das Ergebnis von Verhandlungen zur Bereinigung deutsch-englischer Kolonialstreitigkeiten, die schon Bismarck im Zusammenhang mit seinem Bündnisangebot an Salisbury (1889) eingeleitet hatte[11]. Während jedoch Bismarck die Verhandlungen abwartend geführt hatte, um einen besseren Preis von den Engländern zu erzielen, drängten Caprivi und Marschall auf einen schnellen Abschluß; denn sie

sahen Helgoland als unentbehrliches Bollwerk vor der Elb-
mündung und dem Westausgang des im Bau befindlichen Nord-
Ostsee-Kanals an und wünschten ein baldiges Abkommen mit
England, da sie die Gegnerschaft mit Rußland für unvermeid-
bar hielten. Obgleich der Vertrag beiden Partnern wichtige
Verbesserungen einbrachte, stieß er in beiden Ländern auf
heftige Kritik. Sowohl in England als auch ganz besonders in
Deutschland glaubte die öffentliche Meinung, der eingehan-
delte Vorteil sei mit einem zu hohen Preis bezahlt worden.
Die deutsche Kritik wurde dadurch verstärkt, daß der ge-
stürzte Bismarck ihr seine Stimme lieh. Die deutsche Protest-
bewegung führte 1891 zur Organisation der deutschen Na-
tionalisten im Alldeutschen Verband.

Deutschlands Abkehr vom Rückversicherungsvertrag und
der Helgoland-Sansibar-Vertrag erweckten in Petersburg den
Eindruck einer deutschen Option für England, gegen Rußland.
Dieser Eindruck entsprach auch der allgemeinen Richtung der
neuen deutschen Außenpolitik. Dadurch wurde die *russisch-
französische Annäherung* gefördert, die schon in den letzten Jahren der Bismarck-Zeit begonnen hatte. Die gebildeten Schichten in Rußland waren in ihrer überwältigenden Mehrheit
frankophil, und ein großer Teil des russischen Offizierskorps
sah in Frankreich den natürlichen Verbündeten gegen die miteinander verbündeten mitteleuropäischen Großmächte. Seitdem Bismarck Ende 1887 den deutschen Kapitalmarkt für
russische Anleihen gesperrt hatte, deckten die Russen ihre
Anleihen bei französischen Banken (von 1888 bis 1896 erhielt
Rußland $5^1/_2$ Milliarden Franken französischer Anleihen). Trotz
dieser finanziellen Bindung gingen die russisch-französischen
Verhandlungen nur zögernd voran, da noch keine Interessengemeinschaft zwischen beiden Mächten bestand; denn Frankreich wünschte eine Abmachung, deren Spitze gegen Deutschland gerichtet war, während Rußland seinen Hauptgegner auf
dem Kontinent in Österreich-Ungarn sah, mit dem Frankreich
keine gemeinsame Grenze hatte. Erst die *Erneuerung des Dreibundes* (6. 5. 1891) brachte die festgefahrenen Verhandlungen
der beiden Mächte weiter. Bei der Erneuerung des Dreibundes
war Deutschland auf die italienischen Wünsche in Nordafrika
eingegangen, um ein Abspringen Italiens vom Dreibund zu
verhindern, und hatte Italien für den Fall einer weiteren französischen Expansion in Nordafrika oder einer Aufteilung der
Türkei die deutsche Hilfe bei der Erwerbung von Tripolis zu-

gesichert. Der Dreibundvertrag war zwar geheim, aber der italienische Ministerpräsident Rudini hatte vor der italienischen Kammer die Vertragserneuerung bekanntgegeben und gleichzeitig in Andeutungen von der englisch-österreichisch-italienischen Mittelmeerentente gesprochen. Auf eine Anfrage im englischen Unterhaus bestritt zwar der Unterstaatssekretär Fergusson eine Verbindung Englands mit dem Dreibund, bestätigte aber das gemeinsame Interesse Englands, Österreich-Ungarns und Italiens an der Aufrechterhaltung des status quo »im Mittelmeer und den angrenzenden Gewässern«. Bei der russischen Regierung rief diese Interessengemeinschaft Englands mit dem Dreibund ein Gefühl der Bedrohung und Isolierung hervor. Das gab den russisch-französischen Verhandlungen neuen Auftrieb. Immerhin zogen sie sich wegen der unterschiedlichen Interessen noch bis zum August 1892 hin, ehe am 18. 8. 1892 von dem russischen Generalstabschef Obručev und dem stellvertretenden französischen Generalstabschef Boisdeffre die *russisch-französische Militärkonvention* unterzeichnet wurde. Darin verpflichteten sich die beiden Partner zur sofortigen beiderseitigen Mobilmachung, falls eine der Dreibundmächte mobil machen sollte; für den Fall, daß Frankreich von Deutschland oder von Italien im Bunde mit Deutschland angegriffen würde, sollte Rußland alle verfügbaren Streitkräfte (1 300 000 Mann) zum Entlastungsangriff gegen Deutschland führen. Die Ratifizierung der Konvention wurde durch den Panama-Skandal (November 1892) verzögert, der das Mißtrauen des Zaren Alexander III. gegenüber der Stabilität der französischen Republik und gegenüber dem Bündniswert Frankreichs noch einmal aufflammen ließ. Diese Krise wurde dadurch beendet, daß Caprivi im Herbst 1893 einen heftigen Zollkrieg gegen Rußland begann, um einen für den deutschen Industrie-Export nach Rußland günstigen Handelsvertrag zu erzwingen (s. Kap. 18). Jetzt erst gab der Zar seine Vorbehalte gegen die französische Allianz auf und ratifizierte die Militärkonvention (27. 12. 1893)[12]. Damit war die Isolierung Frankreichs, auf die es Bismarck so sehr angekommen war, aufgehoben. Die deutsche Politik hat das Zustandekommen des russisch-französischen Vertrages gefördert, und Deutschland saß nun in der Zange zwischen den beiden verbündeten Flügelmächten. Ob Deutschland diese Entwicklung auf die Dauer hätte verhüten können, ohne Österreich-Ungarn preisgeben zu müssen, ist eine Frage, die nicht entschieden werden kann.

Infolge der verstärkten Zweifrontenbedrohung war Deutschland nun besonders auf ein gutes *Verhältnis zu England* angewiesen. Die mit dem Helgoland-Sansibar-Vertrag angeknüpften guten Beziehungen blieben aber nur wenige Jahre ungetrübt. Zunächst hofften Caprivi, Marschall und der deutsche Botschafter in London, Hatzfeldt, diese Beziehungen bis zum Beitritt Englands zum Dreibund ausbauen zu können. Der englisch-französische Konflikt um das Tal des Mekong in Hinterindien im Sommer 1893 schien ihnen eine günstige Gelegenheit dazu zu bieten; aber die vorsichtigen Anregungen einer vertraglichen Bindung Englands an den Dreibund wurden von der seit 1892 amtierenden liberalen Regierung Gladstone mit äußerster Zurückhaltung aufgenommen. Marschall und Holstein folgerten daraus, nunmehr müsse Deutschland den Engländern zeigen, daß England auf den guten Willen Deutschlands angewiesen sei, daß es ohne Deutschland isoliert sei und daß Deutschland England auch schaden könne. Sie glaubten, damit auf lange Sicht England an die Seite Deutschlands zwingen zu können. Seit dem Herbst 1893 setzte nun eine zunehmende Verschlechterung der deutsch-englischen Beziehungen ein, die sich in fortgesetzten kolonialpolitischen Reibereien äußerte. Diese Abkühlung des deutsch-englischen Verhältnisses entstand nicht nur aus dem Bestreben Marschalls und Holsteins, England zu zeigen, daß es auf Deutschland angewiesen sei, sondern auch aus der *neuen kolonial- und weltmachtpolitischen Aktivität Deutschlands*. Wilhelm II., Marschall und Holstein waren die Initiatoren dieser Politik[13]. Caprivi wollte, da er den russisch-französischen Zweifrontendruck stärker einschätzte als der Kaiser, Marschall und Holstein, politische Zusammenstöße mit England vermeiden. Er konnte sich jedoch nicht durchsetzen. So ging Deutschland trotz der Zweifrontenbedrohung zu kolonialpolitischer Aktivität und *weltpolitischer Rivalität mit England über*.

Dies zeigte sich zunächst im Herbst 1893 im Pazifik. Deutschland wünschte die Gruppe der *Samoa-Inseln*, über die seit 1889 eine gemeinsame deutsch-englisch-amerikanische Schutzherrschaft bestand, ganz für sich zu erwerben. Da die englische Regierung diesen Wunsch ablehnte, beschloß man in Berlin, sich den kolonialpolitischen Gegnern Englands zu nähern. Dazu bot das englische Projekt einer Bahn- und Telegraphenlinie vom Kap nach Kairo einen willkommenen Ansatzpunkt. England wollte diese Bahnlinie ganz unter englischem Einfluß halten und schloß mit dem Kongostaat einen Vertrag (12. 5. 1894), in dem England aus den Beständen des alten ägyptischen Reiches im Sudan das Gebiet zwischen dem Oberlauf des Nils und der Grenze der französischen Kongokolonie an den Kongostaat abtrat und dafür von diesem als Pachtgebiet einen 25 km breiten Streifen erhielt, der die Landverbindung zwischen Rhodesia und Uganda darstellte. Dieser Vertrag störte die deutschen und die französischen Interessen. Deutschland legte Wert darauf, daß die Kap-Kairo-Bahn nicht nur durch englisches Gebiet führte, sondern auch durch Deutsch-Ostafrika. Frankreich hatte die Absicht, von seiner Kongokolonie aus in den Sudan bis zum oberen Nil vorzustoßen; durch die Übertragung des südwestlichen Sudanzipfels an den Kongostaat wurde ihm dieser Weg verbaut. So verständigten sich Deutschland und Frankreich zu gleichzeitigen Protestschritten in London. Den völkerrechtlichen Grund dazu bot die Kongoakte von 1885, welche die Gleichberechtigung aller Signatarmächte im Hinblick auf Handel und Verkehr im Kongobecken festsetzte und Privilegien verbot. Die englische Regierung gab dem deutschen und französischen Protest nach und machte den Vertrag vom 12. 5. 1894 rückgängig. Dieser Rückzug wurde in England als Demütigung empfunden und vor allem der deutschen Intervention zur Last gelegt. Auch in Südafrika traten sich Deutschland und England in dieser Zeit als Rivalen gegenüber: Eine deutsch-niederländische Kapitalgesellschaft baute eine Bahnlinie von Pretoria, der Hauptstadt der Burenrepublik Transvaal, nach dem Hafen Lourenço Marques in Portugiesisch-Ostafrika. Cecil Rhodes, der Premierminister der britischen Kapkolonie, versuchte, diese Bahn unter starkem Druck auf die Buren in die Hand einer englischen Gesellschaft zu bringen; denn er wollte den Burenrepubliken den Zugang zum Meer versperren. Vor dem deutschen Protest mußte Rhodes seinen Versuch aufgeben. So war innerhalb eines knappen Jahres zwischen Deutschland und England eine kolonialpolitische Rivalität entstanden, die in der internationalen Politik ein neues Moment war[14].

Die *deutsch-englische Entfremdung* wurde dadurch verschärft, daß Deutschland sich seit Ende 1894 wieder Rußland näherte. Die *Annäherung an Rußland* war als Druckmittel gegen England gedacht, einmal, um Deutschlands kolonialpolitischen Wünschen Nachdruck zu verleihen, zum andern, um England zu zeigen, daß Deutschland die Freiheit der Wahl zwischen England und dessen Gegnern habe. Der Thronwechsel in Rußland (1. 11. 1894) und der Kanzlerwechsel in Deutschland (26./29. 10. 1894) erleichterten die Annäherung an Rußland. Der neue russische Zar Nikolaus II. stand im Gegensatz zu seinem Vater in einem vertrauten Verhältnis zu Wilhelm II., seinem Vetter; und dieser meinte, er könne den russischen Zaren und über ihn die russische Regierung im Sinne der deutschen Politik beeinflussen. Der neue deutsche *Reichskanzler* Chlodwig Fürst zu *Hohenlohe-Schillingsfürst* war nicht wie Caprivi von der Unvermeidlichkeit des deutsch-russischen Gegensatzes überzeugt. Überdies war Hohenlohe mit dem russischen Hochadel verschwägert und hatte selbst großen Grundbesitz in Rußland.

Die deutsch-russische Annäherung zeigte sich zum erstenmal im Frühjahr 1895 in der *Ostasienpolitik*. Im Juni 1894 waren in Korea Unruhen ausgebrochen. Japanische und chinesische Truppen waren in Korea gelandet. Dabei war es zum Krieg zwischen Japan und China gekommen, in dem die Japaner militärisch eindeutig die Oberhand behielten. China rief (November 1894 und Februar 1895) die europäischen Mächte um Friedensvermittlung an. Zunächst befürwortete England eine gemeinsame diplomatische Intervention der europäischen Mächte. Diese scheiterte aber an der Zurückhaltung Deutschlands und Rußlands. Während England in der Folgezeit seine Interventionsabsicht völlig aufgab, da es sich überzeugt hatte, daß die englischen Handelsinteressen in China durch Japan nicht geschädigt würden und daß überdies Japan im Fernen Osten ein geeignetes Gegengewicht gegen Rußland sein könnte, traten im März Rußland und Deutschland aus ihrer bisherigen Zurückhaltung hervor. Rußland wollte verhindern, daß die Japaner im Friedensvertrag chinesischen Festlandbesitz erwarben und die russische Einflußsphäre im nördlichen China störten. Deutschland befürchtete, daß große japanische Gebietsgewinne die übrigen Mächte zur Okkupation von Stützpunkten in China veranlassen würden. Der Kaiser, das Reichsmarineamt und Marschall meinten, daß dann auch Deutschland einen chinesischen Stützpunkt besetzen müsse und dabei in die Gefahr einer kriegerischen Verwicklung geraten könne. Wilhelm II. sah ferner in der militärischen Machtentfaltung der Japaner den Beginn einer machtpolitischen Einigung Ostasiens unter japanischer Führung, den Anfang eines asiatischen Imperiums, das künftig eine Bedrohung für die europäischen Mächte werden könne. Er glaubte, dieser »gelben Gefahr«

rechtzeitig entgegentreten zu müssen. Dem Zaren stellte er vor, Rußland und Deutschland müßten gemeinsam die Hüter des Abendlandes gegen die »gelbe Gefahr« sein. In der für ihn charakteristischen Mischung emotionaler und rationaler Momente verfolgte er dabei auch den Zweck, Rußland in Ostasien zu engagieren, um es vom Balkan abzulenken und den russischen Druck auf Österreich-Ungarn abzuschwächen. Nachdem Japan am 17. 4. 1895 im Frieden von Schimonoseki China zur Abtretung von Formosa und seinen Nachbarinseln und zur Abtretung der Halbinsel Liaotung gezwungen hatte, forderten am 23. 4. 1895 Deutschland und Rußland von den Japanern den Verzicht auf chinesischen Festlandbesitz. Frankreich schloß sich der Intervention an, um Rußland nicht allein mit Deutschland agieren zu lassen. Der Protestschritt der drei Mächte veranlaßte die japanische Regierung, auf den Gewinn der Halbinsel Liaotung zu verzichten (5. 5. 1895). Der deutsche Protest war schärfer und drohender ausgefallen als derjenige der beiden anderen Mächte, obwohl Deutschland keine besonderen politischen Interessen in Ostasien zu verteidigen hatte und durch Handel, militärische und technische Instrukteure bisher engere Beziehungen zu Japan gehabt hatte als die übrigen europäischen Staaten. Um so unverständlicher war den Japanern die Schärfe der deutschen Intervention. Infolge der politischen Niederlage durch die drei Interventionsmächte suchte Japan engere Anlehnung an England, die 1902 zu einem englisch-japanischen Defensivbündnis führte[15].

Im Fernen Osten waren *Deutschland und England* zwar nicht als Rivalen gegeneinander aufgetreten; aber ihre Politik war völlig verschiedene Wege gegangen, und außerdem hatte Deutschland gemeinsam mit Englands alten Gegnern Frankreich und Rußland agiert. An die Stelle deutsch-englischer Freundschaft in den ersten Jahren des »neuen Kurses« war ein beiderseitiges Mißtrauen getreten. Das zeigte sich, als Salisbury – das liberale Kabinett war im Juni 1895 durch eine konservative Regierung unter Salisbury abgelöst worden – im Sommer 1895 dem deutschen Botschafter und auch Wilhelm II. bei dessen Englandbesuch Pläne zu einer Aufteilung der Türkei vortrug. Salisbury hatte die Überzeugung gewonnen, daß die Türkei nicht mehr lebensfähig sei und auf die Dauer nicht würde erhalten werden können. Er dachte nicht an eine sofortige, gewaltsame Aufteilung der Türkei, sondern an eine rechtzeitige Klärung der Interessensphären der einzelnen Mächte

für den von ihm erwarteten Zusammenbruch des Osmanen-
reiches. Auf deutscher Seite hatte man den Eindruck, daß England einen Balkanbrand entfesseln wolle. Daher fiel die ablehnende Antwort Wilhelms II. schärfer aus, als es die Sache
erforderte. Trotz den Rivalitäten und Mißverständnissen mit
England hielten Wilhelm II. und die deutsche Regierung an
dem Ziel fest, England mit dem Dreibund zu verbinden. Im
Herbst 1895 schlug der Kaiser zweimal dem englischen Militärattaché ein Bündnis Englands mit dem Dreibund vor. Beide
Vorschläge wurden von London mit Schweigen übergangen.
Das führte Marschall und Holstein zu neuen Erwägungen, wie
man England zeigen könne, daß es Deutschland brauche und
daß es am Reich gegebenenfalls einen unangenehmen Gegner
haben könne.

In dieser Situation traten die *deutsch-englischen Beziehungen*
durch den »Jameson-Raid« und die deutsche Reaktion darauf
in eine heftige *Krise*. In der Burenrepublik Transvaal war in den
letzten Jahren das Nationalitätenverhältnis unter der weißen
Bevölkerung zu Ungunsten der Buren verschoben worden,
weil der rasch anwachsende Edelmetallbergbau um Johannes-
burg viele Ausländer, meist Briten, anlockte. Die Buren ver-
weigerten den »Uitlanders« das gleiche Wahlrecht, in der
Furcht, von ihnen überstimmt zu werden. Zur Durchsetzung
ihrer Forderung auf politische Gleichberechtigung gründeten
die »Uitlanders« ein Reformkomitee. Im Einverständnis mit
diesem Komitee fiel Ende 1895 Dr. Jameson von der Kapkolonie aus mit 800 Freiwilligen in Transvaal ein. Jameson
handelte wahrscheinlich im Einverständnis mit Cecil Rhodes,
aber jedenfalls ohne Zustimmung der englischen Regierung.
Er wurde von den Buren vollständig geschlagen und gefangen-
genommen (2. 1. 1896). Auf Drängen Wilhelms II. reagierte
die deutsche Regierung sehr scharf auf diesen Zwischenfall.
Der deutsche Botschafter in London erhielt Weisung, bei
Salisbury anzufragen, ob die englische Regierung den Friedens-
bruch billige und welche Maßnahmen sie zu ergreifen gedenke.
Salisbury versicherte, daß seine Regierung an dem Unternehmen Jamesons nicht beteiligt sei. Trotz der beruhigenden Erklärung Salisburys unternahm die deutsche Regierung noch
eine Demonstration gegen England in der *Krüger-Depesche*. In
ihr beglückwünschte der Kaiser den Präsidenten der Republik
Transvaal, Krüger, daß es ihm gelungen sei, »ohne an die
Hilfe befreundeter Mächte zu appellieren«, die »Unabhängig-

keit des Landes gegen Angriffe von außen zu wahren«. Das war eine deutliche Spitze gegen England; denn Deutschland erklärte sich dadurch zur befreundeten Macht der Buren und erkannte Transvaal als unabhängigen Staat an, während nach englischer Auffassung die beiden Burenrepubliken – Transvaal und Oranje-Freistaat – zwar autonom im Innern, aber Glieder des Britischen Empire sein und unter englischer Oberhoheit stehen sollten. Die Entstehung des Krüger-Telegramms ist nicht mit letzter Sicherheit geklärt. Wahrscheinlich hat Wilhelm II. ursprünglich ein noch schärferes Vorgehen – Erklärung des deutschen Protektorats über Transvaal – gewünscht, und Marschall hat dann, um den Kaiser davon abzubringen, den Ausweg des Telegramms vorgeschlagen[16]. Die Krüger-Depesche wurde in England als unzulässige Einmischung in innere Angelegenheiten des Empires aufgefaßt und hat die englische öffentliche Meinung nachhaltig gegen die deutsche Politik eingenommen. Die Folgen der englischen Verstimmung bekamen zunächst die Dreibundpartner Deutschlands zu spüren. Italiens Versuch, ein Protektorat über Abessinien zu errichten, blieb ohne englische Rückendeckung. Der erste italienische Versuch zur Errichtung eines ostafrikanischen Kolonialreiches endete mit der schweren Niederlage gegen die Abessinier bei Adua (1. 3. 1896). Das formelle Ersuchen Österreich-Ungarns und Italiens um Erneuerung der Mittelmeer-Entente von 1887 wurde im Februar 1896 von Salisbury abgelehnt. Diese Schwächung der Dreibundpartner durch die deutsch-englische Rivalität wurde immerhin für Österreich-Ungarn dadurch wettgemacht, daß Rußland sich tatsächlich, wie man in Berlin gewünscht hatte, auf längere Zeit in Ostasien engagierte und dadurch der russische Druck auf Österreich-Ungarn nachließ. Bei einem Besuch des Kaisers Franz Joseph in Petersburg erzielten die beiden Monarchen und ihre Außenminister Einverständnis darüber, daß der status quo auf dem Balkan erhalten werden solle. Das augenblickliche Einvernehmen mit Rußland gegen England gedachte Wilhelm II. zu einem kolonialpolitischen *Kontinentalbund*, unter Einschluß Frankreichs gegen England auszubauen. Wilhelm II. hoffte durch kolonialpolitische Zusammenarbeit mit Frankreich gegen den gemeinsamen Rivalen England die deutsch-französische Gegnerschaft auf dem Kontinent allmählich überwinden zu können. Gleichzeitig mit der Krüger-Depesche erfolgte ein deutscher Vorschlag an Paris zu gemeinsamem kolonialpolitischem Vorgehen. Dieser Vorschlag blieb nicht nur unerwidert, sondern wurde von Paris auch nach London gemeldet[17].

Gestützt auf die Zusammenarbeit mit Rußland in Ostasien suchte Deutschland auch hier machtpolitisch Fuß zu fassen mit der *Erwerbung von Kiautschou* (November 1897). Schon während der Intervention gegen Japan (Frühjahr 1895) hatte das Reichsmarineamt die Erwerbung eines Flottenstützpunktes in China ins Auge gefaßt. Der damalige Chef der deutschen Kreuzerdivision in Ostasien, Tirpitz, hatte die Bucht von Kiautschou mit dem Hafen Tsingtau als besonders geeignet befunden. Die Ermordung zweier deutscher Missionare in China (November 1897) lieferte den geeigneten Vorwand, als Repressalie Kiautschou zu besetzen. China verpachtete das Gebiet für 99 Jahre an das Reich. Rußland wäre eine deutsche Festsetzung weiter südlich, in der englischen Interessensphäre lieber gewesen; die russische Regierung gab aber schließlich ihr Einverständnis und okkupierte als Kompensation Port Arthur, während die Engländer sich zwischen Tsingtau und Port Arthur in Weihai-wei festsetzten[18].

In den kolonialpolitischen Streitigkeiten mit England hatten der Kaiser und der Chef des kaiserlichen Marinekabinetts, Admiral v. Senden, immer mehr das Fehlen einer starken deutschen Flotte als Hindernis für deutsche Weltmachtpolitik empfunden. Von ihnen ging der Plan zum forcierten *Aufbau einer großen deutschen Flotte* aus. Zur Verwirklichung dieser Pläne wurde der neue Staatssekretär des Reichsmarineamts, *Tirpitz*, ausersehen (18. 6. 1897). Unter ihm begann der planmäßige Ausbau der deutschen Flotte nach einem festen Programm. Das erste Flottengesetz des neuen Staatssekretärs, das am 28. 3. 1898 vom Reichstag angenommen wurde, sah die Verstärkung der Kriegsmarine auf 19 Linienschiffe, 8 Küstenpanzerschiffe, 12 große und 30 kleine Kreuzer vor. Das bedeutete gegenüber dem bisherigen Stand eine Verstärkung um 7 Linienschiffe, 2 große und 7 kleine Kreuzer. Im Gegensatz zum Kaiser, dem eine Kreuzerflotte zum Kaperkrieg vorgeschwebt hatte, legte Tirpitz das Schwergewicht auf die Schlachtflotte. Ihre Aufgabe sah er zunächst darin, im Falle eines Krieges mit Rußland und Frankreich gegen deren Flotten einen defensiven und offensiven Seekrieg zu führen und im Falle eines Krieges gegen England als Ausfallflotte eine Nahblokkade der deutschen Küsten durch die englische Marine zu vereiteln. Daß diese Flottengröße und diese Aufgabenstellung erst als Anfang gemeint war, dem ein weiterer Ausbau folgen sollte, zeigte die von Tirpitz geförderte *Gründung des deutschen Flottenvereins* (April 1898), der den publizistischen Kampf für die Vergrößerung der deutschen Flotte führte[19].

[1] Erste systemat.-krit. Untersuchung d. Imperialismus: J. H. HOBSON, Imperialism (1902, [6]1961). Von der übrigen älteren Lit. sind noch zu nennen: E. MARCKS, Die imperialistische Idee d. Gegenwart, in: Männer u. Zeiten ([5]1918). J. HASHAGEN, Der Imperialismus als Begriff, Weltwirtsch.Arch. (1919). R. KJELLÉN, Die Großmächte u. die Weltkrise ([2]1921). L. S. WOOLF, Economic Imperialism (1920). J. SCHUMPETER, Zur Soziologie d. Imperialismen, Arch. f. Sozialwiss. u. Sozialpol. 46 (1918/19). Auf neuer Forschung beruhen: W. L. LANGER, The Diplomacy of Imperialism ([2]1950). G. W. F. HALLGARTEN, Imperialismus vor 1914 (2 Bde. [2]1963). W. J. MOMMSEN, Das Zeitalter des Imperialismus (1969). Marxistische Imperialismustheorien: R. HILFERDING, Das Finanzkapital (1909, Neuausg. 1947). W. I. LENIN, Der Imperialismus als höchstes Stadium des Kapitalismus (dt. 1917 u. ö.). R. LUXEMBURG, Die Akkumulation d. Kapitals (1912, [2]1921). N. I. BUCHARIN, Imperialismus u. Weltwirtschaft (dt. 1929). Zur Gesch. d. Imperialismustheorien: E. M. WINSLOW, The Pattern of Imperialism, A Study in the Theories of Power (1948). TH. SCHIEDER, Imperialismus in alter u. neuer Sicht, in: Aus Politik u. Zeitgesch. Beilage zu ›Das Parlament‹ 21/60 (1960). Vgl. auch Lit.-Angaben zu Kap. 10.

[2] K. WIEDENFELD, Die Entstehung d. Weltmarktwirtschaft, in: Propyl.-Weltgesch., hg. v. W. GOETZ, Bd. 9 (1933). J. B. ESSLEN, Die Politik d. auswärtigen Handels (1924). C. BRINKMANN, Weltpolitik u. Weltwirtschaft im 19. Jh. ([2]1936). J. GUMPERT, Erscheinungsform u. Wesen d. Imperialismus, Schmollers Jb. 74 (1954).

[3] Nationalism, A Report by the Royal Institute of International Affairs (1939). E. H. CARR, Nationalism and after (1945). E. LEMBERG, Gesch. d. Nationa-

lismus in Europa (1950). R. WITTRAM, Der Nationalismus als Forschungsaufgabe, HZ 174 (1952). J. PLONCARD D'ASSAC, Doctrine du nationalisme (1958). H. KOHN, Die Idee d. Nationalismus (1950).

[4] W. BAGEHOT, Physics and Politics (1859, dt. 1874), erste bedeutende sozialdarwinistische Publikation. H. G. ZMARZLIK, Der Sozialdarwinismus in Dtld. als geschichtl. Problem, Vjh. f. ZG 11 (1963).

[5] W. FRAUENDIENST, Dt. Weltpolitik, Zur Problematik d. Wilhelmin. Reiches, WaG 19 (1959).

[6] J. KUCZYNSKI, Studien zur Gesch. d. dt. Imperialismus (2 Bde. 1948–1950, materialreich, aber einseitig marxistisch u. vereinfachend). O. BONHARD, Gesch. d. Alldt. Verbandes (1920, Selbstdarstellung d. Alldeutschen). A. KRUCK, Gesch. d. Alldt. Verbandes (1954). H. KAELBLE, Industrielle Interessenpolitik in der wilhelmin. Gesellschaft (1967). P. ANDERSON, The Background of Anti-English Feeling in Germany 1890 to 1902 (1939). C. v. FRANÇOIS, Das Kolonialwirtschaftliche Komitee (1934).

[7] L. DEHIO, Ranke u. der dt. Imperialismus, in: ders., Dtld. u. die Weltpolitik im 20. Jh. (1955). H. BUSSMANN, Treitschke, Sein Welt- u. Geschichtsbild (1952). H. v. TREITSCHKE, Vorlesungen über Politik (mehrere Ausg. seit 1897). W. J. MOMMSEN, Max Weber u. die dt. Politik (1959).

[8] Grundlegend für d. Holstein-Forschung: Die geheimen Papiere Friedrich v. Holsteins, dt. Ausg. v. W. FRAUENDIENST (4 Bde. 1956–1963). Beste Holstein-Biographie: N. RICH, Fr. v. Holstein (2 Bde. 1965). Von d. älteren Holstein-Lit. noch wichtig: G. P. GOOCH, Oracle of the Wilhelmstrasse, in: GOOCH, Studies in German History (1948). H. ROGGE, Fr. v. Holstein, Lebensbekenntnis in Briefen an eine Frau

(1932). Ders., Holstein u. Hohenlohe (1957). Ders., Holstein u. Harden (1959).

[9] H. O. MEISNER, Militärattachés u. Militärbevollmächtigte in Preußen u. im Dt. Reich (1957). G. A. CRAIG, Military Diplomats in the Prussian and German Service, The Attachés 1816–1914, Pol. Science Quarterly 64 (1949). A. HASENCLEVER, Militärattaché und Auswärtiges Amt um die Wende von altem und neuem Kurs, VuG 22 (1932).

[10] I. GRÜNING, Die russ. öffentliche Meinung u. ihre Stellung zu den Großmächten 1878–1914 (1929).

[11] M. SELL, Das dt.-engl. Abkommen von 1890 (Diss. Bonn 1925).

[12] In der dt. Forschung sind im allgemeinen die Schwierigkeiten, die der russ.-französ. Allianz auch nach der Nichterneuerung des Rückversicherungsvertrages u. nach dem Helgoland-Sansibar-Vertrag noch im Wege standen, zu wenig berücksichtigt worden. B. E. Baron NOLDE, L'Alliance franco-russe, Les origines du système diplomatique d'avantguerre (1936). G. MICHON, L'Alliance franco-russe (1936). P. RENOUVIN, Les engagements de l'Alliance franco-russe, Rev. d'hist. de la guerre mond. (1945). Ders., L'Allemagne et l'Alliance franco-russe, Bull. de la Soc. d'hist. mod. (1934). B. SCHWERTFEGER, Keimzellen d. französ.-russ. Bündnissystems, Berl. Monatsh. 14 (1936). P. DE BOISDEFFRE, Le général de Boisdeffre et l'alliance franco-russe 1890–1892, Hommes et Mondes (1952). A. J. P. TAYLOR, Les premières années de l'alliance franco-russe, 1892–1895, RH 104 (1950).

[13] E. SCHÜTTE, Frhr. Marschall v. Bieberstein (Diss. Leipzig 1936).

[14] R. BIXLER, Anglo-German Imperialism in South Africa 1880–1900 (1932). R. LOWELL, The Struggle for South-Africa 1875–1899 (1934).

[15] A. VAGTS, Der chines.-japan. Krieg, Europ. Gespräche 9 (1931). H. VINACKE, A History of the Far East in Modern Times (1928). McCORDOCK u. R. STANLEY, British Far Eastern Policy 1894 bis 1900 (1931). PH. JOSEPH, Foreign Diplomacy in China 1889 to 1900 (1938). O. E. SCHÜDDEKOPF, Die Stützpunktpolitik d. Dt. Reiches 1870–1914 (1941). P. OSTWALD, Die Gesch. d. engl.-japan. Bündnisses, GWU 3 (1952). P. MINRATH, Das engl.-japan. Bündnis von 1902 (1933). A. MALOZEMOFF, Russian Far Eastern Policy 1881–1904 (1958).

[16] H. M. HOLE, The Jameson Raid (1930). E. A. WALKER, The Jameson Raid, Cambridge Hist. Journ. 6 (1940); die im Text als wahrscheinlich dargestellte, im allgemeinen in der Forschung anerkannte Genesis der Krüger-Depesche stützt sich auf die Aussagen Hohenlohes und Holsteins, während Wilhelm II. für sich in Anspruch nimmt, zur Absendung der Depesche genötigt worden zu sein. H. ONCKENS Versuch, die Krüger-Depesche nur aus völkerrechtl. Motiven abzuleiten (Das dt. Reich u. die Vorgesch. des Weltkrieges 2), hat in der Forschung keine Zustimmung gefunden.

[17] H. PROWASECK, Der Gedanke einer Kontinentalliga gegen England (Diss. Leipzig 1928).

[18] A. J. IRMER, Die Eroberung von Kiautschou (1930).

[19] H. HALLMANN, Der Weg zum dt. Schlachtflottenbau (1933). H. ROSINSKI, Strategy and Propaganda in German Naval Thought, Brassey's Naval Annual (1945). W. HUBATSCH, Die Ära Tirpitz, Studien zur dt. Marinepolitik 1890 bis 1918 (1955). E. KEHR, Schlachtflottenbau u. Parteipolitik 1894–1901 (1930). F. RUGE, Seemacht u. Sicherheit (³1968). Marine und Marinepolitik, hg. v. H. SCHOTTELIUS u. W. DEIST (1972).

Kapitel 20
Faschoda-Krise
Deutsch-englische Bündnisgespräche

Die deutsch-russische Annäherung (1895–1897), die ihren Höhepunkt in der gemeinsamen Ostasienpolitk und der Besetzung von Kiautschou durch die Deutschen, von Port Arthur durch die Russen gefunden hatte, wurde im Frühjahr 1898 durch eine Phase *deutsch-englischer Annäherungsversuche und Bündnisgespräche* abgelöst. Der Anstoß dazu ging von England aus. Am 29. 3. 1898 erklärte der englische Kolonialminister Joseph Chamberlain, sekundiert vom Schatzsekretär Balfour, dem deutschen Botschafter Graf Hatzfeldt: England müsse seine bisherige Politik der »splendid isolation« aufgeben und sich nach einem Verbündeten umsehen; der natürliche Verbündete für England sei Deutschland, mit dem England zwar kleine Reibereien, aber keine großen Interessengegensätze habe; wenn Deutschland also jetzt zu England stehe, so werde England Deutschland gegen einen Angriff beistehen; das würde einem Beitritt Englands zum Dreibund gleichkommen. Um die deutsche Befürchtung zu zerstreuen, England wolle nur Deutschland gegen Rußland in Ostasien vorschicken, erläuterte Chamberlain, der augenblickliche Besitzstand der Russen solle anerkannt, nur ein weiteres russisches Vordringen in China verhindert werden. In weiteren Gesprächen im April 1898 fügte Chamberlain hinzu, ein deutsch-englisches Bündnis könne nicht nur von Regierung zu Regierung geschlossen, sondern auch durch Zustimmung des englischen Parlaments fest verankert werden. Für den Fall, daß die deutsch-englische Allianz nicht gelinge, kündigte Chamberlain eine Verständigung Englands mit Rußland und Frankreich an. Der *Bündnisvorschlag Chamberlains* war dadurch ausgelöst worden, daß England im Frühjahr 1898 eine Reihe weltpolitischer Verwicklungen erwartete: Man war in London besorgt über das Vordringen der Russen in Ostasien. In Westafrika drohte ein englisch-französischer Konflikt; denn zu gleicher Zeit stießen eine englische Expedition unter Kitchener und eine französische unter Marchand zum oberen Niltal vor. Und schließlich waren die Ziele der britischen Südafrika-Politik noch nicht erreicht.

Das Angebot Chamberlains wurde in Berlin mit größter Skepsis aufgenommen. Der neue Staatssekretär des Auswärtigen Amts, *Bülow*, hielt ein deutsch-englisches Bündnis ohne Ratifizierung durch das englische Parlament für wertlos, da es nur die gerade amtierende englische Regierung binde und mit deren Ablösung hinfällig werde. Die Ratifizierung eines Bündnisses durch das englische Parlament erschien ihm im Augenblick sehr unsicher, da die englische öffentliche Meinung antideutsch, die deutsche antienglisch eingestellt sei. Wenn aber ein Vertrag zwischen beiden Regierungen vereinbart und veröffentlicht werde und das englische Parlament ihn ablehne, dann sei Deutschland gegenüber Rußland schwer kompromittiert und setze sich der Gefahr eines russisch-französischen Präventivkrieges aus, ohne daß England dabei zur Hilfe verpflichtet sei. Bülow glaubte – und darin pflichteten ihm der Kaiser und Holstein bei –, das Risiko einer Vertragsablehnung durch das englische Parlament mit ihren möglichen Konsequenzen brauche Deutschland nicht auf sich zu nehmen; denn Deutschland sei zur Zeit nicht so bedroht, daß es das »Hasardspiel der Vertragsschließung« mit England wagen müsse; dagegen habe England nicht die Wahl des Verbündeten, und wenn man das in London erkannt habe oder wenn Deutschland von Rußland ernstlich bedroht werde, dann werde es Zeit sein, weiter über ein deutsch-englisches Bündnis zu reden. So wurde Hatzfeldt angewiesen, mit der englischen Regierung so zu verhandeln, daß eine Bindung im Augenblick vermieden wurde, aber die Aussicht auf eine spätere Verbindung erhalten blieb. Dabei zeigte sich, daß der englische Bündnisvorschlag lediglich der Initiative Chamberlains, nicht aber der amtlichen englischen Politik entsprang. Balfour, der Chamberlain zunächst sekundiert hatte, distanzierte sich im Verlauf der Gespräche von ihm, und der Premierminister Salisbury erklärte, ebenso wie Bülow, einen Bündnisvertrag im Augenblick für unpraktisch. Wie Bülow der englischen Politik mißtraute, so war Salisbury vom Mißtrauen gegen die deutsche Politik erfüllt. Dies Mißtrauen hatte ihn schon 1889 bei der Ablehnung des Bismarckschen Bündnisangebots geleitet. Damit war die erste Phase der deutsch-englischen Bündnisgespräche ergebnislos abgeschlossen. Die Ursache für die Fruchtlosigkeit dieser Gespräche lag darin, daß beide Regierungen damals kein Bündnis wünschten, weil beide überzeugt waren, noch freie Hand in der Wahl des Partners zu haben[1]. Dies Gefühl veranlaßte Wilhelm II., das Angebot Chamberlains in stark übertriebener Darstellung dem Zaren mitzuteilen und diesen zu fragen: »Nun bitte ich Dich als meinen alten und vertrauten Freund, mir zu sagen, was Du mir bieten kannst und tun willst, wenn ich ablehne« (30. 5. 1898)[2]. Nikolaus II. bot in seiner Antwort gar nichts, sondern teilte mit, er habe drei Monate vorher ebenfalls ein verlockendes Angebot von England erhalten und habe es abgelehnt. Das war eine ebenfalls stark übertriebene Darstellung des englischen Versuchs, mit Rußland zu einer Abgrenzung der beiderseitigen Interessensphären in China und in der Türkei zu kommen (Januar 1898). Die Antwort des Zaren war darauf berechnet, Deutschlands Mißtrauen gegen England zu nähren, und dies Ziel wurde auch erreicht. Bülow und Wilhelm II. zogen aus der Antwort des Zaren lediglich den Schluß, daß gegenüber England doppelte Vorsicht geboten sei. Wenn Nikolaus II. auf die eigentliche Frage Wilhelms II. nicht einging, so zeigte das, daß Deutschland nicht mehr die freie Wahl zwischen England und Rußland hatte, wie Bülow glaubte. Auf diese Interpretation kam man in Berlin nicht, weil man den Gegensatz Englands zu Rußland für unüberbrückbar hielt.

Wenn auch die deutsch-englischen Bündnisgespräche zu keiner gegenseitigen Bindung führten, so brachten sie doch wenigstens ein *kolonialpolitisches Abkommen* hervor (30. 8. 1898): Für den Fall, daß Portugal angesichts seiner chronischen Finanznot gezwungen sein würde, für eine Anleihe die Zolleinnahmen seiner beiden großen afrikanischen Kolonien zu verpfänden, sollte Portugal diese Anleihe von England und Deutschland erhalten; dabei sollten Deutschland die Zolleinnahmen von Süd-Angola und Nord-Mozambique, England die Zolleinnahmen von Nord-Angola und Süd-Mozambique verpfändet werden. Falls Portugal die beiden Kolonien verkaufen müßte, sollten Deutschland und England die Gebiete, deren Zolleinkünfte ihnen verpfändet wären, definitiv erwerben. Der Einmischung einer dritten Macht wollten sie gemeinsam entgegentreten. In Deutschland und England wurde dieser Vertrag unterschiedlich interpretiert, und das führte zu neuen Mißverständnissen: Während man in Berlin meinte, die Veräußerung der portugiesischen Kolonie solle durch Druck auf Portugal künstlich beschleunigt werden, sah die englische Regierung in dem Abkommen nur eine Verabredung für den Fall, daß Portugal von sich aus die Kolonien verkaufen wollte. Daher erhielt die portugiesische Regierung bald darauf eine Anleihe auf dem Londoner Kapitalmarkt, ohne daß die Zolleinkünfte der Kolonien als Pfand gefordert wurden. In Berlin fühlte man sich dadurch von England hintergangen und in dem Mißtrauen gegenüber der Londoner Regierung bestätigt, während diese in dem deutschen Streben nach baldiger Realisierung des Vertrages den Ausdruck weitgesteckter deutscher Kolonialwünsche sah[3].

Die deutsche Auffassung, daß England infolge seines weltpolitischen Gegensatzes zu Frankreich und Rußland auf Deutschland angewiesen sei und daß daher England eines Tages das deutsche Bündnis zu den von Deutschland bestimmten Bedingungen suchen müsse, wurde im Herbst 1898 durch die *Faschoda-Krise* bestärkt: Bei Faschoda trafen die englische und die französische Sudan-Expedition zusammen (9. 9. 1898). Die an Zahl unterlegenen Franzosen mußten vor der drohenden Haltung des englischen Befehlshabers Kitchener abziehen. Obwohl wegen dieser Demütigung die Englandfeindschaft in Frankreich einen Höhepunkt erreichte, gab der französische Außenminister Delcassé nach und erkannte das obere Niltal als anglo-ägyptisches Herrschaftsgebiet an. Delcassé strebte die Verständigung mit England gegen Frankreichs Hauptgegner Deutschland an und bahnte mit seinem Nachgeben der späteren Entente cordiale den Weg[4]. Salisbury sah in dem für England glücklichen Ausgang der Faschoda-Krise eine Bestätigung seiner Auffassung, daß England auf einen kontinentalen Verbündeten nicht angewiesen sei und an der Politik der freien Hand festhalten könne. In Berlin wurde die Faschoda-Krise im entgegengesetzten Sinn gedeutet: Man sah in ihr die Bestätigung für den unüberbrückbaren englisch-französischen Gegensatz, für das Angewiesensein Englands auf Deutschland.

Während der Faschoda-Krise trat mit den Vereinigten Staaten von Amerika eine neue Macht in den Kreis der großen Mächte. Im Krieg gegen Spanien gewannen die Amerikaner die Philippinen und Puerto Rico und erzwangen die Unabhängigkeit Kubas[5]. Der Rest der spanischen Besitzungen im Pazifik, die Inselgruppen der Marianen und Karolinen, wurde den Spaniern von Deutschland abgekauft. Seitdem Deutschland Weltmacht- und Seemachtpolitik betrieb, war auch der Pazifik in sein politisches Blickfeld gerückt. Die treibende Kraft der *deutschen Stützpunktpolitik im Pazifik* war das Reichsmarineamt, dem es darauf ankam, durch Stützpunkte in allen Weltmeeren Versorgungsbasen für deutsche Geschwader in Übersee zu schaffen. Kurze Zeit nach dem Erwerb der Marianen und Karolinen konnte Deutschland auch die Festigung seiner Stellung in *Samoa* erreichen: Thronwirren auf der Inselgruppe lösten ein Eingreifen der drei Protektoratsmächte Deutschland, England und Amerika aus (Winter 1898/99). Die deutsche Regierung schlug daraufhin eine Teilung der Inseln zwischen Deutschland und Amerika vor, während England durch Grenzverbesserungen in Togo und durch Vergrößerungen seines Anteils an der Salomonen-Gruppe abgefunden werden sollte. Nach langen Verhandlungen und unter dem Druck des gerade ausbrechenden Burenkrieges gab England den deutschen Wünschen nach (November 1899): Deutschland erhielt die Samoa-Inseln Upolu und Sawai, Amerika erhielt Tutuila. Damit hatte die deutsche Weltmachtpolitik zwar Gewinne davongetragen; aber es war doch ein bedenkliches Zeichen, daß Deutschland in der Karolinen-Frage durch sein Auftreten die amerikanische Öffentlichkeit gegen sich aufbrachte und in der Samoa-Frage einen harten Druck auf England ausübte, bei dem sogar der Abbruch der diplomatischen Beziehungen erwogen worden war, und das für den Gewinn von Stützpunkten, die in einer Auseinandersetzung mit Frankreich oder Rußland überflüssig waren, in einem Kampf gegen England oder Amerika wertlos, weil sie dann vom Mutterland abgeschnitten waren[6]. Durch die Expansion Japans, Rußlands, Amerikas und Deutschlands im pazifischen Raum wurde dieser um die Jahrhundertwende zu einem neuen Brennpunkt der internationalen Politik.

Während des spanisch-amerikanischen Krieges und am Vorabend der Faschoda-Krise überraschte die russische Regierung die Weltöffentlichkeit mit einem Manifest des Zaren, in welchem zu einer internationalen Beratung über wirksame Mittel zur Erhaltung des Friedens und die Möglichkeit zu einer Rüstungsbeschränkung aufgefordert wurde (24. 8. 1898). Während die öffentliche Meinung den russischen Vorschlag begeistert aufnahm, waren die Regierungen skeptisch. Sie fragten sich: Was steckt hinter dem russischen Vorschlag? Wie ist Abrüstung überhaupt technisch durchführbar? Der Vorschlag zum Manifest des Zaren stammte von dem russischen Finanzminister Witte: Die russischen Staatsfinanzen waren durch die Erschließung Ostasiens erschöpft; der französische Kapitalmarkt war durch die französische kolonialpolitische Aktivität so sehr in Anspruch genommen, daß er im Augenblick keine russische Anleihe decken konnte. Daher waren der russischen Rüstungspolitik finanzpolitische Grenzen gesteckt. In dieser Situation hatte Witte den Vorschlag zu einer internationalen

Konferenz über Rüstungsbeschränkung gemacht. Die Anregung dazu hatte er einem Buch des russischen Bankiers und Staatsrats Bloch entnommen: ›Der zukünftige Krieg in seiner technischen, volkswirtschaftlichen und politischen Bedeutung‹ (1893). Darin war dargelegt worden, daß bei dem Stande der modernen Kriegsrüstung ein Krieg zwischen Großmächten sinnlos sei. Die russische Anregung führte 1899 zur Ersten *Haager Friedenskonferenz*. In der Frage der Rüstungsbeschränkung stellten alle Delegierten einmütig fest, daß es nicht möglich sei, durch eine internationale Konvention »die Gesamtheit der Elemente der nationalen Verteidigung« zu regeln, da diese in jedem Land nach verschiedenen Gesichtspunkten festgelegt sei. In der Frage einer internationalen Schiedsgerichtsbarkeit in Streitfragen zwischen verschiedenen Staaten war man sich ebenfalls einig darüber, daß eine solche Gerichtsbarkeit nur in Bagatellfragen wirksam werden solle, während die vitalen Interessen der Staaten, die sich auf Grund ihrer Souveränität »unmittelbar zu Gott« fühlten, nicht einer internationalen Schiedsgerichtsbarkeit unterworfen werden sollten. Zu einem positiven Ergebnis führte die Friedenskonferenz nur auf dem Gebiete der Humanisierung des Krieges. Die Abmachungen, die man hier erreichte, wurden 1907 auf der Zweiten Haager Friedenskonferenz erweitert in der *Haager Landkriegsordnung*[7].

Wenige Monate nach dem Ende der Ersten Haager Friedenskonferenz begann in Südafrika der *Burenkrieg* (Oktober 1899). Während die öffentliche Meinung in allen Staaten Europas, besonders auch in Deutschland, eindeutig Partei für die Buren nahm, beobachtete die deutsche Regierung im Gegensatz zu ihrem Verhalten nach dem Jameson-Raid (Kap. 19) diesmal strikte Neutralität. Als im März 1900 Rußland und Frankreich bei der deutschen Regierung eine gemeinsame Vermittlung zwischen England und den Burenrepubliken anregten, machte Deutschland seine Mitwirkung davon abhängig, daß die drei Staaten sich zuvor ihren europäischen Besitzstand für eine Reihe von Jahren garantierten. Da dies einen ausdrücklichen Verzicht Frankreichs auf Elsaß-Lothringen bedeutet hätte, lehnte Paris ab. Die deutsche Regierung zeigte mit ihrem Gegenvorschlag, daß sie ihre neutrale Stellung zwischen England und dem russisch-französischen Zweibund nur dann aufgeben wollte, wenn ihr von einer der beiden Seiten eine Sicherheit für den deutschen Besitzstand geboten wurde. Wenn die Berliner Regierung sich auch nicht von der antienglischen Agitation des Alldeutschen Verbandes ins Schlepptau nehmen ließ, so bereitete ihr diese Agitation doch Schwierigkeiten bei der Verbesserung der Beziehungen zu England. Kurz vor Beginn des Burenkrieges hatte Chamberlain bei einem Besuch des Kaisers und Bülows in England mit Bülow verabredet, die Öffentlichkeit in beiden Ländern auf ein engeres Zusammenwirken und ein späteres Bündnis der beiden Staaten vorzubereiten. Chamberlain kam der Verabredung durch seine Rede in Leicester (29. 11. 1899) nach, in der er eine Tripelallianz der drei germanischen Großmächte England, Deutschland und Amerika empfahl. Chamberlains Rede wurde in Deutschland so feindselig aufgenommen, daß Bülow es nicht wagte, in seiner nächsten Reichstagsrede die Äußerungen des englischen Kolonialministers zu unterstützen. Seitdem wurde auch Chamberlain mißtrauisch gegenüber der deutschen amtlichen Politik.

Die antienglische Haltung der deutschen Öffentlichkeit infolge des Burenkrieges gab Tirpitz die Möglichkeit, den 1898 begonnenen *Aufbau einer großen Flotte* zu forcieren. Der deutsche Reichstag bewilligte im Juni 1900 ein weiteres Flottengesetz, durch das die deutsche Marine auf 36 Linienschiffe (einschließlich Reserven) verstärkt wurde. Wenn dieses Bauprogramm durchgeführt war, hätte Deutschlands Schlachtflotte gegenüber der englischen ein Verhältnis von 2 : 3 erreicht, und da ein Drittel der englischen Schlachtflotte in Übersee stationiert war, wäre die deutsche Schlachtflotte der englischen in der Nordsee zahlenmäßig gewachsen gewesen. Bülow und Tirpitz begründeten im Reichstag die Flottenvermehrung mit dem Argument, die deutsche Flotte müsse so stark sein, daß ein Kampf gegen sie für jede Flotte der Welt ein Risiko sei. Man glaubte mit dem Bau der »Risiko-Flotte« auch die »Politik der freien Hand« zu fördern und Deutschlands Gewicht in eventuellen Bündnisverhandlungen mit England oder dem russisch-französischen Zweibund zu verstärken[8].

Im Sommer 1900 brach in *China* der *Boxeraufstand* aus, der sich vor allem gegen den Einfluß der ausländischen Mächte richtete. Die europäischen Gesandtschaften in Peking wurden eingeschlossen und belagert, der deutsche Gesandte v. Ketteler wurde ermordet. Die schwachen Landungstruppen der in Ostasien stationierten Kriegsschiffe europäischer Mächte reichten nicht aus, um das Gesandtschaftsviertel in Peking zu entsetzen. Alle europäischen Großmächte sowie Amerika und Japan schickten Truppen nach China. Den Oberbefehl über diese internationale Truppe erhielt der ehemalige Chef des preußischen Großen Generalstabs, Generalfeldmarschall Graf Waldersee, weil Deutschland infolge der Ermordung seines Gesandten der am meisten gekränkte Staat war. Militärische Lorbeeren konnte Waldersee in China nicht ernten; denn als er eintraf, war das Wichtigste, der Entsatz des Gesandtschaftsviertels in Peking, bereits geleistet. Durch den Boxeraufstand wurde die Frage der Einflußsphären in China wieder akut. Frankreich und Rußland wünschten mit Deutschland gemeinsame Vorsichtsmaßregeln gegen eine Ausdehnung des englischen Einflusses in China; England wünschte eine Sicherung gegen die Ausdehnung der russischen Einflußsphäre. Deutschland wollte das Gebiet des Jangtsekiang neutralisieren, wollte sich aber auf keinen Fall an einer Abmachung beteiligen, die eine Spitze gegen England oder gegen Rußland enthielt. Die deutschen Absichten ließen sich noch am besten in einem Kompromiß mit den englischen Plänen verwirklichen: Im »Jangtse-Abkommen« (16. 10. 1900) vereinbarten Deutschland und England den *Grundsatz der offenen Tür* (d. h. unbehinderten Handel) für alle Nationen auf den Flüssen und an der Küste Chinas. In dem Teil Chinas, in dem »sie einen Einfluß ausüben können«, wollten sie diesen Grundsatz garantieren. Sie verzichteten auf weitere territoriale Vorteile in China; falls andere Mächte den Boxeraufstand zu territorialen Erwerbungen ausnutzten, wollten die beiden Mächte sich über gemeinsame Gegenmaßnahmen verständigen[9].

Die Annäherung, die sich im Jangtse-Abkommen zwischen Deutschland und England vollzogen hatte, gab dem stellvertretenden deutschen Missionschef in London, Eckardstein, den Anlaß, von sich aus das *deutsch-englische Bündnisgespräch* wieder aufzunehmen (18. 3. 1901). Eckardstein war eifriger Befürworter eines deutsch-englischen Bündnisses und schlug entgegen seiner ausdrücklichen Instruktion von sich aus im Gespräch mit Chamberlain ein »Defensiv-Arrangement« vor. Nach Berlin berichtete er, um sein instruktionswidriges Verhalten zu vertuschen, Chamberlain habe den Bündnisvorschlag gemacht. So waren beide Regierungen der irrigen Ansicht, daß die andere das Bündnis suche. Die Verhandlungen sind dadurch verwirrt worden. Ihr späteres Scheitern hatte jedoch tieferliegende Gründe. Auf englischer Seite wurde die Annäherung an Deutschland in dieser letzten Phase der Bündnisgespräche von Chamberlain und besonders von Außenminister Lansdowne befürwortet, während Salisbury an der Politik der freien Hand festhalten wollte, die sich in der Faschoda-Krise und eben wieder im Burenkrieg bewährt hatte. Umgekehrt wollten auch Bülow, der 1900 das Amt des Reichskanzlers übernommen hatte, und Holstein bei der Politik der freien Hand bleiben. Sie hielten eine Verständigung Englands mit Frankreich und Rußland für ausgeschlossen, obwohl Hatzfeldt vor der Möglichkeit einer solchen Verständigung warnte. Bülow und Holstein befürchteten, ein deutsch-englisches Bündnis könnte die Gefahr einer kriegerischen Verwicklung mit Rußland auslösen, und die wollten sie nur bei erheblichen englischen Gegenleistungen auf sich nehmen. Mit solchen Gegenleistungen rechneten sie aber erst zu einem späteren Zeitpunkt, wenn England sich überzeugt haben würde, daß es auf Deutschland angewiesen sei.

Im Verlauf der Gespräche legte Lansdowne Hatzfeldt folgende Fragen vor: Halten Sie es für möglich, daß die deutsche Regierung trotz der antienglischen Stimmung in Deutschland auf ein bindendes Defensivabkommen mit England eingehen wird? Denkt man in Berlin an ein absolutes Defensivbündnis oder an ein solches, bei welchem der casus foederis erst im Fall eines Angriffs zweier oder mehrerer Mächte eintritt? Wünscht man ein Geheimabkommen oder ein vom Parlament ratifiziertes? Kann Japan einbezogen werden? Bülow ermächtigte Hatzfeldt zu der Antwort: Einbeziehung Englands in den Dreibund wäre das beste. Der Bündnisfall würde nur gegenüber zwei oder mehreren Gegnern eintreten. Das Bündnis müßte vom englischen Parlament ratifiziert werden. Japans Teilnahme sei fraglich, da den Japanern ein Defensivbündnis nicht genügen würde (24. 3. 1901). Die Einbeziehung Englands in den Dreibund wurde von Salisbury abgelehnt. Salisbury war davon überzeugt, daß die Türkei nicht mehr lebensfähig sei (vgl. Kap. 19 seinen Teilungsplan von 1895) und eines Tages zwischen den Interessenten aufgeteilt werde. Die deutsch-österreichische Politik einer Erhaltung der Türkei hielt er für verfehlt und gefährlich. England war nach seiner Lagebeurteilung in keiner derartigen Gefahr, daß es genötigt war, so weitreichende Verpflichtungen auf sich zu nehmen, wie sie ein Anschluß an den Dreibund mit sich gebracht hätte. Überdies hielt der britische Premierminister die Zustimmung des Parlaments zu einem derartigen Vertrage für unwahrscheinlich. Lansdowne versuchte danach, wenigstens für bestimmte Interessengebiete: das Mittelmeer, die Ägäis und Marokko, eine Entente für die Erhaltung des status quo zustande zu bringen. Ein solches Spezialabkommen wurde von Bülow und Holstein entschieden abgelehnt; denn sie argwöhnten, daß Deutschland dadurch nur zur Verteidigung englischer Interessen gegen Rußland und Frankreich vorgeschoben werden solle. So mußte Hatzfeldts Nachfolger als Botschafter in London, Graf Wolff-Metternich, Lansdowne die eindeutig ablehnende Meinung der deutschen Regierung zu einem Teilabkommen aussprechen (19. 12. 1901)[10].

Damit waren die deutsch-englischen Bündnisgespräche beendet und gescheitert. Die *Ursachen für das Scheitern* lagen darin, daß beide Seiten damals im Grunde kein Bündnis miteinander eingehen wollten. Die Initiative zu den Gesprächen ging von einzelnen Ministern und Diplomaten aus, während die leitenden Minister skeptisch und ablehnend blieben. Von englischer Seite ist überhaupt kein formulierter Vorschlag gemacht worden. Der deutsche Vorschlag vom 24. 3. 1901 war so umfassend und bindend, daß die englische Regierung ihn nicht annehmen wollte und konnte. Die deutsche Regierung hat also keinen englischen Bündnisvorschlag zurückgewiesen; aber dadurch, daß sie die von Lansdowne vorgeschlagenen Einzelabmachungen ablehnte, verbaute sie sich den Weg zu einem späteren Anschluß an England und veranlaßte dieses zur Verständigung mit Frankreich. Wenn Bülow und Holstein damals glaubten, England sei auf Deutschland angewiesen, weil ihm eine Verständigung mit Frankreich und Rußland unmöglich sei, wenn sie ferner glaubten, Deutschland habe freie Hand, so beruhte das auf einer falschen Beurteilung der Lage. Diese Fehleinschätzung wurde genährt durch die Faschoda-Krise und durch Deutschlands abwechselndes Zusammengehen in Ostasien einmal mit Rußland, dann mit England. Tatsächlich aber war es so, daß England freie Hand in der Bündniswahl hatte, Deutschland hingegen nicht, denn es war durch den Zweifrontendruck des russisch-französischen Zweibundes in seiner politischen Bewegungsfreiheit gehemmt. Nicht England brauchte Deutschland, sondern Deutschland brauchte England. Unter diesen Voraussetzungen war ein Bündnis mit so hohen Anforderungen an England, wie Bülow und Holstein sie stellten, nicht zu erreichen.

[1] I. L. GARWIN, The Life of Joseph Chamberlain, Bd. 3 (1934). H. Frhr. v. HOYNINGEN gen. HUENE, Untersuchungen zur Gesch. d. dt.-engl. Bündnisproblems 1898–1901 (1934). G. ROLOFF, Die engl.-dt. Bündnisverhandlungen i. J.

1899, Berl. Monatsh. 13 (1935). F. Pick, Chamberlain u. Hatzfeldt, ebd. H. G. Dittmar, Die dt.-engl. Beziehungen 1898/99 (Diss. Bonn 1938). W. Schüssler, Die dt.-engl. Bündnisverhandlungen 1898 bis 1901, in: Dtld. zwischen England u. Rußland (1940). A. Kennedy, Salisbury 1830 bis 1903 (1953). J. A. S. Grenville, Lord Salisbury and Foreign Policy (1964).

[2] Wilhelm II. hat den Brief an den Zaren wahrscheinlich geschrieben, ohne vorher den Rat Bülows einzuholen; die Antwort hat er ihm mitgeteilt.

[3] F. Schwarze, Das dt.-engl. Abkommen über die portugies. Kolonien (1931).

[4] T. Riker, A Survey of British Policy in the Fashoda Crisis, Pol. Sc. Quarterly (1929). M. Giffen, Fashoda: The Incident and its Diplomatic Setting (1930). H. Kossatz, Untersuchungen über den französ.-engl. Weltgegensatz im Faschoda-Jahr (1934). L. Bittner, Neue Beiträge zur Haltung K. Wilhelms II. in der Faschoda-Frage, HZ 162 (1940). P. Renouvin, Les Origines de l'Expédition de Fachoda, RH 102 (1948). A. J. P. Taylor, Prelude to Fashoda, EHR 65 (1950).

[5] A. Vagts, Dtld. u. die Vereinigten Staaten in der Weltpolitik (2 Bde. 1935). I. Kunzlack, Die dt.-amerik. Beziehungen 1890–1914 (1935). F. Lenz, Die Vereinigten Staaten im Aufstieg zur Weltmacht (1946).

[6] G. Grote, Untersuchungen zur dt. Kolonialpolitik um die Jahrhundertwende (1940). O. E. Schüddekopf, Die Stützpunktpolitik d. Dt. Reiches 1871 bis 1914 (1941).

[7] F. Hoffmann, Beiträge zur Vorgesch. d. ersten Haager Konferenz (Diss. Hamburg 1935). H. J. Schlochauer, Das Problem d. Friedenssicherung in seiner ideengeschichtl. u. völkerrechtl. Entwicklung (1946).

[8] W. Hubatsch, Die Ära Tirpitz (1955).

[9] H. Zühlke, Die Rolle d. Fernen Ostens in den polit. Beziehungen d. Mächte (1929). Chan Feng-Chen, The Diplomatic Relations between China and Germany since 1898 (1937). P. Renouvin, La Question d'Extrême-Orient 1840–1940 ([3]1953).

[10] E. Fischer, Holsteins großes Nein (1925), ist mit seiner These von einem abgelehnten engl. Bündnisangebot widerlegt worden durch die engl. Aktenpublikation. F. Meinecke, Zur Gesch. d. dt.-engl. Bündnisverhandlung von 1901; in: Festschr. H. Delbrück (1928). F. Thimme, Der Ausklang der dt.-engl. Bündnisverhandlungen 1901, Berl. Monatsh. 16 (1938). O. Becker, Die Wende der dt.-engl. Beziehungen, in: Festschr. G. Ritter (1950). Daß Wolff-Metternich das letzte Gespräch mit Lansdowne mit den Worten beendet habe, es handle sich um alles oder nichts, findet sich nur in den engl. Akten, nicht aber in Wolff-Metternichs Bericht über dieses Gespräch. Vgl. dazu F. C. Stahl, Botschafter Gf. Wolff-Metternich u. die dt.-engl. Beziehungen (Diss. Ms. Hamburg 1951).

Kapitel 21
Sammlungspolitik und Kampf gegen die Sozialdemokratie (1895–1899)

Der neue Kanzler und preußische Ministerpräsident *Hohenlohe* sollte nach dem Willen des Kaisers nur für eine Übergangszeit die höchsten Ämter im Reich und in Preußen verwalten, bis sich ein geeigneter jüngerer Kandidat – Hohenlohe war 75 Jahre alt – gefunden hätte. Hohenlohe war schon bayerischer

Ministerpräsident (1866–1870), deutscher Botschafter in Paris und Statthalter von Elsaß-Lothringen gewesen. In seinen politischen Ideen stand er dem gemäßigten süddeutschen Liberalismus der Jahrhundertmitte nahe. Für das drängende Problem der neuen Zeit, die soziale Frage, brachte er nur wenig Verständnis auf[1]. Trotz seiner im Grunde liberalen Haltung stand seine Kanzlerschaft im Zeichen der konservativen Politik und des erneuten Kampfes gegen die Sozialdemokratie. Die Initiatoren dieser Politik waren Miquel, die preußischen Innenminister Koeller (1894/95) und von der Recke (1895–1899) und der preußische Landwirtschaftsminister v. Hammerstein-Loxten. Miquel hatte im Laufe der Kanzlerschaft Caprivis die Überzeugung gewonnen, daß eine soziale Reformpolitik zugunsten der Arbeiterschaft doch keine politischen Früchte trage in der Form eines Abfalls der Arbeiter von der Sozialdemokratie oder einer inneren Wandlung der Sozialdemokratie zur Staatstreue, daß sie vielmehr nur die staatsbejahenden mittelständischen Schichten in Gewerbe und Landwirtschaft in die Opposition treibe. Deshalb gab Miquel seine Teilnahme am »neuen Kurs« auf und erstrebte nun eine *Politik der Sammlung aller bürgerlichen Kräfte* zur Abwehr der Sozialdemokratie. Materielle Grundlage dieser Sammlungspolitik sollte eine mittelständische Sozialpolitik zugunsten des Handwerks und der Landwirtschaft sein[2]. Darin stimmte er mit dem neuen Landwirtschaftsminister Hammerstein-Loxten überein, der ein erklärter Gegner der Caprivischen Handelsverträge war. Innenminister Koeller und auch sein Nachfolger v. d. Recke waren entschlossen, den Kurs Botho Eulenburgs – Bekämpfung der Sozialdemokratie durch Sondergesetze – fortzusetzen. Der Verfechter der Sozialreform und der Eingliederung der Arbeiterschaft in Staat und Gesellschaft, Handelsminister v. Berlepsch, gehörte zwar noch dem preußischen Staatsministerium an; aber er stand im Kabinett jetzt auf verlorenem Posten und trat 1896 zurück. An seine Stelle trat ein Mann, der das Vertrauen der Unternehmer genoß, Brefeld. Auch der letzte Vertreter des »neuen Kurses« von 1890, der Staatssekretär des Reichsamts des Innern und stellvertretende preußische Ministerpräsident Boetticher, mußte 1897 wegen seiner zu »weichen« Haltung gegenüber der Sozialdemokratie gehen.

Hohenlohe übernahm von seinem Vorgänger die noch unerledigte Strafrechtsnovelle zur Verschärfung der Strafen gegen politische Delikte, die sogen. *Umsturzvorlage*. Er legte sie im

Dezember 1894 dem Reichstag vor. Nach der Umsturzvorlage sollten die Aufforderung zur Begehung strafbarer Handlungen, die Aufreizung zum Klassenhaß, öffentliche Angriffe auf Ehe, Familie und Eigentum und die Verächtlichmachung des Staates und seiner Organe mit härteren Strafen als bisher bedroht werden. Vorbehaltlos für die Vorlage waren nur die Konservativen. Die Nationalliberalen verhielten sich abwartend. Das Zentrum machte seine Zustimmung davon abhängig, daß auch Angriffe auf die christliche Religion, die Lehren und Gebräuche der Kirche mit Strafe bedroht werden sollten. Als die Regierung, um die Zustimmung des Zentrums zu gewinnen, diesen Zusatz in die Vorlage aufnahm, war deren Schicksal besiegelt; denn nunmehr erklärten sich außer der Sozialdemokratie und dem Freisinn auch die Nationalliberalen dagegen, und dieser Gruppierung gegenüber waren die beiden konservativen Parteien und das Zentrum in der Minderheit. Die Nationalliberalen, unterstützt durch eine Protestresolution vieler Gelehrter und Künstler, brachten gegen die erweiterte Umsturzvorlage vor, sie enthalte so dehnbare Bestimmungen, daß auch kritische Äußerungen der Wissenschaft und Kunst über religiöse und kirchliche Fragen mundtot gemacht werden könnten. Selbst ein Teil der Freikonservativen schloß sich der liberalen Kritik an. So wurde die Umsturzvorlage in allen Teilen abgelehnt (11. 5. 1895)[3].

Das Scheitern der Umsturzvorlage im Reichstag führte dazu, daß der *Kampf gegen die Sozialdemokratie* aus dem Reich nunmehr *in die Einzelstaaten verlegt* wurde. Sachsen und Preußen gingen dabei voran. *Sachsen*, das schon das Sozialistengesetz besonders scharf ausgeführt hatte, beantwortete die Ablehnung der Umsturzvorlage damit, daß es 1896 nach dem Vorbild Preußens ein Dreiklassenwahlrecht einführte, mit dem Ergebnis, daß bei den nächsten Wahlen zur zweiten sächsischen Kammer die Sozialdemokratie von ihren 14 Sitzen keinen behielt (s. Kap. 6). – In *Preußen* versuchte man den Ausfall der Umsturzvorlage durch das sogen. *kleine Sozialistengesetz* auszugleichen (1897). Nach diesem Gesetzentwurf sollte die preußische Polizei die Befugnis erhalten, alle Vereine und Versammlungen aufzulösen, »die den öffentlichen Frieden oder die Sicherheit des Staates« gefährdeten. Nach der Meinung, die der höchste Vorgesetzte der preußischen Polizei, der Innenminister, von der Sozialdemokratie hatte, wären alle sozialdemokratischen Organisationen und die sozialistischen Freien Gewerkschaften unter dies Verbot gefallen. Da aber die Begriffe »öffentlicher Frieden und Staatssicherheit« sehr dehnbar waren und ihre Interpretation der Polizei überlassen werden sollte, bestand die Gefahr, daß das »kleine Sozialistengesetz« auch gegen mißliebige bürgerliche Parteien angewandt werden konnte. Daher wurde es im preußischen Abgeordnetenhaus vom Zentrum und von allen liberalen Parteien und den Polen abgelehnt; die beiden konservativen Parteien blieben in der Minderheit. Lediglich die *Lex Arons*, ein Gesetz, das die *Sozialdemokraten vom akademischen Lehramt ausschloß*, konnte mit Hilfe des Zentrums 1898 in Preußen durchgebracht werden.

Nachdem der Kampf gegen die Sozialdemokratie mit den Mitteln der preußischen Gesetzgebung ohne rechten Erfolg geblieben war, unternahm man noch einen Anlauf zur gesetzlichen Bekämpfung der Sozialdemokratie im Reich, und zwar im Bereich des *Koalitionsrechts*. Nach der Gewerbeordnung besaßen die Arbeiter das Koalitionsrecht (Recht zum Streik und zur Bildung von Gewerkschaften). Es war ihnen aber verboten, andere Arbeiter zur Teilnahme an Streiks oder Gewerkschaften zu zwingen (Koalitionszwang). Wilhelm II. und die preußische Regierung glaubten nun beobachtet zu haben, daß der Koalitionszwang bisher zu milde bestraft wurde und daß die sozialistischen Freien Gewerkschaften im Wege des Koalitionszwangs eine Zwangsrekrutierung für die Sozialdemokratie durchführten und damit deren Reihen beträchtlich verstärkten. Deshalb wurde auf Initiative des Kaisers von dem neuen Staatssekretär des Innern, Graf Posadowsky-Wehner, am 26.5.1899 dem Reichstag ein Gesetzentwurf zur Verschärfung der Strafen gegen den Koalitionszwang vorgelegt; in besonders schweren Fällen sollte Koalitionszwang sogar mit Zuchthaus bestraft werden[4]. Die Regierung hatte bei der »Zuchthausvorlage« mit der Zustimmung aller mittelständischen Kräfte gerechnet. Die »Zuchthausvorlage«, die ein Sonderstrafrecht für die Arbeiter schuf, widersprach jedoch so sehr dem rechtsstaatlichen Grundsatz der Rechtsgleichheit, daß sie von allen Parteien mit Ausnahme der beiden konservativen Parteien in allen Punkten abgelehnt wurde. Damit war die aktive Repressivpolitik gegenüber der Sozialdemokratie beendet; denn Posadowsky, der die Aussichtslosigkeit der Repressivpolitik eingesehen hatte, begann nach der schweren parlamentarischen Niederlage von neuem eine Politik der sozialen Reform und des Ausgleichs.

[1] Chlodwig Fürst zu HOHENLOHE-SCHILLINGSFÜRST, Denkwürdigkeiten d. Reichskanzlerzeit, hg. v. K. A. v. MÜLLER (1931). K. A. v. MÜLLER, Der dritte dt. Reichskanzler (SB Ak. München 1931/32). H. O. MEISNER, Der Kanzler Hohenlohe u. die Mächte seiner Zeit, Preuß. Jbb. 230 (1932).

[2] H. HERZFELD (Kap. 18, Anm. 1), Bd. 2.

[3] G. BLIEFFERT, Die Innenpolitik d. Reichskanzlers Fürst Chl. zu Hohenlohe-Schillingsfürst (Diss. Ms. Kiel 1949). J. A. SCHMITZ, Die christl.-soz. Bewegung u. der Kampf gegen den Umsturz (Diss. Köln 1938).

[4] TH. LOEWENFELD, Koalitionsrecht u. Strafrecht, Archiv f. soz. Gesetzgebung u. Statistik, Bd. 14 (1899).

Kapitel 22
Die Innenpolitik der Ära Posadowsky (1899–1907)

Die amtliche deutsche Innenpolitik wurde vor der Jahrhundertwende bis zu Bülows Bruch mit dem Zentrum (Herbst 1906) in ihren Grundzügen von dem Staatssekretär des Reichsamts des Innern, *Graf Posadowsky*, bestimmt[1]. Er behielt die führende Stellung in der inneren Reichspolitik auch, als Bülow die Nachfolge Hohenlohes in der Kanzlerschaft antrat (17. 10. 1900); denn Bülow stammte aus der Diplomatie und hatte keine innenpolitischen Erfahrungen, er konzentrierte auch als Kanzler seine Arbeit auf die Außenpolitik und griff in die Innenpolitik nur in den Fragen ein, in denen seine Stellung beim Kaiser auf dem Spiel stand[2].

Nachdem Posadowsky gesehen hatte, daß für Ausnahmegesetze gegen Sozialdemokratie und Gewerkschaften keine Reichstagsmehrheit zu finden war, gab er die bisherige Repressivpolitik gegenüber der Sozialdemokratie auf; denn er wollte auf jeden Fall konstitutionell regieren, d. h. mit der Zustimmung der Reichstagsmehrheit. So knüpfte er an die Sozialpolitik des früheren preußischen Handelsministers v. Berlepsch an, mit dem Ziel, durch eine immer weitergreifende soziale Reformgesetzgebung die Arbeiterschaft allmählich mit dem monarchischen Staat zu versöhnen. Sein neuer Kurs hatte die meisten Berührungspunkte mit der Zentrumspolitik. Daher wurde das Zentrum seine sicherste parlamentarische Stütze; es spielte bis 1906 die Rolle einer Regierungspartei. Das Bestreben des Staatssekretärs nach einer guten Zusammenarbeit mit dem Reichstag gab den Anstoß zu drei Gesetzen, in denen er alte Forderungen der Reichstagsmehrheit erfüllte: Noch 1899 wurde durch die ›Lex Hohenlohe‹ die in mehreren Bundesstaaten (Preußen u. a.) bestehende Bestimmung aufgehoben, die den Vereinen verbot, untereinander in Verbindung zu treten. Damit wurde ein Hindernis beseitigt, das bisher den organisatorischen Ausbau der Parteien und Interessenverbände erschwert hatte. 1904 wurde der § 2 des Jesuitengesetzes aufgehoben, der den einzelstaatlichen Regierungen die Vollmacht gegeben hatte, jedes einzelne Mitglied der Gesellschaft Jesu auszuweisen. 1906 wurden den Reichstagsabgeordneten Anwesenheitsgelder bewilligt. Mit der Verweigerung von Diäten hatten Bismarck und seine Nachfolger die Teilnahme sozialdemokratischer Abgeordneter an den Reichstagssitzungen erschweren wollen. Die Diätenlosigkeit hatte aber bewirkt, daß die Abgeordneten aller Parteien nur unregelmäßig an den Sitzungen teilnahmen und daß der Reichstag daher oft beschlußunfähig war. Das wurde durch die Einführung der Diäten gebessert.

Die 1896 ins Stocken geratene *Sozialgesetzgebung* wurde in der Ära Posadowsky fortgesetzt: Der Kreis der Unfallversicherten wurde erweitert (1900), die bisher fakultativen Gewerbegerichte als Schiedsinstanzen bei Arbeitsstreitigkeiten wurden obligatorisch in allen Gemeinden mit mehr als 20 000 Einwohnern eingeführt (1901), die Dauer der Krankenversicherung wurde verlängert (1903), das Verbot der Kinderarbeit wurde auf die Heimindustrie ausgedehnt (1903), und seit 1901 übernahm das Reich auch die Förderung des Baues von Arbeiterwohnungen (dafür gab das Reich jährlich 4 bis 5 Millionen Mark aus). Das veränderte politische Klima zeigte sich darin, daß diesen Sozialgesetzen auch die Sozialdemokratie zustimmte. Bei manchen dieser Gesetze hatte Posadowsky sich zuerst mit der Reichstagsmehrheit verständigt und dann den Bundesrat vor eine vollendete Tatsache gestellt. Die Bundesratsbevollmächtigten der Einzelstaaten stimmten zwar zu, um die Reichsleitung nicht zu desavouieren, vermerkten aber mit Unbehagen, daß durch dies Verfahren das Gewicht des Reichstags zunahm und der föderalistische Charakter des Reiches in Richtung auf den Zentralismus verändert wurde[3].

In den Jahren 1903/04 liefen die Caprivischen *Handelsverträge* ab. Schon lange vorher hatte der Bund der Landwirte heftig dafür agitiert, nach dem Erlöschen der bisherigen vertraglichen Bindung die Getreidezölle von 3,50 Mark je Doppelzentner auf 7,50 Mark zu erhöhen. Auf diese extremen Forderungen, die weder bei der Reichstagsmehrheit noch bei den Handelsvertragspartnern Aussicht auf Aufnahme hatten, ging Posadowsky nicht ein. Andererseits war auch die Mehrheit des Reichstags dafür, der deutschen Landwirtschaft einen höheren Zollschutz gegen die ausländische Konkurrenz zu geben. So wurden die Zolltarife 1903 auf den Stand erhöht, den sie vor 1892 gehabt hatten (für Roggen 5,00 Mark, für Weizen auf 5,50 Mark je Doppelzentner). Dieser Kompromiß wurde mit den Stimmen des Zentrums, der Nationalliberalen und der gemäßigten Gruppe der Konservativen erzielt. Bei der Erneuerung der Handelsverträge konnte dieser Zolltarif auch gegenüber den Vertragspartnern durchgesetzt werden, ohne daß der deutsche Industrie-Export nach diesen Ländern durch Vergeltungszölle gedrosselt wurde[4].

Noch stärker machten sich die agrarischen Interessen im preußischen Abgeordnetenhaus bei der Frage des *Mittellandkanals* bemerkbar. Der Mittellandkanal sollte als Binnenschiffahrtsweg den Rhein mit der Weser und der Elbe verbinden und hier an das bereits bestehende ostdeutsche Kanalsystem anschließen. Die Konservativen befürchteten davon eine Verbilligung der Frachtraten für überseeische Getreide und ein Anwachsen der ausländischen Konkurrenz. Nachdem sie zweimal (1899 und 1901) die Kanalbauvorlage zu Fall gebracht hatten, kam Bülow ihnen entgegen und verzichtete auf das Verbindungsstück zwischen Hannover und der Elbe. In dieser Form, die den eigentlichen Zweck des Mittellandkanals preisgab, wurde die Vorlage schließlich angenommen (8. 2. 1905)[5].

Infolge der Flottenvermehrung, des Boxer-Krieges und der Heeresvermehrung (durch die Wehrgesetze von 1893, 1899 und 1905 wurde die Armee auf 633 000 Mann verstärkt) stiegen die Reichsausgaben stark an. Dabei machten sich die Mängel in der *Ordnung der Reichsfinanzen* immer stärker bemerkbar. Die dem Reich zufließenden Zölle und Verbrauchssteuern und die Einnahmen aus der Reichspost, der Reichsbank und der elsaß-lothringischen Eisenbahn deckten den Bedarf bei weitem nicht, zumal der Ertrag der Zölle und Verbrauchssteuern für das Reich durch die Franckensteinsche Klausel (s. Kap. 12) um jährlich eine halbe Milliarde vermindert wurde. Auch die subsidiäre Quelle der einzelstaatlichen Matrikularbeiträge konnte mit Rücksicht auf die Finanzen der Bundesstaaten nicht so ausgeschöpft werden, daß sie das Defizit deckte. Seit 1893 hatte das Reich jährlich im Höchstfall 24,4 Millionen tatsächlich gezahlter Matrikularbeiträge erhalten. Infolgedessen hatte man sich mit Anleihen behelfen müssen. Reichsanleihen waren in der Verfassung für »außerordentliche Bedürfnisse« vorgesehen. Da dieser Begriff nicht eindeutig festgelegt war und da es keine präzise Tilgungsvorschrift gab, wurden die Anleihen als bequemes Mittel zur Deckung des Fehlbetrags im Reichsetat benutzt, mit dem Ergebnis, daß die Reichsschuld 1904 schon über 3 Milliarden M betrug (1890: 1 Milliarde), denen (1904) 1,868 Milliarden M Einnahmen und 1,892 Milliarden M Ausgaben gegenüberstanden. Um den Reichsetat zu entlasten, wurde auf Antrag des Zentrums die Franckensteinsche Klausel für die Zölle (1904) und für die Reichsstempelabgaben (1906) aufgehoben, so daß sie nur noch für die Branntweinsteuer gültig blieb. Der Abbau der Franckensteinschen Klausel war die Gegenleistung des Zentrums für die Milderung des Jesuitengesetzes. Da diese Maßnahmen den Fehlbetrag des Etats nur minderten, aber nicht deckten, forderte der Staatssekretär des Reichsschatzamtes, Frhr. v. Stengel, die Einführung einer Erbschaftssteuer auf das Erbe der Seitenverwandten und die Erhöhung verschiedener Verbrauchs- und Verkehrssteuern. Die Erbschaftssteuer, die erste direkte Reichssteuer, wurde bewilligt; die Erhöhung der übrigen Steuern wurde so stark begrenzt, daß ihr Mehraufkommen weit hinter dem Ansatz Stengels zurückblieb (1906)[6]. So blieb das Defizit im Reichsetat, zumal gerade in diesen Jahren die Kolonien außerordentliche Ausgaben erforderten.

In Deutsch-Südwestafrika hatten sich 1904 die Hereros und Hottentotten gegen die deutsche Herrschaft erhoben und ein Blutbad unter den deutschen Siedlern veranstaltet. Mit Truppenverstärkungen aus der Heimat (17 000 Mann) gelang es, die Hauptkräfte der Aufständischen bis Ende 1905 zu zerschlagen; aber bis Ende 1907 zog sich der Aufstand noch in Form des Kleinkrieges hin. Als die Reichsleitung im Herbst 1906 für den weiteren Unterhalt der verstärkten Schutztruppe zusätzlich 29 Millionen Mark forderte, kam es zum Bruch mit dem Zentrum. Das Zentrum hatte den Kolonialkrieg zum Anlaß genommen, verschiedene Mißstände in der deutschen Kolonialverwaltung zu kritisieren und deren Abstellung durch personelle Änderungen zu fordern. Der Staatssekretär des gerade neu errichteten Reichskolonialamtes, Dernburg, lehnte diese Forderung ab. Daraufhin stimmte das Zentrum mit der Sozialdemokratie gegen den kolonialen Nachtragsetat und brachte ihn zu Fall. Jetzt entschloß sich Bülow zum Bruch mit dem

Zentrum: Die Zusammenstreichung des Nachtragsetats traf den Ehrgeiz des Reiches, Kolonialmacht zu sein; die Zentrumsforderung nach Reduzierung der Schutztruppe war überdies ein Eingriff in die militärische Kommandogewalt des Kaisers. Unmittelbar nach der Etatabstimmung löste Bülow den Reichstag auf (13. 12. 1906) und gab als Wahlparole den Kampf gegen Zentrum und Sozialdemokratie für die Belange des Reiches aus[7]. Das war das Ende der Ära Posadowsky.

[1] Vgl. für die Politik Posadowskys die Ausgabe seiner Reden v. J. PENZLER u. H. EHRENBERG, Gf. Posadowsky als Finanz-, Sozial- u. Handelspolitiker (4 Bde. 1907–1911). Die Monographie von L. v. WIESE, Gf. Posadowsky als Sozialpolitiker (1909), ist trotz großer zeitlicher Nähe auch heute noch wertvoll wegen ihres reichen Materials u. der eindringl. Problembehandlung. M. SCHMIDT, Gf. Posadowsky, Staatssekretär d. Reichsschatzamtes u. d. Reichsamtes d. Inn. 1893–1907 (Diss. Halle 1935). K. E. BORN, Arthur Gf. Posadowsky-Wehner, in: Männer der dt. Verwaltung (1963).

[2] Bülows Denkwürdigkeiten (4 Bde. 1929) sind eine sehr trübe Quelle; ihre Entstehung u. die Grenzen ihrer Verwertbarkeit zeigt F. HILLER V. GAERTRINGEN, Ft. Bülows Denkwürdigkeiten (1956). Als Gegenschrift gegen Bülows Denkwürdigkeiten s.: Front wider Bülow, hg. v. F. THIMME (1931). Zusammenfassende Darstellung d. Innenpolitik bei W. NEUMANN, Die Innenpolitik d. Fürsten Bülow 1900–1906 (Diss. Ms. Kiel 1949).

[3] RASSOW-BORN, Akten zur staatl. Sozialpolitik 1890–1914 (1959).

[4] A. R. CLERY, La politique douanière de l'Allemagne (1935).

[5] H. HORN, Der Kampf um den Bau d. Mittellandkanals (1964).

[6] W. GERLOFF, Matrikularbeiträge u. direkte Reichssteuern (1908). Ders., Die Finanz- u. Zollpolitik des Dt. Reiches (1913). A. HENSEL, Der Finanzausgleich im Bundesstaat (1922). H. TESCHEMACHER, Reichsfinanzreform u. innere Reichspolitik 1906–1913 (1915).

[7] P. CHR. WITT, Die Finanzpolitik des Deutschen Reiches 1903-1913 (1970).

Kapitel 23
Die Entstehung der englisch-französischen Entente und die erste Marokko-Krise

Wenige Wochen nach dem Ende der deutsch-englischen Bündnisgespräche (Kap. 20) schlossen England und Japan ein Bündnis (30. 1. 1902), in dem sich die beiden Partner Neutralität zusicherten für den Fall, daß einer von ihnen in einen Krieg mit einer dritten Macht verwickelt werde, und Bündnishilfe für den Fall, daß einer der beiden Partner in einen Krieg mit zwei oder mehreren Mächten verwickelt werde. Dieser Vertrag entsprang dem gemeinsamen Bedürfnis, die Ausdehnung des russischen Einflusses in Ostasien aufzuhalten[1]. Das englisch-japanische

Bündnis verschärfte den russisch-englischen Gegensatz und veranlaßte den russischen Außenminister Lamsdorff, in Berlin anzufragen, ob nicht das frühere gute Zusammenwirken Deutschlands mit Rußland und Frankreich in Ostasien (s. Kap. 19) erneuert und durch ein Abkommen fester ausgestaltet werden könne. Diese Anregung wurde von Bülow abgelehnt. Der Kanzler und Holstein befürchteten, daß Rußland durch ein Abkommen, wie Lamsdorff es vorgeschlagen hatte, zu Eroberungsplänen in Korea und in der Mandschurei ermutigt werde, die einen Weltkrieg mit England, Amerika und Japan auslösen könnten. Im übrigen sahen Bülow und Holstein in der russischen Werbung eine Bestätigung ihrer Ansicht, daß Deutschland die Freiheit der Wahl zwischen den beiden Rivalen Rußland und England habe.

Während die deutsche Regierung noch wähnte, freie Hand zwischen diesen beiden Weltmächten zu haben, wurde die Bündnissicherung für Deutschlands Stellung auf dem europäischen Festland, der *Dreibund, brüchig*. Am 28. 6. 1902 gelang es zwar, ihn zu erneuern; aber bei den Verhandlungen zeigte sich, daß Italiens Interessen von denen Deutschlands und Österreich-Ungarns stark abwichen. Nach dem Scheitern des italienischen Vorstoßes nach Abessinien durch die Niederlage bei Adua (1896; s. Kap. 19) hatte das italienische Interesse sich wieder nach Nordafrika verlagert. Die italienische Regierung hatte das französische Interesse an Marokko zu einem Kompensationsabkommen mit Frankreich ausgenutzt (Dezember 1900), in dem Marokko als französische und Tripolis als italienische Interessensphäre anerkannt wurde; Italien hatte sich in diesem Abkommen vorbehalten, Tripolis zu besetzen, sobald Frankreich den territorialen oder politischen Status von Marokko ändere. Da Tripolis nominell noch zum Osmanischen Reich gehörte, widersprach diese Abmachung dem deutsch-österreichischen Interesse an der Erhaltung der Türkei. Bei den Verhandlungen über die Erneuerung des Dreibundes wünschte der italienische Außenminister Prinetti eine Änderung des Vertragstextes, um jede Spitze gegen Frankreich zu vermeiden. Außerdem verlangte er die Zustimmung der Dreibundpartner zur eventuellen Erwerbung von Tripolis und den Verzicht Österreichs auf Erwerbungen auf dem Balkan. Nach längeren Verhandlungen gelang es, den Dreibund unverändert zu erneuern, während die Zustimmung zu Italiens künftigem Vorgehen in Tripolis und die Zusicherung, den status quo auf dem

Balkan erhalten zu wollen, mündlich gegeben wurden. Wenige Wochen später (1. 11. 1902) schloß Italien in der Form eines Notenwechsels ein Geheimabkommen mit Frankreich, in dem beide Partner sich noch einmal ihre Interessenzonen in Nordafrika bestätigten und sich für den Fall, daß einer von ihnen von einer dritten Macht angegriffen werde, strikte Neutralität zusicherten. Die Neutralitätsverpflichtung sollte auch für den Fall gelten, daß ein Partner infolge einer Herausforderung sich genötigt sehe, zur Verteidigung seiner Sicherheit oder seiner Ehre von sich aus den Krieg zu erklären. Mit diesem Vertrag begann *Italiens Abwendung vom Dreibund;* Frankreich konnte seitdem darauf rechnen, daß im Falle eines deutsch-französischen Krieges Italien neutral bleiben werden. *Italiens Annäherung an Frankreich* war eine Folge davon, daß es für seine koloniale Expansion am Dreibund nicht den gewünschten Rückhalt fand und daß die Verschlechterung der deutsch-englischen Beziehungen sich auch auf die Dreibundpartner Deutschlands auswirkte (s. Kap. 19)[2].

Während Italien durch die Abkühlung der deutsch-englischen Beziehungen fühlbar betroffen wurde, fand Österreich-Ungarn zunächst einen Ausgleich darin, daß Rußland in Ostasien engagiert war und im Orient Ruhe hielt. Da Rußland wegen Korea und der Mandschurei einen Konflikt mit Japan erwartete, ging es, um sich den Rücken freizuhalten, sogar auf ein Abkommen mit Österreich-Ungarn ein: In Mürzsteg vereinbarten die beiden Mächte (2. 10. 1903), den Besitzstand der Türkei möglichst lange zu erhalten und den Sultan zur Durchführung von Reformen in Mazedonien unter russischer und österreichischer Kontrolle zu veranlassen[3]. In der Zeit des russischen Engagements in Ostasien war auch *Deutschland im Orient aktiv* geworden. Die Initiative dazu ging von der deutschen Diplomatie und den im Orient engagierten Banken aus. 1899 hatte die Deutsche Bank gemeinsam mit der Dresdner Bank und anderen Banken die Anatolische Eisenbahn-Gesellschaft begründet, um den Bau einer Bahn von Konstantinopel über Bagdad zum Persischen Golf zu finanzieren. Diese sogenannte *Bagdad-Bahn* diente den strategischen Bedürfnissen der Türkei und sollte Truppenverschiebungen zwischen den europäischen und asiatischen Teilen des Osmanischen Reiches erleichtern. 1901 erhielt die Anatolische Eisenbahn-Gesellschaft vom Sultan die Konzession zum Bau der Bagdad-Bahn. Mit diesem Unternehmen stieß Deutschland in die russische und englische Interessensphäre vor. Die amtliche deutsche Politik hat hier sogar einen gewissen Druck ausgeübt, um die anfänglich noch mißtrauischen und zögernden Banken für die Finanzierung der vom Sultan gewünschten Bahn zu gewinnen. In England und in Rußland wurde dies Projekt von Anfang an mit Mißtrauen beobachtet, weil damit nun ein dritter Interessent in Mesopotamien auftrat. Die Hauptwirkung des Bagdad-Bahn-Baues war aber die, daß Deutschland nun enger mit der österreichischen Orientpolitik verbunden wurde, eine Bindung, die Bismarck immer vermieden hatte, um nicht von Österreich-Ungarn abhängig zu werden[4].

Im Februar 1904 begann der *russisch-japanische Krieg* um Korea und die Mandschurei, der Rußland noch stärker in Ostasien festlegte, Deutschland und Österreich-Ungarn im Osten entlastete; aber kurz darauf wurde der deutschen Regierung durch die *englisch-französische* »entente cordiale« (8. 4. 1904) demonstriert, daß England sehr wohl in der Lage war, sich mit seinen alten Rivalen Frankreich und Rußland zu verständigen, und daß die deutsche Ansicht, England sei auf Deutschland angewiesen, falsch war. Die englisch-französische Annäherung hatte schon 1902 begonnen, unmittelbar nach Beendigung des Burenkrieges. Ihre stärksten Fürsprecher waren in Frankreich Außenminister Delcassé, in England Chamberlain. Diesem kam es darauf an, den Zusammenhalt des Empire durch außenpolitische Rückendeckung bei einer anderen Macht zu erreichen. Nachdem ihm das mit Deutschland mißlungen war, versuchte er es nun mit Frankreich. Im April 1904 verständigten England und Frankreich sich darüber, daß Marokko französisches, Ägypten englisches Interessengebiet sei; sie sicherten sich diplomatische Unterstützung bei ihrer Politik gegenüber diesen Ländern zu und vereinbarten in einem geheimen Zusatzabkommen, daß für den Fall, daß die Souveränität des Sultans von Marokko aufhöre, Spanien mit einem Teil von Nordmarokko abgefunden werden solle[5]. Diese »entente cordiale« war zwar noch kein Bündnis; aber sie beseitigte die kolonialen Streitfragen zwischen England und Frankreich und begründete eine koloniale Interessengemeinschaft zwischen ihnen. Das Abkommen störte das russisch-französische Bündnis nicht, da England und Frankreich im russisch-japanischen Krieg neutral bleiben wollten und da die Bündnisverpflichtung Frankreichs aus dem Militärbündnis mit Rußland nur für den Fall eines Krieges gegen den Dreibund galt. Außerdem hatte sogar der Zar den Franzosen eine Verständigung mit England geraten (1902).

Im Sommer 1904 begann Frankreich mit der »friedlichen Durchdringung« Marokkos. Es wollte die gesamte marokkanische Staatsschuld in seiner Hand konzentrieren und strebte die Zollkontrolle und die Umbildung der marokkanischen Armee unter französischem Kommando an. Im Oktober 1904 einigte Frankreich sich mit Spanien über die Aufteilung der Interessenzonen in Marokko. Die deutsche Regierung versuchte die englisch-französische Annäherung dadurch zu neutralisieren, daß sie die alten *Kontinentalbundpläne* (Kap. 19) wieder aufgriff. Sie rechnete darauf, daß Rußland nach den Niederlagen, die es im Sommer 1904 gegen die Japaner erlitten hatte, an einem Bündnis mit Deutschland interessiert sei. Im November schlug die deutsche Regierung den Abschluß eines deutsch-russischen Defensivbündnisses gegen den »Angriff einer europäischen Macht« vor; Frankreich sollte nach Abschluß des Vertrages zum Beitritt aufgefordert werden. Die russische Regierung erklärte sich damit grundsätzlich einverstanden, verlangte aber, daß Frankreich schon vor Abschluß des Vertrages eingeweiht werden solle. Damit waren angesichts des damaligen Standes der deutsch-französischen Beziehungen die Aussichten auf ein Zustandekommen des Vertrages gleich null geworden; die deutsche Regierung hatte darauf gerechnet, daß Frankreich durch die vollendete Tatsache eines deutsch-russischen Bündnisses zum Beitritt gedrängt werden könne. Jetzt versuchte sie durch unmittelbaren Druck auf Frankreich die Pariser Regierung auf den Kurs der deutschen Kontinentalpolitik zu zwingen.

Den Ansatzpunkt dazu bot die *Marokko-Frage*. Nachdem Deutschland 1904 die französische Marokko-Politik stillschweigend hingenommen hatte, meldete es im Frühjahr 1905 unter Berufung auf das Madrider Marokko-Abkommen von 1880 seinen Anspruch an, bei der Entscheidung über Marokko mitzusprechen. Auf Drängen Bülows besuchte Wilhelm II. den Sultan von Marokko in Tanger (31. 3. 1905), um dadurch zu demonstrieren, daß Deutschland Marokko für einen souveränen Staat halte. Der französische Ministerpräsident Rouvier parierte die deutsche Intervention damit, daß er Deutschland eine Regelung aller deutsch-französischen kolonialen Differenzen nach dem Muster der »entente cordiale« vorschlug (Mai 1905). Bülow und Holstein lehnten das ab und bestanden auf einer allgemeinen Konferenz. Ihr Ziel war es, der französischen Marokko-Politik im Augenblick eine Niederlage zu bereiten. Sie wollten damit den Franzosen zeigen, daß die Entente mit England nutzlos sei, und daß Frankreich sich an Deutschland anlehnen müsse, wenn es kolonialpolitische Erfolge haben wolle. Eine Niederlage in der Marokko-Frage sollte Frankreich aus der Entente mit England lösen und für den Kontinentalbund reif machen. Bülow und Holstein wollten das durch eine unnachgiebige Haltung gegenüber Frankreich erreichen. Sie rechneten darauf, daß Frankreich nachgeben und es nicht auf einen Krieg ankommen lassen werde, da sein Verbündeter Rußland durch die Niederlagen in Ostasien geschwächt war (im Januar 1905 war Port Arthur gefallen, im März war die russische Armee bei Mukden geschlagen worden, im Mai wurde die russische Flotte bei Tsushima vernichtet, in Rußland breiteten sich Streiks und Unruhen aus). Die unnachgiebige und drohende Haltung Deutschlands gegenüber Frankreich im Sommer 1905 hatte nicht zum Ziel, während der Zeit der russischen Schwäche einen Präventivkrieg mit Frankreich auszulösen. Sie war vielmehr eine Politik des Bluffens, die Frankreich einschüchtern und zur Annäherung an Deutschland zwingen wollte[6]. Das war ein recht fragwürdiger Versuch; denn er beruhte auf einer Reihe unsicherer Voraussetzungen: Bülow und Holstein unterschätzten den Zusammenhalt Englands und Frankreichs in der Marokko-Frage; sie erwarteten, daß Deutschland auf einer internationalen Konferenz die Mehrheit der Teilnehmer auf seiner Seite haben und England-Frankreich überstimmen werde; sie glaubten, daß ein Scheitern der Marokko-Politik Frankreich zur Annäherung an Deutschland veranlassen werde. Bülows und Holsteins Politik, die immerhin die Möglichkeit eines Krieges in sich barg, wurde noch fragwürdiger dadurch, daß Wilhelm II. wegen Marokko auf keinen Fall Krieg führen wollte und daher nicht bereit war, bis zur äußersten Grenze der Drohung mitzugehen. An koloniale Erwerbungen für Deutschland, etwa als Kompensation für eine Besetzung Marokkos durch Frankreich, dachten Bülow und Holstein nicht; sie waren sogar bereit, zu einem späteren Zeitpunkt Marokko den Franzosen zu überlassen, vorausgesetzt, daß diese dann mit Deutschland statt mit England gingen.

Da Deutschland auf der allgemeinen Konferenz über Marokko beharrte, stimmte die französische Regierung im Sommer einer solchen Konferenz zu. Delcassé, der die deutsche

Bluff-Politik durchschaut hatte und nicht nachgeben wollte, war mit seiner Ansicht im französischen Ministerrat allein geblieben und trat zurück (6. 6. 1905). Nachdem dieser französische Minister, der den deutschen Wünschen gegenüber am unnachgiebigsten war, gestürzt war, unternahm Wilhelm II. noch einmal einen Versuch zum Abschluß eines deutsch-russischen Bündnisses, welches dann zum Kontinentalbund mit Frankreich erweitert werden sollte. Bei einem *Zusammentreffen mit dem Zaren in Björkö* legte er diesem den Text eines Vertrages vor, wonach im Falle des Angriffs einer »europäischen Macht« auf einen der beiden Partner der andere dem Angegriffenen »in Europa mit allen Land- und Seestreitkräften« helfen werde; Rußland sollte nach Abschluß des Vertrages Frankreich zum Beitritt auffordern. Der Zar stimmte zu, und beide Monarchen unterzeichneten den Vertrag (25. 7. 1905). Die verantwortlichen Minister, die an dem Treffen in Björkö nicht teilgenommen hatten, waren mit dem Text des Vertrages nicht einverstanden. Bülow bemängelte, daß die Beistandsverpflichtung auf Europa beschränkt sei und daß durch diese Beschränkung der Vertrag für Deutschland wertlos sei im Falle einer Auseinandersetzung mit England. Die russischen Minister fanden den Vertrag unvereinbar mit dem russisch-französischen Zweibund[7]. Ehe die russische Regierung ihre Stellungnahme nach Berlin mitteilte, konnte Rußland sich der Last des fernöstlichen Krieges entledigen. Unter Vermittlung des amerikanischen Präsidenten Theodore Roosevelt begannen im August 1905 in Portsmouth (USA) die Friedensverhandlungen, die am 5. 9. 1905 zum Friedensschluß führten: Rußland trat Port Arthur und Südsachalin an Japan ab und erkannte Korea als japanisches Interessengebiet an. Im Oktober/November 1905 ließ dann die russische Regierung in Berlin mitteilen, sie könne den Vertrag von Björkö nur dann ratifizieren, wenn von der Beistandsverpflichtung der Fall eines deutsch-französischen Krieges ausdrücklich ausgenommen werde. Damit war der Vertrag für Deutschland wertlos, und Bülow ließ das Projekt fallen. In der russischen Politik trat nun ein Kurswechsel ein: Lamsdorff, der die Ostasienpolitik und die Annäherung an Deutschland betrieben hatte, wurde als Außenminister durch Iswolski abgelöst, der ein Verfechter konsequenter russisch-französischer Bündnispolitik war. Nach dem Mißerfolg in Ostasien nahm Rußland wieder seine aktive Balkanpolitik auf.

Als nun im Januar 1906 die *Marokko-Konferenz in Algeciras* zusammentrat (Deutschland, Frankreich, England, Rußland, Amerika, Österreich-Ungarn, Italien, Spanien, Portugal, Belgien, Schweden, Niederlande), fand Deutschland für seinen Standpunkt keine Majorität, sondern war mit Österreich isoliert. Auch der Dreibundpartner Italien stand auf der Gegenseite. Holstein war in dieser Situation bereit, die Konferenz scheitern zu lassen, fand aber nicht die Zustimmung Bülows und des Kaisers und nahm seinen Abschied (5. 4. 1906). Frankreich kam auf der Konferenz dem deutschen Verlangen nach einer internationalen Regelung insofern entgegen, als es sich mit internationalen Institutionen für Marokko einverstanden erklärte und sich nur um eine stärkere Stellung in diesen Institutionen bemühte. Es fand damit die Zustimmung der meisten Teilnehmerstaaten, und Deutschland und Österreich mußten sich anschließen. Am 7. 4. 1906 wurde die Algeciras-Akte unterzeichnet: Es wurde eine marokkanische Polizei gebildet, die 5 Jahre von spanischen und französischen Offizieren geführt werden sollte; die Bank von Marokko sollte von je einem französischen, englischen, spanischen und deutschen Zensor überwacht werden; das Grundkapital der Bank von Marokko wurde in 15 Anteile aufgeteilt, von denen Frankreich 3, die übrigen Signatarstaaten je einen erhielten. Damit war zwar äußerlich der deutschen Forderung Genüge getan; aber der Konferenzverlauf war eine politische Niederlage für Deutschland; denn er zeigte seine Isolierung so deutlich, daß sie nunmehr auch der Berliner Regierung bewußt wurde[8].

---

[1] S. Kap. 19, Anm. 15.

[2] Die gesamte Entwicklung d. Dreibundes behandeln L. SALVATORELLI, La Triplice Alleanza (1939), u. G. VOLPE, L'Italia nella Triplice Alleanza (1939). Für die Abwendung Italiens vom Dreibund 1900–1902 s. R. HOERNIGK, Italien zwischen Frankreich u. dem Dreibund (1931). R. DIETRICH, England u. Italien 1882–1902, HV 29 (1935). J. GLANVILLE, Italy's Relation with England 1896–1905 (1934). E. SERRA, Camille Barrère e l'Intesa italo-francese (1950).

[3] H. H. SCHACHT, Die Entwicklung d. mazedon. Frage um die Jahrhundertwende bis zum Mürzsteger Programm (Diss. Halle 1929).

[4] A. RAAB, Die Politik Dtlds. im Nahen Orient 1878–1908 (1930). E. LINDOW, Frhr. Marschall v. Bieberstein als Botschafter in Konstantinopel 1897 bis 1912 (1934). L. RAGEY, La Question de chemin de fer de Bagdad 1893–1914 (1935). J. B. WOLF, The Diplomatic History of the Bagdad Railroad (1936). F. H. BODE, Der Kampf um die Bagdad-Bahn 1903–1914 (1941). J. CHAPMAN, Great Britain and the Bagdad Railway (1948). W. O. HENDERSON, German Economic Penetration in the Middle East 1880 to 1914, Economic Hist. Rev. (1948).

[5] M. PALÉOLOGUE, Un grand Tournant de la Politique mondiale 1904–1906 (1931). L. POLTZ, Englands Anteil an der

Gründung d. Dreiverbandes 1904 bis 1907 (Diss. Hamburg 1931). O. J. HALE, Germany and the Diplomatic Revolution 1904–1906 (1931). G. ROLOFF, Die Entstehung d. Entente Cordiale, Berl. Monatsh. 13 (1935). I. I. MATTHEWS, Egypt and the Formation of the Anglo-French Entente of 1904 (1939). H. HALLMANN, Spanien u. die französ.-engl. Mittelmeerrivalität 1898 bis 1907 (1937).

[6] P. RASSOW, Schlieffen u. Holstein, HZ 173 (1952), sieht einen Unterschied in der Politik Bülows u. Holsteins 1905: während Bülows Politik nur auf Bluff angelegt gewesen sei, habe Holstein damals die Bindung Rußlands in Ostasien zum Präventivkrieg mit Frankreich ausnutzen wollen und sei in dieser Absicht durch den Generalstabschef Schlieffen bestärkt worden. Dieser These hat G. RITTER, Der Schlieffenplan (1956), widersprochen; mit Sicherheit ergibt sich aus Ritters Buch, daß Schlieffen 1905 keinen Präventivkriegsplan ausgearbeitet hat.

[7] W. KLEIN, Der Vertrag von Bjoerkoe (1931). K. GRIMM, Gf. Witte u. die dt. Politik (1930). B. WEINBERG, Die russ. auswärtige Politik 1890–1914 in der Auffassung der dt. Diplomaten (1934). W. FRAUENDIENST, Gf. Alvenslebens Petersburger Mission 1900–1905, Berl. Monatsh. 10 (1932). G. Gf. LAMBSDORFF, Die Militärbevollmächtigten K. Wilhelms II. am Zarenhof 1904–1914 (1937).

[8] P. GUILLEN, L'Allemagne et le Maroc de 1870 à 1905 (1967). E. N. ANDERSON, The first Moroccan Crisis 1904 bis 1906 (1930). H. E. BRENNING, Die großen Mächte u. Marokko 1898–1904 (1934). F. T. WILLIAMSON, Germany and Morocco before 1905 (1937). E. ANRICH, Die dt. Politik in der ersten Marokko-Krise, HV 30 (1935). Ch. W. PORTER, The Career of Delcassé (1936). ITALICUS (d. i. E. E. BERGER), Die große Politik Delcassés (1939). C. BARRÈRE, La chute de Delcassé, Rev. des deux mondes 10/11 (1932/33). A. BACH, Delcassés Sturz, Berl. Monatsh. 15 (1937). F. ROSEN, Aus meinem diplomat. Wanderleben (2 Bde. 1931/32). W. PLATZHOFF, Das engl. Angebot an Frankreich vom Frühjahr 1905, Zs. f. Pol. 23 (1933).

Kapitel 24
Deutsch-englische Flottenrivalität
und englisch-russische Verständigung

Die deutsche Politik hatte in der Marokko-Krise ihr Ziel, die englisch-französische Entente zu sprengen, nicht nur verfehlt, sondern vielmehr diese Entente gestärkt. Im Januar 1906, als der Ausgang der Konferenz von Algeciras noch ungewiß war, wünschte Frankreich eine Vertiefung der Entente bis zum Abschluß eines Verteidigungsbündnisses. Der neue englische Außenminister Grey wich dieser Forderung aus, gab aber seine Zustimmung zu *Besprechungen der englischen und französischen Generalstäbe*. Bis 1914 ist zwischen England und Frankreich kein Militärbündnis geschlossen worden, aber die Generalstabsbesprechungen wirkten ebenso bindend wie ein Vertrag; denn bei diesen Gesprächen tauschten die Partner ihre militärischen

Geheimnisse aus und gaben sich dadurch gegenseitig in die Hand des anderen[1]. Da man in England und Frankreich damals schon im Kriegsfall mit einem deutschen Durchmarsch durch Belgien rechnete, wurde auch der belgische Generalstab in die Gespräche einbezogen. In den folgenden Jahren hielt Belgien sich von den Generalstabsbesprechungen der beiden Westmächte fern, so daß es 1914 nicht nur nominell, sondern auch tatsächlich neutral und ungebunden war.

Mit der Marokko-Krise begann nicht nur die gemeinsame englisch-französische Landkriegsplanung, sondern auch die offene *deutsch-englische Flottenrivalität*. Diese Rivalität wurde nicht allein durch die Marokko-Krise ausgelöst, sondern war eine Folge der Umgruppierung, die sich unter den großen Mächten zwischen 1900 und 1905 vollzog. Die deutschen Flottengesetze von 1898 und 1900 waren in England mit Ruhe aufgenommen worden. Auch nach dem deutschen Flottengesetz von 1900 war die französische Flotte die zweitstärkste Seemacht nächst der englischen, und das Bautempo der Franzosen war auch schneller als das der Deutschen, so daß also um die Jahrhundertwende noch die französische Marine für England eine größere Gefahr darstellte als die deutsche. In den folgenden Jahren wirkte sich der Wandel in der Mächtegruppierung auf das Flottenverhältnis aus. 1901 beendete der Hay-Pauncefote-Vertrag den englisch-amerikanischen Streit um die Kontrolle über den zu bauenden Panama-Kanal und leitete die Periode englisch-amerikanischer Freundschaft ein. 1902 schloß England sein Bündnis mit der neuen pazifischen Großmacht und Seemacht Japan. Durch die Entente mit Frankreich 1904 schied die französische Flotte aus der Reihe der möglichen Gegner aus. Frankreich stoppte seitdem den Ausbau seiner Marine; es verließ sich nunmehr auf die maritime Sicherung durch England und konzentrierte seine Rüstungsanstrengungen auf das Landheer. Die russische Flotte wurde 1905 von den Japanern vernichtet. Die österreichische Flotte zählte nicht als möglicher Gegner, weil sie zu klein war, die italienische nicht, weil Italien wegen seiner ungeschützten langen Küste keinen Kampf mit England wagen konnte. So blieb 1905 als möglicher maritimer Gegner nur noch die deutsche Flotte übrig. Und das fiel jetzt um so mehr ins Gewicht, als das deutsch-englische Verhältnis sich seit Dezember 1901 ständig verschlechtert hatte bis zur offenen Gegnerschaft in der Marokko-Krise.

Die Seekämpfe des russisch-japanischen Krieges hatten gezeigt, daß der Kampf um die Seeherrschaft nicht durch den Kreuzerkrieg und die Torpedowaffe entschieden wurde, wie man am Ende des 19. Jh. gemeint hatte, sondern durch die Schlachtschiffe. Der Seekrieg in Ostasien hatte ferner gezeigt, welche Bedeutung für den Ausgang eines Seegefechts die Reichweite der Schiffsartillerie, verbunden mit hoher Schiffsgeschwindigkeit, besaß. Aufgrund dieser Erfahrungen ging man in England und in Amerika noch 1905 zum Bau von Großkampfschiffen über, die bei doppelter Tonnage gegenüber den bisherigen Linienschiffen mit schwerster Artillerie und sehr starken Maschinen ausgestattet waren. Als erstes Schiff dieses neuen Typs lief 1906 die »Dreadnought« vom Stapel. Der englische Seelord Fisher glaubte, mit dem Übergang zum Bau von »Dreadnoughts« den maritimen Wettlauf für Deutschland aussichtslos gemacht zu haben; denn die Ausmaße des Nordostseekanals, die Breite der Hafeneinfahrt von Wilhelmshaven und die deutschen Docks waren für solche Schiffe zu klein, und die allgemein bekannte Finanznot des Deutschen Reiches ließ in England die Erwartung aufkommen, daß Deutschland das Geld für den Bau so teurer Großkampfschiffe und für die Kanal- und Hafenumbauten nicht werde aufbringen können. Das erwies sich aber als Trugschluß; denn schon im Winter 1905/06 forderte eine deutsche Flottennovelle die Mittel für die Vergrößerung des Nord-Ostsee-Kanals und der Hafen- und Dockanlagen von Wilhelmshaven und für den Bau deutscher Dreadnoughts – die künftig zu bauenden deutschen Schlachtschiffe sollten nach dem Vorbild der englischen Dreadnoughts mit größerer Tonnage und stärkerer Armierung gebaut werden. Der Reichstag bewilligte im Mai 1906 diese Flottenvorlage. Damit trat eine wichtige *Wende im deutschenglischen Flottenverhältnis* ein. Durch den Übergang zum Dreadnought-Bau verringerte sich der zahlenmäßige Vorsprung der englischen Schlachtflotte vor der deutschen. Die neuen deutschen Schlachtschiffe würden allen älteren englischen Linienschiffen überlegen sein, und im Bau von Dreadnoughts hatte England nur einen geringen Vorsprung vor Deutschland. Um so mehr wurde in der Folgezeit die deutsche Flottenrüstung von England als Bedrohung empfunden. Die deutsche Kriegsflotte wurde jetzt zur zweitstärksten nächst der englischen – auch die deutsche Handelsflotte nahm hinter der englischen den zweiten Platz ein. Zur Seemacht im vollen Sinne des

Wortes wurde Deutschland jedoch nicht. Dazu fehlte ihm zunächst die günstige Lage: Der Seeweg um die Nordspitze Englands herum zu den großen Schiffahrtswegen im Atlantik war weiter, als der Aktionsradius der deutschen Kriegsschiffe reichte! Außerdem fehlte in Deutschland das Verständnis für die Verwendung der Seemacht im Kriege: Der Große Generalstab berücksichtigte in seiner operativen Planung für den Kriegsfall die Flotte gar nicht. Die Führung des Landheeres nahm von der Existenz der Flotte kaum Notiz![2]

Am 1. 1. 1907 legte der Abteilungschef im Foreign Office, Sir Eyre Crowe, in einer Denkschrift dar, Deutschland strebe nach einer hegemonialen Stellung und bedrohe dadurch die Lebensinteressen des Britischen Empire; daher müsse die Abwehr der deutschen Expansion das leitende Ziel der englischen Politik werden[3]. Crowe überschätzte die Ziele der deutschen Politik gewaltig; aber in den letzten Jahren war Deutschland tatsächlich der Hauptgegner der englischen Politik gewesen. Rußland, der frühere Hauptkonkurrent, war in Ostasien durch Japan blockiert. An der Erhaltung der Türkei gegen eine neue russische Expansion im Orient war England nicht mehr interessiert, da es seit den 90er Jahren des 19. Jh. die Türkei nicht mehr für lebensfähig hielt. Auf der Konferenz von Algeciras hatte Rußland an der Seite Englands und Frankreichs gegen Deutschland gestanden. Damit waren die Voraussetzungen zu einer *Verständigung Englands und Rußlands* gegeben. Die Verhandlungen darüber wurden vor allem von dem russischen Botschafter in London, Graf Benckendorf, und dem englischen Botschafter in Petersburg, Arthur Nicolson, vorangetrieben. Nicolson war englischer Unterhändler auf der Konferenz von Algeciras gewesen und hatte sich über die deutsche Politik ein Urteil gebildet, das im wesentlichen mit dem Crowes übereinstimmte. Am 31. 8. 1907 wurden nach dem Vorbild des englisch-französischen Vertrages die englisch-russischen Streitpunkte in einem Abkommen geregelt: Rußland erkannte Afghanistan als englisches Interessengebiet an; England verzichtete auf eine Einmischung in Tibet, und Persien wurde in eine nördliche (russische), eine mittlere (gemeinsame) und eine südliche (englische) Interessenzone geteilt. Damit war die *politische Isolierung Deutschlands* besiegelt[4]. Man hielt das in Deutschland nach 1918 für eine planmäßige »Einkreisung« Deutschlands mit dem Ziel, die deutsche Großmachtstellung zu vernichten. Diese Vorstellung ist jedoch falsch. Die Verträge von

1904 und 1907 hatten keine offensive Tendenz. Die »Einkreisung« war vielmehr eine »Auskreisung« Deutschlands aus dem Kreis der Weltmächte (K. Stählin): England, Frankreich, Rußland teilten untereinander, unter Ausschluß Deutschlands, die Objekte der Weltmachtpolitik auf. Das war der Sinn der Ententen von 1904–1907.

[1] G. ASTON, The Entente Cordiale and the Military Conversations, Quart. Rev. (1932). P. KLUKE, Sir Henry Wilson und sein Einfluß auf die engl. Vorkriegspolitik, Berl. Monatsh. 12 (1934). J. TYLER, The British Army and the Continent (1936). G. RITTER, Staatskunst u. Kriegshandwerk, Bd. 2 (1960).

[2] F. RUGE, Seemacht u. Sicherheit (³1968). I. METZ, Die dt. Flotte in der engl. Presse. Der Navy Scare vom Winter 1905/06 (1936). E. L. WOODWARD, Great Britain and the German Navy (1935). F. UPLEGGER, Engl. Antipathien gegen Berlin in der Ära Bülow, Berl. Monatsh. 11 (1933). R. STADELMANN, Die Epoche d. dt.-engl. Flottenrivalität, in: Dtld. u. Westeuropa (1948). v. BERGHAHN, Der Tirpitzplan (1971).

[3] Der Aufsatz von F. THIMME, Das Memorandum E. A. Crowes vom 1. 1. 1907, Berl. Monatsh. 7 (1929), ist ganz von der These beeinflußt, Dtld. sei 1914 das Opfer einer aggressiven Einkreisungspolitik durch England geworden, ein lehrreiches Beispiel dafür, wie ein polit. Vorurteil die hist. Forschung in der Quelleninterpretation fehlleiten kann.

[4] P. OSTWALD, Rußlands Weg in das Lager der Entente, Europ. Gespräche 8 (1930). D. LINNENBRINK, Die engl.-russ. Entente vom 31. 8. 1907 und Dtld. (Diss. München 1930). I. B. MANGER, De Triplentente, de internationale verhoudingen 1902–1909 (1934). O. HAUSER, Dtld. u. der engl.-russ. Gegensatz 1900–1914 (1958).

Kapitel 25
Kriegsgefahr um Bosnien
Zweite Marokko-Krise

Nach der Verständigung mit Rußland unternahm England noch zwei Versuche, um ein Flottenwettrüsten mit Deutschland zu vermeiden. Zunächst hoffte die englische Regierung, auf der *Zweiten Haager Konferenz* (Sommer 1907) ein Gespräch über die Rüstungsbegrenzung führen zu können; aber infolge des energischen Einspruchs Deutschlands und Österreich-Ungarns wurde die Frage der Rüstungsbegrenzung nicht in das Konferenzprogramm aufgenommen. Deutschland und Österreich-Ungarn setzten sich mit dieser unnachgiebigen Haltung in Gegensatz zu der öffentlichen Meinung in fast allen Ländern. Die beiden Mittelmächte manövrierten sich immer mehr in eine nicht nur diplomatische, sondern auch publizistische Isolierung. Nach dem unbefriedigenden Ausgang der

Haager Konferenz[1] versuchte die englische Regierung auf verschiedenen Wegen direkte Verhandlungen mit Berlin über eine *Begrenzung der Flottenrüstung* in Gang zu bringen: Im Sommer 1908 legte der englische Bankier Sir Ernest Cassel, ein Freund König Eduards VII., dem HAPAG-Direktor Albert Ballin, einem Vertrauten Wilhelms II., dar, daß die deutsche Flottenrüstung in England als Bedrohung angesehen werde und daß die deutsch-englischen Beziehungen nur durch eine Verlangsamung im Tempo der deutschen Schiffsbauten verbessert werden könnten. Im gleichen Sinne sprach sich der Unterstaatssekretär im Foreign Office, Hardinge, beim Deutschlandbesuch Eduards VII. gegenüber Wilhelm II. aus. Außenminister Grey und Schatzkanzler Lloyd George schlugen dem deutschen Botschafter in London, Graf Wolff-Metternich, vertrauliche Besprechungen über die beiderseitigen Flottenbudgets vor. Obwohl die englische Regierung den Wunsch nach einer Verständigung über die Flottenstärke deutlich und ohne Drohung vorbrachte, wurden Verhandlungen darüber von deutscher Seite schroff abgelehnt. Die treibenden Kräfte bei dieser Ablehnung waren Wilhelm II. und Tirpitz. Sie sahen in Rüstungsvereinbarungen eine Beschneidung der deutschen Souveränität und eine Bedrohung des deutschen Strebens nach Weltgeltung. Unter dem Einfluß des Kaisers legte Bülow in einem Rundschreiben vom 25. 6. 1908 an die deutschen Botschafter die Haltung Deutschlands fest: »Vereinbarungen, die auf eine Einschränkung unserer Wehrmacht hinauslaufen, sind für uns unter keinen Umständen diskutierbar. Eine Macht, die uns zu einer solchen Vereinbarung auffordert, möge sich darüber klar sein, daß eine solche Aufforderung den Krieg mit uns bedeutet.« Wolff-Metternichs Warnungen vor den verheerenden Wirkungen der deutschen Ablehnung auf das deutsch-englische Verhältnis wurden von Wilhelm II. mit einer scharfen Rüge und der Bemerkung quittiert: »Es muß ihm (Wolff-Metternich) bedeutet werden, daß mir ein gutes Verhältnis zu England um den Preis des Ausbaues der Flotte Deutschlands nicht erwünscht ist.«[2] Im Frühjahr 1909 ging die liberale englische Regierung von dem Prinzip sparsamer Rüstungsausgaben ab und legte dem Unterhaus ein Budget vor, in dem erheblich mehr für die Flotte als bisher vorgesehen war.

Der Ausgang der deutsch-englischen Flottengespräche im Sommer 1908 wurde bereits überschattet durch die *jungtürkische Revolution*, die Ende Juli von Saloniki ihren Ausgang genommen hatte. Die jungtürkische Bewegung, die vor allem von der türkischen Armee getragen wurde, nötigte den Sultan Abdul Hamid, die Verfassung von 1876, die nur bis 1877 in Kraft gewesen war, wiederherzustellen und einen den Jungtürken genehmen Großwesir zu berufen. Dadurch wurde das bisherige Kräfteverhältnis auf dem Balkan in Frage gestellt: Es war unsicher, ob die jungtürkische Regierung den prodeutschen Kurs Abdul Hamids fortsetzen würde. Österreich-Ungarn sah durch die jungtürkische Revolution sein Besatzungsrecht in Bosnien und der Herzegowina als bedroht an; denn nach der wiederhergestellten türkischen Verfassung waren diese beiden Provinzen noch unmittelbar von der Pforte regierte und verwaltete Gebiete. Die Wiener Regierung entzog sich diesem Dilemma, indem sie am 5. 10. 1908 *Bosnien und die Herzegowina der Donaumonarchie einverleibte.* Dafür gab Österreich-Ungarn sein Besatzungsrecht im Sandschak Novibasar auf. Rußland, das diese eigenmächtige Änderung der Berliner Kongreßakte durch Österreich-Ungarn zunächst ruhig hingenommen hatte, erhob scharfen Protest, als sein Verbündeter Serbien auf den österreichischen Schritt heftig reagierte und ein kriegerisches Vorgehen gegen Österreich-Ungarn forderte. Zwar war Rußland, das die Folgen des Krieges gegen Japan noch nicht überwunden hatte, nicht kriegsbereit, und auch England und Frankreich erklärten, daß sie um Bosnien keinen Krieg führen könnten; aber Rußlands Ansehen bei den Balkanstaaten stand auf dem Spiel und erforderte einen für Rußland annehmbaren Ausweg. Die Möglichkeit eines ehrenvollen Rückzuges für Rußland wurde aber dadurch verschlechtert, daß in Wien für einige Wochen der Generalstabschef Conrad von Hötzendorf Einfluß auf die Politik gewann. Conrad wollte damals durch einen Präventivkrieg gegen Serbien, dessen Wunsch nach Vereinigung der südslavischen Gebiete der Donaumonarchie mit Serbien die österreichische Südgrenze beunruhigte, diesen Unruheherd beseitigen. In dieser kritischen Situation wurde die Haltung Deutschlands ausschlaggebend. Die Regierung in Berlin war bis zum Tage der Annexion über die Absichten Wiens nur unvollständig unterrichtet worden. In Berlin war man betroffen darüber, daß Österreich-Ungarn ohne vorherige Anfrage die Interessen der mit Deutschland befreundeten Türkei verletzt hatte. Bülow entschloß sich aber doch zur Unterstützung Österreichs; denn einmal glaubte er durch eine Unterstützung der österreichischen Balkanpolitik das deutsch-österreichische Bündnis zu festigen, zum anderen hoffte er durch einen Erfolg der beiden Zentralmächte die englisch-französisch-russische Triple-Entente sprengen zu können. Am 22. 3. 1909 ließ er in Petersburg vorschlagen: Die deutsche Regierung wolle Österreich-Ungarn veranlassen, die Signatarmächte der Berliner Kongreßakte von 1878 um ihre formelle Zustimmung zur Annexion Bosniens zu ersuchen; jedoch müsse Rußland seine Zustimmung vorher zusagen; andernfalls werde man den Dingen zwischen Österreich-Ungarn und Serbien ihren Lauf lassen. Rußland erklärte sich dazu bereit; Serbien, das auf keine militärische Hilfe von Rußland rechnen konnte, erkannte die Annexion ebenfalls formell an und gab auf Forderung Wiens eine Erklärung über künftige Loyalität gegenüber Österreich-Ungarn ab. Somit hatte die *bosnische Krise* mit einem Erfolg der beiden mitteleuropäischen Mächte geendet[3]. Ihr tatsächlicher Gewinn war indessen sehr gering: Die Triple-Entente war nicht gesprengt worden; Rußland suchte nach diesem Mißerfolg noch engere Anlehnung an die beiden Westmächte und forcierte in der Folgezeit die Verstärkung seiner Armee. Serbien hatte die Loyalitätserklärung nur widerwillig gegeben; sie war für Österreich nichts wert. Die Einverleibung der beiden Provinzen bedeutete auch keinen Machtgewinn für die Donaumonarchie; denn sie hatte diese Provinzen ja schon vor der Annexion fest in der Hand. Deutschland aber hatte sich in der Krise noch fester an die österreichische Balkanpolitik gebunden: Auf dem Höhepunkt der Krise hatte der deutsche Generalstabschef v. Moltke dem österreichischen Generalstabschef mit Genehmigung des Kaisers und des Kanzlers mitgeteilt, daß für Deutschland der Bündnisfall eintrete, wenn österreichische Truppen in Serbien einrückten und Rußland daraufhin Krieg gegen Österreich-Ungarn beginne. Das war eine Bindung Deutschlands an die österreichische Balkanpolitik, welche die künftige politische Bewegungs- und Entscheidungsfreiheit des Reiches gefährlich einengen konnte.

Noch vor Abschluß der bosnischen Krise verständigten sich Deutschland und Frankreich über die künftige *Marokko-Politik*. Auch nach der Algeciras-Konferenz war die innere Lage Marokkos unsicher geblieben. Das hatte Frankreich den Vorwand zu wiederholten militärischen Repressalien gegeben. Bülow hatte den französischen Interventionen gegenüber die alte deutsche Marokko-Politik fortsetzen, die Algeciras-Akte für verletzt erklären und Kompensationen für Deutschland fordern wollen. Wilhelm II. hatte jedoch die Überzeugung gewonnen, daß das französische Vordringen in Marokko nicht aufzuhalten sei, wenn Deutschland es nicht auf einen Krieg ankommen lassen wollte. Nach dem Ausbruch der bosnischen Krise drängte er auf schnelle Erledigung der »elenden Marokko-Affäre«: »Es ist nichts zu machen, französisch wird es doch! Also mit Anstand aus der Affäre heraus, damit wir endlich aus den Friktionen mit Frankreich herauskommen, jetzt, wo große Fragen auf dem Spiele stehen.« Am 9. 2. 1909 erkannte Deutschland in einem Abkommen mit Frankreich die politische Vorrangstellung Frankreichs in Marokko an, dafür erkannte Frankreich die Souveränität Marokkos und die wirtschaftliche Gleichberechtigung der übrigen Nationen in Marokko an. Trotzdem wurde in der Folgezeit die deutsche wirtschaftliche Betätigung in Marokko durch die Franzosen behindert. Als dann die Franzosen aus Anlaß neuer Unruhen in Marokko, bei denen die Sicherheit der Europäer im Lande bedroht war, im April 1911 Rabat und im Mai Fes besetzten, setzte die *zweite Marokko-Krise* ein. Die deutsche Außenpolitik wurde damals durch den Staatssekretär des Auswärtigen Amtes, v. Kiderlen-Wächter, geleitet. Er war ein ehemaliger Vertrauter Holsteins[4] und knüpfte jetzt an dessen frühere Marokko-Politik an. Kiderlen wollte zwar Marokko den Franzosen überlassen, erstrebte aber dafür als Kompensation das französische Kongogebiet. Er rechnete nicht damit, daß es darüber zum Krieg mit Frankreich kommen werde, glaubte aber, daß Frankreich auf die deutschen Kompensationswünsche nur eingehen werde, wenn Deutschland seiner Forderung Nachdruck verleihe und seine eventuelle Kriegsbereitschaft durchblicken lasse. Um die deutschen Interessen nachdrücklich zu vertreten, setzte er die Entsendung des Kanonenbootes »Panther« in den marokkanischen Hafen Agadir durch (»Panther-Sprung nach Agadir«, 1. 7. 1911). Da die französische Regierung die Abtretung ihres ganzen Kongogebietes ablehnte und da England sich wieder deutlich auf die Seite Frankreichs stellte, begnügte sich die deutsche Regierung schließlich damit, daß Deutsch-Kamerun im Osten und Süden durch Teile von Französisch-Äquatorial-Afrika mit Zugängen zum Schari und zum Kongo vergrößert wurde; dafür stimmte Deutschland der Besetzung Marokkos durch Frankreich und einem französischen Protektorat über Marokko zu (Marokko-Kongo-Vertrag, 4. 11. 1911)[5]. Die zweite Marokko-Krise brachte die Ententepartner

England und Frankreich noch enger zusammen: Auf dem Höhepunkt der Krise (Juli 1911) stellten die beiden Generalstäbe einen gemeinsamen Aufmarschplan für den Fall eines Krieges gegen Deutschland auf, in dem der sofortige Einsatz der englischen Armee vorgesehen war. Diese *Vereinbarung der Generalstäbe* wurde im Jahre darauf durch den *Briefwechsel zwischen Grey und dem französischen Botschafter Cambon* ergänzt (22./23. 11. 1912), in dem die beiden Regierungen für den Fall eines drohenden Angriffs von dritter Seite gemeinsames Handeln vorsahen. Dieser Briefwechsel war der Ersatz für ein offizielles Bündnis, das der Zustimmung des englischen Parlaments bedurft hätte.

[1] S. Kap. 20, Anm. 7.

[2] H. H. ROBERTZ, Die dt.-engl. Flottenbesprechungen im Sommer 1908 (Diss. Berlin 1938).

[3] W. L. LANGER, The 1908 Prelude to the World War, For. Affairs (1929). L. FOERSTER, Das Bundesverhältnis Dtlds. zu Österr.-Ungarn 1906 bis 1912 (Diss. Freiburg 1934). H. ROTHFELS, Studien zur Annexionskrise von 1908/09, HZ 147 (1933). B. SCHMITT, The Annexation of Bosnia 1908/09 (1937). M. NINTCHITCH, La crise Bosniaque et les Puissances Européennes (2 Bde. 1936). I. M. READ, Das Problem d. dt. Vermittlung beim Ausgang d. bosn. Krise (1933). H. G. SASSE, War das dt. Eingreifen in die bosn. Krise im März 1909 ein Ultimatum? (Diss. Berlin 1936). G. WITTROCK, Österrike-Ungarn i bosniska

Krisen 1908/09 (1939). B. SCHMITT, Triple Entente and Triple Alliance (1954). G. HILLER, Die Entwicklung d. österr.-serb. Gegensatzes 1908 bis 1914 (Diss. Halle 1934).

[4] E. JÄCKH, Kiderlen-Wächter, der Staatsmann u. Mensch (2 Bde. 1924), enthält Briefe u. Aufzeichnungen Kiderlens.

[5] O. V. D. LANCKEN-WAKENITZ, Meine 30 Dienstjahre 1888–1918 (1931). E. ENTHOVEN, Kiderlen-Wächter u. die dt. Agadir-Politik, Europ. Gespräche 10 (1932). F. HARTUNG, Die engl. Außenpolitik in der Marokko-Krise d. Jahres 1911, Berl. Monatsh. 10 (1932). P. BARLOW, The Agadir Crisis (1940). F. W. PICK, Searchlight on German Africa (1939). W. KLEINKNECHT, Die engl. Politik in der Agadir-Krise (1937).

Kapitel 26
Bülows Blockpolitik
›Daily Telegraph‹-Affäre
Reichsfinanzreform

In den »Hottentottenwahlen« nach der Reichstagsauflösung vom Dezember 1906 kämpften die Konservativen an der Seite der liberalen Parteien gegen Sozialdemokratie und Zentrum. Konservative und Liberale gewannen zusammen 187 Mandate (Deutschkonservative 60; Freikonservative 24; Nationalliberale 54; Freisinnige Volkspartei 28; Freisinnige Vereinigung 14; Deutsche Vokspartei 7). Sie bildeten jetzt als »*Bülow-Block*« die parlamentarische Stütze der Regierung. Da auch die Wirtschaftliche Vereinigung, eine Fraktionsgemeinschaft der Christlich Sozialen (Stoecker) mit den Antisemiten und den Deutsch-Sozialen, gewöhnlich für die Regierung stimmte, konnte man deren 26 Reichstagssitze denen des Blocks hinzuzählen. Demgegenüber brachte es die Opposition nur auf 176 Mandate: Das Zentrum hatte sich bei den Wahlen zwar von 100 auf 105 Mandate verstärkt; aber die Sozialdemokratie hatte eine schwere Niederlage erlitten und war von 81 auf 43 Mandate abgesunken. Die übrigen Sitze in der Opposition verteilten sich auf Polen, Elsässer, Welfen. Der Wahlerfolg des Blocks war jedoch nur infolge der Wahlkreiseinteilung, welche die großen Städte benachteiligte, und des Stichwahlverfahrens zustande gekommen und entsprach nicht dem tatsächlichen Kräfteverhältnis der Parteien. Nach der Zahl der Mandate besaß zwar der Block die Mehrheit; aber nach den Wählerstimmen war er gegenüber der Opposition in der Minderheit (4,96 : 5,4 Millionen). Die Sozialdemokratie hatte zwar 38 Reichstagssitze verloren, aber 250000 Wählerstimmen hinzugewonnen. Der große Mandatsverlust, den die SPD erlitten hatte, kam den revisionistischen Kräften innerhalb der Partei zugute: Die Bekämpfung und Ächtung der Revisionisten hörte auf, und auf dem nächsten Parteitag wurde die Parole zur Einigkeit im sozialistischen Lager ausgegeben.

Der bisherige Leiter der inneren Reichspolitik, Graf Posadowsky, wurde der *Blockpolitik* geopfert. Den Liberalen war er wegen seiner engen Zusammenarbeit mit dem Zentrum während der »Ära Posadowsky« suspekt, den Konservativen wegen seiner aktiven Sozialpolitik. An Posadowskys Stelle trat als Staatssekretär des Reichsamts des Innern und Stellvertreter des Reichskanzlers der preußische Innenminister *Bethmann Hollweg*. Der »Bülow-Block« war keineswegs homogen. Die Liberalen erstrebten eine Stärkung des Reichstags und die Ausdehnung des Reichstagswahlrechts auf Preußen, die Konservativen wollten das bisherige Kräfteverhältnis zwischen Regierung und Reichstag und das Dreiklassenwahlrecht in Preußen unbedingt erhalten[1]. Einig waren die beiden Flügel des Blocks nur in den Grundfragen der Außenpolitik. Da die Opposition die gesetzgeberische Unfruchtbarkeit und das baldige Ende des Blocks prophezeite, bemühten sich die Blockparteien zunächst um positive Ergebnisse der Blockpolitik. Die Frucht dieser Bemühungen war das *Reichsvereinsgesetz* von 1908. Eine einheitliche und freiheitliche Regelung des Vereins- und Versammlungsrechts in Deutschland war schon seit langem von den liberalen Parteien und auch vom Zentrum gefordert worden. Dieser Forderung kam Bülow mit Rücksicht auf den liberalen Flügel des Blocks nach. Das neue Vereinsgesetz schuf endlich ein einheitliches Vereins- und Versammlungsrecht im ganzen Reich. Es war in seinen Bestimmungen liberaler als die bisher geltenden Vereinsgesetze der meisten Bundesstaaten, vor allem Preußens und Sachsens. Die bisher sehr dehnbaren Befugnisse der Polizei zur Auflösung von Vereinen und Versammlungen wurden aufgehoben. Künftig bildeten die genau umrissenen Tatbestandsmerkmale des allgemeinen Strafrechts die Grenze der Vereins- und Versammlungsfreiheit. Nach den bisherigen vereinsrechtlichen Vorschriften waren die Frauen von Vereinen und Versammlungen ausgeschlossen; das neue Gesetz trug dem großen Anteil der Frauen am wirtschaftlichen und sozialen Leben Rechnung und erlaubte ihnen die Teilnahme an Vereinen und Versammlungen. Ursprünglich hatte die Regierung im Vereinsgesetz mit Rücksicht auf die preußische Ostmarkenpolitik in öffentlichen Versammlungen nur den Gebrauch der deutschen Sprache zulassen wollen. Diese Bestimmung hätte den nationalen Minderheiten in Posen, Westpreußen, Oberschlesien, Nordschleswig und Lothringen das Recht genommen, in Versammlungen ihre Muttersprache zu gebrauchen. Schließlich wurde in denjenigen Regierungsbezirken, in denen der Anteil der eingesessenen fremdsprachigen Bevölkerung mehr als 60% betrug, für 20 Jahre der Gebrauch der nichtdeutschen Muttersprache in Versammlungen genehmigt. Der *Kampf gegen das Polentum* in den östlichen Provinzen Preußens wurde dagegen mit einem preußischen Gesetz weitergeführt: Das *Enteignungsgesetz* von 1908 ermächtigte die preußische Regierung, für 50 Millionen Mark größere polnische Güter bis zu einer Gesamtfläche von 70 000 ha – notfalls durch Enteignung – zu erwerben und an deutsche Siedler weiterzuverkaufen. Dies Gesetz sollte der 1886 eingesetzten *Ansiedlungskommission* mehr Wirkung verleihen; denn bisher hatte sie nur wenig polnischen Landbesitz für deutsche Siedler kaufen können, weil die Polen es vermieden, ihren Boden an Deutsche zu verkaufen. Da ein Jahr nach dem Erlaß des Gesetzes unter Bethmann Hollweg ein liberaler Kurs gegenüber den Polen in Preußen begann, ist von dem Gesetz in der Praxis nur sehr wenig Gebrauch gemacht worden; aber das bloße Vorhandensein des Gesetzes vergiftete die Atmosphäre. Der Volkstumskampf im Osten wurde in den letzten Friedensjahren vor allem mit publizistischen Mitteln geführt: auf deutscher Seite durch den 1894 gegründeten *Ostmarkenverein* (nach den Anfangsbuchstaben seiner Gründer Hansemann, Kennemann und Tiedemann auch H.K.T.-Verein genannt), auf polnischer Seite durch den Verein »Stratz«[2].

Ehe die Gegensätze zwischen dem liberalen und dem konservativen Flügel des Blocks in der preußischen Wahlrechtsfrage und in der Frage der Reichsfinanzreform offen aufbrachen, wurden das Ansehen des Kaisers und die Stellung des Reichskanzlers durch zwei Skandale erschüttert. Der Publizist *Maximilian Harden* hatte in der ›Zukunft‹ den Freund des Kaisers und ehemaligen Botschafter in Wien, Philipp Fürst zu Eulenburg, beschuldigt, einen unheilvollen Einfluß auf den Kaiser auszuüben; außerdem hatte Harden behauptet, Eulenburg habe sich homosexuelle Verfehlungen zuschulden kommen lassen. Noch ehe dieser Vorwurf untersucht war, gab Wilhelm II. deutlich zu erkennen, daß Eulenburg in Ungnade gefallen sei. Eulenburg bestritt unter Eid die Beschuldigungen Hardens in einem Beleidigungsprozeß, den er gegen diesen führte. Darauf beschuldigte Harden ihn, einen Meineid geleistet zu haben. Der darauf folgende *Strafprozeß gegen Eulenburg* konnte wegen dessen schwerer Erkrankung nie zu Ende geführt werden. Der Vorwurf, daß er einen unheilvollen Einfluß auf Wilhelm II. ausgeübt habe, war mit Sicherheit falsch; denn Eulenburg hatte sich immer wieder bemüht, den Kaiser von unbesonnenen und übereilten Schritten zurückzuhalten. In der Öffentlichkeit erweckte der Eulenburg-Skandal jedoch den Eindruck, der deutsche Kaiser sei jahrelang von einem sittlich minderwertigen Menschen in seinen politischen Entschlüssen beeinflußt worden[3].

Noch stärker wurde die Stellung des Kaisers erschüttert durch die ›Daily Telegraph‹-Affäre. Am 28. 10. 1908 veröffentlichte der Londoner ›Daily Telegraph‹ ein Interview, das Wilhelm II. dem Engländer Stuart Wortley gegeben hatte. Danach hatte der Kaiser erklärt, er sei ein Freund Englands, sei mit dieser Haltung in Deutschland jedoch in der Minderheit; während des Burenkrieges habe er eine Kontinentalliga gegen England verhindert. Weiter hatte Wilhelm II. behauptet, er habe der Königin Viktoria einen Feldzugsplan gegen die Buren

geschickt, und dieser Plan habe genau mit dem übereinge-
stimmt, nach dem die Engländer dann die Buren besiegt hätten.
Die englische Presse sah in dem ersten Teil des Kaiserinter-
views eine Bestätigung dafür, daß die schlechten deutsch-
englischen Beziehungen auf die englandfeindliche Haltung
Deutschlands zurückzuführen seien. Daß Wilhelm den Engländern gute Ratschläge zur Besiegung der Buren gegeben
haben wollte, wurde in England mit höchster Entrüstung als
Anmaßung vermerkt. Frankreich und Rußland sahen in den
Ausführungen des Kaisers über die Kontinentalliga einen Versuch, ihre Beziehungen zu England zu stören. Alle Mächte der
Triple-Entente waren durch das Interview vor den Kopf gestoßen worden. In Deutschland waren alle Parteien über diese
Störung der deutschen Auslandsbeziehungen durch die kaiserliche Eigenmächtigkeit entrüstet. Sogar die Konservativen ver-
öffentlichten am 6. 11. 1908 eine Erklärung, in der sie vom
Kaiser für die Zukunft größere Zurückhaltung forderten. Eine
Sonderstellung nahmen die Alldeutschen und die Antisemiten
ein, die an dem Interview lediglich zu bemängeln hatten, daß
der Kaiser zu englandfreundlich gewesen und den Buren in den
Rücken gefallen sei.

Ehe das Interview veröffentlicht worden war, hatte Wortley
es dem Kaiser zugeschickt mit der Frage, ob er einer Veröffentlichung zustimme. Wilhelm II. hatte das Manuskript dem
Auswärtigen Amt zugeschickt mit der Frage, ob gegen die
Veröffentlichung Bedenken bestünden. Er hatte also ganz kor-
rekt gehandelt und seine verantwortlichen Berater gefragt. Das
Auswärtige Amt hatte das Manuskript Bülow zugeschickt.
Dieser hatte es aber nicht gelesen und die Überprüfung einem
untergeordneten Beamten überlassen. Der Beamte des Auswärtigen Amtes hatte keine Beanstandung vorgebracht oder
vorzubringen gewagt. So war das Manuskript dem Kaiser mit
dem Vermerk zurückgeschickt worden, daß gegen die Veröffentlichung keine Bedenken bestünden, und danach erst war
das Interview veröffentlicht worden[4]. Bülow reichte nach dem
Eklat, den die Veröffentlichung verursacht hatte, seinen Abschied ein, der ihm aber vom Kaiser nicht bewilligt wurde.
Am 10. und 11. 11. 1908 kam die ›Daily Telegraph‹-Affäre im
Reichstag zur Sprache. Angesichts der Kritik aller Parteien
wagte Bülow es nicht, die Verantwortung für den Vorfall zu
übernehmen und den Kaiser zu verteidigen. Vielmehr erklärte
er, wenn der Kaiser künftig nicht mehr Zurückhaltung auch in

Privatgesprächen übe, könne der Kanzler nicht mehr die Verantwortung für die Politik des Reiches tragen. Wilhelm II. sah in dieser Erklärung des Kanzlers einen Verrat, da er, der Kaiser, in dieser Frage doch den Rat des Kanzlers eingeholt hatte. Seitdem war Wilhelm entschlossen, bei der nächsten Gelegenheit Bülow fallen zu lassen. Andererseits hatte die allgemeine Kritik in Deutschland das starke Selbstvertrauen Wilhelms erschüttert. Bisher hatte er sich immer der Zustimmung des deutschen Volkes sicher gewähnt. Unter der Schockwirkung der allgemeinen Kritik gestand Wilhelm am 17. 11. 1908 dem Kanzler zu, daß er künftig die verfassungsmäßigen Verantwortlichkeiten in der Politik des Reiches wahren wolle. Diese Zusage wurde veröffentlicht und beruhigte einigermaßen den Sturm in der Presse und im Reichstag. Der Ausgang der ›Daily-Telegraph‹-Affäre, das Zurückweichen des Kaisers vor der Kritik der Reichstagsfraktionen, gab dem Reichstag ein stärkeres Gewicht, das sich schon bald bei der Reichsfinanzreform bemerkbar machte. Seit dem November 1908 verstärkte sich in Deutschland die *Tendenz zur parlamentarischen Monarchie*. Im Dezember 1908 verlangten Sozialdemokratie, Zentrum und Freisinnige eine genauere Regelung der Verantwortlichkeit des Reichskanzlers und eine Änderung der Reichsverfassung dahin, daß zu allen Kriegserklärungen die Zustimmung des Reichstags vorliegen müsse. Diese Anträge drangen nicht durch. Es wurde später dem Reichstag lediglich das Recht eingeräumt, bei Interpellationen durch Mehrheitsbeschluß seine Meinung festzulegen (1912). Damit konnte der Reichstag ein Mißtrauensvotum aussprechen, ohne jedoch den Kanzler stürzen zu können.

Wenige Monate nach der ›Daily Telegraph‹-Affäre *brach der Bülow-Block auseinander*. Den ersten Riß erhielt er durch die *preußische Wahlrechtsfrage*. Die Dringlichkeit dieser Frage wurde durch die süddeutschen Wahlrechtsreformen erhöht (s. Kap. 6). Bülow hatte im Oktober 1908 eine Reform des preußischen Wahlrechts angekündigt, gleichzeitig aber die Übertragung des Reichstagswahlrechts auf Preußen abgelehnt. Dadurch waren sowohl die Konservativen als auch die Freisinnigen verstimmt worden: die Konservativen, weil sie jede Reform ablehnten, die Freisinnigen, weil sie für Preußen das allgemeine, gleiche Wahlrecht forderten. Die Nationalliberalen lehnten dieses zwar für Preußen ab, forderten aber die direkte und geheime Wahl. Den endgültigen Bruch zwischen den Blockparteien brachte die *Reichsfinanzreform*. Trotz der Finanzreform von 1906 (Kap. 22) war das Defizit im Reichshaushalt geblieben, und die Reichsschuld war auf 4,1 Milliarden Mark gestiegen. Um das Defizit zu decken, brauchte das Reich jährlich 500 Millionen Mark zusätzlicher Einnahmen. Der Staatssekretär des Reichsschatzamtes, Sydow, wollte diese Mehreinnahmen gewinnen durch die Ausdehnung der Erbschaftssteuer auf das Kindes- und Gattenerbe und durch Erhöhung und Neueinführung verschiedener Konsumsteuern (auf Branntwein, Flaschenwein, Schaumwein, Tabak, Bier, Gas, elektrischen Strom, Zeitungsanzeigen). Die Freisinnigen und die Sozialdemokratie lehnten die Erhöhung der Konsumsteuern ab, weil sie den Massenbedarf verteuerten. Konservative und Zentrum bekämpften die Erbschaftssteuer, weil sie die kapitalarme Landwirtschaft zum Verkauf von Grundstücken nötigen würde, um den Steuerbetrag aufzubringen. Dies Argument war nicht stichhaltig, da nach den Bestimmungen der Sydowschen Steuervorlage neun Zehntel der landwirtschaftlichen Betriebe von der Erbschaftssteuer nicht erfaßt worden wären. Die Ablehnung des Zentrums und der Konservativen war mehr persönlich als sachlich bedingt; beide Parteien wollten Bülow stürzen: das Zentrum, weil er die Partei 1906 in die Opposition gedrängt hatte, die Konservativen, weil er eine Reform des preußischen Wahlrechts angekündigt hatte. Nach dem Scheitern der Steuervorlage reichte *Bülow sein Abschiedsgesuch* ein (26. 6. 1909). Formell blieb er noch im Amt, bis der Reichstag die Frage der Reichsfinanzen entschieden hatte; denn nun fanden Konservative und Zentrum sich wieder zusammen, wie vorher in der Ära Posadowsky. Sie beschlossen nach eigenen Plänen eine Deckung des Reichsdefizits: An die Stelle der Erbschaftssteuer setzten sie eine stärkere Besteuerung des mobilen Kapitals (durch Steuern auf Liegenschaftsumsätze, Zinsbogen und Schecks); außerdem beschlossen sie Steuern auf Zündwaren und Schaumweine und eine Erhöhung der Kaffee- und Teezölle und der Tabak- und Brausteuer (10. 7. 1909)[5]. Jetzt erhielt Bülow seinen Abschied bewilligt (14. 7. 1909). Der *neue Reichskanzler Bethmann Hollweg* und der Bundesrat stimmten den Beschlüssen der neuformierten Reichstagsmehrheit von Konservativen und Zentrum zu. Die Reichstagsbeschlüsse deckten zwar den Finanzbedarf des Reiches, aber der Ausgang der Reichsfinanzreform wurde von den verbündeten Regierungen als Niederlage empfunden: Zum erstenmal war – wenigstens nach außen hin – ein Reichskanzler wegen einer parlamentarischen Niederlage zurückgetreten. Die Reichsfinanzreform war nicht nach den Wünschen des Bundesrats, sondern nach den Wünschen der Reichstagsmehrheit erledigt worden.

[1] Zur Blockpolitik s. Th. Eschenburg, Das Kaiserreich am Scheidewege: Bassermann, Bülow und der Block (1929). H. G. Hartmann, Die Innenpolitik d. Fürsten Bülow 1906 bis 1909 (Diss. Ms. Kiel 1950).

[2] R. W. Tims, Germanizing Prussian Poland (Diss. New York 1941). Th. Schieder, Das dt. Reich von 1871 als Nationalstaat (1960).

[3] J. Haller, Aus dem Leben d. Fürsten Philipp zu Eulenburg-Hertefeld (1929), behauptete, daß Holstein durch gefälschtes Material Harden zu seinem Vorgehen gegen E. angestachelt habe; das wird widerlegt durch H. Rogge, Holstein u. Harden (1959), der nachweisen kann, daß Holstein vielmehr Harden zur Mäßigung riet.

[4] W. Schüssler, Die Daily Telegraph-Affäre (1952). Gf. Westarp, Konservative Politik im letzten Jahrzehnt d. Kaiserreichs, Bd. 1 (1935). Zur Kritik d. Darstellung d. Affäre in Bülows Denkwürdigkeiten s. F. Thimme (Hg.), Front wider Bülow (1931), und F. Frhr. Hiller v. Gaertringen, Ft. Bülows Denkwürdigkeiten (1956).

[5] E. Gerloff, Die Finanz- u. Zollpolitik des Dt. Reiches 1867–1913 (1913). K. Hennicke, Die Rolle d. Erbschaftssteuer in der Steuerpolitik d. großen polit. Parteien (Diss. Heidelberg 1929). E. v. Heidebrand u. v. d. Lasa, Beiträge zu einer Gesch. d. konservat. Partei in den letzten 30 Jahren, Konservat. Monatsschr. (1920). H. Teschemacher, Reichsfinanzreform u. innere Reichspolitik 1906–1913 (1915).

Kapitel 27
Die Innenpolitik Bethmann Hollwegs 1909–1914

Bethmann Hollweg übernahm die Ämter des Reichskanzlers und des preußischen Ministerpräsidenten in einer kritischen innenpolitischen Situation[1]. Der Ausgang der Finanzreform hatte gezeigt, daß seit der ›Daily Telegraph‹-Affäre das Gewicht des Reichstags größer geworden war. Gleichzeitig war in der Finanzreform-Frage der konservativ-liberale Block auseinandergebrochen, und die Gegensätze zwischen liberal und konservativ waren so scharf aufeinandergeprallt, daß für absehbare Zeit an eine konservativ-liberale Zusammenarbeit nicht zu denken war: Die drei linksliberalen Parteien (Freisinnige Volkspartei, Freisinnige Vereinigung, Deutsche Volkspartei), die während der Zeit des Bülow-Blocks ihre Gegensätze ausgeglichen hatten, schlossen sich in der *Fortschrittlichen Volkspartei* zu einer Partei zusammen (6. 3. 1910). In diesem linken Flügel des deutschen Liberalismus verstärkte sich seit den Erfahrungen der ›Daily Telegraph‹-Affäre und seit dem

Bruch mit den Konservativen die Tendenz, in parlamentarischer Zusammenarbeit mit der Sozialdemokratie die Macht des Kaisers zu schwächen und ein dem Reichstag verantwortliches Reichsministerium zu schaffen. Damit war das Endziel der Umwandlung des Deutschen Reiches aus einer konstitutionellen in eine parlamentarische Monarchie verbunden; aber nach den Erörterungen, die darüber in den Reihen der Fortschrittspartei angestellt wurden, wollte sie diese Verfassungsänderung doch nicht in einem radikalen Schritt verwirklicht sehen, sondern in einer allmählichen Entwicklung durch schrittweise Reformen[2]. Dagegen versteifte sich im konservativen Lager die ablehnende Haltung gegen jede Liberalisierung der Reichsverfassung, gegen alle Reformen, die als »Zurückweichen« vor der Linken verstanden wurden. Dazu rechnete man vor allem direkte Reichssteuern auf den Besitz und eine Reform des preußischen Wahlrechts.

Die *Reform des preußischen Wahlrechts* hatte Bethmann Hollweg als bisher nicht eingelöstes Versprechen von seinem Vorgänger übernommen. An eine Übertragung des Reichstagswahlrechts auf Preußen hatte Bülow nicht gedacht, und daran dachte auch Bethmann Hollweg nicht. Er wollte aber wenigstens einige Verbesserungen am preußischen Wahlrecht vornehmen. Am 10. 2. 1910 legte er dem preußischen Abgeordnetenhaus den Entwurf eines neuen Wahlgesetzes vor. Danach sollte die Wahl künftig direkt, aber immer noch öffentlich sein: Steuerleistungen eines Wählers, die über 5000 Mark jährlich hinausgingen, sollten künftig für die Einteilung der Wählerklassen nicht mehr berücksichtigt werden; schließlich sollten nicht nur die starken Steuerzahler in die höheren Wählerklassen eingereiht werden, sondern die in der Vorlage so bezeichneten »Kulturträger« sollten eine Klasse höher eingestuft werden, als es ihrer Steuerleistung entsprach. Als »Kulturträger« wurden diejenigen verstanden, die ein mindestens dreijähriges Hochschulstudium mit einem Examen abgeschlossen hatten, und diejenigen, die sich im öffentlichen Dienst um den Staat verdient gemacht hatten, darunter auch die ausgedienten Unteroffiziere! Diese groteske Gleichsetzung von Unteroffizieren und Akademikern als »Kulturträger« entsprang dem Bestreben, die Vergünstigung des neuen Wahlgesetzes nicht nur den zu einem großen Teil liberal gesinnten Akademikern zukommen zu lassen, sondern auch konservativen Elementen. Da das Abgeordnetenhaus und das Herrenhaus sich über das

Wahlgesetz nicht einigen konnten, zog Bethmann Hollweg die Vorlage zurück. Das Scheitern dieses bescheidenen Reformversuches ging auf die ablehnende Haltung der Konservativen zurück. Sie wurden darin unterstützt durch das Zentrum, das aus kulturpolitischen Erwägungen an der Erhaltung der Mehrheit und der Koalition von Konservativen und Zentrum im preußischen Landtag interessiert war[3].

Neben der preußischen Wahlrechtsfrage war die *elsaß-lothringische Frage* eines der umstrittenen Verfassungsprobleme. Als einziger Bestandteil des Reiches – abgesehen von Mecklenburg-Schwerin und -Strelitz, wo aber Großherzog Friedrich Franz IV. von Mecklenburg-Schwerin selbst auf eine Ablösung der alten Ständevertretung durch einen gewählten Landtag drängte – hatte Elsaß-Lothringen keine gewählte Volksvertretung. Der vom Kaiser ernannte und instruierte Statthalter regierte mit den Notabeln des Landes. Diese Degradierung der Elsässer und Lothringer erschwerte ihr Hineinwachsen in das Reich und verstärkte im Zusammenhang mit der außen- und innenpolitischen Konsolidierung Frankreichs die deutschfeindliche, profranzösische Stimmung im Reichsland. Bethmann Hollweg hatte schon als Staatssekretär des Reichsamts des Innern auf die Notwendigkeit einer Verfassungsreform in Elsaß-Lothringen hingewiesen. Als Reichskanzler ergriff er die Initiative zur Reform. Sein Entwurf einer elsaß-lothringischen Verfassung verfolgte das Ziel, die »elsaß-lothringische Individualität« innerhalb des Reiches zu entwickeln, in der Erwartung, daß ein Land, welches innerhalb Deutschlands Selbstverwaltung besitze, nicht wieder französische Provinz werden wolle. Nach dem Entwurf Bethmann Hollwegs sollte das Reichsland ein Parlament mit zwei Kammern erhalten: Die Mitglieder der Ersten Kammer sollten zur Hälfte vom Kaiser ernannt, zur anderen Hälfte von den Kirchen, den Städten und den berufsständischen Körperschaften delegiert werden; die Mitglieder der Zweiten Kammer sollten in direkter und geheimer Wahl gewählt werden, wobei das Stimmrecht nach Alter und Beruf abgestuft sein sollte. Diese letztere Bestimmung war eine Konzession an die Mehrheit des preußischen Staatsministeriums, die im Hinblick auf Preußen vor der Einführung des allgemeinen, gleichen Wahlrechts im Reichsland zurückschreckte. Der Reichstag beschloß jedoch das allgemeine, gleiche Wahlrecht für die Zweite elsaß-lothringische Kammer; Bethmann Hollweg stimmte dem zu und veranlaßte auch die preußische Regierung zur Anerkennung des Reichstagsbeschlusses. Schwierigkeiten bereitete zunächst die Forderung des Reichstags und der Elsässer und Lothringer, daß das Reichsland auch im Bundesrat Stimmen erhalten sollte; denn die Stimmabgabe des Reichslandes im Bundesrat hing vom Statthalter ab, und dieser wieder wurde vom Deutschen Kaiser und König von Preußen instruiert. Preußen hätte damit also seine Bundesratsstimmen vermehrt; dagegen wehrten sich die übrigen Bundesstaaten. Man fand schließlich einen Kompromiß in der Form, daß Elsaß-Lothringen drei Stimmen im Bundesrat erhielt, die aber nicht mitgezählt wurden, wenn Preußen nur mit ihrer Hilfe im Bundesrat gewonnen hätte (26. 5. 1911)[4].

Die für die damalige Situation recht weitgehende Verfassungsreform konnte die Lage in Elsaß-Lothringen nicht spürbar bessern, da die im Reichsland stationierten Truppen, deren Korpskommandeure von der Zivilverwaltung völlig unabhängig waren und wie alle Kommandierenden Generale dem Kaiser direkt unterstanden, die Elsässer und Lothringer weiterhin als unzuverlässige Staatsbürger und als »Eingeborene« – diese Bezeichnung wurde sogar vom deutschen Kronprinzen in einem Telegramm gebraucht – behandelten. Diese Einstellung der Truppe führte 1913 zum *Zaberner Zwischenfall:* Bei einer Protestdemonstration in Zabern ließ der Kommandeur des dort stationierten Infanterieregiments 28 Demonstranten durch Militär verhaften. Das war ein Rechtsbruch; denn das Recht zur Verhaftung stand nur den Gerichten oder in dringenden Fällen der Polizei zu. Der Regimentskommandeur wurde jedoch vom Kriegsgericht von der Anklage der Freiheitsberaubung freigesprochen, mit der Begründung, daß eine Kabinettsordre von 1820 dem Militär das Recht zur eigenmächtigen Verhaftung von Zivilisten gebe, wenn die Zivilbehörden zur Aufrechterhaltung der Ruhe nicht mehr in der Lage seien. Das war aber in Zabern nicht der Fall gewesen. Durch dies Kriegsgerichtsurteil wurde die Zivilverwaltung im Reichsland mit ihren Bemühungen um ein besseres Verhältnis der Elsässer und Lothringer zum Reich desavouiert. Bethmann Hollweg hatte sich zwar bemüht, dem Rechtsstandpunkt gegenüber dem rücksichtslosen Herrschaftsanspruch des Militärs zum Erfolg zu verhelfen; er hatte sich aber gegen die militärische Umgebung des Kaisers nicht durchsetzen können[5]. Der Reichstag machte in der Zaberner Frage zum erstenmal von seinem

Recht Gebrauch, bei Interpellationen durch Mehrheitsbeschluß seine Haltung zu bestimmen, und sprach der Regierung seine Mißbilligung ihres Verhaltens in der Zaberner Frage aus (4. 12. 1913).

Dieser Reichstag war gegenüber dem, der 1907 gewählt worden war, wesentlich anders zusammengesetzt. Bei den *Reichstagswahlen* 1912 hatte die Sozialdemokratie nicht nur die meisten Stimmen, sondern auch die meisten Mandate gewonnen. Daß sie trotz der für sie ungünstigen Wahlkreiseinteilung, welche die Industriestädte benachteiligte, und trotz dem reinen Mehrheitswahlrecht, das zur Feststellung der absoluten Majorität Stichwahlen vorschrieb, auch so viele Mandate gewann, verdankte sie Wahlbündnissen mit der Fortschrittspartei, die bei dieser Wahl zum erstenmal ihre Annäherung an die Sozialdemokratie deutlich demonstrierte[6]. Die gegenseitige Annäherung wurde dadurch erleichtert, daß in der SPD mit Ebert, Noske, Legien und Heine eine neue Generation in die Parteispitze vorgestoßen war, die mit den Mitteln parlamentarisch-demokratischer Politik durch Reformen den Zielen des Sozialismus näherkommen wollte. In dem 1912 gewählten Reichstag hatten die Sozialdemokraten 110 Sitze, das Zentrum 91, die Nationalliberalen 45, die Fortschrittler 42, die beiden konservativen Parteien zusammen 57 Sitze. Konservative und Zentrum, seit 1909 die parlamentarische Stütze der Regierung, waren jetzt in der Minderheit. Der neue Reichstag bewilligte der Regierung die erforderlichen Mittel für die große Heeresvermehrung von 1913 (s. Kap. 29): Am 3. 7. 1913 stimmte er einem einmaligen Wehrbeitrag aus Vermögen über 10000 Mark und Einkommen von jährlich mehr als 5000 Mark zu und bewilligte eine Vermögenszuwachssteuer, die den Vermögensstamm unberührt ließ, aber den Zuwachs zum Vermögen durch Erbschaft, Schenkung oder Erwerb besteuerte[7]. Damit hatte der Reichstag die finanzielle Sicherung für die seit 1912 verstärkte Rüstung geschaffen. Obwohl er also in dieser lebenswichtigen Frage die Reichsregierung unterstützte, war deren parlamentarischer Spielraum sehr beengt. Nur in Ausnahmefällen, wie beim Wehrbeitrag und der Vermögenszuwachssteuer, konnte sie mit einer großen Mehrheit rechnen. Im übrigen war sie angewiesen auf Konservative, Zentrum und Nationalliberale. Die starre Haltung der Konservativen machte es ihr aber unmöglich, die Reformpolitik der Jahre 1900 bis 1908 fortzusetzen. So geriet die Sozialgesetzgebung, nachdem

1911 in der Reichsversicherungsordnung die verschiedenen Zweige der Sozialversicherung zusammengefaßt und durch eine Hinterbliebenenversicherung ergänzt worden waren, seit 1912 ins Stocken, obwohl, vor allem im Koalitionsrecht, noch manche Reformwünsche unerfüllt waren. Wollte die Reichsregierung eine Politik der Reform und der Liberalisierung durchführen, dann hätte sie gegen den zu erwartenden Widerstand der Konservativen die Hilfe der parlamentarischen Linken gebraucht. Bei der Linken aber zeigte sich sehr deutlich die Tendenz zur parlamentarischen Monarchie. So stand die Reichsregierung vor der Alternative, entweder mit den Konservativen zu regieren – das bedeutete Verzicht auf Weiterentwicklung der reformbedürftigen Reichsverfassung und Verschärfung des Gegensatzes zur Linken –, oder eine Reformpolitik mit Hilfe des Zentrums und der Linken zu führen – das bedeutete Konflikt mit den Konservativen, d. h. derjenigen Partei, der das Offizierkorps und der überwiegende Teil der höheren Beamten nahestanden. Die konstitutionelle Regierungsform des Reiches entsprach am Vorabend des Ersten Weltkriegs nicht mehr der gesellschaftlichen Struktur Deutschlands und wurde nur noch von einer Minderheit bejaht. Das bedeutete nicht, daß ein revolutionärer Umschwung unvermeidlich war. Die parlamentarische Mehrheit, welche die parlamentarische Demokratie anstrebte, wollte doch die Monarchie erhalten. Und die Regierung hatte nicht mehr, wie einst Bismarck, den Willen zur gewaltsamen Auseinandersetzung mit dem vordringenden Parlamentarismus. Beim Ausbruch des Ersten Weltkriegs zeigte Deutschland sich einig; erst die lange Dauer und der unglückliche Verlauf des Krieges rissen die innenpolitischen Gegensätze wieder auf.

[1] Zur Innenpolitik Bethmann Hollwegs insgesamt: TH. V. BETHMANN HOLLWEG, Betrachtungen zum Weltkrieg, Bd. 1 (1919). B. HABERLAND, Die Innenpolitik d. Reiches unter der Kanzlerschaft Bethmann Hollwegs 1909 bis 1914 (Diss. Ms. Kiel 1950). H. G. ZMARZLIK, Bethmann Hollweg als Reichskanzler 1909–1914 (1957).

[2] H. PACHNICKE, Führende Männer im alten und im neuen Reich (1930). L. BRENTANO, Mein Leben im Kampf um die soziale Entwicklung Dtlds. (1930). M. WEBER, Ges. polit. Schriften, hg. v.

J. WINCKELMANN ([2]1958). W. J. MOMMSEN, Max Weber u. die dt. Politik 1890–1920 (1959). F. MEINECKE, Polit. Schriften u. Reden (Werke, hg. v. H. HERZFELD, C. HINRICHS u. W. HOFER, Bd. 2, 1958).

[3] H. DIETZEL, Die preuß. Wahlrechtsreformbestrebungen von der Oktroyierung des Dreiklassenwahlrechts bis zum Weltkrieg (Diss. Köln 1934). W. GAGEL, Die Wahlrechtsfrage in der Gesch. d. dt. liberalen Parteien 1848–1918 (1958).

[4] O. FISCHBACH, Das öffentl. Recht d. Reichslandes Elsaß-Lothringen (1914).

W. MARTINIUS, Die staatsrechtl. Stellung d. Statthalters von Elsaß-Lothringen (Diss. Münster 1916). Das Reichsland Elsaß-Lothringen 1871–1918, hg. im Auftrage d. wiss. Instituts d. Elsaß-Lothringer im Reich a. d. Universität Frankfurt (4 Bde. 1931–1936). Das Elsaß 1870–1932, hg. v. J. ROSSÉ, Bd. 1 bis 3 (1936–1938). H. U. WEHLER, Elsaß-Lothringen von 1870 bis 1918, ZGORh 109 (1961).

[5] E. SCHENK, Der Fall Zabern (1927). H. G. ZMARZLIK (wie Anm. 1). H. U. WEHLER, Der Fall Zabern, WaG 23 (1963).

[6] J. BERTRAM, Die Wahlen zum Dt. Reichstag vom Jahre 1912 (1964).

[7] W. GERLOFF, Die steuerliche Belastung in Dtld. während d. letzten Friedensjahre (1916). A. WERMUTH, Ein Beamtenleben (1922).

Kapitel 28
Versuche einer deutsch-englischen Verständigung 1909–1912

Nachdem Bülow im Winter 1908/09 den Plan einer deutsch-englischen Flottenverständigung gefaßt hatte – er war dazu bereit, eine Verlangsamung des deutschen Schiffsbautempos einzuräumen –, damit aber am Widerspruch von Tirpitz gescheitert war, griff Bethmann Hollweg als Reichskanzler den Gedanken einer politischen Verständigung mit England auf dem Wege über ein Flottenabkommen auf. Er hatte gesehen, daß die außenpolitische Lage Deutschlands in erster Linie von dem Verhältnis Deutschlands zu England abhängig war, und daß dieses Verhältnis wiederum durch die Flottenfrage bestimmt wurde. Verständigung mit England war der leitende Gedanke der *Außenpolitik Bethmann Hollwegs* von seinem Amtsantritt als Kanzler (Sommer 1909) bis zum Ausbruch des Ersten Weltkriegs. In der Verfolgung dieses großen politischen Ziels waren ihm jedoch die Hände gebunden durch die Machtverteilung in der deutschen Reichsleitung. Neben der Englandpolitik des Kanzlers betrieb das Reichsmarineamt seine eigene Englandpolitik. Der Staatssekretär des Reichsmarineamtes war zwar dem Kanzler unterstellt, aber *Tirpitz*, der schon seit über 10 Jahren im Amt war, hatte einen größeren Einfluß auf den Kaiser als der Reichskanzler. Außerdem besaßen die Marine und das Landheer durch die Immediatstellung der Kommandierenden Admirale und Generale und der Chefs des Admiralstabes und des Generalstabes, ferner durch das kaiserliche Marinekabinett und Militärkabinett einen unmittelbaren Zugang zum Kaiser, unter Umgehung des Kanzlers. Die militärischen Ressorts waren dadurch der politischen Leitung nicht unter-, sondern gleichgeordnet. Sie zu koordinieren und den

Primat der politischen Führung vor dem Militär sicherzustellen, wäre Sache des Kaisers gewesen. Dazu war Wilhelm II. nicht in der Lage, da er militärischen Argumenten eher zugänglich war als politischen. So konnte die Marineleitung in zunehmendem Maße eine eigene Englandpolitik treiben – seit 1908 ist sie deutlich festzustellen –, welche die Absichten der politischen Führung durchkreuzte. Tirpitz und seine Mitarbeiter glaubten, erst wenn Deutschland zur See noch stärker sei, werde England sich zu einer annehmbaren Verständigung mit Deutschland bereitfinden. Der deutsche Marineattaché in London, Widenmann, setzte gegen den Widerstand Bethmann Hollwegs durch, daß er unmittelbar an den Kaiser berichten konnte, und Wilhelm II. schenkte den vom Wunschdenken der Marine beherrschten Berichten Widenmanns über die englische Reaktion auf die deutsche Flottenpolitik mehr Glauben als den Berichten des deutschen Botschafters in London, Graf Wolff-Metternich[1].

Durch Vermittlung des HAPAG-Direktors Ballin kamen die von Bethmann Hollweg gewünschten *Gespräche mit England* im August 1909 in Gang. Wenn er von England ein Neutralitätsabkommen für den Fall des Angriffs einer dritten Macht erlangen konnte, war er zu einer Verlangsamung des deutschen Bautempos bereit. Das war den Engländern zunächst zu wenig; außerdem hatten sie Bedenken, durch ein Neutralitätsabkommen mit Deutschland ihre bestehenden politischen Freundschaften zu verlieren. Erst im Herbst 1910 ging die englische Regierung auf den Gedanken einer Verlangsamung des Bautempos ein. Die englischen Wahlen im Herbst 1910 unterbrachen die Gespräche. 1911 wurde nur über die Möglichkeit des Austausches marinetechnischer Informationen verhandelt. Erst die deutsche Flottennovelle von 1912 brachte die Verhandlungen wieder in Fluß. Im Januar 1912 kündigte Ballin in einem Brief an den englischen Bankier Cassel, der ebenso wie Ballin die bisherigen Gespräche vermittelt hatte, eine Verstärkung der deutschen Flotte an. – Nach dem laufenden Flottengesetz waren von 1908–1911 jährlich 4 Schlachtschiffe gebaut worden und sollten von 1912–1917 jährlich 2 Schiffe gebaut werden; nach der geplanten Novelle sollte 1913, 1915 und 1917 je ein Schiff zusätzlich gebaut werden – also eine Verstärkung der deutschen Flotte um 3 Schlachtschiffe. – Die Ankündigung einer weiteren deutschen Flottenverstärkung veranlaßte die englische Regierung zu sofortiger Verhandlung mit

Deutschland. Auf Einladung des Kaisers kam der englische Kriegsminister *Haldane nach Berlin* (7. 2. 1912). In den Verhandlungen wünschte Haldane einen Verzicht auf die drei zusätzlichen Schlachtschiffe oder wenigstens die Verlangsamung des deutschen Bauprogramms auf 12 statt 6 Jahre als Vorbedingung eines politischen Abkommens. Die Preisgabe der deutschen Novelle als Gegenleistung für ein politisches Abkommen konnte Bethmann Hollweg gegen den Widerstand des Kaisers und Tirpitz' nicht anbieten. Auf deutscher Seite wünschte man ein Neutralitätsabkommen mit England als Voraussetzung für eine Verlangsamung des deutschen Schiffsbautempos. Ein Neutralitätsabkommen lehnte Haldane mit Rücksicht auf Englands Beziehungen zu Rußland und Frankreich ab. Schließlich machten der Kaiser und der Kanzler den Vorschlag eines deutsch-englischen Nichtangriffsabkommens, dem dann sofort die Verlangsamung des deutschen Bautempos folgen sollte. Haldane nahm diesen Vorschlag nach England mit. Das englische Kabinett lehnte ihn ab, da ihm die deutsche Gegenleistung als zu gering erschien; denn die deutsche Flotte wäre trotzdem um drei weitere Schiffe verstärkt worden, nur in längerer Zeit. Für eine Verlangsamung des deutschen Flottenbautempos war die englische Regierung nur zu der Gegenleistung bereit, in einer Note zu erklären, daß England an keiner politischen Kombination beteiligt sei noch sich beteiligen werde, die eine Aggression gegen Deutschland zum Ziel habe. Diese Erklärung war der deutschen Regierung zu wenig. So wurde die geplante Flottennovelle im April 1912 vorgelegt und 4 Wochen später vom Reichstag bewilligt. Damit waren die *Versuche einer deutsch-englischen Verständigung gescheitert*. Die Ursachen des Scheiterns lagen einmal darin, daß der deutschen Regierung durch die festen Rüstungspläne der Marineleitung die Hände gebunden waren, zum anderen darin, daß das gegenseitige Mißtrauen schon sehr groß war[2].

[1] H. Henning, Dtlds. Verhältnis zu England in Bethmann Hollwegs Außenpolitik 1909 bis 1914 (Diss. Köln 1962). A. Kessler, Das dt.-engl. Verhältnis vom Amtsantritt Bethmann Hollwegs bis z. Haldane-Mission (1938). W. Hubatsch, Der Wendepunkt i. d. Marinepolitik i. J. 1912, HZ 176 (1953). W. Widenmann, Marineattaché a. d. Kaiserlich-dt. Botschaft in London 1907 bis 1912 (1952). L. Hilbert, The Role of Military and Naval Attachés in the British and German Service and their Influence on Anglo-German Relations 1871–1914 (Diss. Cambridge 1954).

[2] B. Huldermann, Albert Ballin (1922). Nicht zur Klärung der Vorgänge, aber zur Erläuterung der verschiedenen Standpunkte im dt.-engl. Flottenproblem wichtig auch die Memoiren der be-

teilgten Politiker: TH. v. BETHMANN HOLLWEG, Betrachtungen zum Weltkrieg, Bd. 1 (1919). A. v. TIRPITZ, Erinnerungen (1919). Ders., Der Aufbau der dt. Weltmacht (1924). R. B. HALDANE, Before the War (1920). W. S. CHURCHILL, Die Weltkrisis 1911–1914 (dt. 1924). P. Gf. WOLFF-METTERNICH, Meine Denkschrift über die Flottennovelle vom 10. 1. 1912, in: Europ. Gespräche (Febr. 1926). Erste kritische u. die Quellen voll ausschöpfende Darstellung von B. KRAFT, Lord Haldanes Zending naar Berlijn en 1912 (1931). E. C. HELMREICH, Die Haldane-Mission. Berl. Monatsh. 12 (1934). G. S. GRAHAM, The Politics of Naval Supremacy (1965). P. KLUKE, Entscheidungsreiche Tage dt.-engl. Beziehungen, Aus Lord Haldanes Briefwechsel, ebd. 16 (1938).

Kapitel 29
Balkankriege 1912/13
Wettrüsten 1912–1914

Nach der Besetzung Marokkos durch französische Truppen hielt *Italien* den Augenblick für gekommen, die Anerkennung seiner Interessen in *Tripolis*, die es sich 1900 von Frankreich und 1902 von den Dreibundpartnern eingehandelt hatte (s. Kap. 23), zu realisieren und Tripolis als Kompensation für die Besetzung Marokkos durch Frankreich zu besetzen. Nachdem die Türkei ein italienisches Ultimatum zur Abtretung von Tripolis abgelehnt hatte, landeten im Oktober 1911 italienische Truppen in den Häfen Tripolitaniens. Die mitten im Frieden überfallene Türkei fand bei den europäischen Mächten keine Hilfe: Deutschland, Österreich-Ungarn und Frankreich waren durch ihre Zusagen an Italien gebunden; Rußland war zur Hilfe nur bereit, wenn die Türkei die Meerengen für die Durchfahrt russischer Kriegsschiffe öffnete; England war nicht mehr daran interessiert, für den territorialen Bestand des Osmanischen Reiches zu kämpfen. Die Türken leisteten dem italienischen Vorgehen stärkeren Widerstand, als man in Rom erwartet hatte[1]. Der italienisch-türkische Krieg veranlaßte die *Balkanstaaten* zu einem Angriff auf die europäischen Besitzungen der Türkei: Albanien, Mazedonien und Thrazien. Die jungtürkische Revolution hatte keineswegs die Lage der christlichen Bevölkerung in diesen Gebieten verbessert; vielmehr versuchte die neue türkische Regierung die Verwaltung dieser Gebiete straffer und zentralistischer zu handhaben als in früheren Zeiten. Diese Erneuerung des türkischen Reichsgedankens löste bei den Balkanvölkern eine spürbare Verstärkung des Nationalismus aus. Rußland, das in der bosnischen Krise 1908/09 einen Prestigeverlust auf dem Balkan erlitten hatte, unterstützte diese Bewegung, um seinen Einfluß auf die Balkanstaaten zu behaupten. Unter russischem Patronat wurde im März/Mai 1912 ein *Balkanbund* zwischen Bulgarien, Serbien und Griechenland geschlossen[2]. Als im Sommer 1912 die Albaner den türkisch-italienischen Krieg zu einer Erhebung gegen die türkische Herrschaft ausnutzten, griffen die Balkanbundstaaten und Montenegro das Osmanische Reich an. Ihr Kriegsziel war die Befreiung Mazedoniens, Thraziens und Albaniens. Der Angriff der Balkanstaaten zwang die Türkei zum Friedensschluß mit Italien unter Abtretung Tripolitaniens und der ägäischen Inselgruppe des Dodekanes. Die Truppen der Balkanstaaten konnten in kurzer Zeit das ganze europäische Gebiet der Türkei erobern, nur die Eroberung der Befestigungen von Tschataldscha, die Konstantinopel deckten, scheiterte. Die Türkei rief die Vermittlung der europäischen Mächte an. Im November und Dezember 1912 drohte der *Balkankrieg* sich zu einem europäischen Krieg auszuweiten; denn die österreichische Kriegspartei (Außenminister Berchtold und Generalstabschef Conrad von Hötzendorf) war entschlossen, eine territoriale Vergrößerung Serbiens notfalls mit Gewalt zu verhindern. Dagegen konnte Rußland, wenn es seine Stellung auf dem Balkan nicht verlieren wollte, nicht noch einmal wie 1908/09 Serbien ohne Hilfe lassen. Durch die deutsche und die englische Politik wurde ein Krieg der großen Mächte vermieden. Die deutsche Regierung warnte Wien nachdrücklich vor einem bewaffneten Eingreifen[3]. Immerhin erreichte Österreich-Ungarn wenigstens, daß Serbien keinen Zugang zur Adria (durch das nördliche Albanien) erhielt. In dieser Frage wurde Österreich durch Italien unterstützt, das ebenfalls an der Fernhaltung Serbiens von der Adria interessiert war. Diese vorübergehende österreichisch-italienische Interessengemeinschaft bewirkte, daß 1912 der *Dreibund* noch einmal *erneuert* werden konnte. Rußland, das zwar grundsätzlich die Vergrößerung Serbiens befürwortete, unterstützte die serbischen Forderungen nach einem Zugang zur Adria nur matt, weil der russische Außenminister Sazonov vom englischen Außenminister Grey erfahren hatte, daß England in einen Krieg um diese Frage nicht eingreifen werde. So wurde Österreich durch Deutschland von einem bewaffneten Vorgehen gegen jede serbische Vergrößerung zurückgehalten, und Rußland wurde durch die Zurückhaltung Englands von einer bewaffneten Unterstützung der serbischen Forderung nach Zugang zur Adria ferngehalten[4].

Da die Balkanstaaten sich über die Aufteilung Mazedoniens, das von Bulgaren, Serben und Griechen bewohnt ist, nicht einigen konnten, kam es im Sommer 1913 zum Krieg zwischen Serbien, Montenegro und Griechenland einerseits, Bulgarien andererseits (*2. Balkankrieg*). Rumänien trat auf die Seite der Gegner Bulgariens, um die bulgarische Dobrudscha zu gewinnen. Die Bulgaren wurden in wenigen Wochen völlig geschlagen. Berchtold und Conrad dachten an ein bewaffnetes Eingreifen Österreichs zugunsten Bulgariens, mußten aber vor den energischen Vorstellungen Deutschlands und Italiens davon absehen. Im Frieden von Bukarest (10. 8. 1913) mußte Bulgarien die südliche Dobrudscha an Rumänien abtreten und behielt von den Eroberungen des ersten Balkankrieges nur den Zugang zum Ägäischen Meer mit dem Hafen Dedeagatsch. Mazedonien fiel zum größten Teil an Serbien; Griechenland erhielt Kreta und den südlichen Teil Mazedoniens mit Saloniki und Kavalla; Albanien wurde selbständig[5]. Rußland hatte im zweiten Balkankrieg die Gegner Bulgariens politisch unterstützt. Bulgarien suchte fortan statt der Anlehnung an Rußland die Anlehnung an Österreich-Ungarn. Wilhelm II. riet der Wiener Regierung, anstatt Bulgariens, das mit allen Balkanstaaten verfeindet sei, Serbien und Griechenland zu unterstützen und auf Österreichs Seite zu ziehen. Berchtold erklärte das wegen des serbischen Nationalismus, der die südslavischen Gebiete der Donaumonarchie beanspruche, für unmöglich. In Wien war man über die deutsche Politik, die Österreich am Losschlagen gegen Serbien gehindert hatte, verstimmt und fühlte sich von Deutschland im Stich gelassen. Daß der *Balkankrieg lokalisiert* blieb, war das Ergebnis der Bemühungen Deutschlands und Englands um die Erhaltung des Friedens. Diese zeitweilige deutsch-englische Zusammenarbeit in der Balkanfrage führte im Juli 1914 zu einer *deutsch-englischen Verständigung über die Bagdad-Bahn:* England stimmte dem Bau der Bahn durch die deutsche Bagdad-Bahn-Gesellschaft zu, dafür verzichtete diese auf den Bau der Endstrecke von Basra zum Persischen Golf[6].

In der Balkankrise hatte zwar der allgemeine Friede erhalten werden können; aber die Kriegsgefahr zwischen Rußland und Österreich-Ungarn im Spätherbst 1912 trug dazu bei, die *Rüstungsanstrengungen der Mächte* zu verstärken. Österreich-Ungarn begann schon während der Krise mit der Verstärkung seiner Armee, die freilich, gemessen an den Armeen der übrigen

Kontinentalmächte, in der Mannschaftsstärke und der technischen Ausstattung weit zurückgeblieben war. Bis 1914 wurde die Friedensstärke von 385 000 Mann (1912) auf 470 000 erhöht; die Artillerie wurde um 60% vermehrt; dabei wurden die ersten motorisierten 30,5 cm-Mörser-Batterien aufgestellt. *Rußland* erhöhte 1913 seine Friedensstärke von 1,2 Millionen auf 1,42 Millionen; bis 1917 sollte eine Friedensstärke von 1,8 Millionen Mann im Landheer erreicht werden. Außerdem ergänzte Rußland die Militärkonvention mit Frankreich durch eine Marinekonvention, welche die Admiralstäbe der beiden Mächte zur Vorbereitung von gemeinsamen See-Operationen für den Kriegsfall ermächtigte. Frankreich unterstützte die russische Heeresvermehrung und den Ausbau des russischen Eisenbahnnetzes durch eine neue Anleihe. *Deutschland* reagierte auf die russische Heeresvermehrung im Sommer 1913 mit einer Wehrvorlage, durch die das deutsche Landheer bis 1915 um 136 000 Mann verstärkt werden sollte; bis zum Frühjahr 1914 erreichte das deutsche Landheer eine Friedensstärke von 748 000 Mann. Der Generalstab hatte außer dieser Heeresvermehrung noch die Aufstellung dreier weiterer Armeekorps gefordert. Dieser Forderung hatte sich der für die Organisation des deutschen Landheeres zuständige preußische Kriegsminister von Heeringen widersetzt, weil die dafür erforderlichen Subalternoffiziere und Unteroffiziere fehlten und der Mangel an Ausbildern die Qualität des Heeres mindern würde. *Frankreich* beantwortete die deutsche Heeresvermehrung mit der sofortigen Einführung der dreijährigen Dienstzeit beim aktiven Heer und der Vorverlegung der Einberufung zum Wehrdienst vom 21. auf das 20. Lebensjahr, so daß im Herbst 1913 zwei Rekrutenjahrgänge eingezogen wurden. Durch diese Maßnahme wurde die Friedensstärke des französischen Landheeres auf 750 000 Mann gebracht, die Kolonial- und Eingeborenentruppen in den Kolonien (etwa 50 000 Mann) nicht gerechnet. *England* nahm keine nennenswerte Verstärkung seines Landheeres vor, holte aber aufgrund einer Vereinbarung zwischen dem englischen und dem französischen Admiralstab Teile seiner Mittelmeerflotte in die Nordsee zurück und organisierte ein Expeditionskorps für den europäischen Festlandskrieg[7].

[1] R. DIETRICH, Die Tripoliskrise 1911/12 u. die Erneuerung d. Dreibundes 1912 (Diss. Berlin 1933). W. JOHN, Das Dardanellenproblem u. die Großmächte i. J. 1911 (Diss. Breslau 1933). K. HOLDEGEL, Frankreichs Politik im nahen Orient Okt. 1911 bis Dez. 1912 (Diss. Leipzig 1934). W. C. ASKEW,

Europe and Italy's Acquisition of Libya 1911/12 (1942).

[2] D. DROSSOS, La Fondation de l'Alliance balcanique (1929). W. LANGER, Russia, the Straits Question and the Origins of the Balkan League 1912, Pol. Sc. Quart. (1928). O. BICKEL, Rußland u. die Entstehung d. Balkanbundes 1912 (Diss. Göttingen 1933). I. BRANDT VAN DER VEEN, De voorgeschiedenis van de Balkanoorlog (1935). R. DUFOUR, Van de Bosnische Crisis tot Serajewo (1935). E. C. HELMREICH, The Diplomacy of the Balcan Wars 1912/13 (1938).

[3] E. RITTER V. STEINITZ, Die Politik Berchtolds während d. Balkankriege, Berl. Monatsh. 9/10 (1931/32). E. C. HELMREICH, Die tieferen Ursachen d. Politik Berchtolds im Oktober 1912, ebd. 10 (1932). H. MICHAELIS, Die dt. Politik während der Balkankriege 1912/13 (Diss. Leipzig 1929).

[4] R. GIESCHE, Der serb. Zugang zum Meer und die europ. Krise 1912 (Diss. Bonn 1932). A. BACH, Die November- und Dezemberkrise 1912, Berl. Monatsh. 13 (1935). E. C. HELMREICH, Rußlands Einfluß auf den Balkanbund im Oktober 1912, ebd. 11 (1933). N. MANDELSTAM, La Politique russe d'accès à la Méditerranée au XXe siècle (1935). G. ROLOFF, England u. die Balkankriege 1912/13, Berl. Monatsh. 13 (1935). A. LOREY, Frankreichs Politik während d. Balkankrieges 1912/13 (Diss. Frankfurt 1941).

[5] Vgl. HELMREICH u. DUFOUR (Anm. 2).

[6] S. Kap. 23, Anm. 4. E. F. WILLIS, Prince Lichnowsky, Ambassador of Peace (1942). A. SPRINGBORN, Englands Stellung zur dt. Welt- u. Kolonialpolitik 1911–1914 (Diss. Berlin 1939).

[7] G. W. F. HALLGARTEN, Das Wettrüsten, Seine Gesch. bis z. Gegenwart (1967). Zur Rüstungspolitik Dtlds. und Österreich-Ungarns: B. SCHWERTFEGER, Die dt. Wehrvorlage 1913 im Lichte d. französ. Akten, Wissen u. Wehr (1935). L. Frhr. RÜDT V. COLLENBERG, Die dt. Heeresvorlage 1913 nach französ. Berichten, Berl. Monatsh. 13 (1935). G. A. CRAIG, The Politics of the Prussian Army 1640 to 1914 (1955). G. SEYFERT, Die militär. Beziehungen u. Vereinbarungen zwischen dem dt. u. dem österr. Generalstab vor und bei Beginn d. Weltkrieges (Diss. Leipzig 1934). R. KISZLING, Die Entwicklung d. österr.-ungar. Wehrmacht seit der Annexionskrise 1908, Berl. Monatsh. 12 (1934). F. CONRAD V. HÖTZENDORF, Aus meiner Dienstzeit (5 Bde. 1921). Zur Rüstungspolitik d. Triple-Entente (Rußland, Frankreich, England): R. I. SONNTAG, British Foreign Policy in 1913/14, Journ. of Mod. Hist. 10 (1938). P. KLUKE, Heeresaufbau u. Heerespolitik Englands vom Burenkrieg bis z. Weltkrieg (1932). J. E. TYLOR, The British Army and the Continent 1904 to 1914 (1938). G. ROLOFF, Rußland u. England vor dem Weltkriege, Berl. Monatsh. 13 (1935). H. HERZFELD, Die russ. Politik am Vorabend d. Weltkrieges, Januar–Juli 1914, VuG 22 (1932). E. KABISCH, Die militär. Vorbereitungen d. Dreiverbandes auf den Weltkrieg, ebd. 23 (1933). G. FRANTZ, Das strategische Eisenbahnnetz Rußlands 1914, Berl. Monatsh. 8 (1930). W. TREUE, Die russ. Verschuldung an Frankreich zum Zweck d. strateg. Eisenbahnbaus, Preuß. Jbb. 240 (1935). G. MICHON, La préparation à la guerre, 1910–1914 (1935). M. PALÉOLOGUE, Comme le service de trois ans fut rétabli en 1913, Rev. des deux mondes 13 (1935). Ders., Au Quai d'Orsay, Journal 1913/14 (1947). G. RITTER, Staatskunst u. Kriegshandwerk, Bd. 2 (1960).

Kapitel 30
Deutschlands außenpolitische Lage am Vorabend
des Ersten Weltkriegs

In den Krisen seit 1909 hatte sich die Kluft zwischen dem Dreibund, dem Italien nur noch nominell angehörte, und der
Triple-Entente vertieft. Jedoch wünschte keine der beiden
Mächtegruppen einen Krieg gegen die andere; beide Vertrags-
systeme waren defensiv gemeint. Im Frühjahr 1914 erwartete
die deutsche Regierung weder von Frankreich, noch von Rußland eine unmittelbare Gefahr, auch nicht für die Donaumonarchie. Das deutsch-englische Verhältnis wurde von Bethmann Hollweg angesichts der gerade günstig verlaufenden
Verhandlungen über die Bagdad-Bahn, die im Juli 1914 noch
zum Abschluß eines Abkommens führten, so günstig beurteilt,
daß der Reichskanzler sogar noch nach den deutschen Kriegserklärungen an Frankreich und Rußland (1./3. 8. 1914) nicht
mit einem Eingreifen Englands gegen Deutschland rechnete.
Die Warnungen des deutschen Botschafters in London, Fürst
Lichnowsky, hielt man in Berlin für übertrieben. Obwohl man
im Frühjahr und im Frühsommer 1914 nicht mit einer unmittelbaren Gefahr rechnete, hatten doch die vorangegangenen Krisen, die immer bis an den Rand des Krieges geführt hatten, in
Frankreich (vor allem bei dem Präsidenten der Republik,
Poincaré), in Deutschland (bei Wilhelm II. und beim Generalstab) und in Rußland die Befürchtung und das fatalistische
Gefühl erweckt, daß die nächste Krise nicht mehr friedlich
ausgehen und ein Krieg auf die Dauer unvermeidlich sein
werde. In Wien hielten Berchtold und General Conrad schon
seit 1909 einen Krieg zwischen Österreich-Ungarn und Serbien, dessen aggressiver Nationalismus die Südflanke der
Donaumonarchie beunruhigte, für unausweichlich. 1912 hatte
die deutsche Regierung Österreich-Ungarn vom Losschlagen
gegen Serbien zurückgehalten. An dieser mäßigenden Einwirkung auf Wien hatte Wilhelm II. sich stark beteiligt. Aber
gerade er wurde nach der Balkankrise 1912/13 unsicher, ob es
richtig gewesen sei, Österreich zurückzuhalten, und schwankte
im Frühjahr und Frühsommer 1914, ob er bei einer kommen-
den Balkankrise seinen Verbündeten vor kriegerischen Maßnahmen gegen Serbien energisch warnen oder ihn darin unterstützten solle. Rußland, das 1909 und 1912 wegen mangelhafter
Rüstung Serbien zum Nachgeben gegenüber Wien veranlaßt

hatte, war 1914 dazu nicht mehr geneigt, nachdem es seine Armee vergrößert und von Poincaré die Zusicherung französischer Bündnishilfe auch für den Fall eines Krieges, der aus einem Balkankonflikt entstehen sollte, erhalten hatte. In dieser Lage und infolge des bei den Regierungen der Kontinentalmächte entstandenen Gefühls, daß auf die Dauer ein Krieg unvermeidlich sei, wirkten sich die forcierte Aufrüstung und die Generalstabsverabredungen innerhalb der beiden Mächtegruppen dahin aus, daß die militärischen Erwägungen ein größeres Gewicht erhielten. So wurde in der Julikrise 1914 die Bewegungsfreiheit der Politik durch den Automatismus militärischer Vorkehrungen und Mobilmachungen verhängnisvoll eingeengt[1].

[1] P. RENOUVIN, The Part Played in International Relations by the General Staffs on the Eve of the World War, in: Studies in Anglo-French History during the 18th, 19th, 20th Century, hg. v. A. COVILLE u. H. TEMPERLEY (1935). L. W. HILBERT, Les rapports entre les pouvoirs civil et militaire en France, en Grande-Bretagne et en Allemagne au début du XXe siècle (Thèse Nancy 1958). G. RITTER, Staatskunst u. Kriegshandwerk, Bd. 2 (1960). F. FISCHER, Krieg der Illusionen. D. deutsche Politik 1911–1914 (1969).

Übersicht der Taschenbuchausgabe des GEBHARDT

Die erste Auflage des ›Handbuchs der deutschen Geschichte‹, herausgegeben von dem Berliner Realschullehrer Bruno Gebhardt (1858–1905), erschien 1891/92 in zwei Bänden. Von der zweiten bis zur siebenten Auflage wurde das Handbuch unter seinen Herausgebern Ferdinand Hirsch, Aloys Meister und Robert Holtzmann unter immer stärkerer Heranziehung von Universitätslehrern jeweils nach dem erreichten Forschungsstand überarbeitet und ergänzt und fand im wachsenden Maße bei Lehrenden und Lernenden an den Universitäten Verwendung. Nach dem Zweiten Weltkrieg nahm Herbert Grundmann mit neuen Autoren eine völlige Neugestaltung des ›Gebhardt‹ in Angriff, und auf diese 1954 bis 1960 in vier Bänden erschienene achte Auflage geht die nun vorliegende, wiederum überarbeitete und ergänzte, 1970 bis 1976 erschienene neunte Auflage zurück.

Um das bewährte Studien- und Nachschlagewerk vor allem den Studenten leichter zugänglich zu machen, haben sich der Originalverlag und der Deutsche Taschenbuch Verlag im Einvernehmen mit den Autoren zu dieser Taschenbuchausgabe entschlossen. Das Handbuch erscheint ungekürzt und, von kleinen Korrekturen abgesehen, unverändert in folgender Bandaufteilung:

Namen- und Sachregister

(Bei den weltlichen und geistlichen Fürsten sind neben den Regierungszeiten im allgemeinen auch die Lebensdaten angegeben; sonst bezeichnen die Zahlen in Klammern die Lebensdaten.)

Namen- und Sachregister

Blanckenburg, Moritz v. (1815–1888), konservat. Politiker 30

Bloch, Iwan Stanislawowitsch (1836 bis 1902), poln.-russ. Bankier u. Staatsrat 208

Bodelschwingh, Friedrich von (1831 bis 1910), evangelischer Pfarrer, Leiter der Anstalten in Bethel 56

Boetticher, Karl Heinrich v. (1833 bis 1907), Staatssekretär des Reichsamts des Inneren (1880–1897) 176, 214

Boisdeffre, Raoul François le Mouton de (1839–1919), franz. stellv. Generalstabschef 193

Bosnien 106f., 109, 111, 119, 235f.

Bosse, Robert (1832–1901), Staatssekretär d. Reichsjustizamtes (1891–1892), preuß. Kultusminister (1892–1899) 181

Boulanger, George Ernest Jean Marie (1837–1891), franz. General u. Kriegsminister (1886–1887) 149ff, 162f.

Boxeraufstand (China 1900) 209f., 219

Brahm, Otto (1856–1912), Leiter der Freien Bühne 61

Brandts, Franz (1834–1914), Industrieller u. kath. Sozialpolitiker 34

Braunschweig, Hgt. 89, 97

Brefeld, Ludwig (1837–1907), preuß. Handelsminister (1896–1901) 214

Bremen, Hansestadt 14, 90, 170

Brentano, Lujo (1844–1931), Nationalökonom u. Sozialpolitiker 66

Breslau 142

Brotkorbgesetz (1875) 87, 142

Budapest, Konvention (1877) 109f.

Bueck, Henry Axel (1830–1916), Generalsekretär des Centralverbandes Deutscher Industrieller, des Vereins deutscher Eisen- u. Stahlindustrieller und der Hauptstelle Deutscher Arbeitgeberverbände 50

Bukarest, Friede (1913) 256

Bulgarien 105, 109, 111, 119, 149ff., 153f., 164, 190, 255f.

Bülow, Bernhard Fürst v. (1849–1929), Staatssekretär d. Auswärt. Amts (1897 bis 1909), preuß. Außenminister (1897 bis 1909), Reichskanzler und preuß. Ministerpräsident (1900–1909) 203ff., 209, 211f., 217, 219–222, 225–229, 234ff., 240, 242f., 246, 251

Bülow-Block (1907–1909) 239, 241, 243, 245

Bund der Landwirte (1893–1921) 31, 53, 180, 218

Bundesrat 13, 15ff., 20, 75, 77, 79, 86, 92f., 96ff., 129, 136, 168, 178, 218, 244f., 248

Burckhardt, Jacob (1818–1897), Historiker 127

Burenkrieg (1899) 207ff., 211, 241f.

Burenrepubliken 123, 195, 198f., 208

Bürgerliches Gesetzbuch (1896 verabschiedet, 1900 in Kraft getreten) 65f., 75

Burma 123

Cambon, Paul (1840–1924), franz. Botschafter in London 238

Camphausen, Otto (1812–1896), Vizepräsident des preuß. Staatsministeriums (1873–1878) u. preuß. Finanzminister (1869–1878) 134f.

Caprivi, Leo Gf. v. (1831–1899), preuß. General, Staatssekretär d. Reichsmarineamtes (1883–1888), Reichskanzler (1890–1894), preuß. Ministerpräsident (1890–1892) u. Außenminister (1890 bis 1894) 53, 172, 174, 176f., 181ff., 190f., 193f., 196, 214

– -Zipfel (Dt.-SW-Afrika) 191

Carnot, Marie François Sadi (1837–1894), Präsident d. franz. Republik (1887 bis 1894) 183

Carol I., 1866–1881 Fst., 1881–1914 Kg. v. Rumänien; geb. 1839 120

Cäsar, Gajus Julius (100–14 v. Chr.), röm. Feldherr u. Staatsmann 64

Cassel, Sir Ernest (1852–1921), engl. Bankier 234, 252

Cassirer, Ernst (1874–1945), Philosoph 57

Centralverband des Deutschen Bank- und Bankiersgewerbes 49

– deutscher Industrieller (1876–1919) 33, 48ff., 54, 134, 136, 187f.

Chamberlain, Joseph (1836–1914), brit. Handelsminister (1880–1885) u. Kolonialminister (1895–1903) 203f., 209f., 224

Chemische Industrie 48

China 40, 196f., 200, 203, 205, 209f.

Namen- und Sachregister

Namen- und Sachregister

Fritz K. Ringer:
Die Gelehrten

Der Niedergang der deutschen Mandarine 1890–1933

Nachwort von Dietrich Goldschmidt
Aus dem Amerikanischen übersetzt von
Klaus Laermann
1983, 453 Seiten, Bibliographie, Register,
Leinen mit Schutzumschlag
ISBN 3-12-912030-0

Die deutschen Gelehrten als Mandarine verstehen heißt ihren gesellschaftspolitischen
Rang hoch einschätzen. In diesem Werk
stehen im Mittelpunkt die Verirrungen und
der Verfall einer ganzen Führungsschicht
angesichts des aufkommenden Nationalsozialismus.
Das Werk bringt eine Fülle ausführlicher
Zitate von bekannten und weniger bekannten Gelehrten aus jener Zeit. Gegenüber der
ursprünglichen englischen Fassung bietet es
dem deutschen Leser den originalen Wort-
laut aus vielen, zum Teil schwer zugäng-
lichen Quellen aus der Geschichte des deutschen Bildungswesens.

Klett-Cotta